국제정치이론

국제정치이론

2021년 2월 25일 초판 1쇄 발행
2022년 8월 25일 초판 2쇄 발행

엮은이 박건영·신욱희
지은이 민병원·박건영·신욱희·은용수·정성철·황영주

편집 김천희
디자인 김진운
마케팅 최민규

펴낸이 고하영·권현준
펴낸곳 (주)사회평론아카데미
등록번호 2013-000247(2013년 8월 23일)
전화 02-326-1545
팩스 02-326-1626
주소 03978 서울특별시 마포구 월드컵북로6길 56

이메일 academy@sapyoung.com
홈페이지 www.sapyoung.com

ISBN 979-11-89946-94-4 93340

국제정치이론

박건영·신욱희 편

민병원·박건영·신욱희·은용수·정성철·황영주 지음

사회평론아카데미

서문

　『국제정치이론』은 현재 한국에서 사용되고 있는 국제정치이론에 관한 대학 교과서들을 네 가지 점에서 수정/보완하기 위한 노력의 결과이다.

　첫째, 『국제정치이론』은 새로운 이론과 논쟁을 담고 있다. 특히 자연과학의 접근법을 국제정치에 적용한 '복잡계이론(complex systems theory),' 코펜하겐학파(Copenhagen School)에서 비롯된 '안보화이론(securitization theory),' 피지배자의 경험과 시각을 담은 '탈식민주의'나 '페미니즘 국제관계이론' 등은 국내에서 잘 알려지지 않은 그러나 주류 이론이 보여주지 못하는 국제정치의 현실을 조명해주는 대안적 시각이다.

　둘째, 『국제정치이론』은 주류 이론들을 사용자 친화적으로 조리있게 정리하였고, 나아가 국제정치학의 현주소를 찾는다는 의미에서 주요 이론가들 간의 논쟁을 업데이트하였다.

셋째, 『국제정치이론』은 독자들이 국제정치를 폭넓고 깊이 있게 분석하는 "식견 있는 이론적 소비자"가 되는 데 도움이 되도록 '시간의 심판'을 이겨낸 국제관계학의 고전에 대한 강독을 포함하였다.

넷째, 『국제정치이론』은 독서가 단순한 암기나 평면적인 이해에 머무르지 않게 하기 위해 이론이란 무엇이고, 어디다 쓰는 것인가에 대해 토론을, 그리고 이론에 관한 이론이라 할 수 있는 메타이론에 대한 개설(槪說)을 담았다.

『국제정치이론』이 국제정치와 국제정치이론에 대한 국제학도들의 관심과 흥미를 재활성화할 수 있길 기대하고 희망한다.

저자들을 대신하여

박건영

차례

국제정치이론이란 무엇인가

박건영(가톨릭대학교 국제학부)

I. 서론: 국제정치란?

"국제정치이론이란 무엇인가"에 답하려면 국제정치가 무엇인지부터 답해야 한다. 국제정치는 사람들이 사는 넓은 세상에 관한, 즉 세상의 민족, 사회, 국가, 비국가조직 들 간의 관계, 그리고 그들 간에 벌어지는 일련의 투쟁, 타협, 협력이라 할 수 있다. 국제정치의 의미를 더욱 선명하게 부각하기 위해서는 국제정치를 국내정치와 대비하는 것이 효과적이다. 국내정치와 대비되는 국제정치의 핵심적 특징은 '정치적 다중성(政治的 多重性, political multiplicity)'(Rosenberg 2016), 그리고 주체들의 속성/행위에 영향을 주는(또는 주고받는) '무정부상태(anarchy)'라는 정치적 구조의 존재이다. 다시 말해, 국제정치에서는 국내정치와 달리 공권력이 존재하지 않기 때문에 다수의 정치적 단위들(political units)은 원하든 원하지 않든 이러한 구조적 제약하에서 함께 존재하면서 모종의 목적을 달성하기 위해 상호작용을 하게 되는 것이다.

그러나 무정부상태는 반드시 국제정치에서의 혼란이나 무질서를 의미하는 것은 아니다. 오히려 각 단위들은 생존이나 지배를 위한 또는 영예나 위엄을 과시하기 위한 정치적 과정에서 '규칙화된 실천과 관행'이라고 정의할 수 있는 국제질서를 창출하고 유지해 왔다. 특히 유럽의 30년간의 종교전쟁을 종료한 베스트팔렌조약(Treaty of Westphalia)은 근대국제체제(modern international system)라는 근본적으로 새로운 국제질서를 낳았고, 이 질서 하에서 정치적 단위들은 그간 통용되어 왔던 국가에 대한 교권의 개입을 종식시키고, "누구의 영역, 그들의 종교(cuius regio, eius religio, whose realm, their religion; 군주가 자기 영토의 종교를 결정한다)"로[1] 표현되는 국가주권 또는 '주권적 영토성(sovereign territoriality)'의 원칙에 기초하여 일정하게 구획된 지리적 공간 내에서는 국가가 최고의 권력을 갖는다는, 다시 말해, 국가 위에 존재하는 권력은 인정하지 않는다는 새로운 국제적 규범을 창출/확인하였다. 나아가, 일정하게 구획된 지리적 공간 내에서 개인과 집단 간의 갈등을 해결할 수 있는 "정당한 폭력의 독점(monopoly of the legitimate use of physical force)"을 가능케 한 이 국가주권이라는 개념은 내부 문제뿐 아니라 그 논리의 연장으로서 국제적 주체들 간의 관계에도 당연히 적용되는 국제규범이 되었다. 주권을 가진 국가들은 서로에 대해 법적으로 동등한 위치에 서게 되었으며 내정에 대한 간섭이나 개입은 금기시

....

1 "군주가 자기 영토의 종교를 결정한다"는 원칙은 1555년 아우구스부르크 종교회의에서 결정되었고 1648년 베스트팔렌조약에서 재확인되었다.

되었다. 요컨대 '대내적 최고성'과 '대외적 독립성'을 바탕으로 한 국가주권의 개념은 국가의 본질적 징표이자 국제관계를 규율하는 근본적인 규범적 제도이자 지침이 되었다.

국가주권이라는 새로운 유럽중심적 정치 개념과 그에 기초한 근대국제체제는 "수용과 변용, 저항을 거쳐 다른 권역으로 전파(傳播)" 또는 확산되었다(이용희 2017). 19세기 중반의 아편전쟁은 동아시아의 중국 중심의 유기체적 질서인 '화이질서(華夷秩序)'를 붕괴시켜 유럽 중심의 주권적 국제질서의 세계화를 촉진한 의미심장한 역사적 사건이었다(박건영 2020).

(세계)자본주의의 발달과 함께 형성된 현대국제체제에서는 주요 행위자들의 수와 종류가 증가하였다. 1789년 프랑스 혁명은 현대적 의미의 프랑스 국민국가(nation-state)를 출범시켰고, 유럽에서의 민족주의를 자극/확산시켰다. 1차 세계대전과 베르사유조약은 다민족 제국들을 해체하고 그 자리를 국민국가들로 채웠고, 2차 세계대전의 종료는 제국주의로부터 해방된 신생국가들을 대거 세계 정치 무대에 등장시켰다. 뿐만 아니라 산업과 교역의 증가, 그리고 자본주의의 세계적 팽창에 따라 비국가 행위자들의 국제정치적 영향력도 급증하였다. 2020년 주식 시가총액 기준으로 이탈리아, 브라질, 캐나다, 러시아의 국내총생산(GDP) 규모를 능가한 애플(Apple Inc.)과 같은 초국적 기업들이 국제정치경제에 대해 가지는 영향력은 웬만한 국가 행위자의 권력을 넘어서고 있다. 초국적 기업뿐 아니라 국제연합(UN), 국제통화기금(IMF), 대서양조약기구(NATO) 등 국제기구, 그린피스나 국제사면위원회 등 비정부국제기구(INGO), 바티칸과 같은 종교적 권위체, 그리고 알카에다와 같은 국제테러조직

도 유력한 비국가적 행위자이다.

국제정치의 질적 변화는 양적 변화만큼이나 근본적이고 광범위하게 일어났다. 자본의 집적과 집중을 통해 국제정치경제적 권력주체로 성장한 초국적 기업들은 '행동의 자유(liberty of action)'를 정치담론화하며 자본의 투자에 구조적으로 의존하는 국가들(Przeworski and Wallerstein 1988)의 주권적 통제의 범위를 넘어서고 있다.[2] 뿐만 아니라 전통적인 국가주권의 개념은 인간 안보(human security)나 인도적 개입(humanitarian intervention)이라는 새로운 개념이나 담론에 의해서도 그 의미를 점차 상실하고 있다. 그러나 다른 한편 '문명충돌론'이나 국제정치적 '종족주의(tribalism)'가 국내정치적 시의성을 획득하면서 강대국들의 민족주의를 자극하여 국가주권의 성격을 또 다른 차원에서 바꿔나가고 있고, 대량파괴무기의 개발과 확산은 국가 간 전통적인 지정학적 경쟁의 의미에 복잡성과 복합성을 부가하고 있다. 국제정치는 '정치적 다중성'과 '무정부상태'라는 근본적 특성을 유지하면서도 지난 수백 년 동안 질적, 양적 변이와 전환을 지속해오고 있다.

II. 관점(perspective)

분명한 것은 우리가 사는 이러한 복잡다기하고 역동적인 국제정

....

2   셰보르스키와 월러스타인은 수리적 검증을 통해 동태적 관점에서 볼 때 국가는 자본에 구조적으로 종속될 수 있다고 보고하고 있다. Przeworski and Wallerstein(1988, 11-29).

치의 현실은 인간의 지각 능력의 범위를 넘어 존재한다는 사실이다. 우리는 '있는 그대로'의 국제정치의 현실에 접근할 수도 없고, 국제정치 전체에 대해 설명이나 이해를 시도할 수도 없다는 말이다. 그러나 우리는 국내정치에 직접적 영향을 받고 살고 있고, 국제정치가 국내정치를 상당 부분 빚어내고 있는 정치현실을 고려할 때 국제정치에 대한 무지나 몰이해는 선택 가능한 옵션이 아니다. 따라서 우리가 할 수 있는 일은 국제정치를 설명/이해하기 위해 우리가 중요하다고 생각하는 국제정치의 진수를 줌-렌즈(zoom-lens)로 클로즈업(close-up)해서 들여다보는 것이다. 우리가 중요시하는 국제정치의 일부를 클로즈업하게 되면 우리가 중요시하지 않는 부분은 생략된다. 유의할 필요가 있는 현상의 특징 이외의 다른 성질을 버린다는 의미에서 이를 '사상(捨象, abstraction)'이라고도 한다. 나의 목적상 중요하지 않은 것은 마치 존재하지 않는 것으로 가정한다는 것이다. 그렇다면 우리는 어떤 것은 클로즈업하고 어떤 것은 사상하는가? 그것은 우리의 세계관이나 가치관에 달려 있고, 설명/이해를 위해 우리가 갖고 있는 자산(시간, 에너지, 금전)을 얼마나 기꺼이 투자할 것인지에 달려 있다. 예를 들어, 우리는 가치관에 따라 초국적 기업이나 국제기구가 아닌 국가를 국제정치의 실세 또는 주요 행위자로 간주할 수 있다. 그래서 우리는 국가가 아닌 행위자들은 마치 존재하지 않는 것처럼 가정하고 국가들 간의 관계와 상호작용을 줌-렌즈로 클로즈업하여 거기에서 특정한 인과적인 현상(또는 비인과적인 현상)이 규칙적으로 발생하는지 여부를 관찰할 수 있는 것이다. 이와 같이 우리의 가치관과 필요에 따라 국제정치를 단순화하여 설명/이해를 촉진해주는 줌-렌즈와 같은 관념적 도구 또는 기제를 관점(perspective)이라고 부른다.

국제정치학자들은 사람들이 세상을 설명/이해하기 위해 자신들의 가치관 및 필요에 따라 선택/사용하는 이러한 관념적 도구를 편의상 서너 가지로 구분하고 있다. 이 중 지배적 관점이라고 할 수 있는 현실주의(realism)는 대개 3가지 전제 또는 가정을 통해 국제정치의 현실을 단순화하고 있다.

1 국제정치에서 유일한 주요 행위자(sole major actor)는 국가이다.
2 국가는 단일체적 행위자(unitary actor)이다.
3 국가는 합리적 행위자(rational actor)이다.

첫째, 현실주의자들은 국제정치를 움직이는 주체는 초국적기업, 바티칸, INGO등 비국가적 행위자를 포함하지만 국제정치의 현실을 단순화하면 "전쟁을 할 수 있는 권리"를 가진 국가만이 부각될 수밖에 없다고 본다. 둘째, 그들은 국제정치를 이해하기 위해서는 국가가 당구공과 같이 속과 겉이 같은 주체로 단순화해야 한다고 제시한다. 국가는 하나의 인격체처럼 오로지 힘만을 추구한다. 국가 내부의 역동성, 예를 들어, 국가지도자와 국민들 사이에 존재할 수 있는 모종의 정치적 간극(political cleavages) 등은 고려되지 않는다. 국가는 '의인화(擬人化)'된다. 모든 국가들이 힘의 논리에 의해 움직이는 국제정치에서는 힘의 차이만 고려될 뿐 국가 내부적 요소들은 변수화되지 않는다. 셋째, 현실주의자들은 국가가 분명한 목표를 달성하기 위해 최적의 수단을 일관되게 강구/선택한다고 가정한다.

현실주의 렌즈가 세상을 정확하고 타당하게 보여주지 못한다고 생각하는 사람은 그 렌즈를 거부하고, 다른 렌즈를 통해 그가 보기에 더 중요하고 타당한 국제정치의 현실에 초점을 맞추고자 할 것이다. 국제정치학자들은 이 다른 렌즈들 중 하나에 자유주의(liberalism) 또는 다원주의(pluralism)라는 이름을 붙여주었다. 자유주의자들은 현실주의의 전제를 완화하는 경향이 있다. 예를 들면, 그들은 국가만이 국제정치의 주요 행위자라고 보지 않으며, 국가가 단일한 행위자나 합리적 행위자로 행동하지 않을 수 있다고 생각한다. 국제정치학계에는 현실주의와 자유주의 외에도 대안적 관점으로서 마르크스-레닌주의(Marx-Leninism) 그리고 구성주의(constructivism)가 존재하고, 이들 역시 기존의 관점과 차별화되는 전제들을 가지고 있다.

III. 이론

관점을 세계관에 기초한 실제를 단순화하는 관념적 도구라고 한다면 각 관점은 단순화된 국제정치적 현실에 대해 일정한 규칙성을 가정하는 가설들의 체계들, 즉 이론들(또는 모델들)을 포함한다. 이론은 (일반화된) 가설체계인 것이다. 그러나 관점과 이론들이 늘 명확히 구별되는 것은 아니다. 관점 자체가 이론으로 간주될 수도 있고, 이론이 반드시 하나의 특정 관점에 예속되지 않을 수도 있다.

그러나 일반적으로 관점은 체계화된 가설들이라 할 수 있는 이론들(theories) 또는 모델들(conceptual models)로 구성된다. 연역적으로 도출될 수도 있고, 귀납적으로 형성될 수도 있는 가설들로 구성된 (실증주의적) 이론은 경험적 검증에서 기각되지 않으면 일반화의 가능성을 유지할 수 있게 되고,[3] 설명이나 예측을 가능하게 해주는 수단으로 사용될 수 있다. 현실주의 관점에 속하는 국제정치이론의 한 예로 리처드슨(Lewis Fry Richardson)의 군비경쟁(arms race) 모델을 들 수 있다. 그에 따르면 국가x와 국가y 간의 군비경쟁은 다음과 같은 가설들의 체계로 설명될 수 있다:

$$dx/dt = ay - mx + r$$
$$dy/dt = bx - ny + s$$

여기서 x는 t 시점(year)의 국가x의 군비 수준, y는 t 시점의 국가y의 군비 수준이다. 상수 a와 b는 국가x와 국가y의 상대국 군비 수준에 대한 반응 또는 공포를 의미한다. 예를 들어, 국가y가 군비를 1단위 증가시키면 국가x는 이에 대응하여 그 다음 해 a의 배수만큼 자신의 군비를 증가시킨다는 것이다. 상수 m과 n은 '피로효과(fatigue factor)'이다. 군비는 민간(국민) 경제적 관점에서 보면 비용이고 부담이기 때문이다. 상수 r과 s는 상대국에 대한 '불만(grievance)'이나 '적대감(hostility)'을 표시한다. 즉 이것은 상대국의 위협이나 군비 수준과는 상관없는 외생변수로서 국내적 요인들을 포함한다. 리처드슨의 군비경쟁 모델을 풀어서 설명하면 국가x는 t시점에서 군비경쟁 상대국의 군비 수준을 평가하여 t+1의 시점에서 자신의 t시점에서의 군비에 a를 곱하여 군비를 증감한다. 경쟁국이니

....

3   경험적 검증 이전에 메타이론(존재론/인식론)적 검증의 필요성을 강조하는 은용수의 글(은용수 2021)을 참조하라.

a는 양수이고, 따라서 a의 배수만큼 군비를 증강한다. 나아가, 국가 x는 t시점에서의 군비를 유지하는 데 따르는 경제적 부담을 고려하여 t+1의 시점에서의 군비를 결정한다. 이 계수는 음수(비용)이고, 따라서 m의 배수만큼 군비를 축소한다. 마지막으로 국가x는 국가적 야망, 편견, 적개심, 민족주의, 평화주의, 애국주의 등 국내적 압박요인에 반응하여 군비를 조절한다. 리처드슨의 군비경쟁 모델은 국가중심주의, 단일체적 행위자, 합리적 행위자 등 현실주의의 관점에 기초하여 국가 간 군사적, 전략적 상호작용에 대한 가설들을 체계화한 것이다. 이 모델이 일반화되기 위해서는 적대적 관계에 있는 두 국가들에서 실제 이와 같은 현상이 벌어지는지 여부가 검증되어야 한다.

군비경쟁 모델 외에도 현실주의 관점을 공유하는 이론들은 많이 있다. 우리에게 익숙한 세력균형론, 세력전이론, 패권안정론, 핵억지론 등이 모두 현실주의 전제들을 공유하는 모델들이다. 현실주의만큼 자유주의도 복합적 상호의존론, 외교정책결정과정론, 민주평화론 등 많은 이론이나 모델들을 포함하고 있다. 이들 관점만큼은 아니지만 대안적인 패러다임들도 적지 않은 이론들, 모델들을 갖고 있다.

관점을 공유하면서도 상충하는 논리를 담고 있는 이론들도 존재한다. 현실주의적 패러다임에 속하는 세력균형론과 세력전이론이 전형적인 사례이다. 세력균형론에 따르면 국가는 이길 수 있다고 판단될 때 전쟁을 시작한다. 국가는 합리적 행위자이기 때문이다. 따라서 세력이 엇비슷하여 이길 가능성이 낮을 때는 전쟁을 하지 않고 현상이 유지된다. 세력전이론도 국가는 합리적 행위자이기 때문에 이길 수 있다고 판단될 때 전쟁을 시작한다고 본다는 점에서 세력균형론과 마찬가지로 현실주의의 전제를 수용한다. 그러나 이 이론은 세력균형과는 반대로 세력의 격차가 클 때 현상이 유지된다는 입장을 취하고 있다. 힘이 센 국가는 힘이 약한 국가로부터 위협을 느끼지 않고 힘이 약한 국가는 힘이 센 국가를 이길 수 없기 때문에 역시 현상유지에 동의한다는 것이다. 반면 힘이 약했던 국가—동시에 강국이 구축해놓은 국제질서에 대해 불만족했던 국가—가 상대적으로 신속한 내적 성장을 이루어 기존 강국과 세력 면에서 엇비슷하게 된 때 현상이 타파될 가능성이 높아진다. 불만족했던 국가가 이제는 한번 해볼 만하다고 판단할 수도 있고, 기존 강국이 부상하는 국가가 더 위험해지기 전에 선제적으로 조치를 취해야 한다고 판단할 수도 있기 때문이다.

1. 이론의 검증

가설이 실증적(또는 과학적) 이론이 되려면 경험적 검증을 통과해야 한다. 그리고 검증은 어떤 이론이 더 좋은 이론인가와 관련된 이슈를 수반하게 된다. 이에 대해 간단히 논의해보자. 과학철학자 포퍼(Karl Popper)에 따르면 어느 가설(들)이 과학적이려면 경험에 의해 반박되거나 수정될 수 있어야 한다. 즉 가설(들)은 반증가능(falsifiable)해야 한다. 그렇지 않은 것들은 과학적 진술이 아니며 '사이비과학(pseudoscience)'이다. 예를 들어, "세력균형이 붕괴되면 복원된다"는 가설은 반증가능하지 않으므로 과학적 진술이 아니다. 그러나 "세력균형이 붕괴되면 10년 내 복원된다"는 가설은 10

년 내 그러한 가설의 진위가 밝혀지기 때문에 반증가능하고 따라서 과학적 진술이다.

포퍼는 반증가능한 실증주의적 가설(들)이 검증에 의해 반증되면 폐기되어야 하고, 과학자들은 새로운 가설(들)을 찾아나서야 한다고 주장했다. 그(포퍼 2001)에 따르면, 과학의 발전은 지속적인 대담한 "추측과 논박(conjectures and refutations)"을 통해 이루어진다. 성공에 의해서 발전하는 것이 아니라 끊임없는 시행 착오를 통해 발전한다는 것이다. 따라서 과학적 지식은 점진적으로 누적된다. 한편 반증가능한 가설(들)이 시공간을 달리하는 조건과 환경에서도 기각되지 않으면 일반화될 수 있는 가능성이 높아진다. 우리는 이렇게 일반화 가능성이 상당 수준에 도달한 가설(들)을 이론이라 부를 수 있다. 여기서 중요한 것은 우리는 가설(들)이 경험적 검증에 의해 입증(verified)되었다고 하지 않고 현재까지 기각(falsified)되지 않았다고 말한다는 것이다. 경험의 세계는 시공간적으로 무한한 것이기 때문에 현재까지 타당한 것으로 판명된 가설(들)이 새로운 사실들에 의해 부정/기각될 가능성은 이론상 상존하기 때문이다. 따라서 이론은 시공간을 초월해서 항상 타당한 것이 아니라 잠정적이고 임시적이라 할 수 있다. 많은 반증 시도에도 불구하고 기각되지 않은 가설(들)은 그만큼 좋은 가설(들), 그리고 좋은 이론이다.

쿤(Thomas Kuhn)은 과학자들은 "어떻게 해야 하는가"라는 질문보다는 그들이 "어떻게 하는가"에 초점을 맞춰 포퍼에 도전하였다. 그(쿤 2013)에 따르면 같은 수준의 지식을 갖고 있고, 같은 학파에 속하는 과학자들의 공동체는 기존 이론이 설명하지 못하는 '변칙사례(anomalies)'가 나와도 해당 이론을 즉각 폐기하지 않는다.

오히려 이론 폐기는 그들이 가장 마지막으로, 할 수 없이 하는 일이다. 이론 폐기는 그것을 붙들고 있던 이른바 '정상과학(normal science)'의 원로들이 은퇴한 후에야 일어난다. 쿤의 용어를 사용하자면 이때에야 비로소 "패러다임 교체(paradigm shift)"가 발생하게 되는 것이다.

쿤에 따르면 패러다임은 "어느 주어진 시대의 어느 성숙한 과학자 공동체에 의해 수용된 문제 풀이의 표본"이고, 정상과학은 "하나의 지배적 패러다임 내에서 변칙사례가 던지는 문제를 푸는 일상적인 과학활동"이다. 쿤이 말하는 패러다임의 전환 과정은 이론의 검증이라는 우리의 주제와 관련하여 매우 시사적이다. 그에 따르면 패러다임의 예측에 반하는 변칙사례가 나타나면 정상과학에 종사하는 과학자 공동체는 그것이 관찰이나 실험상의 에러에 기인한 것임을 증명하려 노력하고, 그것이 불가할 때는 패러다임을 구성하고 있는 핵심가설은 그대로 둔 채 보조가설들을 수정/보완하여 문제를 해소하려 한다. 포퍼는 이러한 행위를 "인습적 술수(conventionalist stratagem)"라며 비판했다.

쿤은 코페르니쿠스, 뉴턴, 켈빈(William Thomson, 1st Baron Kelvin) 등의 저작들을 예로 들며 새로운 패러다임을 과학자 공동체가 받아들이려면 상당한 시간이 필요하다는 점을 지적하였다. 그럼에도 불구하고 변칙사례들이 누적되면 과학자들은 기존 패러다임을 의문시하게 되며 정상과학은 위기에 빠지게 된다. 이제 지배적 패러다임에 도전하는 새로운 패러다임들이 출현하고 패러다임 간 경쟁이 펼쳐지게 되며 결국 패러다임의 교체가 이루어진다. 뉴턴의 역학에서 퀀텀 물리학으로의 전환은 전형적인 패러다임 교체이다. 쿤은 이와 같이 과학적 지식은 연속적, 누적적으로 발전하기보다는 혁명적이고 단절적인 패러다임의 교체와 관련이 있다고 보았다.

그런데 그는 왜 과학적 지식이 연속적, 누적적이지 않다고 생각하게 되었을까? 만일 지식이 누적되는 것이라면, 예를 들어, 아리스토텔레스는 역학에 대해 갈릴레오와 뉴턴에게 무엇을 전해주었나라는 질문이 생길 수밖에 없다. 쿤에 따르면 아리스토텔레스는 역학에 대해 아는 것이 거의 없었다. 그렇다면 위대한 뉴턴의 역학은 어디서 왔다는 말인가? 지식은 누적적이지 않다는 반증인 셈이다. 쿤에 따르면 현대 물리학의 관점에서 보면 아리스토텔레스는 분명 바보였고 엉터리였다. 그러나 오늘날 누가 그를 바보 엉터리라고 말하는가? 쿤은 아리스토텔레스의 과학을 이해하려면 당시 지배적이었던 지적 전통을 이해해야만 한다고 생각했다. 즉 당시의 패러다임과 정상과학의 시각에서 그를 판단해야 하는 것이었다. 그럴 경우 아리스토텔레스는 비로소 바보나 엉터리가 아니라 위대한 과학자가 되는 것이다. 쿤은 과학적 지식은 누적되는 것이 아니고 과학적 혁명, 패러다임 교체와 관련이 있다고 생각하게 되었다.

쿤에 따르면 패러다임들은 탈역사적이고 객관적인 공통의 척도 (ahistorical and objective common criteria)가 없어서 '통약불가(通約不可, incommensurable), 비교 불가하다. 패러다임은 과학자 공동체 구성원들이 공유하는 믿음, 가치, 기법 등의 총체로서 상대적 성격을 갖고 있기 때문이다. 즉 어떤 패러다임이 더 좋은지를 판단할 근거가 없으므로 더 좋은 이론이라는 개념은 존재할 수 없다. 낙하하는 사과에 적용되는 패러다임(뉴턴의 역학)과 원자 내부의 동학에 적용되는 패러다임(퀀텀 물리학) 중 어떤 것이 더 좋은 이론인가? 쿤은 비교 불가하다고 주장하고 있다.

　캠브리지대의 포퍼 교수의 제자인 임레 라카토스(Lakatos 1970)는 이론의 검증 문제와 관련하여 포퍼와 쿤을 절충/종합하는 개념을 제시하였다. 그는 진리나 허위 등의 개념을 들먹일 필요없이, 그리고 패러다임이라는 개념을 사용하지 않고도 과학적 지식의 진보를 이야기할 수 있다고 말했다. 그는 중요한 것은 과학은 "전향적인 연구프로그램(progressive research programme)"[4]을 통해 진보한다는 사실이라고 주장하였다. 그에 따르면 연구프로그램은 이론의 근본적 전제들(assumptions)을 포함하는 '중핵(hard core)'과 보조가설들(auxiliary hypotheses)을 포함하는 '보호대(protective belt)'로 구성된다. 보호대의 역할은 변칙사례들이 중핵을 침범하고 무력화하지 못하도록 하는 데 있다. 보호대는 변칙사례가 발생하면 보조가설(들)을 수정/재해석함으로써 중핵이 변화된 경험적 세계에 조응하도록 만드는 '문제 전환(problem shift)'의 역할을 수행한다. 그러나 모든 보조가설(들)의 수정/재해석이 생산적인 것은 아니다. 라카토스는 '문제 전환'은 (1) 변칙사례들을 설명함으로써 중핵을 보호하는가, 그리고 (2) 새로운 사실들을 생산하는 능력이 있는가(새롭게 알게 된 것이 있는가)를 기준으로 평가되어야 한다고 말했다. 그는 보조가설(들)의 수정/재해석이 더 높은 설명력/예측력을 가져오는 경우 연구프로그램은 '전향적(progressing)'이고, 그것이 단지 변칙사례의 발생에 대해 대응해야 하는 필요성 때문에 강구되었고, 중핵

....

4　과학철학자들은 캠브리지 대학에서 수학한 라카토스의 업적을 차별화해 부르기 위해 그의 프로그램은 미국식 표현인 program이 아니고 영국식 표현인 programme을 사용한다.

을 유지하는 것 이상의 역할을 하지 못한다면 연구프로그램은 '퇴행적(degenerating)'이며, 보조가설의 수정/재해석이 실패하는 경우가 많아지면 연구프로그램의 중핵은 약화된다고 제시했다.

이론이나 모델이 반드시 경험적 검증을 필요로 하는 것은 아니다. 실제로 경험적 검증을 공개적으로 거부하는 이론가들도 적지 않다. 즉 관찰 가능한 영역만을 연구의 대상으로 인정하거나, 연구대상에 대한 연구자의 주관적 개입이 배제될 수 있다고 보는 이른바 '가치중립적(value-free)' 실증주의는[5] 국제정치의 실재와 실체를 정확히 그리고 타당하게 연구할 수 없다고 보는 탈실증주의적 이론가들은 경험적 검증은 위험하기까지 하다고 주장한다. 예를 들어 보자. 토니 스미스(Tony Smith)는 종속이론(Dependency theory)이 설득력이 있으려면 구체적인 경험적 가설을 제시하라고 요구했지만(Smith 1973; 1981), 카르도소(Henrique Cardoso)와 같은 종속이론가들은 탈실증주의 존재론과 인식론을 실증주의적 잣대로 평가하려는 자세 자체가 무모하다고 반박하였다. 종속이론의 진수이자 백미는 경험적 검증의 대상이 되지 않는 비가시적인 관계와 시공간적으로 구체적인 맥락에 존재하는데 이에 대해 무관심한 '코 사이즈가 큰 실증주의적 그물'로는 종속이론을 구성하는 작지만 '성성한 물고기들'을 다 놓친다는 반박인 셈이었다. 알렉산더 웬트(Alexander

....

5   실증주의는, 자연세상과 사회세상은 본질적으로 같거나 혹은 동일한 '방법'을 통해 연구하는 것이 바람직하다고 믿는 "자연주의(naturalism)"와 이론과 관찰은 분리될 수 있다는 지식의 "가치중립성," 그리고 사회현상을 연구함에 있어서도 물리적 세상과 마찬가지로 "규칙성"을 발견할 수 있다는 전제, 마지막으로 "과학적" 지식은 경험적 검증 혹은 반증에 달려 있다는 "경험주의"를 포괄하는 메타이론으로 정의할 수 있다. 은용수 (2021).

Wendt) 등 '중도론적(via media)' 구성주의자들을 제외한 이른바 '두터운(thick)' 구성주의자들, 그리고 마르크스주의자들이나 비판 이론가들(critical theorists) 대부분은 실증주의적 인식론 또는 경험 적 검증에 대해 거부감을 갖고 있다.

당위성을 강조하는 규범이론(normative theory)도 경험적 검증의 대상이 되기 어렵다. 마이클 월저(Michael Walzer)는 중세의 '정의 로운 전쟁론'으로부터 전쟁의 정당한 사유, 전쟁 수행에 대한 윤리 적 한계 등에 관한 원칙들을 도출하고 이를 현대의 정당한 전쟁론 을 구축하는 데 사용하였다. 예를 들어, 그는 징병된 군인들에게는 그것이 정의롭든 아니든 전쟁에 참여해야 할 책임이 없다고 주장했 다. "군인들의 도덕적 평등성(moral equality of soldiers)"의 논지이 다. 월저의 이러한 논지는 가치관과 관련한 설득력의 문제이지 경험 적으로 참인지 거짓인지를 가리는 검증 대상이 아닌 것이다. 그렇지 만 그의 『정당한 전쟁과 부당한 전쟁(Just and Unjust Wars)』[6]은 세 계적으로 존중받는 국제정치의 이론서이다.

2. 이론의 쓸모

이론의 궁극적인 목적 또는 용도는 무엇인가? 이론이 경험적 검

----

6   Walzer(2000). 이 저작에서 전쟁에서의 도덕의 문제, 특히 전쟁의 정당성과 부당성 측
    면에 초점을 맞춘 월저는 구체적으로 침략전쟁과 자위 차원의 전쟁, 국제사회에서의 국
    가의 권리, 정치적 공동체의 자결권, 간섭과 불간섭의 원칙, 예방전쟁과 선제공격, 중립,
    유용성(utility) 및 비례성(proportionality)의 원칙, 군사적 행위의 필연성, 전시 민간인
    과 비전투원의 권리, 부당한 행위에 따른 책임의 문제 등을 상세히 고찰하고 있다.

증에 의해 기각되지 않고 일반화되면, 또는 경험적 검증이 아니더라도 상당한 수준의 통찰력이나 설득력을 갖게 되면 인류의 문제를 해결하는 데 쓸모를 가지게 된다. 설득력이 있고 일반화된 이론은 시공간을 초월해 설명력/예측력을 가지므로 국제정치나 인류의 문제의 원인을 밝혀주거나 추론할 수 있게 해줌으로써 해결책을 도모하는 데 기여할 수 있다는 말이다. 단 여기서 문제해결이라는 용어는 주의를 필요로 한다. 중의적으로 사용될 수 있기 때문이다. '비판이론의 아버지'(Moolakkattu 2009)라고 할 수 있는 로버트 콕스 (Cox 1981)는 '문제해결 이론(problem-solving theories)'과 '비판 이론(critical theories)'을 구분해야 한다고 주장했다. 그것들의 목적과 문제의식이 전혀 다르기 때문이다. 그에 따르면 "이론은 항상 누군가를 위한, 특정 목적을 위한 것이다(Theory is always for someone and for some purpose)." 지식은 객관적일 수 없고 시공간의 제약을 초월할 수도 없다. 이러한 면에서 문제해결 이론은 기존 질서를 인정하고 따라서 부정의하고 불평등한 체제를 정당화하는 데 기여한다. 기존 질서를 잠식할 수 있는 문제를 해소함으로써 그 질서를 안정/유지시켜주기 때문이다. 반면, 비판 이론은 기존의 지배적인 질서에 근본적인 문제를 제기한다. 그리고 이 비판 이론은 해방적 변화를 이끌어낼 수 있는 사회 과정들을 찾고, 분석하고, 돕는 역할을 한다. 따라서 비판 이론은 잎사귀나 가지가 아닌 뿌리를 건드린다는 면에서 급진적이고 혁명적인 접근법이다. 콕스가 양 이론을 구분한 이유는 같은 명칭의 이론이라 해도 전자는 소수 지배계급의 이익에 복무하는 반면 후자는 다수 피지배계급의 이익을 대변하는 역할을 한다는 점을 부각하기 위함이었다. 즉 문제해결 이론은 소수의 문제를, 비판 이론은 다수의 문제를 해결한다는 서로 다른 목적을 가지고 있다는 점을 강조하고 있는 것이다.

콕스의 입장에 동의하는 사람도, 그렇지 않는 사람도 있을 것이다. 그러나 콕스의 관점을 수용한다 해도 이론이 문제해결을 목적으로 한다는 사실은 인정되어야 한다. 즉 양 이론이 계급적 이익의 차원에서 구분될 수는 있으나 그것이 소수의 문제든 다수의 문제든 문제의 해결을 목적으로 하고 있다는 점은 부인할 수 없는 사실이라는 것이다. 따라서 이론은 궁극적으로 문제해결을 목적으로 하고 있고, 그것의 쓸모도 문제해결과 직결되어 있다 할 것이다.

이론은 일반화된 가설체계로서 설명이나 예측, 또는 이해를 돕는 관념적 도구이기도 하지만 다른 각도에서 보면 그것은 특정 현상에 대한 설명/이해라는 목적을 달성하기 위해 분석가가 주목해야 하는 연구/조사의 영역과 목적에 맞는 적절한 분석 도구를 지시해 주는 역할도 한다. 그레이엄 앨리슨(Graham Allison)은 그가 "관념적 모델(conceptual framework)"이라고 부른 이론을 다음과 같이 정의하였다:

"관념적 모델들은 분석가가 특정 [외교안보적] 행동이나 결정을 설명하기 위해 수많은 연구자료 속에서 끌고 다니는 그의 고기잡이 그물의 코의 크기를 조절하고, 분석가에게 그가 원하는 고기를 잡을 수 있도록 그의 그물을 특정한 연못, 특정한 깊이로 투망할 것을 지시한다."

연못이 여러 개 있고, 각 연못에서 서식하는 물고기의 종류가 정해져 있다고 가정하자. 예를 들어, 연못A에는 '물고기 갑'이, 연못 B에는 '물고기 을'이 주로 서식한다는 것이다. 그리고 '물고기 갑'은 연못A의 바닥에서, '물고기 을'은 연못B의 수면 상에 서식한다고 가정하자. 그런데 낚시나 물고기의 서식 행태에 대해 무지한 나와 친구가 '물고기 갑'과 '물고기 을'을 각각 잡기를 원한다고 가정하자. 낚시그물만 가지고 있는 나와 친구는 각자가 원하는 물고기를 잡기 위해 이 연못, 저 연못의 수면, 수중, 연못 바닥에 투망하게 될 것이다. 그래서 운이 좋으면 원하는 결과를 얻을 수 있을 것이다. 그러나 우리는, 그렇게 운에 의존하여 시간과 비용이 많이 드는 방법보다 노련한 조사(釣士)에게 조언을 구하는 것이 낫다는 것을 안다. 조사는 나는 연못A의 바닥에, 그리고 친구는 연못B의 수면에 각각 고기잡이 그물을 던져보라고 일러 줄 것이다. 그리고 우리들이 잡고자 하는 물고기의 크기가 우리들이 가지고 있는 그물코의 크기보다 작다면 우리들에게 그 그물코의 사이즈를 줄이라고도 말해줄 것이다. 왜냐하면 작은 물고기들은 큰 그물코를 통해 다 빠져나갈 것이기 때문이다. 이것이 이론 또는 관념적 모델이 하는 일이다. 이론은 분석가가 자신이 찾는 사실이나 진실을 발견하기 위해 어디를 보아야 할지, 분석의 수준이나 단위는 어느 정도가 적절한지를 그에게 일러주는 역할을 한다.

이제 우리는 국제정치가 무엇인지, 이론이 무엇인지를 알았으므로 국제정치이론이 무엇인지를 알게 되었고, 따라서, 이러한 국제정치이론을 활용하여 다양한 각도에서 국제정치의 현상이나 문제의 원인을 찾아내고 처방을 내릴 수 있으며 나아가 국제정치의 미래에 대해서도 신뢰도 있는 예측을 할 수 있게 되었다. 구체적으로 우리는 이론을 사용하여 어떻게 국제정치의 미래를 예측할 수 있나? 예를 들어, 중국의 미래를 예측해보자. 먼저 세력균형론이 논리적, 경험적으로 타당하다고 판단하는 사람은 그러한 렌즈를 통해 중국의 미래를 예측하게 된다. 그가 보는 그림은 중국이 신장된 국력을 바탕으로 기존 패권국 미국과 힘의 균형을 이루게 되어 국제체제가 안정을 구가하는 모습일 것이다. 세력전이론을 타당한 이론이라고 판단하는 사람은 중국의 미래가 국제체제의 안정을 크게 위협할 것이라고 보게 될 것이다. 중국은 2차대전 후 미국이 구축한 국제질서에 오랫동안 불만족해왔지만 힘이 없어 그것을 바꿀 수는 없었다. 세력전이론에 따르면 중국은 이제 미국과 물적 역량이 비슷해진 상황에서 자신에게 불리한 질서를 자기 중심의 신질서로 대체하려 할 것이고, 미국은 자신 중심의 기존 질서를 수호하려 할 것이기 때문에 양국 간에는 무력충돌이 발생할 가능성이 높아질 것이다. 자유주의 관점의 '복합적 상호의존론(complex interdependence theory)'은 사뭇 다른 그림을 그린다. 이에 따르면 중국이 지속적으로 성장하고 대외개방이 가속화되면 국가 간 관계에서 사회적 주체들 간의 교류/소통망이 확장되고, 이슈의 탈위계화가 진행되어 군사력 사용의 빈도가 줄어들 것이기 때문에 미래의 미중관계와 국제질서는 안정적, 협력적으로 강화될 것이다. 여기에 물리력보다는 공유된 관념을 중시하고 주체의 정체성과 이익이 그러한 공유된 관념에 의해 구성된다고 보는 구성주의적 이론은 어떤 그림을 추가할 것인가? 자신과 타국에 대한 정체성이 국가의 외적 행위에 근본적인 영향을 미칠 것으로 보는 이 이론에 따르면 중국의 미래는 미국 등 서방이 중국에 어떻게 대할 것이냐가 중요하다. 중국의 대외적 행위는 자신이 어떤 주체인가에 대한 인식에서 비롯되는데 미국과 이른바 국제 사회가 중국을 적으로 규정하고 고립을 시키면 중국은 미국의 적이 될 가능성이 높고, 반대로 미국과 국제사회가 중국을 친구로 규정하고 그에 맞게 관계를 설정한다면 중국은 국제질서에 자연스럽게 편입될 수 있을 것이다(Snyder 2004).

IV. 결론: 국제정치이론을 어떻게 소비할 것인가?

위에서 본 바와 같이 우리는 중국의 미래는 또는 미국의 미래는 이러저러한 모습이 될 것이라며 나름의 국제정치이론을 소비한다. 그런데 우리가 국제정치이론을 소비할 때 주의해야 할 점이 몇 가지 있다. 첫째, 이론에 스며들어 있는 특정 가치관이 세상에 대한 실체적 이해를 방해하지 않도록 이론과 거리를 두고 속내를 간파해야 한다. 즉 비판적 분별력을 발휘해야 한다는 말이다. 국제정치이론은 물질이 아닌 마음이나 감정을 가진 인간 또는 인간의 집단에 관한 이론이다. 따라서 정도의 차이는 있겠지만 연구자가 연구대상에 대해 완전히 가치중립적으로 접근할 수는 없다. 오히려 연구자와 연구대상 간의 관계는 마치 과학자가 실험실에서 화학물질을 다루는 것과 같은 무심한 관계가 될 수 없으며, 연구자와 연구대상은 서로의 부분이 되어 연구 주체의 주관적 가치가 연구 과정에 개입될 수밖에 없다. 학문적으로 정직한 학자들은 국제정치를 당연히 객관적으로 보고 분석하고 이론화하려 할 것이다. 그러나 양심적인 학자라해도 그들이 의식하지 못하는 가운데 '시대의 영향'을 받는 자신의 가치관이 연구에 스며들 가능성을 부인할 수는 없다. 국제정치를 직접적으로 지각할 수 없는 인간의 인지적 한계로 인해 무엇이 분석의 대상이 되어야 하는가를 결정할 때부터 이미 그의 가치관이 개입될 것이기 때문이다. 따라서 우리는 국제정치이론을 접할 때 그 이론을 '있는 그대로' 받아들이기보다는 그것이 만들어진 또는 형성된 시공간적 배경을 동시에 이해하려는 노력을 기울여야 한다. 즉 이론의 이면에 은폐되어 있을 수도 있는 이론가의 가치관, 그리고 그의 가치관에 영향을 주었을 그의 시공간에 대해 파악할 필요가 있다는 것이다.

패권안정론(hegemonic stability theory)을 예로 들어 보자. 이 이론에 따르면 국제무역질서는 패권국이 존재할 때는 안정적으로 유지되지만, 패권국이 쇠퇴하거나 부재(interregnum)할 때는 불안정해진다. 국제무역질서의 안정을 유지하는 데 필요한 비용을 패권국이 감당하기 때문이다. 여기에는 두 가지 이슈가 있다. 첫째, 패권안정론자들이 말하는 안정이란 개방성을 의미한다. 그러나 패권국에게는 국제무역질서의 개방성의 증가가 안정성의 증가를 의미할지는 몰라도 어떤 나라에게는 개방이 불안정을 의미할 수도 있다. 그러니까 개방성이 모든 국가에게 공히 이익을 가져다 주는 공공재가 아니라는 말이다. 둘째, 패권국의 쇠퇴는 무역질서의 불안정성을 증가시키고, 이는 결국 모든 국가들에게 불이익이라는 말에는 모든 국가들이 패권국의 쇠퇴를 막는 것이 자신들의 이익이라는 정치담론을 담고 있다. 이 두 이슈가 패권안정론에 스며들어 있는 이유는 이 이론이 1970년대 초중반 미국이 쌍둥이 적자로 인해 자신이 구축한 '브레튼우즈 체제(Bretton Woods system)'를 포기할 정도로 경제력이 약화되고 있던 상황에서 제시된 데서 일부 찾을 수 있다. 당시 국제무역질서, 국제통화질서는 미국의 금태환 정지에 따른 달러패권주의의 붕괴로 불안정한 상태였기 때문에 패권안정론이 현상적으로는 설득력을 갖는 것처럼 보였다. 미국의 쇠퇴와 국제무역질서의 불안정 간에 상관관계가 있었기 때문이다. 따라서 처방은 세계 각국들이 미국의 경제력 회복을 위해 미국과 협력하는 것으로 암시되었다.

그러나 논쟁이 거듭된 결과 패권안정론은 미국의 이익에 복무하는 정치담론으로 비판받게 되었고, 1970년대를 지나 미국이 국력을 회복하면서 그 필요성이 줄어들었으며, 따라서 학술적/대중적 인기를 상실하였다. 물론 이 이론을 구축한 킨들버거(Charles Kindleberger)나 크래스너(Stephen Krasner)가 의도적으로 미국적 정치담론을 이론화했다고 할 수는 없을 것이다. 그러나 동시에 그들이 이론을 구축할 때 미국인들이 피할 수 없는 시대적 제약을 벗어났을 것으로 판단할 근거도 없다는 점도 간과되어서는 안 된다. 중요한 것은 우리가 이론을 접할 때 순진무구한 눈으로만 봐서는 안 되고, 그것이 가지고 있을 수도 있는 은폐된 가치관에 주목할 수 있는 비판적 분별력을 가져야 한다는 점이다.

둘째, 유사한 맥락에서, 우리는 국제정치이론을 주체적인 관점에서 소비할 수 있어야 한다. 여기서 주체적이라는 말은 자기를 사고나 행동의 중심에 둔다는 것을 뜻한다. 우리는 일상 생활에서 '사회적으로 상식이라고 간주'되는 것을 정당하고 타당한 것으로 받아들이는 경향이 있다. 그러나 상식은 그것이 사회적으로 합리성을 갖고 있기 때문이기도 하지만, 사회적 권력관계와 유리되어 사유될 수 없는 측면도 가지고 있다. 국제정치이론도 마찬가지이다. 이른바 '보편성을 가진 것으로 간주'되는, 다시 말해, "과거가 없어 보이는" 국제정치이론도 그 연원을 추적해 들어가면 특정한 시대의 특수한 상황에서 특정한 누군가가 인위적으로 만들어낸 것일 수도 있다. 그리고 그 이론이 보편화된 것으로 간주되기 시작했을 때 당시 경쟁하던 다른 사고와 행동방식이 이론 외적 요소에 의해 밀려났을 수도 있는 것이기 때문에 특정 이론이 제시하는 개념들이나 가설들은 자명한 "보편적 진실"이 아니고, 권력 작용의 산물일 수도 있다는 점을 이해하는 것이 중요하다.

우리가 국제정치이론을 타율적으로, 무비판적으로 수용하게 되면 적어도 두 가지 차원에서 오류와 실수를 범할 수 있다. 첫째, 발상의 자율성이 저해될 수 있다. 위에서 언급했듯이 이론의 주요 기능 중 하나는 의제설정으로서 "여길 봐!(Look here!)"라는 표현으로 요약된다. 국제정치이론은 국제정치에서 어떤 부분이 중요하고 가치 있는 것인지를 판단해준다. 특정 의제에 빛을 비추며 거길 보라고 지시하는 것이다. 그런데 문제는 우리에게 주어진 국제정치이론이 "학문적 의제설정 권력(어떤 것이 연구될 가치가 있는가, 어떻게 연구되어야 하는가 등을 둘러싼 담론적 권력)"[7]을 행사하여 우리들에게 "문제의식의 타율화"를 강제함으로써 "우리의 독자적인 문제의식을 형성하지 못하게 하거나 우리 사회의 맥락과 유리된 문제의식"을 갖게 할 수 있다는 데 있다. 우리는 우리가 알아야 할 역사나 현안 또는 우리의 현재나 미래의 사활적 이익이 걸려 있는 문제에 대

....

7   강정인(2016, 26). 국제정치이론과 관련한 의제설정 권력에 대해서는 전재성·박건영 (2002) 참조.

해 적극적으로 조명하지 않고 오히려 국제정치의 '보편적 문제라고 일컬어지는 이슈'에 대해 학문적 우선권을 부여하지 않는지 성찰할 필요가 있다.

둘째, 국제정치이론을 토착적 조건과 상관없이 보편성이라는 전제 하에 적용할 때, 특히 그것이 국가정책화될 경우 중대한 국가적 불이익을 발생시킬 수 있다. 이는 보편적이지 않은 또는 보편적일 수 없는 국제정치이론을 보편적이라고 무비판적으로 또는 자발적으로 받아들이기 때문에 발생한다. 국제정치학자, 전략가, 정책결정자 들이 가장 많이 소비하는 국제정치적 개념은 누가 뭐래도 세력균형이다. 한국도 예외가 아니어서 그들은 한반도의 국제정치를 설명하고 처방을 내릴 때 세력균형을 지도적 개념으로 사용한다. 그런데 여기서 중요한 것은 그들이 세력균형이라는 개념이나 이론을 한반도 외부의 관점 또는 강대국들의 관점에서 사용한다는 점이다. 이들의 관점에서는 한반도에서의 세력균형은 '좋은 것'이다. 세력균형은 현상유지를 뜻하고 따라서 안정을 의미하기 때문이다. 한반도를 둘러싼 강국들은 동북아의 화약고에서 파열음이 나오지 않길 바란다. 막대한 인적, 물적 비용이 요구되기 때문이며 중국 같은 경우는 국가나 공산당의 정당성이 기초해 있는 경제성장에 차질이 빚어질 공산이 크다고 보기 때문일 것이다. 사실 남한이나 북한에게도 안정은 '좋은 것'이다. 안정이 깨지면 긴장이 고조되고 나아가 전쟁이 발발할 수도 있기 때문이다. 그러나 주체가 누구냐에 따라 한반도의 안정 또는 현상유지가 좋지 않거나 덜 좋은 것이 될 수도 있다는 점이 강조되어야 한다. 한국의 국가목표 중 하나는 헌법에 적시되어 있듯이 한반도의 평화적 통일이다. 그런데 한국에게 절대적이고 사활적인 국익인 평화통일은 현상유지가 아니라 현상타파이다. 따라서 세력균형이론이 제시하듯 현상유지가 좋은 것이라면 현상타파인 한반도의 평화통일은 나쁜 것일까? 우리는 이러한 문제에서 보듯이 누구에게나 해당되는 좋고 나쁜 것은 없다는 것을 알게 된다. 누구에게 좋은지 나쁜지를 물어보아야 하는데 세력균형이론은 보편에 대해 이야기할 뿐 시공간적으로 구체적인 문제에 대해서는 침묵할 뿐이다. 미국은 한반도에서의 친미적인 통일국가를 선호한다. 그러나 통일의 과정에서 많은 비용이 들거나 종착점이 친미국가가 아닐 가능성이 높다면 현상타파에 반대할 것이다. 중국은 북한이 적화통일을 할 능력도 없고, 무모한 행동으로 인해 자신이 피해를 입을 것을 우려하고 있지만, 다른 한편, 당연히 친미국가가 한반도를 통일하는 것에는 반대할 것이다. 그러니까 불통불란(不統不亂), 즉 현상유지가 안전하다고 볼 것이다. 일본은 반일적인 동북아 강국의 출현을 결코 원하지 않을 것이다. 동북아 강국들 모두가 현상유지를 선호하는 입장인 것이다. 그러나 한국은 위에서 말했듯이 입장이 그들과 같지 않다. 전쟁과 같은 현상타파는 원하지 않지만 분단의 평화적 해결이라는 현상타파는 사활적 국익이기 때문이다. 요컨대 국제정치이론을 접할 때 우리는 주체적 안목을 필요로 한다. 세력균형론과 같은 지배적인 국제정치이론은 강대국 간 국제정치 현상의 전반적 패턴을 이해하는 데는 우리에게 유익할 수 있겠으나, 우리로 하여금 또는 우리의 태도 여부에 따라서는 다른 국가들의 이익이 우리의 이익이라는 착각을 일으키게 할 수 있는 정치적 담론이 될 수 있다는 점에 유의해야 할 것이다.

우리가 국제정치이론을 소비할 때 주의해야 할 세 번째 측면은 이른바 '자기실현적 예언(self-fulfilling prophecy)'과 관련이 있다. 이것은 분석가보다는 정책결정자들에게 더 해당되는 문제이다. '자기실현적 예언'은 우리가 어떤 것이 실제라고 믿음으로써 그것이 실제로 실제가 되는 예언이다. 일상적인 예를 들자면, 나는 내가 모르는 사람들이 많은 모임에 가게 되었다. 만일 내가 첫인상이 좋은 사람이라고 생각하지 않거나, 모임에 가도 나에게 말을 거는 사람이 없을 것이라고 생각한다면, 나는 모임에 가서 아마도 어색해하고 까칠하고 불안해할 것이다. 그렇게 되면 나를 모르는 사람들이 나와 대화하길 부담스러워하거나 피할 수도 있다. 나는 결과적으로 내가 첫인상이 좋지 않고, 모르는 사람들과 잘 어울리지 못한다는 나의 믿음을 강화하게 된다. 그리고 악순환이 일어난다. 반면, 내가 모르는 사람들과의 모임에 간다 해도 "좋은 친구들을 사귈 수 있게 될 것"이라고 마음을 지어먹고 웃는 표정을 보인다면 사람들은 나의 다정함에 호의적으로 반응하게 되고 나는 "실제로 좋은 친구들을 사귈 수 있게 된다." 서양 사람들의 경구적인 처세술이 나에게 좋은 충고가 되는 셈이다: "실제로 될 때까지 그런 척해라(fake it 'til you make it)." 자기실현적 예언이 실제로 작동한 사례로서 세계대공황 시기 '예금 인출 소동(bank run)'이 제시될 수 있다. 은행이 도산할 수 있다는 소문이나 가짜뉴스가 공포를 유발하자 그럴 수도 있겠다고 믿은 사람들은 은행의 자금이 소진되기 전에 자신들의 예금을 한시 바삐 인출하려 하였다. 당시 지불능력이 충분한 은행들도 이러한 소문이나 가짜뉴스로 인한 인출 소동으로 결국 도산할 수밖에 없었다.

국제정치이론도 이러한 자기실현적 예언의 대상이 되지 말란 법은 없다. 이러한 위험한 개연성을 갖고 있는 이론으로서 미중관계의 미래를 예측하는 세력전이론이나 '투키디데스의 함정'을 들 수 있다. 주지하듯이, 투키디데스는 펠로폰네소스 전쟁(431-404 B.C.)의 원인으로서 아테네의 '급부상(rise)'이 스파르타의 '공포(fear)'를 자극한 데서 찾았다. 스파르타는 자신의 동맹국 코린트가 아테네의 동맹국 코르시라와 충돌했을 때 코린트 방어에 나섰는데, 이는 스파르타가 동맹국을 잃을 경우 세상(그리스)이 아테네에 의해 지배될 것으로 보았기 때문이다. 아테네 역시 스파르타가 자신의 동맹국을 무력지원하기로 한 이상 같은 선택을 하지 않을 수 없었다. 어느 쪽도 선택하지 않을 결과가 초래된 것은 공포에 의한 자기실현적 예언이 작동되었기 때문이다. 국제정치이론과 미중관계의 미래와 관련하여 자기실현적 예언이 중요한 이유는 미중 양국 또는 이들의 동맹국들의 지도자나 전략가들이 미중 간 세력전이가 실제로 일어나고 있는지 불확실한 상태에서 중국위협론, 세력전이론, '투키디데스의 함정' 등의 이론이나 담론을 맹신하여 위협을 과장하거나, 이것들을 국내정치적으로 이용하려 할 때 전쟁의 위험이 증가할 것이라는 점이다. 말이 씨가 되는 것이고, 함정이 그야말로 함정이 되는 셈이다. 자기실현적 예언은 합리적 선택으로 이어져 위험이 증폭될 수도 있다. 적의 선제공격이 임박했다고 인식(또는 오인)되는 경우 적의 선제공격을 선제공격하는 것이 유리할 것이기 때문이다. 북미 간에 발생한 1994년 여름 '한반도의 전쟁 위기'가 전형적인 사례가 될 것이다. 펠로폰네소스 전쟁의 원인이 스파르타의 공포라고 본 투키디데스, 그리고 냉전의 원인을 소련의 피해망상이라고 본 조지 케넌(George Kennan)도 이러한 '자기실현적 예언'의 힘을 보여주고자 한 성찰적인 사가였다(Pan 2012, 85).

참고문헌

강정인. 2016. "서론: 서구중심주의에 대한 우리 학문의 이론적 성찰과 대응." 강정인 편. 『탈서구중심주의는 가능한가』. 서울: 아카넷.

박건영. 2020. 『국제관계사: 사라예보에서 몰타까지』. 서울: 사회평론아카데미.

은용수. 2021. "국제정치학의 메타이론: 존재론과 인식론." 박건영·신욱희 편. 『국제정치이론』. 서울: 사회평론아카데미.

이용희. 2017. 『국제정치원론』. 서울: 연암서가.

전재성·박건영. 2002. "국제관계이론의 한국적 수용과 대안적 접근." 『국제정치논총』 42(4).

토마스 S. 쿤. 2013. 『과학혁명의 구조』. 김명자 옮김. 서울: 까치.

칼 포퍼. 2001. 『추측과 논박 1』. 이한구 옮김. 서울: 민음사.

Cox, Robert W. 1981. "Social Forces, States and World Orders: Beyond International Relations Theory." *Millennium: Journal of International Studies* 10(2): 126-155.

Lakatos, Imre. 1970. "Falsification and the Methodology of Scientific Research Programs." in Imre Lakatos and Alan Musgrave (eds.) *From Criticism and the Growth of Knowledge: Proceedings of the International Colloquium in the Philosophy of Science, London, 1965* Vol. 4. Cambridge, UK: Cambridge University Press.

Moolakkattu, John S. 2009. "Robert W. Cox and Critical Theory of International Relations." *International Studies* 46(4): 439-456.

Pan, Chengxin. 2012. *Knowledge, Desire and Power in Global Politics: Western Representations of China's Rise.* Northampton, MA: Edward Elgar Pub.

Przeworski, Adam and Michael Wallerstein. 1988. "Structural Dependence of the State on Capital." *The American Political Science Review* 82(1): 11-29.

Rosenberg, Justin. 2016. "International Relations in the Prison of Political Science." *International Relations*, April 12.

_____. 2010. "Basic Problems in the Theory of Uneven and Combined Development. Part II: Unevenness and Political Multiplicity." *Cambridge Review of International Affairs* 23(1).

Smith, Tony. 1979, "The Underdevelopment of Development Literature: The Case of Dependency Theory." *World Politics* 31(2): 247-288.

_____. 1981. "The Logic of Dependency Theory Revisited." *International Organization* 35(4): 755-761.

Snyder, Jack. 2004. "One World, Rival Theories." *Foreign Policy* 145: 52-62.

Walzer, Michael. 2000. *Just and Unjust Wars: A Moral Argument with Historical Illustrations.* New York, NY: Basic Books.

국제정치학의 고전에 대한 이해

박건영(가톨릭대학교 국제학부)

I. 서론

　인간은 지각능력의 한계로 인해 국제관계의 동학을 인식하거나 그 논리를 설명/이해하기 위해서는 복잡다기한 현상을 단순화하고 중요한 부분을 '클로즈업(close-up)'시켜주는 일종의 관념적 '줌-렌즈(zoom-lens)'를 필요로 한다. 국제관계학자들은 주요 줌 렌즈로서 현실주의(Realism), 자유주의(Liberalism), 마르크스-레닌주의(Marx-Leninism)를 꼽고 있다. 이 장에서 필자는 이러한 줌-렌즈 또는 관점(perspective)의 철학적 태두 또는 기원으로 평가되는 고전적 저작 중 현실주의적인 투키디데스(Thucydides)의 『펠로폰네소스 전쟁사(Ίστορίαι, History of the Peloponnesian War)』와 니콜로 마키아벨리(Niccolò Machiavelli)의 『군주론(Il Principe, The Prince)』, 자유주의적인 임마누엘 칸트(Immanuel Kant)의 『영구평화론(Zum *ewigen Frieden: Ein philosophischer Entwurf, Perpetual Peace: A Philosophical Sketch)*』, 그리고 마르크스-레닌주의적인 블라디미르 레닌(Vladimir Lenin)의『제국주의론(*Империализм как высшая стадия капитализма, Imperialism, the Highest Stage of Capitalism)*』을 독자들과 강독하면서 현대의 정치지도자·전략가·학자·국제학도 들이 의식적, 무의식적으로 소비하는 국제관계학적 지식의 기원이 어디에서 발원하였는지, 그리고 그러한 지식의 기원은 어떤 정치적·경제적·사회적·문화적·사상적 맥락에서 생산 또는 형성되었는지를 토론해보고자 한다. 우리가 세계·동아시아·한반도 문제를 계보학적(genealogical)인 '빅 픽처(big picture)'의 관점에서 깊이 있고 조리 있게 분석하는 "식견 있는 이론적 소비자"가 되기 위해서는 '시간의 심판'을 견디어 낸 이와 같은 국제관계학의 고전에 대한 이해는 필수불가결하다 할 것이다.

II. 투키디데스의『펠로폰네소스 전쟁사』의
국제정치이론적 개관

현실주의 관점의 기원 중 하나로 간주되는『펠로폰네소스 전쟁사(401 B.C.)』는 기원전 431년에 발발하여 404년까지 지속된 헬라인들(그리스인들)의 세계대전[1] 또는 패권전쟁에 대해 "있는 그대

....

1 투키디데스는 서문에서 펠로폰네소스 전쟁이 그때까지 일어난 최대 규모의 전쟁이 될 것이라고 적었다.

로"의 사실에 기초하여 그 원인, 과정, 함의를 담은 노작이다. 저자인 투키디데스는 전직 군인이자 사가(史家)로서 헬라인들에게 전쟁의 교훈을 남기기 위해 사실적 내러티브를 만들었지만, 사실(facts)을 "역사적 사실(historical facts)"[2]로 선택하는 주관적 작성 과정에서 삶과 죽음, 그리고 전쟁과 평화란 무엇이고 어떻게 이해/접근되어야 하는가와 관련한 그의 세계관과 가치관을 드러내었고, 이는 20세기 초/중반 국제관계학이 태동하고 체계화된 이후 이른바 현실주의로 명명된 세상을 보는 줌-렌즈의 핵심적 구성요소가 되었다. 아래에서는 투키디데스가 『펠로폰네소스 전쟁사』에서 이야기하고자 했던 바가 무엇이었는지, 그리고 그것이 현실주의적 국제정치관과 어떻게 연결되는지에 대해 살펴보자.

투키디데스는 대전쟁에 대한 기록을 남기면서 현재의 국제정치이론의 관점에서 보면 세 가지 주요 질문을 던진 셈이었다. 인간의 본성은 무엇인가? 또 전쟁의 원인은 무엇이고, 국제정치와 도덕의 관계는 어떤 것인가? 그러나 이에 앞서 투키디데스의 사관은 현재의 관점에서 말하자면 메타이론적으로는 실증주의, 그리고 가치관은 현실주의와 닿아 있다는 점에 대해 간략히 논의해보자. 실증주의자로서의 투키디데스는 현실주의라는 이름을 세상에 내놓은 영국 사가이자 국제정치 이론가인 카(Carr 1964)와 연동되어 논의될 수 있다.[3]

....

2 카에 따르면 사실들은 역사가가 사고(史庫)에서 그것을 "꺼내" 세상에 알렸을 때 비로소 역사적 사실이 될 수 있다. 즉 모든 과거에 일어났던 사실은 시대의 기준에 영향을 받은 역사가들의 해석적 선택에 의해 우리에게 역사적 사실로 다가오는 것이다. Carr(1961).

그는 전쟁으로부터 도출되는 교훈이 인간들에게 설득력이 있으려면 자신과 같은 사가가 "사실을 있는 그대로 말해야 한다(Let the facts speak for themselves)"고 생각했다. 즉 그는 인간의 본성으로부터 도출되는 객관적 사실은 "있는 그대로" 기술되어야 하며, 그로부터 교훈을 얻은 인간이 비로소 전쟁이라는 '자초한 비극'에서 벗어날 수 있는 가능성이 열릴 수 있다는 점을 강조하였던 것이다. 그는 『펠로폰네소스 전쟁사』에서 절대로 해석이나 설명을 시도하지 않았다. 사고나 추론이 필요한 경우에도 그는 화자나 연설자의 뒤에 머무를 뿐 결코 전면에 나서 안내자나 해설자가 되려 하지 않았다(de Romilly 2012, 47). 그리스 문명의 소멸을 막은 대페르시아전쟁이 망각되지 않도록 『역사(Ἱστορίαι, The Histories, 440 B.C.)』를 쓴 '역사의 아버지' 헤로도토스와는 달리 투키디데스는 결정적인 순간에 신을 등장시키지도 않았고, 편년체 서술의 본령에서 좀처럼 옆으로 새는 일도 없었다. 그를 직접 인용하자면,

"사실에 관하여 시인들이 과장하거나 산문사가가 일의 진상보다도 귀를 기울이게 하기 위해 모은 것 따위를 신용하지 않고, 또 옛 일이라도 증명할 도리도 없는 채 미담으로 되어버린 사항 등을 진실로 생각지 않고, 고사에 대해서도 그에 상응하여 되도록이면 명백한 증거를 기초로 진실을 추구하는 것을 원칙으로 하였다… 개개의 사실

....
3   카는 "그래야 하는 대로(ought to be)"가 아닌 "있는 그대로(as it is)"의 사실을 본다는 면에서 현실주의가 문제해결 능력이 있다고 보았다. 그러나 그는 실증주의자라기보다는 '사실-역사가' 간의 불가분의 관계를 명백히 했다는 점에서 탈실증주의자에 가까운 사가였다.

에 대해 있는 그대로 내가 할 수 있는 한 탐구한 결과에 바탕을 두고 쓰는 것을 첫째로 삼았다. 그러나 이것은 힘든 일이었다. 왜냐하면 각각의 자리에 있었던 사람들이라도 편견이나 기억의 차이에 의해 같은 사실에 대해서도 똑같이 전하지 않았기 때문이다."

투키디데스는 이와 같은 실증주의적 역사관이야말로 전쟁 그 자체를 객관화할 수 있고, 따라서 아이러니하게도, 가치중립적인 전쟁사가 설득력과 '쓸모(usefulness)'를 가질 수 있다고 보았다. 요컨대, 그는 모겐소(Hans Morgenthau), 월츠(Kenneth Waltz), 미어샤이머(John Mearsheimer) 등 현대의 많은 현실주의 국제정치 이론가들과 마찬가지로 경험적 증거를 가지고 전쟁이라는 인류적 문제를 해결할 수 있는 방책을 찾았던 것이다.

투키디데스는 인간의 본성을 "자연에 의해 사악(naturally bad)"하며, 따라서 공격적이라고 보았다. 이와 같이 사악한 인간의 본성은 문명적 삶의 필수조건인 법과 제도 등 문화―당시 헬라인들 간의 내전이 파괴하고 있는―에 의해 잠시 억지될 뿐 문화와 문명의 외피가 벗겨지면 본색을 드러낸다는 것이다(Reeve 1999, 436). 워너(Warner 1972, 245)는 그를 조리 있게 인용하고 있다:

"문명적 삶의 통상적 제도가 혼돈에 빠지면 인간의 본성―법이 존재하는 상태에서도 항시 공격할 준비를 갖추고 있는―이 자랑스럽게 본색을 드러낸다. 인간의 본성은 감정을 통제하지 못하며, 정의에 대해 코웃음을 치고, 그것[본성]보다 고상하고 우월한 것들을 결코 인정하지 않는다."

그는 이와 같은 비관적이고 현실주의적인 관점에서 『펠로폰네소스 전쟁사』를 쓰면서 인간의 본성은 시공간을 초월한 보편적 사실이라는 점을 강조하였다. 그는 구체적으로 현대의 현실주의 국제정치학의 존재론적인 특징인 토대주의적(foundationalist) 또는 본질주의적(essentialist) 면모를[4] 보여주었다:

"과거의 사건이나 이와 비슷한 것은 인간의 통유성(通有性, in the course of human things)에 따라 장래에도 다시 일어난다는 것을 명확히 알고자 하는 사람에게는 이 책이 유익하다는 것을 충분히 인식할 수 있을 것이다."

투키디데스는 인간 본성이 변하지 않는 한 같은 일이 되풀이 될 것으로 보았다. 평화가 아닌 전쟁이 인간의 조건이며, 참혹한 전쟁은 영원히 반복될 수 있다고 우려했다. 그러나 인간은 학습능력이 있는 동물이 아닌가? 앞서 언급했듯이 투키디데스는 인간이 전쟁으로부터 교훈을 얻으면 사악한 본성에 끌려 참극을 피할 수 있을 것으로 생각했다. 따라서 그에게 전쟁이란 "폭력적인 교사"인 셈이

....

4 토대주의는 "주어진 것(as given)" 또는 제1원칙으로 간주되는 토대적인 실재(實在) 또는 본질(foundational entities)을 전제하고, 그것에 존재론적 우선순위를 부여한다. 실재(reality)는 의미(signification)에 대해 선험적이고 그로부터 벗어나 외적으로 존재한다는 것이다. 많은 이론들은 이를 수용하고 그러한 토대나 본질 그리고 그것들의 기원에 대해 설명을 시도한다. 국가주권(sovereignty)이라는 개념은 토대주의의 전형적인 예가 될 수 있다. 주권이라는 개념은 17세기 유럽의 구체적인 시공간적 맥락에서 형성된 것이고 지속적으로 변형되고 있는데 토대주의자들은 그것을 누적된 실천의 개방적이고 가변적인 결과를 구성한다고 보지 않고 오히려 실천적이고 담론적인 맥락과는 무관하게 선험적으로 주어진 당연한 존재론적 위상을 갖는 것으로 이해하는 경향이 있다.

었다.

투키디데스는 이러한 교훈은 전쟁의 원인 규명에서 비롯된다고 생각했고,『펠로폰네소스 전쟁사』를 통해 전쟁의 원인에 대한 일반화/이론화를 시도하였다.

"왜 헬라스에서 이런 대전쟁이 일어났는가를 앞으로 누구도 찾을 필요가 없도록, 무엇 때문에 그들이 그 조약을 파기했는지, 양자의 탄핵의 이유와 차이 나는 점은 무엇인지… 한때 갈채를 받기 위해서가 아니라 불멸의 재산으로서 이 책을 썼다."

투키디데스는 전쟁의 원인이 공포(fear)에 기인하며, 그러한 공포는 잠재적 적의 급속한 국력 신장(rise)에 의해 야기되는 것이라고 생각했다. 그리고 적의 급성장과 공포가 국가 간 관계 또는 국제정치체제에 부과하는 구조적 스트레스는 전쟁을 불가피하게 만든다는 것이었다. 이는 오르갠스키(A. F. K. Organski)의 세력전이론 (Power transition theory)이나 앨리슨의 '투키디데스의 함정(Thucydides Trap)'이라는 개념, 또는 1차대전의 발발을 설명하는 모겐소의 세력균형론에 직접 닿아 있는 발견이었다:

"사실 진짜 설명은 이해하기 어렵긴 하지만, 아테네가 강대해져 라케다이몬인에게 공포심을 불러일으킨 것이 전쟁을 필연적으로 일으켰다고 나는 생각한다."

투키디데스의 세계관, 특히 국제정치와 도덕 간의 관계에 관한 그의 입장도 주목의 대상이다. 그의 국제정치적 가치관은 한마디로 약육강식이 인간 삶의 영원한 현실이라는 것이다. 다시 말해 힘의 논리는 "있는 그대로(as it is)"의 국제정치를 설명할 뿐 아니라, 국제정치의 정당하고 타당한 현실적 규범이며, 정의나 권리는 힘에 의해 지지되지 않는다면 한낱 공허한 염불이나 쓸데없는 타령에 지나지 않는다는 것이다. 그는 "국가와 군사력을 물신화(fetishizes)하고 국제질서에서의 진보적 변화 가능성을 일축하면서" '힘이 곧 정의(might makes right, 또는 힘센 자가 결정권을 갖는다)'라는 현대의 '레알폴리틱(Realpolitik)'(Bell 2009, 2)의 원조인 셈이다.

III. 『펠로폰네소스 전쟁사』 강독

1. 전쟁의 역사

투키디데스의 사관과 가치관이 『펠로폰네소스 전쟁사』에서 구체적으로 어떻게 나타나 있는지 살펴보자. 기원전 6세기부터 주변의 약소 도시국가들을 보호하는 군사적 주체이자 펠로폰네소스 동맹의 맹주였던 라케다이몬인들의 스파르타는 페르시아가 그리스를 침공하여 전쟁(B.C. 492-448)이 발발하자 전 그리스를 결집시키며 전승을 이끌어내는 데 공을 세웠다. 그러나 전후 스파르타는 전 그리스를 포괄하는 헬레나 동맹을 유지하지 못하고 원래 회원국들로만 구성된 펠로폰네소스 동맹만을 이끌게 되었다.

아테네는 스파르타가 자진해서 패권으로부터 퇴각함으로써 생겨난 권력공백을 자신이 메꾸고자 하였다. 테미스토클레스는 스파르타의 공개적 반대에도 불구하고 아테네에서 피레우스 항구까지 연결되는 성벽을 건설하고 해군력 강화에 나섰다. 페리클레스는 스파르타의 동맹국이었던 메가라를 포함하는 델로스 동맹을 결성하고(B.C. 478), 군사력 증강에 나섰으며, 재원 조달을 위해 해상무역 및 조공체계를 강화하였다. B.C. 453년 페리클레스는 페르시아의 재침 가능성을 제시하며 델로스에 있는 동맹의 금고(金庫)를 아테네로 옮겼다. 이 무렵 아테네는 명실공히 제국이 되어 에게해와 지중해를 지배할 수 있는 위치에 오르게 되었다. 아테네는 이제 동맹국들을 파트너가 아닌 식민지로 취급하며 동맹을 탈퇴하려는 회원국들에게 무력을 사용하여 줄서기를 강요하기에 이르렀다.

스파르타 내에서는 강력해지는 아테네에 대한 공포가 일기 시작했다. 스파르타와 아테네는 30년 동안이나 크고 작은 전투행위를 지속해오고 있었다. B.C. 445년 이들은 정전협정을 체결했고, 양 동맹 사이에 불안정한 평화가 유지되었다. 그러나 B.C. 433년에 이르러 그간 그리스의 국제체제에 축적되어온 국제정치적 스트레스가 임계점에 달하는 위기가 발생했다. 아테네가 3대 해군국인 코르키라와 상호방위조약을 맺은 것이었다. 스파르타의 동맹국 코린토스는 아테네가 자신의 식민지인 코르키라에 접근하여 자신의 안보를 위협한다고 판단하고 불만을 표시했다. 아테네가 위협적으로 나오자 스파르타는 코린토스에 대한 무력 사용은 정전협정 위반이자 자신에 대한 도발이라며 경고했다. 스파르타는 자신의 경고가 무시되자 아테네와의 정전협정을 폐기하였다. B.C. 431년 스파르타의 동맹국 테베와 아테네의 동맹국 플라타에아 간의 무력갈등이 발생했고, 후자가 승리했다. 아테네 제국의 부상에 실존적 위협을 느낀 스파르타는 더 늦기 전에 일전이 불가피하다고 판단했고, 헬라인들 간의 대전쟁은 이렇게 시작되었다.

2. 멜로스 대화

전쟁 중 아테네는 멜로스 장악을 시도하게 된다. 멜로스인들은 스파르타 계이긴 하나 이 전쟁에서 중립을 선택하였다. 아테네는 B.C. 416년 군대를 보내 멜로스가 항복하고 자신에게 조공을 바칠 것을 요구하였다. 아테네는 요구가 수용되지 않으면 멜로스인들은 파멸을 각오해야 한다고 위협하였다. 투키디데스는 아테네 사절단과 멜로스 정부 요인 간의 회담을 극화하면서 국제정치의 규범에 관한 그의 "현실주의적" 관점을 피력하였다:

아테네 사절단: 여러분은 라케다이몬의 이민(移民)이면서도 전투행위에 가담하지 않았다든가, 우리에게 아무런 부당한 행위도 하지 않았다는 것을 방패로 삼아 우리를 설득하려 한다면 우리는 그런 여러분을 상대할 생각이 전혀 없습니다. 우리는 여러분들이 현실적으로 가능한 범위 내에서 대안을 선택하길 기대합니다. 여러분들은 우리들과 마찬가지로 세상의 이치를 잘 알고 있다고 생각합니다. 권리라는 것은 힘이 비슷한 사이에서나 이야기될 수 있는 것입니다. 강자는 자신이 할 수 있는 것을 하며, 약자는 자신이 해야만 하는 것을 할 수밖에 없는 것입니다. 이는 만고의 진리입니다… 우리가 여기에 온 것은 우리 지배권의 이익을 위해서며, 또 이 회담은 귀 도시의 존

망을 논의하기 위해서라는 두 가지 점을 명백히 해두고 싶습니다. 힘들이지 않고 여러분을 지배하에 두는 것이 우리의 관심사며, 또 쌍방에 이익을 가져올 여러분의 안녕도 희망하고 있습니다.

멜로스 위원단: 여러분의 지배에 굴복하는 것이 어째서 우리에게 좋은 일이 될 수 있습니까?

아테네 사절단: 여러분은 무서운 피해를 입기 전에 투항할 수 있고, 우리는 여러분을 해치지 않고 이익을 얻을 수 있기 때문입니다.

멜로스 위원단: 여러분은 우리가 중립국으로서, 적이기보다는 우호국으로서 어느 진영에도 가담하지 않고 있는 상태를 인정할 수 없습니까?

아테네 사절단: 그럴 수 없습니다. 여러분들의 적대행위가 우리를 해할 수는 없습니다. 오히려 우리가 여러분들과 적당히 타협하여 우호관계를 유지하는 것이 우리에게 더 해가 될 것입니다. 그렇게 되면 우리 시민들은 우리가 힘이 약하다고 볼 것입니다. 우리 시민들은 여러분들의 우리에 대한 적대행위와 혐오를 통해 우리가 힘이 세다는 것을 알게 될 것입니다.

멜로스 위원단: 여러분이 지배하는 나라들을 생각해보십시오. 그들은 여러분과는 무관한 도시와 여러분의 식민도시면서 모반하여 진압된 많은 도시를 여러분이 동일시하는 것을 정당하다고 생각하겠

습니까?

아테네 사절단: 정의라는 점에서는 어느 쪽도 다를 것이 없다고 생각할 것입니다. 그러나 독립을 유지할 수 있는 것은 그 도시의 실력 때문이며, 우리도 그 점을 두려워하여 공격하지 않는 것이라고 이해할 것입니다. 우리의 안전은 속국을 늘리고 다른 도시를 정복함으로써 보장되기 때문에, 여러분이 힘이 약해 독립을 유지할 수 없다면 결국 굴복하게 될 것입니다.

멜로스 위원단: 여러분은 제국을 유지하기 위해, 또 피지배국은 그 지배의 멍에를 벗어나기 위해 그런 극단적인 모험을 하는데, 아직 자유를 누리는 우리가 노예가 되기 전에 모든 수단과 방법을 강구해보지 않는다면 그야말로 의롭지 못하고 비겁한 일일 것입니다… 라케다이몬인은 우리가 그들과 같은 부족이라는 사실과 의무감에서 무슨 일이 있든 우리를 구원하지 않으면 안 될 입장에 있습니다.

아테네 사절단: 신의 법은 분명히 자연의 법칙에 의해 우월한 자가 언제나 이기는 게 인도(人道)라는 것을 우리는 상식적으로 이해하고 있습니다. 이 법칙은 우리가 결정한 것도 아니고, 처음 이용하는 것도 아니며, 예로부터 존재해 영구히 이어져가는 것이며, 우리는 그에 따라 행동하고 있는 데 불과합니다. 그리고 여러분뿐만 아니라 누구라도 우리와 같은 권좌에 오르면 같은 행동을 취하리라는 것을 우리는 알고 있습니다… 라케다이몬인의 진면목은 자기 자신들이나 자국의 법에 대해서만 발휘되며, 다른 국민에 대한 태도에 관한

한 그 악평은 누구나 다 아는 사실입니다.

멜로스 위원단: 우리는 우리를 구원하는 것이야말로 그들의 이익이라고 믿고 있습니다. 즉 그들의 식민도시인 멜로스를 배반하면 헬라스 도시들의 불신을 살 뿐이고, 이렇게 되면 자신의 적을 간접적으로 돕게 될 것이기 때문입니다.

아테네 사절단: 원조국의 관심사는 피원조국의 호감을 얻는 것이 아니라 그들의 실력입니다. 라케다이몬인은 특히 그 점을 중요시합니다. 아무튼 그들은 자국의 군사력도 불신하여 이웃나라를 공격할 때 수많은 동맹군을 데려갑니다. 따라서 우리가 제해권을 장악하고 있는 한 그들이 섬으로 건너오는 일은 아마 없을 겁니다.⋯ 여러분은 자기 영토를 지닌 채 진공국(進貢國)이 되라는 온당한 요구를 가장 강력한 도시가 제안하고 있는 것을 부당하다고 보아서는 안 될 것입니다. 게다가 전쟁이냐, 안전이냐 하는 양자택일을 강요받고 있는 지금, 어리석게도 공명심에 사로잡혀서는 안 됩니다. 왜냐하면 대등한 자에겐 결코 양보하지 않고, 강자와는 친분을 맺고, 약자에겐 온당하게 대하는 자야말로 대개 성공을 하기 때문입니다. 그럼 우리는 퇴장할 테니, 여러분은 자신들에게 둘도 없는 조국의 존망이 이 한 번의 논의에 달려 있음을 새삼 명심하고 충분히 검토하기 바랍니다.

투키디데스에 따르면 멜로스 위원들은 회담에서 아테네에 항변해온 그 선에서 결론을 내리고 다음과 같이 회답했다:

아테네인에게 알립니다. 멜로스는 종전 주장대로 결의했습니다. 700년의 전통이 있는 이 나라에서 촌각이라도 자유가 사라지는 일을 우리는 허용하지 않을 것입니다. 오늘까지 이 나라를 지켜준 천우신조와 라케다이몬의 지원을 믿고 우리는 자신들을 구원하는 데 전념할 것입니다. 따라서 우리는 여기에서 멜로스가 아테네의 우호국으로서 중립을 유지하고 양국이 양해할 수 있는 조건 아래 본영토에서 귀군이 철수하는 조약 체결을 여러분에게 요구하는 바입니다.

그러나 멜로스는, 내부에서도 배신자가 나와, 마침내 아테네에 무조건 항복하고 말았다. 아테네는 사로잡은 멜로스의 성인 남자를 모두 살해하고 부녀자들은 노예로 팔았다. 그리고 뒤에 아테네는 500명의 이민을 멜로스에 보내 그곳에 정착하도록 했다. 멜로스 사건은 투키디데스의 국제정치관이 현실로 드러난 사례가 되었다. '멜로스 대화'에서 나타난 그의 세계관은 현실주의 국제정치이론의 가치관적 골간을 이루고 있다. 즉 정치와 도덕의 분리, 약육강식, 생존을 위한 중립불가 동맹전략, 국가주권의 불가침성뿐 아니라 "모든 국가는 국력이 성장하면 패권을 추구할 수밖에 없다"는 이른바 "강대국정치 비극론(The tragedy of great power politics)" 등을 담고 있다. 특히 후자는 21세기 중국의 부상과 관련하여 국제정치이론계의 최대의 화두가 되고 있는 개념이다. 과연 중국은 자신이 공언하듯 평화롭게 부상할 수 있을 것인가? 공격적 현실주의자 미어샤이머(John Mearsheimer 2014)는 19세기 초중반 급성장하던 미국이 몬로독트린(1823)을 내세우며 서반구의 패권을 추구했듯이 21세기 중국도 마찬가지로 아시아 지배를 추구하게 될 것인바, 이를 막으려는 미국과의 충돌, 즉 '강대국정치의 비극'은 불가피하다며 투키디데스의 통찰력을 동원하고 있다.

IV. 니콜로 마키아벨리의 『군주론』

투키디데스의 『펠로폰네소스 전쟁사』와 함께 현대 국제정치이론의 현실주의적 관점의 사상적 원조로 간주되는 저작은 니콜로 마키아벨리의 『군주론(1513)』이다. 마키아벨리는 자신이 참여했던 정권이 몰락하여 공직에서 쫓겨난 후 유배생활을 하게 되었는데 이 시기 피렌체의 안보와 이탈리아의 통일을 촉진하는 데 필요한 통치자의 철학과 덕목, 그리고 효과적인 통치기술을 망라한 정치적 제언들을 여기에 담았다. 그러나 기독교적인 공동체적 가치관이 지배하던 16세기 당시 개인과 국가의 윤리를 구분하고 목적-수단의 실리주의를 강조하여 중세의 종교적 가치관을 결과적으로 조롱한 이 저작은 1513년부터 필사본으로만 읽히다가 1532년 출간되었으나 1559년 파울루스 4세 교황에 의해 금서목록에 포함되었다. 이탈리아의 도시국가 피렌체의 군주 로렌조 디 피에로 디 메이치(Lorenzo di Piero de' Medici, 1492-1519)에게 바쳐진 『군주론』은 '국가이성(raison d'État, Staatsraison, 국가이익을 우선시하는 국가이성)'을 개인의 윤리보다 우선시했다는 면에서 근대적 정치사상의 기초를 놓은 국가통치론이라 할 수 있다.

1. 역사적 배경

476년 서로마제국이 게르만에 의해 멸망되고 이탈리아는 사분오열되었다. 권력공백을 메꾸려던 신성로마제국과 교황은 충돌하였고, 이 과정에서 이탈리아의 몇몇 도시들은 이들 양대 세력으로부터 독립하였다. 11세기에 이르러 교황을 포함하여 나폴리 왕국, 밀라노 공국, 베네치아 공화국, 피렌체 공화국이 반도 전체에서 각축을 벌였고, 여기에 프랑스, 스페인 등 외국이 개입하여 이탈리아는 끊임없는 상쟁(相爭)과 살육의 장이 되었다. 피렌체의 시인 단테의 표현을 빌리자면, "비참한 땅에서 피를 흘리는 비굴한 이탈리아는 거대한 폭풍우 속에서 선원이 없는 배"가 된 것이었다. 1454년 베네치아와 밀라노 간의 로디 평화조약은 이탈리아 동맹을 가능케 하였다. 국제정치적 안정 속에서 밀라노에는 스포르짜 가문이, 그리고 피렌체에는 메디치 가문이 전제적 권력을 강화하였다. 그러나 백년전쟁에서 승리한 프랑스에서는 왕권이 강화되었고, 1494년 샤를 8세는 공화정을 표명하면서도 실제로는 독재 권력을 휘두르던 메디치 가문을 피렌체 정치에서 축출하였다. 공화정이 회복되었고 도미니크 수도사 사보나롤라(Girolamo Savonarola)가 집권하였다. 그는 피렌체에 닥친 위기는 신의 징벌이라고 설교했다. 그는 피렌체가 벌을 받은 이유는 시민들을 사치와 방탕에 빠뜨리고 온갖 부패와 악행을 저지른 메디치 가문 때문이며 샤를 8세의 군대는 메디치를 벌하고 피렌체인들을 원래의 바른 위치에 놓기 위해 보내졌다고 주장했다. 공화주의적 신정정치가 이상적이라고 생각한 그는 "피렌체의 교만과 허영의 죄악을 불로써 속죄해야 한다(Bonfire of the Vanities)"

며 인민의 환심을 사려했다. 그러나 그를 기다린 것은 신정의 핵심인 교황과의 대결이었다. 교황 알렉산데르 6세에게는 자신이 조직한 반프랑스동맹에 참여하려 하지 않는 사보나롤라가 눈엣가시 같은 존재였다. 사보나롤라의 강력한 개혁의 목소리 역시 결코 달갑지 않았다. 몇 차례 경고를 보낸 후 그는 사보나롤라를 로마로 소환하였으며, 그가 이에 응하지 않자 1497년 5월 12일 그를 파문하였다. 사보나롤라도 반격을 시도했다. 그러나 그는 교황에 맞설 힘을 갖고 있지 못했다. 그에게 한때 열광하던 시민들이 개혁이 요구하는 변화와 희생에 염증을 느끼기 시작했으며 어려운 시기가 닥치자 그에게서 등을 돌리기 시작했다. 1498년 5월 23일 아침, 사보나롤라는 그를 따르던 다른 두 명의 수도사와 함께 화형주에 매달렸다. 사보나롤라에 이어 집권한 소데리니(Piero Soderini)도 오래가지 못했다. 그는 기득권 세력과 불화를 빚었고, 1512년 스페인과 결탁한 메디치 가문과 교황 율리우스 2세에 의해 망명길에 오를 수밖에 없었다. 피렌체는 스페인 군과 함께 돌아온 메디치 가문의 지배로 되돌아갔다.

마키아벨리는 사보나롤라가 피렌체의 개혁을 추구하고 실패할 때 29살의 청년이었다. 그는 『군주론』에서 사보나롤라를 비난하지는 않았으나 권력담지자로서의 능력을 결여하여 비극의 주인공이 되었다고 적었다. 그는 『군주론』에서 사보나롤라를 "실패할 수밖에 없는 비무장한 선지자(unarmed prophet who must fail)"로 묘사하며, "힘으로 자신의 의지를 관철하고 스스로를 보호할 준비가 되지 않은 지도자는 실패할 수밖에 없다"고 역설하였다. 마키아벨리는 소데리니의 신임을 얻어 외교 중책을 맡았다. 그러나 그는 스페인의 공격으로 공화정이 무너지고 메디치가의 군주정이 복원되자 공직에서 추방되었다. 그는 1513년 (실패로 끝난) 메디치 정권에 대한 음모에 연루되어 투옥되었으나 메디치 가문의 조반니 추기경이 교황 레오 10세로 즉위하면서 특사로 석방되었다. 그는 부친의 농장에서 은거하면서 메디치 정부의 공직에 참여하기 위해 1513년 말 군주 로렌조 디 피에로 디 메디치에게 바치는 통치론을 집필하였다.[5] 『군주론』에서 마키아벨리의 생각을 지배한 것은 사보나롤라의 몰락과 소데리니의 실각이었다. 그는 도덕, 법, 제도에 기초한 이상주의는 정치현실을 통제하거나 개선할 수 없고, 오히려 권력에 기초한 정치현실을 이해하는 과단성과 추진력이 있는 현실주의적 군주만이 자신과 국가의 안전을 담보할 수 있다고 판단했다. 정치사상의 역사에서 가장 도발적인 권력의 담론이 그렇게 탄생하였다.

2. 『군주론』의 국제정치이론적 개관과 강독

인간의 본성에 대한 마키아벨리의 관점은 투키디데스보다 훨씬 더 비관적이다. 그에 따르면 인간은 이기적이고 신뢰할 수 없는 존재이다. 그들은 군주가 자신들의 이해관계에 반하면 언제든지 갈아 치우려 한다. 인간은 우둔하며 비이성적이다. 그들은 달콤한 것이라

....

5   자유와 독립의 이념과 가치에 기초한 로마 공화정의 위대함을 정치철학적으로 분석한 『로마사 논고』도 이 무렵 작성되었다. 마키아벨리는 『로마사 논고』에서 고대 로마의 역사가 티투스 리비우스가 지은 『로마사(Discourses on the First Ten of Titus Livy)』(총 140권) 가운데 15세기에 발견된 제1권부터 제10권까지 수록된 공화정 시대 로마의 사례를 참조하면서 군사부터 내정까지 각 분야에서 공화정이 자유와 독립의 가치 위에서 무엇을 해야 하는지에 대해 상세히 논의하였다.

면 독이 들어 있는 것도 모르고 마다하지 않고 탐닉한다. 인간은 위선적이다. 그래서 순진하고 경계심 없는 군주는 위선적인 인간들이 만들어놓은 함정에 쉽게 빠진다. 인간은 "아버지의 죽음보다 유산의 상실을 더 오래 기억할 정도로" 탐욕적이고, "입은 은혜는 그것이 불편해지는 순간 잊어버릴 정도로" 배은망덕하며, "힘으로 그렇게 하지 못하도록 하지 않는 한 언제든 속임수를 써서 남의 등에 칼을 꽂을 정도로" 부도덕하고 기만적이다.

이러한 인간의 본성에 대한 냉소적 비관주의에서 도출된 마키아벨리의 통치론은 정치와 도덕의 분리, 그리고 자신의 의지를 관철할 수 있는 힘(비르투, virtù)의 중요성을 강조한다. 먼저, 정치와 도덕 간의 관계에 대해서 마키아벨리는 "'인간이 어떻게 살고 있는가'는 '인간이 어떻게 살아야 하는가'와는 너무나 다른 문제"이며, "일반적으로 행해지는 것을 행하지 않고, 마땅히 행해야 할 것을 행해야 한다고 고집하는 군주는 권력을 잃기 십상"이라고 지적했다. 그는 "선하게 행동할 것을 고집하는 사람이 선하지 않은 많은 사람들에게 둘러싸여 있다면, 그의 몰락은 불가피"하기 때문에 "군주는 상황의 필요에 따라서 선하지 않을 수 있는 법을 배워야"한다고 주장했다. 일견 미덕으로 보이는 일을 하는 군주는 파멸할 수 있고, 일견 악덕으로 보이는 일을 하는 군주는 결과적으로 자신의 안전과 번영을 도모할 수 있기 때문에 "악덕 없이는 권력 보존이 어려운 때는 그 악덕으로 인해 악명을 떨치는 것도 개의치 말아야 한다"는 것이다. 마키아벨리에 따르면, "현명한 군주는 신의를 지키는 것이 그에게 불리할 때, 그리고 약속을 맺은 이유가 소멸되었을 때, 약속을 지킬 필요가 없으며, 지켜서도 안 된다. 왜냐하면 인간이란 사악한 존재하기 때문"이다. 평화조약과 약속이 파기되고 무효화된 역사가 이를 보여준다. 군주는 "능숙한 기만자이며 위장자가 되어야 한다."

마키아벨리는 현명한 군주라면 (숭고하고 실존적인) 목적을 위해 수단을 가려서는 안 될 뿐 아니라 자신의 의지를 강제할 수 있는 물리력을 갖추어야만 한다. 그에 따르면 싸움에서는 두 가지 방법이 사용될 수 있다. 즉 인간의 세계에서는 법에, 그리고 짐승의 세계에서는 힘에 의지하는 방법이 있다는 것이다. 성공적인 군주는 반인반수의 케이론에게 양육된 위대한 아킬레스처럼 "여우의 지혜와 함께 사자의 힘을 갖추고 있어야 한다." 그러나 두 가지를 모두 갖추는 것은 이상적이지만, 당연히 무게는 '처벌할 수 있는 물리력'에 실려 있다. 그에 따르면, "인간은 두려움을 불러일으키는 자보다 사랑을 베푸는 자를 해칠 때에 덜 주저한다." 왜냐하면 "사랑이란 일종의 감사의 관계에 의해서 유지되는데, 인간은 악하기 때문에 자신의 이익을 취할 기회가 생기면 언제나 그 감사의 상호관계를 팽개쳐버리기 때문이다." 강조하건대, "두려움은 항상 효과적인 처벌에 대한 공포로써 유지되며, 실패하는 경우가 결코 없다."

이와 같이 정치와 도덕을 분리하고 물리력과 강제력의 중요성을 강조한 마키아벨리는 동기나 의도보다 결과를 중시하는 정치적 실용주의, 그리고, 투키디데스와 더불어 '힘이 곧 정의(might makes right)'라는 '레알폴리틱(Realpolitik)'이라는 현대의 국제정치적 담론을 만들어낸 장본인이다. 마키아벨리는 군주의 덕목으로서 고전적 현실주의자 모겐소가 유능한 외교관의 능력으로 특별히 강조한 바 있는 "분별력(prudentia, prudence)"을 추가한다. 마키아벨리에 따르면 군주의 모든 결정과 행동은 위험부담이 수반되기 때문에 분별력이란 위험의 회피를 의미하지 않는다. 분별력이란 비용과 이익을 정확히 계산할 수 있는 능력, 그리고 그러한 계산에 기초하여 과감히 결단하고 행동할 수 있는 자질과 능력을 의미한다. 군주는 실패를 두려워해서는 안 된다. 그는 야망이나 만용으로 실수할 수는 있어도 태만이나 소심함의 포로가 되어서는 안 된다.

마키아벨리의 분별력은 아리스토텔레스의 분별력과는 전혀 다른 개념이다. 후자는 덕목(virtue)으로 인도하는 의사결정 능력이라 할 때 전자는 영광과 부(富)와 관련한 성공으로 군주를 이끄는 자질이자 능력이다. (숭고하고 실존적인) 목적이 수단을 정당화한다는 마키아벨리의 일관된 가치관을 반영하는 개념이기도 하다. 분별력 있는 군주는 곤경과 도전을 예측할 수 있고, 그것들이 더 큰 문제가 되기 전에 과단성 있게 행동을 취할 수 있다. 타산 능력, 선지력, 과단성은 분별력 있는 군주의 핵심적 덕목이자 필요조건이다.

마키아벨리는 통치방법에 집중했기 때문에 전쟁의 원인에 대해 설파하지는 않았지만 그의 논리를 연장해보거나 다른 저작(마키아벨리 2019)을 살펴보면 인간의 본성에서 나오는 '제국주의적 야망'을 전쟁의 원인으로 꼽았다. 그는 인간의 '야망의 핵심으로서(the core of ambition)'의 "지배욕(desire to dominate)," "정복욕(impulse to conquer)," "영토획득에 대한 욕망(desire to acquire)" 등의 개념을 사용하며 국가와 군주의 제국주의적 충동의 중요성을 강조하였다(Hoipkemier 2018). 그런데 특기할 만한 사항은 마키아벨리가 전쟁은 선택이 아니고 필수적이라고 본 점이다. 그는 국가가 안전을 확보하기 위해서는 위해할 수 있는 잠재적 적을 무력화해야 한다고 했다. 즉 안보는 패권에 의해서만 확실히 보장될 수 있다는 의미이다. 이는 '공격적 현실주의자(offensive realist)' 미어샤이머(Mear-sheimer 2014)의 '강대국정치 비극론' 또는 '공격적 현실주의'의 핵심이다.

마키아벨리는 군주나 국가의 '분별력'을 국가의 국제정치적 전술/전략에도 적용한다. 중립불가론과 균형화전략이 그것이다. 그에 따르면 중립은 적을 만든다. 따라서 분별력 있는 군주는 어쨌든 한쪽을 선택해서 참전해야 한다. "그가 승자 편에 섰다면, 승자는 신세를 졌기 때문에 그에게 우호적일 것이다. 반면에 그가 패자 편에 섰다면 패자는 그를 보호하려 할 것이고, 그는 다시 도래할 수 있는 행운의 동반자가 될 것"이다. 만일 "군주가 입장을 밝히지 않았다면 그는 승자에게 파멸될 뿐 아니라 패자도 기쁘게 할 것"이다. 그 군주는 모든 다른 군주들 사이에서 기회주의자로 인식될 것이기 때문이다. "중립을 택한 군주는 무방비 상태가 되고, 그것은 자업자득이다."

마키아벨리는 어떤 경우에든 중립을 피해야 하지만 동맹을 맺어야 하는 상대는 상대적 약자라고 권고한다. 그는 "약한 군주와의 동맹은 당신에게 유익하다. 당신의 도움을 받은 군주는 당신의 처분에 따를 것이다. 강력한 세력과는 상황에 의해 강요되지 않는 한 자발적으로 동맹을 맺지 말라. 당신은 승자의 수중에 들어가게 된다"고 경고하고 있다. 마키아벨리는 강자에 대한 편승은 복속을 의미하기 때문에 독립국가로서 생존하기 위한 방책은 오히려 강자에 대한 균형화전략을 통한 상대적 약자들과의 규합과 동맹에서 찾아진다고 주장했다. 분별력 있는 군주는 중립이나 편승이 아닌 세력균형을 추구해야 한다는 말이다. 현대 국제정치학의 구조주의적 현실주의자 월츠는 세력균형은 두 가지 조건만 갖춰지면 이뤄진다고 말했다. 즉 국제정치의 구조가 무정부적일 것, 그리고 국가들이 생존을 추구할 것이 그것이다. 여기서 월츠(1979)가 말하는 "생존을 추구할 것"에 해당하는 마키아벨리식 표현이 바로 중립불가론이자 균형화전략이다. 다만 월츠는 규범적인 권고가 아닌 국제정치의 논리가 실제로 작동되는 사실을 묘사하고자 했다는 차이가 있을 뿐이다.

V. 임마누엘 칸트의 『영구평화론』

칸트는 "힘이 정의"라는 투키디데스나 마키아벨리에 대해 뭐라고 했을까? 그의 답은 "노"이다. 그는 이성과 법치가 "적나라한 힘(naked power)"을 제어할 것이라고 생각했다. 규칙-기반의 통치를 강조하는 그의 『영구평화론(1795)』은 현대의 이상주의 및 자유주의 국제정치이론에 큰 영향을 미쳤다. 뿐만 아니라 오늘날 수많은 국제적 결정들(예를 들어 국제연합, 국제통화기금, 세계무역기구 등이 내리는 결정들)은 『영구평화론』 덕택이라 해도 과언이 아니다. 우리는 아래에서 칸트의 이 저작이 어떻게 현재의 국제정치이론과 국제정치에 닿아 있는지 자세히 살펴보겠지만, 『영구평화론』은 칸트가 쓴 전쟁과 평화에 관한 글 중 가장 잘 알려진 문건으로서 투키디데스, 마키아벨리, 홉스 등에 의해 대표되는 현실주의 국제정치관에 반기를 들고 국가의 외교정책은 권력에 의해 정의되는 이익이 아니라 도덕과 윤리에 의해 지도되어야 하며 장기적으로는 인간 이성의 발로(發露)로서, 공화주의적 법치에 의한 영구적인 세계평화가 가능하다는 주장을 담고 있다.

칸트의 『영구평화론』에 적실하게 접근하기 위해서는 그가 프로이센의 군주제 하에 살면서도 강력한 공화주의자였다는 사실을 이해해야 한다. 그는 "늙은 자코방(the Old Jacobin)"이라고 불렸을 정도로 프랑스혁명과 공화정에 대해 우호적이었다(Beck 1971, 411). 한마디로 말한다면 『영구평화론』은 공화주의적 국제정치에 관한 글이다.

『영구평화론』의 직접적인 역사적 배경은 1795년 4월 바젤(Basel)에서 체결된 프로이센-프랑스 간의 평화조약과 관련이 있다. 이 조약은 1789년 프랑스혁명에 의해 촉발된 제1차 반프랑스 동맹의 일원으로서 참전하고 패전한 프로이센이 라인강 서쪽 지역을 프랑스에 양허한다는 약속과 범유럽평화회의를 소집한다는 내용을 담고 있었다. 칸트는 이 조약을 "평화가 아닌 적대행위의 중지조치"라고 한탄하며 영구적인 세계평화를 위한 정치적 노력이 필요함을 역설하였다.

1. 『영구평화론』의 국제정치이론적 개관

칸트는 일단 투키디데스나 마키아벨리처럼 인간의 본성은 기본적으로 이기적이고 사악하다고 보았다. 그(Kant 1977, 95)는 "인간의 본성에 뿌리박고 있는 어떤 사악성"을 이야기하면서 "권력자들의 호전성은 인간의 본성의 근본적 요소인 것 같다"며 "자연은 강자가 약자를 복종하게 할 수 있는 특권을 주었다"는 어느 갈리아 왕자의 말을 인용하고 있다.[6]

그러나 그는 투키디데스나 마키아벨리와는 달리 인간은 사악하지만 변화와 개선의 여지를 갖는 잠재적으로 이성적이고 도덕적인 존재라고 보았다. 인간은 자연상태에서는 짐승처럼 행동할 것이지만 다른 인간들이 모종의 약속을 지킬 것이라는 보장이 있다면 이성의 힘에 의해 그도 그렇게 할 수 있을 것이라는 말이다. 이는 홉스나 루소의 '사회계약설'에 직접 맞닿아 있는 칸트의 정치사상의 일부라 할 수 있다. 그러나 보다 중요한 것은 칸트는 이러한 법적 장치나 제도가 이성을 매개로 해서 인간의 본성을 통제할 수 있을 뿐 아니라, 인간이 도덕을 지향하게 해줄 수 있는 촉진적 역할을 한다는 사실을 강조하였다. 즉 법과 공권력이 존재하는 한도 내에서 인간은 기계적 자기애와 욕구 충족에 집착하는 짐승과는 달리 자유와 자유의지를 가진 이성적이고 자율적인 존재로서 욕망과 이익과는 별도로 "옳은 행위를 오직 그것이 옳다는 이유에서 추구하는 의지" 이른바 '선의지(善意志)' 또는 도덕심을 가질 수 있다는 것이다(Kant 1977, 71-72). 칸트를 직접 인용하자면,

사람들은 누구나, 다른 사람들이 법 개념을 신성시하면서 법을 충실하게 준수하리라는 것을 자신이 확신할 수만 있다면, 자기 역시 똑같이 할 것이라고 생각하고 있는데, 정부는 다른 사람들이 법을 충실히 준수할 것이라는 보장을 그에게 부분적으로 제공해주기 때문

....

6   칸트에 따르면 인간은 명예(honor)를 지키기 위해 전쟁을 불사하는 경향도 있다. 전쟁은 인간의 본성 내면에 깊이 각인되어 있는 것처럼 보인다. 인간은 명예에 대한 사랑에 의해, 그리고 이기적 동기 없이 단지 명예를 위해 전쟁을 하는 것으로 묘사되기도 하는데 사람들은 이 때문에 전쟁을 고상한 것으로 생각할 수도 있다.

이다. 이 보장에 의해서 도덕성—이 도덕성은 다른 사람에게 같은 행위를 기대하지 않고 단지 그 자체를 위해서 준수하는 의무의 개념과 결부되어 있는데—을 향한 커다란 진전이 이루어진다… 인간이 결코 거부할 수 있는 능력이 없는 법의 개념에 대한 존경은 인간이 이러한 법 개념을 준수할 수 있는 능력이 있다는 이론을 가장 엄숙한 방식으로 승인하고 있기 때문에 모든 사람들은 다른 사람들이 어떻게 행동하든 자신은 법에 따라 행동해야 한다는 것을 이해할 수 있다.

2. 『영구평화론』 강독

칸트에 따르면 국내적으로는 법과 공권력이 존재하여 인간의 본성이 적절히 통제될 수 있지만 무정부 상태 하의 국제정치 하에서는 각국의 자구적 각자도생이 불가피하고, 그에 따라 전쟁이라는 자연상태가 당연시 된다. 칸트가 『영구평화론』을 제시한 이유와 취지는 바로 여기서 발견된다. 그는 『영구평화론』을 조약의 형태로 제시하며 영구적 세계평화를 위한 필수조건으로서 6개의 예비조항(preliminary articles)과 3개의 확정조항(definitive articles), 그리고 2개의 추가조항(supplements) 및 부칙(appendix)을 내놓았다. 먼저 확정조항의 선결과제이자 최소한의 금지조항이라 할 수 있는 예비조항은 다음과 같다:

1 장래의 전쟁에 대비하여 물자를 비밀리에 준비해 두고서 맺어진 평화조약은 평화조약으로 인정될 수 없다.

2 어떠한 독립국가도 상속, 교환, 매수, 증여로써 다른 국가의 소유
　가 될 수 없다.

3 상비군은 점차로 없애야 한다.

4 국가는 대외적 분쟁과 관련하여 어떠한 국채도 발행해서는 안
　된다.

5 어떠한 국가도 다른 국가의 헌법과 통치에 대해 폭력으로써 개
　입해서는 안 된다.

6 어떠한 국가도 타국과의 전쟁에 있어서 장래의 평화에 대한 상
　호 간의 신뢰를 불가능하게 하는 어떠한 적대행위도 해서는 안
　된다.

영구평화를 위한 확정조항은 국가적인 (잠재적) 도발을 막는 조
치를 넘어서 세계평화를 위한 영구적 제도를 지향하는 칸트의 설계
도의 골간이다:

1 모든 국가의 시민적 헌법(정치체제)은 공화주의적이어야 한다.

2 국제법은 자유로운 국가들의 세계연맹에 기초하지 않으면 안 된
　다.

3 세계시민법은 보편적 우호의 조건들에 국한되어야 한다.

순서적으로 상호 연계되어 있는 확정조항들의 핵심을 요약하면
세계 각국이 공화정을 채택/제도화하고, 이들이 '국제정치적 사회
계약'의 결과라 할 수 있는 세계연맹(a federation of free states)을 창
설하고 점차적으로 확대하면서 세계시민의 개념이 공고화되면 영

구적 세계평화의 기본 조건이 마련된다는 것이다. 칸트의 이러한 구상은 이상주의적이고 도덕주의적이다. 그러나 구체적 내용을 들여다보면 반드시 그런 것은 아니고, 오히려 국제정치의 현실을 일정 부분 수용한 절충적인 면모를 갖추고 있다. 예를 들어, 뒤에서 상술하겠지만, 칸트는 "세계국가(world state)" 또는 "세계정부(world government)"의 위험성을 간과하지 않았다.[7] 어쨌든, 칸트는 이와 같은 국제정치적 현실을 고려하고, 나아가 국제무역이나 국가 간 재산권 및 인권이 존중되는 국제주의가 탄력을 받으면 세계연맹을 통한 영구평화는 적어도 장기적 관점에서는 실현 가능성이 높다고 보았다. 요컨대 칸트는, '사회계약설'과 관련한 사상적 통찰력을 변증법적으로 승화시켜 인간의 본성을 전향적으로 파악했듯이, 세계연맹을 자연상태의 국제정치에서 벗어나기 위한 국제정치의 사회적 계약의 결과로 보았다는 점에서, 이상주의를 견지하면서도 일정한 정도 현실주의적 경계(警戒)를 수용한 변증법적 국제정치사상가였다. 아래에서는 그가 제시한 세 가지 확정조항을 살펴보기로 한다.

제1조: 모든 국가의 시민적 헌법(정치체제)은 공화주의적이어야 한다.

칸트에 따르면 한 국가의 형태는 최고 권력을 얼마나 많은 사람들이 소유/분점하고 있느냐에 따라 군주제(한 사람), 귀족제(여러 사람), 그리고 민주제(모든 사람)로 구분되며, 또한 통치방식에 따라 전제정과 공화정으로 나뉜다. 전제정에서는 입법권력과 집행권력이

....

7   칸트는 영구평화론 이전에는 세계국가론을 지지했다. Huggler(2009, 129-140).

융합되어 있으나 공화정에서는 양자가 분리되어 있다. 칸트는 의회권력과 행정권력의 분리는 대의제를 필수요건으로 하며, 공화주의적 대의제는 (1) 인간으로서 모든 사회구성원들의 자유("내가 합의할 수 있었던 것들을 제외하고는 어떠한 법률에도 복종하지 않을 권리")의 원리, (2) 모든 신민이 단일하고 공통된 법체계를 준수해야 하는 준수의 원리, (3) 시민으로서 모든 이들이 법적으로 평등("어떤 사람이 그 자신에게 구속력이 있는 법률을 준수하지 않으면서 동시에 타인에게 그 법률의 준수를 요구할 수 없는, 시민들 간의 관계")하다는 평등의 원리에 기초해 있다고 주장하였다. 그에 따르면 전제적이고 독단적인 정체는 자유와 평등을 보장하기는커녕 오히려 그를 침해할 가능성이 더 높고, 자유, 평등, 법에 대한 의존이 가능한 정체는 오직 공화제뿐이다.

칸트는 유일하게 정당성이 있는 공화주의적 헌법을 가진 정치체제 하에서는 위정자가 전쟁을 쉽게 일으키지 못한다고 주장했다. 비공화주의적 정치체제 하에서 국가의 수장은 자신을 국가의 소유자로 인식한다. 그는 시민들처럼 전쟁에서 비롯되는 손해와 고통을 직접적으로 겪지 않기 때문에 전쟁을 일으키는 일에 신중하지 못할 수가 있다. 반면 공화체제 하의 지도자들은 전쟁을 고려할 때 전제체제의 위정자보다 더 신중한 태도를 취할 수밖에 없다. 왜냐하면, 시민들의 이해관계가 대변되는 공화제 하에서는 전쟁이 일어나면 피해와 고통을 당할 것이 뻔한 시민들이 위정자들에 대해 반전의 압력을 행사할 수 있기 때문이다.

칸트가 지적한 공화정과 평화 간의 친연성은 현대 국제정치학에서 이른바 '민주평화론(Democratic peace theory)'으로 만개하였다.

물론 칸트는 평화의 조건으로 공화정을 내세웠지만 현대에는 공화정이 사실상 (자유)민주주의를 의미하므로 공화 대신 (자유)민주를 사용해도 무방하다 하겠다. 민주평화론은 국가내부의 체제유형, 즉 민주주의체제인가 혹은 비민주주의체제인가에 따라 전쟁의 발발이나 전쟁의 빈도를 설명한다는 점에서 전형적인 자유주의(다원주의)적 이론이다. 민주주의 국가 끼리는 싸우지 않는다는 가설을 가진 이 이론은 '협상과 타협'과 같은 민주적/다원적 정치규범을 강조하는 규범적 모델과 '견제와 균형'과 같은 민주정체의 구조를 강조하는 구조적 모델을 양 축으로 해서 발전하고 있다(Maoz and Russett 1993). 민주평화론은 정책적 함의가 많은 이론이다. 미국의 클린턴 정부는 '참여와 확장(engagement and enlargement)' 전략 하에서 시장민주주의(market democracy)의 세계적 확산이 국제평화를 공고히 할 것이라며 민주평화론에 입각한 외교정책을 추진하였다.

한편 칸트는 자신의 시대적 상황을 반영하는 것이기는 하지만 민주주의는 위험하다고 보았다. 대의제에 입각하지 않은 민주정에서는 대표들이 아닌 인민 자신이 자신을 통치하기 때문이라는 것이다. 그는 전제주의나 귀족주의는 완벽하지는 않아도 대의제의 정신을 담고 있고 점진적인 개혁을 통해 공화주의로 나아갈 수 있는 잠재력을 가지고 있지만, 민주주의는 폭력적인 혁명의 수단에 의해서만 공화주의로의 전환이 가능하기 때문이라고 말했다. 칸트에게 있어 민주주의는 최악의 정부 유형이다. 그는 18세기 민주주의는 대의제를 결여한 "소위 골동품 공화국들(so-called republics of antiquity)", 즉 그리스의 직접민주주의 공화정과 같이 불가피하게 독재와 폭정 그리고 침공으로 귀결될 것으로 보았다.

확정조항 2조: 국제법은 자유로운 국가들의 세계연맹에 기초하지 않으면 안 된다.

확정조항 1조와 2조는 공화주의적 세계연맹이라는 개념을 통해 연결된다. 칸트는 인간의 본성을 국내적으로는 시민법에 기초한 공권력으로 통제할 수 있다고 말했다. 그러나 중앙권위가 부재하는 국제정치는 자연상태에 머무를 수 있다. 그리고 자연상태의 국제정치 하에서는 (법과 공권력이 존재하지 않기 때문에) 국가의 존재 자체가 다른 국가들을 영원히 위협하는 주체가 된다. 국가가 "적극적으로 상처를 주지 않아도" 타국들은 무해한 행위조차 적대적 행위라고 간주할 수 있다는 것이다. 칸트는 각 국가가 공화정체를 취한다 해도, 그들이 국제법의 적용을 기피하면서 야만적인 무법상태로 접어들 수 있다고 보았다. 여기서 빠져나오는 유일한 길은 국내적으로 유일하게 정당성이 있는 공화주의적 헌법이 전 세계적으로 확립되는 것, 다시 말해, 국가의 국제적 권리에 기초한 헌법, 즉 공화주의적 국제법 또는 만민법(ius gentium)이 제도화되는 것이다. 그러므로 공화적 정치체제는 시민적 헌법의 측면에 있어 견고한 토대를 갖추고 있을 뿐만 아니라, 국제법의 측면에서도 세계를 영원한 평화로 이끌 수 있는 역량을 지녔다고 할 수 있다.

칸트는 모든 공화주의적 독립국가들이 세계연맹을 결성할 것을 제창하였다. 이른바 평화연맹은 각 국가가 그 독립과 자유를 유지하면서 그들 간의 분쟁을 법으로 해결하고 모든 전쟁을 영구적으로 종결시키는 국제체제이고 국제기구이다. 이것은 일시적으로 전쟁을 중지시키는 평화조약과는 질적으로 다르다. 칸트에 따르면 가능한

한 포괄적인 형태의 세계연맹의 창설이 모든 정치적 분별력의 정당한 기초가 된다. 이 세계연맹이 국가와 얼마나 닮았는지에 대해서는 확실하게 언급하고 있지는 않지만, 그는 세계평화 구축 노력이 국가들과 시민들의 자유를 침해하지 않는 방식으로 이뤄져야 한다고 강조하고 있다.

그런데 세계연맹의 길에는 장애물이 놓여 있다. 첫째, 독립에 과도하게 집착하는 국가지도자들의 명예욕, 자부심, 자존심이다. 칸트에 따르면 국가들이 공존할 수 있는 유일한 이성적 방법은 아이러니하게도 전쟁의 무법적인 상황으로부터 도출된다. 모든 인간들은 전쟁을 혐오하므로 국제 수준의 사회적 계약이 합리적이라는 말이다. 그러나 국가들은 절대로 자발적으로는 이러한 평화공존의 길을 가려 하지 않는다. 명예욕, 자부심, 자존심 때문이다. 따라서 기다리기만 해서는 안 된다. 이 맥락에서 칸트는 이성을 가진 "도덕적 정치인들(moral politicians)"의 역할을 강조한다. 그들은 국가지도자들의 수오지심을 자극하여 그들이 "진정으로 명예로운" 평화의 길을 선택하도록 설득/호소해야 한다. 그리고 이들은 자국의 안보를 위하여 타국들에게 국내의 시민법과 유사한 국제법을 만들고 준수할 것을 요구할 수 있고, 또 요구해야만 한다. 칸트(1970, 118)는 "자신의 이익 추구를 위해 도덕을 이용하는 정치적 도덕주의자들(political moralists)"과 대비되는 '도덕적 정치인들'의 사명감과 역량의 중요성을 강조했다는 면에서 현실주의를 비판하는 가운데 규범주의적, 이상주의적 처방을 내린 셈이다.

둘째, 국제정치의 상황은 그렇게 위협적이지 않을 뿐 아니라 상당 정도의 정의가 실현되고 있으며 "전통적인 국제법 또는 국가들의 권리"에 따라 질서가 유지되고 있다는 착각이다. 칸트는 그로티우스(Hugo Grotius), 푸펜도르프(Samuel von Pufendorf), 바텔(Emer de Vattel) 등 국제법학자들을 거명하며 이들은 "쓸모없는 위로자들(또는 재난을 주는 위로자들, sorry comforters)"[8]이라고 비판했다. 국가 간 관계에서 법치가 이뤄지려면 법집행을 위한 공동의 권위(공권력)가 필요하다는 사실을 간과한 이 이론가들은 전쟁을 정당화하려는 자들에 의해 이용만 당할 뿐 전쟁 방지에 전혀 도움이 안 된다는 것이다.[9]

칸트는 장애물과 현 상태에 대해 우려하고 한탄하면서도, 다른 한편, "비록 지금은 잠재된 상태에 머무르고 있지만, 인간은 인간 내부에 존재하는 악의 원칙을 궁극적으로 해소할 수 있는 기존에 알려진 것보다 더 큰 도덕적 능력을 보유하고 있다"며 인간의 도덕적 능력으로 영구적 세계평화가 실현 가능하다는 점을 역설하였다. 인간은 자유와 자유의지를 가진 자율적 존재로서 '선의지(善意志)' 또는 도덕심을 가질 수 있다는 것이다. 이 문제는 추가조항 1을 논할 때 좀 더 상세히 살펴보기로 한다.

홉스나 루소의 사회계약설의 논리를 국제관계에 확대 적용한 칸트의 구상은 공화국들 간의 세계연맹의 창설에서 그 절정에 이른다.

....

8 구약 성경의 욥기 16장 2절에는 "이런 말은 내가 많이 들었나니 너희는 다 '재난을 주는 위로자들(sorry comforters)'이로구나"라고 적혀 있다.

9 칸트는 실제로 국제법이 '불확실하며, 한갓 말에 불과한 것으로, 바로 그 조문 속에 그것을 파기할 수 있는 비밀 유보 조항까지 포함하고 있는 조약에 근거하고' 있다고 비판했다. 세계연맹도 국제법에 기초해 있지만 이것은 그로티우스 등의 경우와 다르다. 세계연맹의 국제법은 예비조항이 선결적으로 시행되고 있어야 하며, 세계연맹을 구성하는 국가들이 공화제라는 사실이 전제되어 있기 때문일 것이다.

장애물들을 극복하고 평화를 추구하는 과정에서 공화국들 간에 세계연맹이 만들어지고 점차적으로 확대될 것이라는 말이다. 물론 이는 장기적 과정의 결과이므로, 앞서 언급한 바와 같이, 도덕적 정치인들을 포함하는 개인적, 국가적 노력이야말로 세계연맹의 형성을 촉진할 수 있는 동력이 된다. 한편, 칸트는 공화국들 간의 세계연맹의 합리성과 현실성을 강조하기 위해 국가들이 주권을 양도하는 세계국가가 가질 수 있는 위험성과 무모성을 조리 있게 지적하였다. 물론 각 국가들은 이론적으로는 야만적인 자유를 포기하고 그들 스스로 세계국가를 형성할 수도 있을 것이다. 그러나 칸트는 이들 국가들이 그것을 원하지 않을 것이라고 말했다. 왜냐하면, "여러 국민들이 합병되었을 때 어떤 국민에게는 자유의 제한이 불가피하게 수반될 것이고, 이것은 '모든 국민은 서로에 대항할 수 있는 독자적 권리를 갖는다'는 자연법에 모순되기 때문이다." 더구나 자연은 인류를 언어와 종교적 차이라는 수단을 통해 민족별로 가르고, 그들이 섞이는 것을 방지하고 있으며 따라서 국가들은 강제되지 않는 이상 세계국가에 주권을 양도하길 바라지 않는다. 그리고 칸트에 따르면 세계국가는 위험하기까지 하다. 하나의 정부에 기초한 세계국가는 너무 광범위하고 복잡하여 통치를 위한 세계국가의 법률의 위력이 현저하게 저하될 뿐 아니라, 그 이전에, 세계국가를 형성하는 과정에서 강제력이 사용될 수밖에 없고, 그것은 불가피하게 "영혼 없는 독재"나 폭정으로 퇴락할 가능성이 높으며, 결국 "무정부상태로" 되돌아가게 될 것이다. 이와 같이 세계국가의 창설은 "부정의(unjust)"할 뿐만 아니라, 현실적으로 유지되기 어렵다.

　칸트의 관점에서 보면 세계연맹은 세계국가보다 훨씬 더 합리적이고 현실적이다. 국내 영역에서의 개인의 자유만큼이나 국제 영역에서의 국가의 자유도 타협될 수 없는 가치이다. 따라서 국가들의 자유와 자율성을 보장하는 세계연맹이 더 합리적이고 따라서 정의에 더 가깝다. 그리고 국제 영역에서의 국가의 자유는 자연의 이치에 따른 것이다. 자연은 "인접해 있는 많은 독립국가들의 분리된 존재를 통해 국제적 권리의 실현을 촉진한다." 특히 자연은 언어 및 종교적 차이라는 수단을 통해 국가들이 융합되는 것을 막는다. 물론 이러한 차이들이 전쟁을 야기할 수도 있다. 그러나 그것들은 더 큰 해악을 방지할 수 있다. 즉 언어 및 종교적 차이는 "타국들을 무시하고 보편적 군주제를 획책하며 독점적 권력으로 독립국가들이 융합되는 것"을 막을 수 있다는 것이다. 칸트는 세계가 독립국가들로 영원히 나뉘어 있는 상태가 평화를 위해 생각보다 덜 해롭다고 제시한다. 그는 "문화가 성장하고 인간들이 점차적으로 그들의 원칙과 관련하여 보다 폭넓은 동의에 이르게 되면" 국가들을 나누는 언어적, 종교적 차이는 상호이해와 평화로 이어질 것이라고 예측하였다. 그는 또한 "힘의 균형과 첨예한 라이벌 관계가 평화를 창조하고 보장한다"고 주장했다.

요컨대, 국가들이 평화의 의무를 준수하게 하는 유일하게 정의로운 방법은 단순한 평화조약이 아닌, 그리고 폭정으로 귀결될 세계국가도 아닌, "모든 전쟁의 원인을 해소하고 각국의 자유를 보장하는 것"을 목적으로 하는 공화국들로 구성되는 세계연맹을 창설하는 것이다. 칸트는 적극적이지만 위험한 대안으로서의 '세계국가'가 아닌, 소극적이지만 온건한 대안으로서의 '세계연맹'이 영구적 세계평화를 위해 더 합리적이고 현실적이라고 결론내렸다.

세계연맹에 관한 칸트의 생각은 전간기 사상가/국제정치학자들에게 지대한 영향을 미쳤다. 지면(Alfred Zimmern), 노엘-베이커(Philip Noel-Baker), 미트라니(David Mitrany) 등은 세계대전의 원인을 국제정치의 '무정부상태(anarchy)'와 그에 따른 열강의 세력균형책에서 찾고, 이를 극복하기 위해 첫째, 국가주권의 원칙 및 세력균형에 대한 규제, 둘째, 민주주의, 국제주의(international mind), 집단안보(collective security)의 중요성 강조, 그리고 셋째, 국제평화를 위해 무지, 편견, 악의, 이기주의를 해소하기 위한 시민교육에 각국이 적극적으로 나설 것을 촉구하였다(Markwell 2006, 3). 이들 이상주의자 또는 자유주의자들은 집단안보체인 국제연맹(League of Nations, 1920)과 부전(不戰)을 선언한 '켈로그-브리앙 협정(Kellogg-Briand Pact, 1928),' 나아가, 국제연합(United Nations, 1945) 결성의 지적 배경이 되었다. 최근 구성주의자(Constructivist) 웬트(2003)는 칸트의 구상을 자신의 세계국가론에서 재현하였다. 그는 칸트와는 달리 자연이 세계연맹을 넘어 세계국가의 형성을 추동하게 될 것이라고 예측했지만, 그의 논리가 터하고 있는 목적론(teleology)과 자기조직화이론(self-organization theory)은 칸트의 방법론과 다르지 않다.[10]

....

10 웬트는 1000년이 지나도 국제체제가 무정부상태로 남아 있을 것이라는 예측에 동의할 수 없다며 인류와 국가들은 국제정치학자들이 이익이라는 명칭을 부여한 부, 권력, 안보뿐 아니라 개인적, 집단적 정체성에 대한 존중을 추구하게 될 것이라고 주장하고 있다. 후자가 원활치 않을 경우 그 결과는 헤겔이 말했던 인정투쟁이 될 것이며, 그것은 국제체제가 세계국가로 발전하게 되는 데 동력을 제공하게 될 것이다. 그에 따르면 무정부상태의 논리는 현실주의자의 주장처럼 갈등과 전쟁이 아니라 세계국가를 형성시킬 것이다. Wendt(2003, 491-542).

확정조항 3조: 세계시민법은 보편적 우호의 조건들에 국한되어야 한다.

이 조항은 두 가지 의미를 담고 있다. 첫째, 국가의 주권이 부인되어서는 안 된다는 것이다. 세계시민이라는 개념은 그들이 현존하는 이른바 서구의 근대국제체제의 틀 내에서만 유효하다. 따라서 타국을 방문/여행하거나 정주할 권리는 허용하되 국가전복이나 정권교체와 같은 비우호적이거나 적대적인 행위는 허용되지 않는다. 둘째, 근대국제체제의 틀 내에서는 인권의 보편성이 적용되어야 하고 세계시민적 권리가 보장되어야 한다. 이러한 우호적으로 대우받을 권리는 "지구 표면의 공동소유에 대한 모든 인간의 권리"에서 도출된다. 어떤 인간도 지구의 특정 부분에 대해 우월한 권리를 가질수 없다. 따라서 지구 상의 모든 인간들은 폭력을 수반하지 않는 이상 타국이나 타 지역을 자유롭게 여행할 수 있는 소위 자유방문권을 가진다. 인간들은 이러한 자유방문권을 통해 서로를 인정하고 우호적 관계를 맺음으로써 세계시민권을 촉진하고 전쟁의 가능성을 줄여나갈 수 있을 것이다. 구체적으로, 칸트는 "이러한 방식으로 멀리 떨어져 있는 대륙들은 평화적인 상호관계에 진입할 수 있고, 이는 궁극적으로 공법에 의해 관리될 것이며, 인류를 세계시민적 헌법에 더욱 가깝게 다가서게 만들 것"이라고 말했다. 이로써 세계시민법은 국내수준의 시민법과 국제수준의 국제법을 보완해주며 그것들과 함께 완결적인 공법체계를 형성하게 된다.

세계시민법의 맥락에서 칸트는 18세기 유럽 열강의 식민지 쟁탈전을 강하게 비판했다. 그가 보기에 유럽의 제국주의 국가들은 지구를 마치 인간이 살지 않는 영토인 것처럼 무자비하게 강탈하였고,

이는 우호적으로 대우받을 인간의 권리에 상응/수반되는 평화적으로 여행해야 하는 의무를 저버린 위선적이고도 야만적인 행동이었다. 칸트는 유럽 열강의 제국주의적 약탈과 착취의 원인은 그들의 상업적 이익에서 찾아진다고 보았다. 그러나 그는 제국주의는 그 자체로 부정의할 뿐 아니라 전쟁의 원인이 되기 때문에 진정한 의미에서의 상업적 이익을 증진하는 데 방해가 되는 무모한 정책이자 이념이라고 생각했다. 그러나 그가 "국제무역이 평화를 촉진할 것"이라는 몽테스키외((Charles-Louis de Secondat, baron de La Brède et de Montesquieu)의 희망 섞인 예측을 부인한 것은 아니었다. 오히려 칸트는 "상업정신(spirit of commerce)은 조만간 모든 사람들에게 스며들 것인데, 그것은 전쟁과 공존할 수는 없다"며 상업과 그로부터 도출되는 이익이 평화에 의존할 것인바, 국가들은 전쟁방지에 대해 윤리나 도덕과는 무관한, 적극적인 평화의 동기를 갖고 있다고 지적했다. 요컨대 그는 상업적 제국주의의 위험성을 강하게 질타하였지만 몽테스키외 식의 국제무역의 평화적 효과에 대해서는 기대를 걸고 있었다. 칸트의 '상업정신의 효과'는 현대 국제관계학의 자유주의자들에 의해 계승되고 있다. 예를 들어, 듀드니와 아이켄베리(Deudney and Ikenberry 1999)는 자유주의적인 국가/국제기구를 통한 자유무역의 확산은 개방적인 시장-기반의 국제경제체제를 형성하였고, 이로 인한 무역의 증대는 국가 간 갈등/전쟁의 가능성을 낮추고 있다고 보고하고 있다. 그들에 따르면 전쟁은 무역으로부터 도출되는 이익(이윤)을 감소시킬 것이기 때문에 상업활동에 적극적인 강국들은 국제평화를 유지하는 데 큰 유인을 갖게 된다. 그들에 따르면 전쟁은 유익하지 않고 오히려 국가에 해를 끼친다.

예비조항과 확정조항이 영구평화를 위한 필요조건이라 할 때 가장 핵심적인 조건인 확정조항 제2조, 즉 공화국들로 구성되는 세계연맹은 '어떻게' 형성될 수 있을까? 칸트는 이에 대해 두 가지 이야기, 즉 이성적 인간의 실천의지, 그리고 인간의 본성을 포함하는 자연이 작동하는 사실적인 원리에 대한 이야기를 들려주고 있다. 물론, 앞서 언급한 대로, 의회권력과 행정권력이 분리되어 있는 공화주의 체제 하에서 도덕적 정치인들을 중심으로 하는 진보적 세력은 영구평화의 제 조항들을 준수하고 평화세력을 강화하는 데 앞장서야 하고 또 그렇게 할 것이다. 칸트는 "악마의 종족"조차도 예비조항과 확정조항이 영구평화를 위해 필수적이라는 것을 안다. 그러나 그들은 이 조항들을 준수하는 것처럼 하다가 그것이 자신의 이익에 반한다고 판단되는 순간 돌변하여 이 조항들을 폐기하기 위해 모종의 비밀작전을 시작한다. 이와 같은 "정치적 도덕주의자들(political moralists)"이 아닌 도덕적 정치인들은 항상 이 조항들을 준수해야 하고 또 그렇게 할 것이다. 그들이 조항들을 준수하는 이유는 그것이 자신들의 단기적 이익일 수 있기 때문이기도 하지만, 보다 중요하게, 그것이 세계 전체 구성원들의 장기적 이익이라고 생각하기 때문일 것이다.

　　뿐만 아니라 아마도 보다 중요하게 칸트는 인간이 도덕적 행위를 진실로 원하기 때문에 그렇게 할 것이라는 점을 강조한다. 이 이야기는 소위 "실천이성"에 관한 칸트의 철학에 대한 배경 지식을 필요로 한다. 칸트의 실천이성비판은, 나는 무엇을 알 수 있는가, 어떤 것이 확실한 지식인가, 어떤 수단을 통해 얻어지는 것이 확실한 지식인가와 같은 순수이성비판("이성의 자신의 능력에 대한 선행적 자기 비판")[11]과는 달리, 나는 무엇을 행해야만 하는가와 같은 윤리와 도덕의 기준에 관한 것이다. 나는 무엇을 행해야만 하는가라는 질문은 마땅히 행해야 할 것을 실제로는 하고 있지 않음을 전제하며, 행해야만 한다는 것은 아직 있지 않은 상태를 있도록 만들라는 것이다. 이러한 행동을 "실천(praxis)"이라고 한다. 있는 것을 없게 만드는 것도 물론 실천이다.

칸트에 따르면 실천이성은 현실을 바꾸는 이성이다. 그리고 그러한 이성에 의한 실천 중 가장 중요한 것으로서 당위적인 실천이 있다. 그것이 바로 윤리적 행위이다. 당위적 실천은 선을 대상으로 하기 때문에 선을 실천할 수 있는 능력의 문제가 중요하다. 그런데 선을 실천할 인간의 능력을 자유라고 하므로, 도덕 문제의 중심에는 자유 또는 자율성의 개념이 존재한다. 그렇다면 당위적 실천인 윤리적 행위와 자유 또는 자율성은 어떠한 관계인가? 이를 논하기 위해서는 경험/감각의 세계를 "초월하는(transcendental)"[12] 존재에 관한 칸트의 생각을 이해해야 한다.

칸트가 활동할 당시 공리주의와 경험론은 공히 인간 행동의 원인을 경험적 또는 감각적인 세계에서 찾으려 했다. 칸트는 『순수이성비판(Kritik der reinen Vernunft, Critique of Pure Reason, 1781)』에

....

11 칸트는 『순수이성비판』에서 "이성은 오직, 그의 자유롭게 공명한 검토를 견뎌낼 수 있는 것에 대해서만 꾸밈없는 존경을 허용한다… 이성이 자기 자신의 능력에 대한 선행적 비판 없이 하는 일을 무엇이나 그 자체가 교조적임을 면할 수 없다"고 썼다. 칸트(2006, 19).

12 칸트는 『순수이성비판』에서 "나는 모든 지식을 대상들이 아니라 우리가 그것들을 경험하기도 전에 대상들을 알 수 있는 방법을 다룬다면 초월적(transcendental)이라고 부른다"고 말했다. 이에 비해 'transcendent'는 한 인간에게 가능한 모든 지식을 "넘어서는 것"이라는 의미를 담은 개념이다.

서 지식의 측면에서는 경험과 감각을 넘어서는 진술은 비판했고, 행위의 면에서는 감각적인 요인으로 행동을 정당화하는 것에 대해 비판했다. 『순수이성비판』과 『실천이성비판(*Kritik der praktischen Vernunft, Critique of Practical Reason*, 1788)』은 모두 이성비판, 즉 이성의 한계를 규정했지만, 전자는 이성을 경험세계에 국한시켰고, 후자는 이성을 경험세계 밖으로 확장시켰다. 즉 지식 성립은 감각세계 내에서만 가능하지만 실천의 측면에서는 이성의 활동이 감각세계를 벗어나서도 유효하다는 관점인 것이었다.[13]

이와 같이 실천이성을 감각의 세계에서 해방시킨 칸트에 따르면, 앞서 말했듯이, 실천이성의 핵심은 당위(當爲, Sollen)이고, 당위는 경험세계에서 나오지 않는다. 아무리 온 세상 사람들이 다 그렇게 한다고 해도, 그것으로부터 "사람은 누구나 그렇게 해야 한다"는 결론이 나오는 것은 아니다. 당위는 사실에 근거를 두고 있는 것이 아니라, 이념 또는 이상에 근거를 두고 있기 때문이다. 당위는 자연법칙이 아니라 그 밖에 존재하는 도덕법칙에 따른 것이다.

그렇다면 인간은 어떻게 해서 도덕적 개념인 당위를 실천할 수 있는가? 인간에게 이성으로부터 비롯되는 자유의지 또는 자율적 능력이 있기 때문이다. 인간이 지닌 이성의 힘이 바로 자율성인 것이다. 인간은 감각적 세계에서 욕구 충족에 집착하는 짐승과는 달리 모든 감각적 요소로부터 "초월"하여 자유와 자유의지를 가진 이성적이고 자율적인 존재로서 "옳은 행위를 오직 그것이 옳다는 이유에서 추구하는 의지" 이른바 '선의지(善意志)'에 따라 당위를 실천

....
13 한글 번역본은 칸트(2006)과 칸트(2019)를 참고할 것.

할 수 있다는 것이다.[14]

칸트의 세계연맹에 대한 선호는 이성적 존재로서의 국가의 자율성의 문제와 맞닿아 있다. 입헌국가는 그 자체로서 자율성을 확보하고 있는 주체이다. 즉 헌법을 만들고 그 헌법을 지킬 수 있는 자율적 능력, 즉 자신의 주인이 될 수 있는 능력을 갖추고 있다는 것이다. 거꾸로 말하자면, 스스로 법을 만들고 그 법을 지켜나갈 수 있는 힘이 있으면 국가가 생기는 것이다. 결과적으로 칸트의 실천이성의 관점에서 볼 때, 평화란 인간이 의지를 갖고 추구해야 하는 당위이고 자율적 인간은 그 당위를 실천할 수 있다. 역으로, 전쟁은 인간이라면 당연히 지양해야 하는 것이고, 자율적 인간은 전쟁을 지양할 것이다. 국가도 마찬가지이다. 이성적인 존재로서 자율성을 갖고 있는 국가들은 영구적 세계평화라는 당위를 실천해야 하고 또 그렇게 하게 될 것이다.

이제 우리는 위에서 언급한 바와 같이 세계연맹의 형성과 관련한 인간의 본성을 포함하는 자연이 작동하는 사실적인 원리에 대해 살펴볼 수 있게 되었다. 이는 확정조항에서 암시는 되어 있지만 추가조항 1(First Supplement)에서 구체적으로 다뤄지고 있는바, 칸트(Kant 1977, 108)는 "영구평화의 보장(On the Guarantee of a Perpet-

....

---

14 정치와 도덕을 이원화하는 관점에서 보면 칸트의 실천이성이라는 관념체계는 헛소리에 지나지 않을 수 있다. 그러나 칸트는 자율적인 인간에 있어서는 정치와 도덕이 이원화되지 않는다. 도덕은 자유의지를 가진 인간이 따라야만 하는 무조건적인 명령(정언명령, categorical imperative)이기 때문에 그 자체로 실천적이다. 물론 인간의 천부적 이기성 때문에 실천이성이 기피되고 단기적으로는 정치와 도덕이 충돌할 수 있다. 그러나 장기적으로는 이성이 작동하여 양자 간의 갈등이 해소될 것이다. 결론적으로 정치적 준칙과 도덕 간의 대립은 "정치가 도덕 앞에 무릎을 꿇음"으로써 해소되며, 이를 통해 "정치는 완만하지만 영원히 빛나는 단계에 도달하게 될 것"이다.

ual Peace)"에 대해 설명하면서 "위대한 예술가 '자연'의 합목적성 (권위이자 섭리)에 의해 세계평화의 실현이 보장되고 있다"고 적었다. 이 추가조항에서 나타나는 진보성은 칸트를 그 이전의 정치사상가들과 차별화할 수 있는 주요 요인이다.

칸트가 자연을 '위대한 예술가'라고 표현한 이유는 영구적 세계평화라는 당위적 목적을 달성하기 위해 이미 심모원려 속에 세 가지 요소로 구성되는 예비적 설계를 마쳐놓았기 때문일 것이다: 1) 자연은 인간들이 세계 어느 곳에서나 살아갈 수 있도록 힘을 발휘하고 있다. 2) 자연은 전쟁이라는 수단을 통해 인간들을 전 방면으로 흩어지게 하였고, 척박한 지역에서조차 삶을 영위하도록 하였다. 3) 자연은 전쟁을 통해 인간들을 다소간이나마 법적 관계에 강제적으로 들어가게 했다.

전기한 바와 같이 칸트는 인간의 본성에 대해 비관적이다. 특히 위정자들은 호전적이다. 따라서 얼핏 보면 이러한 인간의 성향은 영구평화에 대한 희망을 잠식하는 역할을 할 것으로 보인다. 그러나 사실은 이러한 성향이야말로 영구평화의 희망의 실현을 가져오게 될 역동적인 과정을 유발한다. 부분적으로 "전쟁에 기인하여 지구 전역에 흩어진 일단의 사람들은 곧 인근 지역에 또 다른 일단의 사람들이 자신들을 압박하고 있다는 사실"에 직면하게 된다. 그들은 "다른 집단의 사람들을 물리적 힘으로써 대처하기 위해 내부적으로 국가라는 것을 만들지 않을 수 없게 된다." 국가는 인간들의 "자연스러운 이기적 성향을 강제적 법칙에 서로를 복종하도록 하는 방식으로 제도들을 구축하고 그렇게 함으로써 법이 집행될 수 있는 평화의 조건을 생산할 수 있다."

요컨대 칸트에 따르면 인간은 자율적인 존재로서 전쟁을 해서는 안 된다는 당위성을 실천에 옮길 수 있다. 그러나 자연은 자기 자신의 목적을 위해 전쟁을 필요로 한다. 이 두 가지 충돌하는 힘이 상호 결합하여 칸트의 역설이 만들어진다. 자연은 전쟁이라는 수단을 통해 인간으로 하여금 자연상태에서 벗어나 평화상태로 이행하려는 유인을 갖게 하며, 이는 잠재되어 있는 인간의 도덕성의 의미를 증폭시킨다. 요컨대 자연의 목적론적 작동과 인간의 선의지는 상호 교직되어 인간으로 하여금 영구평화를 지향하게 하는 동력을 구성하게 되는 것이다.

요약해보자. 칸트의 문제의식은 전쟁을 종료하게 되어 있는 평화조약이 단지 적대행위의 일시적 중단일 뿐이라는 그의 인식에서 비롯되었다. 그는 세계 차원의 영구적 평화를 위한 구상을 제시하면서 인간의 잠재적 도덕적 능력과 세상을 바꾸려는 실천이성, 그리고 자연의 합목적적인 예비적 설계에 따라 영구평화가 단지 공상이 아니라 실제로 달성될 수 있음을 보여주고자 했다. 그렇게 함으로써 칸트는 영구평화의 현실성에 대해 회의하거나, 그러한 이유로써 자신들의 의무를 충족할 필요성을 느끼지 못하는 사람들에게 일종의 격려를 보내고 있는 셈이다.

칸트는 홉스나 루소의 사회계약설을 넘어 전 세계적 차원의 자유주의적 세계연맹을 제시하였고, 『영구평화론』에서의 그의 사상과 구상은 '시간의 심판'을 견디어 내고 전형적인 국제정치이론의 고전으로 인정받고 있다. 그러나 『영구평화론』은 그 영감과 통찰력에도 불구하고 21세기 국제정치를 설명하고 이해하는 데 한계가 있을 수밖에 없다. 물론 오늘날의 시각에서 그를 비판하는 것은 옳은 자세가 아니지만, 『영구평화론』의 시대적 조건과 환경이 가지는 현대적 의미에서의 구조적 제약을 밝히는 것은 오히려 칸트의 정치철학적 성과를 적실한 위치에 올려놓는 일이 될 것이다. 칸트의 구상의 시공간적 제약은 그가 살던 시대는 경제가 사적 영역으로 분리되기 전인 소위 중상주의 경제체제였다. 중상주의 체제는 부르주아가 세력화된 프랑스혁명을 기점으로 붕괴하기 시작했고, 이후 자본주의가 발달함에 따라 경제는 정치, 즉 국가의 관할로부터 벗어나 독자적이고 자율적인 사적 영역으로 자리매김을 하게 되었다. 자본주의는 유례없는 생산력을 바탕으로 급격히 재생산되어 20세기에 들어서는 오히려 경제와 시장이 정치와 국가를 포섭/지배하는 국면으로 전환하였다. 블라디미르 레닌(Vladimir Ilich Lenin)은 칸트가 『영구평화론』에서 다룰 수 없었던 문제, 즉 자본주의에 배태되어 있는 갈등적인 국제정치적 측면을 조명하면서 그러한 체제는 최고단계까지 발달하면 구조적 모순으로 인해 전쟁이 불가피하다는 논리를 제시하였다.

VI. 블라디미르 레닌의 『제국주의: 자본주의의 최고 단계』

투키디데스는 전쟁의 원인을 이른바 '급성장(rise)과 공포(fear)'라는 힘의 역학관계에서 찾았고, 마키아벨리는 인간의 본성에서 나오는 '제국주의적 야망'을, 칸트는 인간의 본성, 예를 들어, 군주의 명예추구나 호전성을 전쟁의 원인으로 간주했다. 레닌은 전쟁의 원인을 인간의 본성이나 국가의 성격이나 행태가 아닌 사회적 계급구조가 국제정치적으로 발현된 국가 간 경제적 경쟁에서 찾았다. 그의 이러한 구조적 관점은 전쟁이란 의도가 아닌 비의도적인 요인에서 비롯되는 것으로서 국가정책의 도구가 아닌 사회계급들의 힘이 국제수준에서 충돌한 불가피한 결과임을 부각시키고 있다.

1. 역사적 배경

레닌은 자신의 형이 제정러시아의 알렉산더 3세 암살 사건에 연루되어 사형당한 후 정치에 눈을 뜨게 되었다. 카잔제국대학에서 법을 공부하던 그는 학생시위에 참여했다는 이유로 퇴학 처분을 받았다. 그는 칼 마르크스를 포함한 급진적 사상에 매료되어 독서에 몰두하였다. 그는 추후 법과대학을 졸업하고 상트페테르부르그에서 변호사로 일하다 마르크스주의자라는 사유로 시베리아로 유형을 가게 되었다. 그는 자신을 보기 위해 시베리아로 온 몰락한 귀족 출신의 혁명동지 크루프스카야(Nadezhda Krupskaya)와 결혼한 후 스위스에 정착하였으며, 여기서 레닌(시베리아의 레나 강)이라는 필명/가명을 사용하기 시작했고, 볼셰비키당을 창설하였다. 레닌은 1차 대전이 한창이던 1916년 봄 취리히에서 『제국주의, 자본주의의 최고 단계』를 작성하였다.

레닌이 『제국주의론』을 쓰게 된 것은 그가 제2인터내셔널이 반전원칙을 훼손하고 배신의 길에 들어섰다고 생각했기 때문이다. 1889년 창립된 제2인터내셔널은 이전 사회주의운동의 반군국주의, 반전투쟁의 원칙과 전통을 계승하였을 뿐만 아니라 1차 대전이 발발하기 전에 개최된 세 번의 대회에서 군국주의와 제국주의 전쟁에 반대하는 결의를 채택하였다. 레닌 자신도 1915년 9월의 짐머발트 (Zimmerwald) 회의와 1916년 4월의 키엔탈(Kienthal) 회의에 참석하여 유럽의 사회주의자들은 "제국주의 전쟁"을 프롤레타리아 대 브루주아/귀족의 "내전"으로 전환시켜야 한다고 역설하였다. 그러나 유럽의 사회주의자들은 전쟁이 임박하자 반전노선을 바꾸어 "사회주의적 애국주의(Socialist Patriotism)"를 선언하며(Snell 1953) 자국 정부의 전쟁노선을 지지하였다. 분노한 레닌은 이들 변절자들이 태도를 바꾼 것은 지배계급이 식민지초과이윤의 일부로 매수한 노동귀족의 이해를 대변하였기 때문이라고 판단했다. 그리고 이것은 그가 『제국주의론』을 쓰게 된 이유 중 하나였다.

2. 『제국주의론』의 국제정치이론적 개관

레닌은 변절자들을 비판하는 것보다 더 중요하고 근본적인 일은 전쟁의 원인은 자본주의의 내적 모순에서 찾아질 수밖에 없다는 사실과 논리를 동료 혁명가들과 세계의 민중에게 알리는 것이라고 생각했다. 그는 스위스 망명 시절 홉슨(J. A. Hobson), 카우츠키 (Karl Kautsky), 마르크스의 글뿐 아니라 헤겔, 포이에르바흐(Ludwig Feuerbach), 아리스토텔레스 등의 저작을 탐독하였다. 레닌은 이 시기에 독자적인 철학과 사상을 가진 마르크스주의자로 변신하였다. 그는 행동과 정책이 과학적 법칙에 따라야 한다는 결정론적 노선보다는 모든 행동의 옳고 그름은 구체적 실천에서만 판가름난다고 보았고, 부르주아-민주적 혁명이 사회주의혁명에 선행한다는 단계론

보다는 러시아에서는 중간 단계 없이 바로 차르 체제를 타도하고 사회주의혁명이 가능하다고 판단했다.『제국주의론』은 사회주의혁명을 위한 절박한 실천적 목표를 갖고 쓰인 저작이었다. 이러한 실천적 목표를 추구하면서 레닌은 독점적 금융자본이 지배하는 자본주의의 최고단계인 제국주의가 대전의 원인이며 또한 '사회주의혁명의 전야'라고 규정하였다.

전쟁론이나 혁명론과는 별도로 레닌의 제국주의론의 국제정치 이론적인 핵심은 선진자본주의 부국들은 그들의 "빈국들을 자신들에 종속시켜 체계적으로 착취함으로써 자본주의의 '최후의 위기'를 지연시킬 수 있다"는 발견이자 주장이다. 그의 발견은 특히 식민지의 지식인들에게 울림을 주었다. 예를 들어, 식민지 지역이 세계자본주의 체제의 사활이 걸린 방어선이라는 레닌의 관점, 그래서 "광범위한 식민지들에 달라붙어 있는 제국주의의 촉수를 절단하라. 그러면 자본주의 체계 자체가 무너질 것이다"라는 레닌의 전술/전략적 지침은 베트남의 호치민(胡志明)에게 큰 영감을 주었다(듀이커 2001 119).[15]

레닌의 제국주의론은 전후 후진국들의 지식인과 정치인들을 자극하여 그들의 사상과 정책에 지대한 영향을 미쳤다. 예를 들어 레닌이 처음 사용한 "세계체제(world system)"라는 개념은 '핵심-반주변-주변국들 간의 노동분업'의 중요성을 강조하는 월러스타인(Immanuel Wallerstein)의 "세계-체제론(world-systems theory)"

·······

15 호치민이 읽은 문건은 레닌이 코민테른 제2차대회에 보낸 민족과 식민지 문제에 관한 테제(Theses on National and Colonial Questions)였지만 이 문건의 사상적 기초는 그의 제국주의론에서 비롯되었다.

의 태동에 기여하였고, 그에 앞서 '불평등교환의 기제(unequal exchange mechanisms)'가 과거 식민지 국가들에서 "저발전의 발전(development of underdevelopment)"이 일어나게 한다는 프레비쉬(Raúl Prebisch), 프랑크(Andre Gunder Frank), 카르도소(Fernando Henrique Cardoso), 에마누엘(Arghiri Emmanuel), 아민(Samir Amin) 등과 같은 종속이론가들(Dependency theorists)에게 사상적 통찰력과 지적 동력을 제공하였다.

3. 『제국주의론』 강독[16]

『제국주의론』에 따르면, 자본주의의 핵심원리인 자유경쟁(free competition)은 개별자본(즉 기업)을 생산·판매로 획득한 이윤을 축적하여 자기를 확대하는 집적(集積, concentration)으로 이끈다. 이는 대기업에서의 노동이 훨씬 더 생산적이기 때문이다. 로버트 머튼(Robert K. Merton)은 "무릇 있는 자는 받아 풍족하게 되고, 없는 자는 그 있는 것마저 빼앗기리라"는 성경의 마태복음 25장 29절을 인용하며 이른바 "마태 효과'(Matthew effect)"라는 개념을 제시하였다. 집적의 과정이 상당히 진행되면 몇 안 되는 자본이 생산을 지배하게 되고 가격경쟁을 지양하고 시장을 자신들 사이에서 분할하며, 나아가, 상호 간의 결합·합병을 통하여 자본의 규모를 확대시키는 집중(集中, centralization)으로 나아간다. 이와 같이 아이러니하게도 자본주의의 기본원칙인 자유경쟁을 토대로 해서 독점이 형성되는

....

16 레닌의 『제국주의론』 강독의 상당 부분은 박건영(2020)에서 발췌하였다.

것이다.

이 단계에서 자본가들의 문제는 과잉생산이다. 이들은 상품생산을 줄여도 고정비용이 계속 발생하므로 공급을 줄이기보다 수요확대를 선택하게 된다. 수요를 늘리려면 상품가격을 인하해야 하고 그러려면 임금과 원료비를 낮춰야 한다. 이를 위한 완벽한 대안은 식민지 개척 및 확대이다. 구체적으로, 레닌은 "집중은 한 나라뿐 아니라 세계 전역의 많은 나라들에 있는 모든 원료산지를 대략적으로 계산할 수 있는 지점에 이르렀다. 산지들은 독점연합체들의 수중에 들어가고 그들은 자기들끼리 시장을 분할했다. 숙련노동력을 독점하고 최고기술자를 고용하며 운송로 및 운송수단을 장악했다. 자본주의는 제국주의 단계에서 생산의 가장 광범위한 사회화에 바짝 다가간다"고 말했다.

상품생산뿐 아니라 금융의 영역에서도 같은 과정이 진행된다. 은행은 그 본래의 역할은 '지불의 중계(a middleman in the making of payments)'였지만, 차차 활동하지 않는 화폐자본을 활동적인 자본, 즉 이윤을 창출하는 자본으로 전환시키며, 대량의 화폐소득을 자신의 관리 하에 두게 되었다. 은행의 집적과 집중이 진행됨에 따라 큰 액수의 대출이 가능한 기관의 범위는 갈수록 좁아지고, 대은행들은 자신과의 출자와 인적 결합을 통한 밀접한 관계에 있는 기업들 외에는 신용대출을 제한하거나 거부함으로써 금융에 대한 산업의 종속성을 증가시킨다. 그 결과 은행자본과 산업자본이 결합된 금융자본이 형성된다. 제국주의론에 따르면, 이러한 금융과두제는 정부와의 인적 결합으로 보완/강화된다. 레닌은 독일 은행가 야이델스(Otto Jeidels)를 인용하며, 대은행들의 "감독이사회의 이사직은 당국과 관계에서 여러 가지 편의를 줄 수 있는 명망가나 전직 정부 관리들에게 자연스레 돌아가곤 한다"고 지적하였다.

문제는 자본의 과잉이다. 따라서 이 단계에서는 자본이 해외로 수출된다. 금융자본은 식민지의 산업과 사회간접자본 건설 등에 투자함으로써 과잉자본의 문제를 해결하려 한다는 것이다. 물론 과잉자본은 선진자본주의국가에서 자본의 투하처가 소멸되었음을 의미하는 것은 아니다. 단지 독점적 지배가 확립되어 있는 상태에서 많은 자본투하는 이윤율을 저하시키기 때문에 '땅 짚고 헤엄치기'가 가능한 식민지로 진출한다는 것이다.

자본수출은 상품수출과는 달리 본국과 식민지 사이의 결합을 항구화하게 된다. 제국주의론에 따르면, 그렇지 않아도 정부와 유착되어 있는 독점적 금융자본은 이윤극대화를 위해 국가를 포섭하여 국가정책에 지대한 영향을 미치게 된다. 국가도 이들과 공생관계에 있다. 즉 금융자본이 식민지에 차관을 제공할 때 차관의 일부를 채권국의 생산물, 특히 군수품, 선박 등을 구입하는 데 지출할 것을 조건으로 내세우기 때문이다. 뿐만 아니라 차관이나 대출이 가져다 주는 고이윤은 국내의 실업문제를 해결하고 노동자들을 매수하는 데 사용될 수 있다. 이와 관련하여 레닌은 영국 정치인 세실 로즈(Cecil Rhodes)를 등장시킨다. 영국을 포함하는 선진자본주의국가는 불가피하게 제국주의화하게 된다는 것이다. 로즈는 영국의 과잉인구와 실업문제가 내란을 유발할 수 있으며 이에 대한 유일한 해결책은 식민지 개척 및 확대라고 보던 많은 영국 정치인 중 하나였다.

그는 한 측근에게 "나는 어제 런던의 이스트앤드(노동자 구역)에 가서 실업자들의 집회에 가 보았다네. 거기서 '빵을! 빵을!'이라고 외치는 난폭한 연설을 듣고는 집으로 돌아오는 길에 그 광경을 곰곰이 생각해보면서 나는 지금까지보다 더 제국주의의 중요성을 확신하게 되었네… 가슴에 품은 나의 이상은 사회 문제를 해결하는 것이라네. 그러니까 영국의 4천만 국민을 피비린내 나는 내란에서 구원하기 위해서 우리 식민정치가는 과잉인구를 이주시키고, 공장과 광산에서 생산되는 상품의 새로운 시장을 획득하기 위해 새로운 영토를 손에 넣지 않으면 안 된단 말일세. 내가 늘 말하는 것처럼 제국이란 빵과 버터의 문제라네. 내란이 일어나길 바라는 게 아니라면 여러분은 제국주의자가 될 수밖에 없다는 거야"라고 말했다.

레닌이 홉슨 등 비마르크스주의 제국주의론자들과 다른 점은 선진자본주의국가들의 제국주의는 필요에 따른 경제정책이 아니라 자본주의에 배태되어 있는 모순이 점차 격화되어 나타나는 불가피하고 구조적인 과정의 결과라는 점을 간파한 데 있었다. 주지하듯, 레닌에게 큰 영향을 준 홉슨은 자유경쟁은 독점, 금융자본의 부상, 그리고 제국주의로 이어진다고 분석하였으며, "제국주의는 유럽국가들에 의해 의도적으로 채택된 면이 있고, 미국의 정치적 고립주의를 와해시키고 있다"고 지적하였다. 그리고 그는 영국 등이 제국주의화한 핵심적 이유는 영국의 과소소비(underconsumption)에서 발견된다고 주장하였다. 즉, 영국 경제가 독점자본화되면서 소득분배가 악화되어 총수요가 감소했고 (다시 말해 시장이 포화상태에 이르렀고), 그 결과 독점자본은 고이윤이 보장되는 시장을 찾아 해외로 진출하게 되었다는 것이다.

그러나 레닌은 홉슨과는 달리 제국주의가 대외경제정책이 아님을 강조하였다. 그는 "제국주의는 경제의 국면이나 단계가 아니라 정책, 즉 금융자본이 선호하는 특정 정책으로 이해해야 한다"고 주장한 독일사민주의자 카우츠키에 대해 날선 비판을 가할 때 독일 공산주의자 리프크네히트(Karl Liebknecht)를 인용하였다:

"만일 정직하든 사기꾼이든 어떤 사람들이 예를 들어 독일과 영국 간의 긴장이 오해 때문에, 심술궂은 기자들의 자극적인 말들 때문에, 외교라는 음악회에서 솜씨 없는 음악가들이 뽐내는 연주 때문에 생기는 것이라고 우리가 믿기를 바란다면, 우리는 달리 알고 있다. 우리는 이 긴장이 세계 시장을 놓고 영국과 독일의 첨예화되는 경제적 경쟁의 필연적 결과라고 생각한다."

요컨대, 레닌은 제국주의는 자본주의 체제적 모순에서 비롯된다며 '뿌리를 건드리는' 급진적이고 혁명적인 시작을 제시한 것이었다. 그는 제국주의는 저소비 또는 수요 부족 또는 실업문제 등 자본주의의 특정한 일시적 문제 때문에 생겨난 해결책이 아니라, 자본주의 시장경제의 기본 운용원칙인 자유경쟁이 그 자유경쟁을 말살시키는 독점을 유발하고, 지속적인 이윤극대화를 위해 형성된 국제적 수준의 독점연합체들이 국가를 포섭하여 결국 경제영토의 분할과 재분할을 시도하게 되었다는 측면에서 자본주의의 내재적 모순의 결과로 발생하였다고 보았던 것이다.

이제 세계자본주의는 독점자본에 포섭된 선진자본주의 열강들 사이에서 세계가 분할되는 단계로 나아간다. 선진자본주의 국가들의 독점자본은 상품 및 자본 시장, 그리고 자원과 노동력을 두고 세계 차원에서 경쟁하게 되며, 국민(nation)에 기초해 있고 자국 독점자본의 이익을 보호·대변하는 국가들(nation-states)은 단순한 생산요소가 아닌 "경제적 영토(economic territories)"를 확보하기 위해 투쟁하게 되는 것이다. 그리고 분할된 세계 시장은 불균등한 발전, 전쟁, 파산 등의 결과로 재분할을 피하지 못한다. 레닌에 따르면 자본가들이 "세계를 나눠 먹는 것은 특별히 나쁜 마음을 먹었기 때문이 아니라, 집중이 도달한 단계가 이윤 획득을 위해 그들을 선택의 여지 없이 그 길에 세우기 때문"이다. 동시에 그들은 "세계를 '자본에 비례해서,' '힘에 따라서' 나눠 먹는데, 상품생산과 자본주의 체제 아래에서 다른 분할 방식은 있을 수 없다."

이 단계에서 제국주의 열강들 간의 전쟁은 불가피하다. 물론 '경제적 영토를 얻기 위한 투쟁'을 기초로 이들 간에 정치적 동맹들이 만들어지지만, 이런 동맹들은 "어떠한 형태로 이루어지든, 즉 어떤 제국주의 연합에 대한 다른 제국주의 연합이라는 형태든, 모든 제국주의 열강의 전반적 동맹이라는 형태든—불가피하게 전쟁과 전쟁 사이의 '짧은 휴지기'에 불과"하다. 평화적인 동맹이 전쟁을 준비하고 전쟁에서 다시 평화적인 동맹이 성장하며 양자가 서로에게 원인이 되는바, 세계 경제와 세계 정치의 "제국주의적 유착과 상호관계라는 같은 토양에서 평화적인 투쟁과 비평화적인 투쟁의 형태가 교대로 발현되는 것"이다. 레닌은 "중국의 '평정'을 위해 모든 열강들이 맺은 오늘의 평화적인 동맹(의화단 봉기에 대한 서구 열강의 진압동맹)은 목표가 달성되면 이내 터키 등의 분할을 위한 내일의 '평화적인' 동맹들을 준비하게 되며, 이는 1차대전이 보여준 것과 같이 제국주의 평화와 제국주의 전쟁 사이의 생생한 연관성을 보여준다"고 지적하였다.

마르크스주의 이론과 당시 지배적 위치를 차지하고 있던 '전통적 제국주의 이론'에 대한 변증법적 비판에서 도출된 레닌의 제국주의론은 제국주의 전쟁의 원인을 설명했을 뿐 아니라 더 근본적으로 자본주의의 역사적 논리와 운동법칙에 대한 경험적 분석을 제공하였다. 사실 혁명적 마르크스주의에 대한 이론적 기여에 있어 레닌보다 더 잘 알려진 인물은 없다. 그의 제국주의론은 진보적 국제정치학계에서 첨단의 위치에 있는 역사적 저작이다. 레닌의『제국주의론』은 그의 정치적 유제로 인해 제대로 평가받지 못해왔지만 (Smith 1955), 투키디데스, 마키아벨리, 칸트의 국제정치적 사상 및 철학과 같이 오랜 '시간의 심판'을 견디어 낸 국제관계이론의 주요 고전으로 인정받아 마땅하다.

VII. 결론

'시간의 심판'을 이겨낸 국제정치이론의 고전에 대한 강독은 우리에게 인간이란 무엇인가라는 실존적이고 근본적인 질문에 대해 깊이 있게 토론할 수 있는 다양성과 보편성을 동시에 가진 영감과 통찰력을 제공한다. 다시 말해 그러한 고전에 담겨 있는 지혜, 관점, 개념, 표현 등은 오늘날의 국제정치에도 여전히 적확한(relevant) 의의를 가진다는 것이다. 유사한 맥락에서, 고전은 우리로 하여금 역사에서 반복되는 규칙성을 인지/파악할 수 있도록 해준다. 이와 같이 고전이 드러내주는 시공간을 초월한 보편성과 반복되는 규칙성은 현대의 국제정치사상가와 이론가들을 지적/학문적으로 자극(thought provoking)하고 격려함으로써 그들의 가치관적 사고와 이론적 시각 형성에 중대한 영향을 미쳤다.

예를 들어, 투키디데스의 『펠로폰네소스 전쟁사』에 나오는 '멜로스 대화'는 현대 국제정치이론의 두 가지 전통/관점을 최초로 표현한 사례라고 할 수 있다. 이 책에서 투키디데스가 아테네인들의 가치관으로 묘사한 것은 국제정치학의 현실주의라 불린다. 이 시각에 따르면 국제정치는 권력과 이익에 의해 조직되고 설명된다. 힘이 정의인 것이다. 투키디데스가 멜로스인들의 가치관으로 기술한 것은 국제정치학의 이상주의라 불린다. 이 전통/가치관은 그로티우스, 칸트 등을 거쳐 국제법이라는 개념으로 발전하였고, 국제연맹, 국제연합, 유럽연합 등으로 구체화되었다. 이 관점 하에서는 규칙, 법, 제도가 권력보다 우선하거나, 권력에 대해 최소한 견제/완충의 역할을 한다. 2차대전 이후의 서구질서는 멜로스인들이 선호하던 가치관에 입각하여 설계되었다. 설계자는 미국이었다. 당시 미국은 군사적으로는 현실주의자였지만 비전과 가치의 측면에서는 이상주의자였다. 국제연합은 법치라는 개념에 뿌리를 두고 전쟁 없는 갈등해결을 추구해왔다. 국제통화기금(IMF)이나 세계무역기구(WTO) 등은 규칙-기반의 국제경제기구로서 국제정치에서의 '적나라한 힘'을 제어하는 주요 행위자이다.

이 장에서 우리는 서양의 고전을 강독했다. 오늘날의 국제정치의 연원이 서양에서 발원한 근대국제체제이기 때문이다. 그러나 중국 등 동아시아의 정치적, 경제적 영향력이 급격히 확대되는 현실뿐 아니라 대안적 고전의 가치를 고려할 때 동양 특히 동아시아에서 생산된 국제정치의 고전이 배제되어서는 안 될 것이다. 공자(孔子), 맹자(孟子), 노자(老子), 장자(莊子), 묵자(墨子), 한비자(韓非子) 등 '제자백가(諸子百家)'는 최근 활발해지는 '중국의 국제정치학'에 등장하는 사상가들이다. 시간을 좀더 끌어당겨, 중국판 마키아벨리라 할 수 있는 청말 리쭝우(李宗吾, 이종오)의 『후흑학(厚黑學)』은 잘 알려지지 않았지만 아마도 제자백가보다 더 현실감 있는 국제정치의 고전이라 할 수 있다. 동서양의 국제정치적 고전의 강독은 현대 국제정치이론뿐 아니라 국제정치의 논리와 현실과 미래를 설명/이해/예측함에 있어 보편성과 현실성을 제고해줄 것이다.

참고문헌

듀이커, 윌리엄. 2001. 『호찌민 평전』. 정영목 역. 서울: 푸른숲.

레닌, 블라디미르. 2018. 『제국주의: 자본주의의 최고 단계』. 이정인 옮김. 서울: 아고라.

마키아벨리, 니콜로. 2015. 『군주론』. 강정인 옮김. 서울: 까치.

_____. 2019. 『로마사 논고』. 강정인 옮김. 서울: 한길사.

칸트, 임마누엘. 2006. 『순수이성비판 1』. 백종현 옮김 서울: 아카넷.

_____. 2019. 『실천이성비판』. 백종현 옮김 서울: 아카넷.

투키디데스. 2011. 『펠로폰네소스 전쟁사』. 천병희 옮김. 서울: 숲.

Beck, Lewis W. 1971. "Kant and the Right of Revolution." *Journal of the History of Ideas* 32(3): 411-422.

Bell, Duncan. 2009. "Introduction: Under an Empty Sky – Realism and Political Theory." in Duncan Bell (eds.), *Political Thought and International Relations*. London: Oxford University Press.

Carr, Edward Hallett. 1964. *The Twenty Years' Crisis, 1919-1939: An Introduction to the Study of International Relations*. New York, NY: Harper Perennial.

Edward Hallett Carr. 1961. *What Is History?* Cambridge, UK: Cambridge University Press.

Deudney, Daniel and G. John Ikenberry. 1999. "The Nature and Sources of Liberal International Order." *Review of International Studies* 25(2): 179-196.

Hoipkemier, Mark. 2018. "Machiavelli and the Double Politics of Ambition." *Political Studies* 66(1): 245-260.

Kant, Immanuel. 1977. *Kant's Political Writings*. ed. Hans Reiss. Cambridge, UK: Cambridge University Press.

Maoz, Zeev and Bruce Russett. 1993. "The Normative and Structural Causes of Democratic Peace, 1946-1986." *The American Political Science Review* 87(3): 624-638.

Mearsheimer, John J. 2014. *The Tragedy of Great Power Politics*. New York, NY: W. W. Norton & Company.

Smith, David G. 1955. "Lenin's "Imperialism": A Study in the Unity of Theory and Practice." *The Journal of Politics* 17(4): 546-569.

Snell, John L. 1953. "Socialist Unions and Socialist Patriotism in Germany, 1914-1918." *The American Historical Review* 59(1): 66-76.

Waltz, Kenneth. 1979. *Theory of International Politics*. Reading, MA: Addison-Wesley Publishing Company.

Wendt, Alexander. 2003. "Why a World State is Inevitable." *European Journal of International Relations* 9(4): 491-542.

국제정치학의 메타이론
존재론과 인식론

은용수(한양대학교 정치외교학과)

I. 서론

본 장은 국제정치학에서의 존재론과 인식론을 포괄하는 메타이론에 대한 설명과 관련 논쟁을 소개하는 것을 목적으로 한다. 시작에 앞서 먼저 다룰 필요가 있는 질문이 있다. 전쟁과 평화라는 현실의 중차대한 문제를 다루는 국제정치연구에서 과연 존재론과 인식론과 같은 메타이론적 (철학적) 논의가 필요한 것인가? 주류의 국제정치학자들은 그렇지 않다고 답하고 있다. 예를 들어, 미국에 거점을 둔 국제정치학회(International Studies Association) 회장을 역임하고 국제정치학에서 큰 영향력을 행사하고 있는 주류학자인 데

....

* 본 장은 필자의 논문(은용수 2016)을 기초로 많은 보완을 거쳐 작성되었음을 밝힙니다. 초고에 대한 유용한 코멘트를 해주신 박건영 교수님께 깊은 감사의 마음을 전합니다.

이비드 레이크(David Lake)는 메타이론적 논쟁은 도움이 되지 않을 뿐 아니라 "해로운(evil)" 영향까지 끼치는 것으로 보고 있다(Lake 2011). 레이크뿐이 아니다. 또 다른 주류이론가인 피터 카첸스타인 (Peter Katzenstein)과 그의 동료들 역시 메타이론적 논쟁은 국제정치에 관한 지식생산과 지적 진보에 "방해"가 되는 것으로 치부하곤 한다. 이들의 논리는 간명하다. 우선 "이론에 관한 이론"이라 할 수 있는 메타이론은 존재론과 인식론을 둘러싼 '철학적' 사고에 기초하고 있다. 이 때문에 메타이론적 논쟁은 "해결" 내지는 "해소"될 수 없다고 여겨진다. 단지 소모적인 논쟁만이 끊임없이 이어질 뿐이라고 비판한다(Sil and Katzenstein 2010). 나아가 레이크에 따르면 현대 국제정치학에서 이러한 메타이론적/철학적 논쟁은 흡사 종교적 믿음에 기초한 일종의 "학문적 파벌(academic sects)" 간의 다툼처럼 변질되어 서로를 비난하거나 무시하고 있고, 그 결과 지식의 생산과 축적은 요원해진다. 이러한 이유로 그는 자신의 여러 논문에서 메타이론과 그것을 둘러싼 철학적 논쟁은 "해로운" 것이고, 그러므로 물리쳐야만 하는 것으로 묘사한 바 있다(Lake 2011, 465-466).

위와 같은 주장과 궤를 같이하면서 존재론, 특히 인식론을 둘러싼 국제정치학의 "대논쟁(Great Debates)"의 "종말(end)"을 환영하고, 한 걸음 더 나아가 "실용적" 접근을 대안으로 주창하는 목소리가 최근 들어 힘을 얻고 있다. "분석적 절충주의(analytic eclecticism)"가 바로 그것이다. 분석적 절충주의는 실(Rudra Sil)과 카첸스타인을 중심으로 하는 일군의 학자들이 지지하고 있는 일종의 '다변수적 분석론'으로서, "해결"이 날 수 없는 메타이론적 논쟁은 "우회"하거나 "중단"하고 대신 실질적 문제해결에 집중하자는 입장이다. 그 일환으로 그들은 국제정치학의 주류이론인 현실주의, 자유주의, 구성주의에서 각각 중요하게 다루는 독립변수들을 서로 "절충" 혹은 결합하여 '현실'의 국제정치 문제 해결을 위해 좀 더 많은 지적 자원을 쏟을 것을 주문한다. 이는 철학적 문제에 대한 관여를 줄여야 한다는 주장으로 이어진다. 여기에는 철학적, 메타이론적 논쟁은 "해결될 수 없는(irresolvable)" 것이고 국제정치의 현실적 문제 해결에 도움이 되지 않으며 오히려 그것을 위한 지적 노동에 방해가 된다는 시각이 내포되어 있다. 이러한 측면에서 실과 카첸스타인은 국제정치학 연구자들에게 좀 더 "실용적인(pragmatist)" 태도를 취할 것을 요청한다(Sil and Katzenstein 2010, 411-421). 메타이론적 논쟁을 "학술의 종파적 분쟁(academic sectarianism)"에 대비하면서 거칠게 비판하는 레이크 역시, 위와 같은 맥락에서 "절충주의의 성장(the rise of eclecticism)"을 매우 긍정적으로 평가하면서 절충주의의 이론화 방법으로서 "중범위 이론(mid-level theory)"을 주창한다.[2]

레이크, 카첸스타인 등의 학자들이 갖는 이와 같은 입장은 반(anti)메타이론 혹은 "메타이론 제외주의(bracketing metatheory)"

....

2 레이크나 카첸스타인에 따르면 메타이론 논쟁은, 승자를 가릴 수 있는 논쟁이 아니기 때문에, 어차피 해봐야 소목적으로 흐르게 되고 따라서 이보다는 더 시급한 현실의 문제에 집중해서 문제해결력을 제고하는 방향으로 논쟁을 전환하는 것이 바람직하다. 이러한 맥락에서 레이크는 패러다임 '내부'의 기준을 중요하게 생각한다. 패러다임 간(cross) 논쟁보다는 하나의 패러다임 속에 하나의 일관된 지식생산과 진리 판단기준을 만들고 그에 준하는 이론을 개발하고 그에 준하는 방법론으로 평가하자는 것이다. 그러나 이들은 자신들이 제안하는 중범위 이론 또는 중도적 이론(middle ground theory)은 메타이론적 논쟁이나 통찰을 대체하지 못한다는 것을 알고 있고, 그래서 대체라는 말 대신에 "우회하자(bypass)"고 말하고 있다. 여기서 "우회"라는 것은 수사적인 표현이고, 실질적으로는 논쟁을 멈추자는 주장과 같다.

라 칭할 수 있을 것이다. 다소 생소하게 들릴 수도 있는 이러한 시각은 이미 많은 논의를 불러일으킨 바 있으며 또한 넓은 지지층도 확보하고 있다. 현대국제정치학의 이론적 지형과 논쟁을 탐구한 팀 듄(Tim Dunne), 르네 한슨(Lene Hansen), 그리고 콜린 와이트(Colin Wight)는 분석적 절충주의나 중범위 이론이 "국제정치학에서 매우 빠르게 주류의 한 부분이 되었고 … 우리는 현재 '분석적 절충주의'가 큰 흐름이 된 세상에 살고 있다"라고까지 평가한다(Dunne et al. 2013, 425). 그리고 분석적 절충주의는 앞서 설명했듯 반(anti)메타이론적 시각에 확고한 기반을 두고 있다. 이런 차원에서 볼 때 "메타이론 제외주의"는 그 생소한 용어에도 불구하고 국제정치학에 이미 깊숙이 자리 잡고 있다고 할 수 있다.

하지만, 본 장은 메타이론 '유용론'을 논할 것이다. 이를 위해 우선 메타이론이 무엇인지, 그리고 그것을 둘러싼 논쟁은 어떤 유용성을 갖고 있는지에 대해 상술할 것이다. 즉 메타이론적 논쟁이 왜 필요하고 중요한지를 논의하면서 그것을 "중단" 내지는 "우회"하려는 주류의 입장과는 다른 시각을 보여주고자 한다. 뒤이어 메타이론적 논쟁이 현대국제정치학에서 어떻게 진행되어 왔는지 소개할 것이다. 논쟁의 긴 역사에서 발생한 수많은 입장과 시각을 단순히 나열하기보다는 현실주의, 자유주의 등 현대국제정치학의 대표적인 거시이론들이 기반을 두고 있는 메타이론인 실증주의와 그것의 대안적 입장들을 자세히 알아보고 이를 통해 우리가 얻을 수 있는 학술적 이득이 무엇인지를 밝히고자 한다.

II. 메타이론 유용론

메타이론을 둘러싼 논쟁의 중요성을 논하기 위해서는 메타이론은 무엇을 의미하는지를 먼저 생각해 볼 필요가 있다. 메타이론의 정의와 메타이론의 역할에 대한 성찰은 곧 메타이론이 왜 중요한지를 알게 해주는 연결고리가 될 수 있기 때문이다.

메타이론은 무엇인가? 흔히들 메타이론은 "이론에 관한 이론"으로 간단히 정의한다. 단순하게 들리는 이 개념정의는 그러나 상당히 크고 깊은 함의를 갖는다. "이론에 관한 이론"이라는 일차원적 방정식을 풀어보자면 이렇다. 자연 및 사회과학 분야에서 사용되는 이론은 일정한 개념적 가정과 논리적 전제를 갖고 있다. 그것이 주류이론이든 아니든, 학술적으로 활용되고 있다면 그 이론은 존재하는 세계와 그 세계의 작동원리에 대한 특정한 전제와 가정에 기초한 논리적 서술(statement)체계인 것이다. 메타이론은 바로 그러한 가정과 전제의 기초가 되는 철학적 토대다.

그렇다면, 아직까지는 다소 추상적으로 들릴 수도 있는 메타이론이 과연 어떤 점에서 중요하다는 것일까? 여러 차원에서 다양한 각도로 답할 수 있겠으나, 국제정치학과 연결하여 살펴보자면 다음과 같다. 전술했듯 메타이론은 "이론에 대한 이론"으로서 이론설립의 기초가 되는 개념적, 철학적, 논리적 전제와 가정의 토대 혹은 원천이다. 따라서 메타이론과 그것을 둘러싼 다양한 입장들을 적절히 알지 못한다면 실제 이론에 대한 유용성과 타당성을 판단하는데 있어 근본적인 한계에 부딪힐 수밖에 없다. 물론 이론검증은 '경험적'으로 이뤄질 수 있다. 나아가 국제정치학은 경험적 검증을 중시한다. 그러나 그것을 이론 자체에 대한 '근원적' 검증으로 보기는 어렵다. 경험적 검증은 이론이 만들어낸 예측이 현상적으로 발생했는지에 대한 여부를 통계기법이나 사례분석을 통해 따져보는 것이다. 예컨대 신현실주의의 대표이론이라 할 수 있는 세력균형론과 그것에 대한 검증이 어떻게 이뤄지는지 간략히 살펴보자. 무정부적 국제정치체제에서 국가는 상대적으로 더 큰 물질적 세력을 갖는 국가에 위협을 느끼게 되며, 이에 자국의 국력을 증강하는 "내적 균형 (internal balancing)" 혹은 동맹이나 연합으로 표출되는 "외적 균형 (external balancing)"을 통해 힘의 균형을 추구하여 "생존"을 보장하려 한다는 것이 세력균형이론의 핵심적 주장/예측이다. 그리고 이에 대한 검증은 그러한 예측이 '현상적'으로 발생했는지 아닌지에 대한 분석으로 이뤄진다. 즉, 이론이 제시한 조건 하에서 세력균형적 행위가 발생한 역사적 사례가 다수 있거나, 통계적으로 유의미한 상관성이 있다면 이론을 지지하고 그렇지 않다면 이론의 폐기나 수정을 주장한다. 그러나 주지하듯, 이는 세력균형이론이 만들어낸 예측적 '결과'만을 검증의 대상으로 삼고 있는 것이다. 이론 자체의 내적 논리와 그 논리적 구성의 타당성이나 일관성, 나아가 그 이론의 존재 및 인식론적 '기반'에 대한 비판적 검토와는 거리가 멀다. 이는 이론검증의 대상이 매우 협소하게 규정된 상태에서 진행되는 일종의 '자기방어적' 행위에 가깝다고 할 수 있다.

이론을 경험적으로 검증한다는 것은, 그 이론이 기반을 두고 있는 존재론적 전제와 인식론적 가정 그리고 그것에 내재되어 있는 철학적 규범에 대한 비판적 성찰을 건너뛴 상태에서 (혹은 그것에 대한 필요성을 인지하지 못한 상태에서) 진행되는 것이다. 따라서 만약 그 이론적 기반에 문제가 있다고 하더라도 그것에 대한 해결은 이뤄지기 어렵다. 오히려 초점은 이론의 논리적 서술이나 상관관계적 산술로 형성된 결과를 현상적 차원에서 검증하는 것에 머문다. 이것은 마치 지반에 대한 조사를 건너뛰고 건물을 짓고 그 외형을 검사하는 것과 유사한 것으로 그 검사의 결과는 표상적 수준에 머물러 있을 수밖에 없다. 더욱이 건물의 기반이 불안정하더라도 건물의 외형이 안전하다는 경험적 판정을 받는다면 그것의 불안정한 토대는 그대로 유지되거나 혹은 또 다른 건물의 건축기반으로 '재생산'되는 결과를 낳게 된다. 달리 말해, 비록 이론의 토대가 되는 개념적, 논리적 전제와 가정이 불안정해도 이론검증이 현상적/경험적 수준에 머물러 있기 때문에 그 불안정한 토대는 검증을 피해 유지되고 (자기방어적으로) 재생산되면서 결국 지적 진보에 부정적인 결과를 초래하게 될 수 있다는 것이다.[1]

메타이론에 관한 깊은 이해와 논의가 빛을 발휘하는 것은 바로 이 지점이다. 메타이론은 이론의 기반이 되는 가정과 전제의 철학적 원천이자 기원이기 때문에 이에 대한 논의 및 논쟁은 그 이론의 기반을 검증과 비판의 대상에 포함시키는 적극적 성찰행위라고 할 수 있다. 이러한 이유로 경험적 검증의 기법과 '함께' 정치철학적, 규범적, 존재론적 논의가 이론검증에 포함된다. 칼 포퍼(Karl Popper)가 주창하는 "비판적 합리주의"에 관한 통찰을 빌려 말하자면, 이러한 적극적이고 포괄적인 "비판"은 "진리" 추구와 "함께 가는 것(go

....

1 그렇다고 본 장이 경험적 검증의 필요를 부정하는 것은 아니다. 경험적 검증과 함께 메타이론적 검증(성찰)이 필요함을 강조하는 것이다.

hand in hand)"이고, 이는 반증의 가능성을 열어두는 "과학적"인 자세이며 교조주의에 빠지지 않게 하는 "이성적"이고 "합리적"인 태도로서 지식과 사회의 발전을 위한 "필수요건"이라 할 수 있다(Popper 1968, 94).[2] 막스 베버(Max Weber) 역시 유사한 맥락에서 과학적 지식을 담보하는 가장 중요한 조건 중에 하나로 "비판에 대한 열린 자세"를 꼽고 있다(Jackson 2011, 193). 특히 지적 진보의 차원에서 보자면, 메타이론에 관한 이해와 논의는 이론의 타당성과 유용성에 대한 검증/비판의 수준과 범위를 확장하여 이론의 외형뿐 아니라 그것의 토대까지 포함시키는 것으로서 이를 통해 결국 좀 더 확실한 지식만이 살아남고 축적되어 지식장(field)의 진보를 이룰 수 있는 것이다. 따라서 메타이론에 대한 적절한 이해는 이론의 옳고 그름, 수용과 거부를 판단하는 데 있어 필수조건이라고 할 수 있다. 메타이론적 논쟁을 "우회"하거나 "중단"해서는 안 되는 첫 번째 이유가 바로 여기에 있다.

왜 메타이론이 중요한지에 대한 두 번째 이유는 앞서 짧게 언급한 "과학적" 지식과 매우 깊은 연관이 있다. 메타이론은 이론의 기초가 되는 전제와 가정의 철학적 원류로서 하나의 이론에만 적용되거나 혹은 특정한 이론에 세부적으로 맞춰 형성된 미시적인 기반이 아니다. 이와 반대로 메타이론은 다수의 이론이 동시에 기초로 삼

....

2 물론 포퍼 역시 경험적 접근을 중시했으나, 그것은 반증의 '방법'으로서 강조된 것이 아니다. 지적 진보와 진리 추구에서 그가 근원적으로 중요하게 여긴 것은 '목적'으로서의 반증, 즉 비판적 행위 그 자체였으며, 이러한 이유로 패러다임의 정상과학을 주창하는 쿤의 사상을 매우 위험하게 여기고 거부한 바 있다. 본 장은 포퍼의 이와 같은 "비판적 합리주의"를 메타이론논쟁이 수행할 수 있다고 본다.

을 수 있는 매우 거시적인 원천이며 이는 종종 존재론, 인식론, 방법 '론'으로 대별되어 논의된다.[3] 여기서 중요한 점은 존재론, 인식론, 방법론을 둘러싼 논의와 합의가 일정한 학문 분야에서 '과학적' 지식을 규정하는 개념 및 논리적 잣대가 된다는 사실이다.

좀 더 상술해보자. "과학적" 지식이란 무엇을 의미하는가?라는 질문에 답하기 위해서는 존재론, 인식론, 방법론에 대한 이해와 그 이해의 간주관적 공유가 선제돼야만 한다. 어떤 지적 주장(이론과 가설)의 유용성에 대한 판단을 넘어 그것이 과학적인가 아닌가를 가려내기 위해서는 다음과 같은 고민을 해야만 한다. 세상에 존재하는 것은 무엇이며, 그 존재하는 것의 속성과 그것들 사이의 관계는 무엇인가?(존재론) 그런 존재들의 속성과 존재들 사이의 관계에 대해 연구자는 어디까지 알 수 있고, 그 앎은 어디까지 타당한 것인가?(인식론) 그리고 그런 인식론을 실현하기 위해 활용될 수 있는 구체적인 방법과 방식은 무엇이며 그것은 논리적으로 타당한 것인가?(방법론) 달리 말하자면 존재론, 인식론, 방법론에 관한 이해와 통찰이 있어야만 과학적 지식을 규정할 수 있으며 나아가 왜 어떤 이론은 "과학적"이라는 타이틀을 갖고 있지만 또 다른 어떤 것은 "비과학적"이라는 불명예스러운 판명을 받았는지에 대해 답할 수 있다.

즉 메타이론과 과학은 서로 뗄 수 없는 밀접한 관계인 것이다. 과학철학연구와 과학철학 연구자들이 존재론, 인식론, 방법론을 둘러싼 메타이론적 논의에 자주 등장하는 이유도 바로 여기에 있다. 이는

....

3   여기서 강조하는 것은 테크닉으로서의 연구방법이 아니라 그 테크닉을 '왜' 사용하는지, 즉 그 테크닉 사용의 정당성에 관한 논리로서의 방법 '론'임을 주의할 필요가 있다.

국제정치학도 예외가 아니다. '과학적 지식은 무엇을 의미하는가?'를 논하는 국제정치학 연구논헌에서 가장 많이 인용되는 학자는 칼 포퍼, 로이 바스카(Roy Bhaskar), 토마스 쿤(Tomas Kuhn), 그리고 임레 라카토스(Imre Lakatos)와 같은 사상가이며 (과학)철학자이다. 예컨대 국제정치학의 지적 진보는 무엇을 의미하는 것이며 그것은 또 어떻게 측정할 수 있는지를 논한 저서 『Progress in International Relations Theory』에 참여한 콜린 엘만(Colin Elman), 로버트 커해인(Robert Keohane), 잭 스나이더(Jack Snyder), 로버트 저비스(Rober Jervis) 등, 총 16명의 국제정치학자들은 모두 라카토스 한 사람을 분석의 중점대상으로 삼고 있기도 하다(Elman and Elman 2003).

이런 점에서 볼 때, 메타이론에 대한 이해(논의)의 중요성은 명확하다. 주지하듯, "과학적"이라는 명예 혹은 "비과학적"이라는 불명예는 이론, 나아가 일정한 학문 분야의 수용과 기부를 결정하는 근원적인 기준이 된다. 그리고 이런 결정은 존재론, 인식론과 같은 메타이론에 대한 깊은 통찰로부터 이뤄진다. 예컨대, 어떤 지적 주장이 '과학적인가 그렇지 않은가'라는 질문은 그 이론을 거부하거나 수용하는 데 있어서 매우 중요한 기준이 되는데 그 프레임을 만드는 것, 즉 규칙의 규칙(the rule of rules)이 되는 것이 바로 존재론과 인식론에 연계된 메타이론적 입장인 것이다. 나아가 이런 입장과 논의에서 주류의 위치를 점한 시각이 있다면, 그것은 주류 패러다임이 되어 학문적 규율(disciplining)의 기능을 행사한다. 달리 말해, 어떤 이론이나 시각이 "과학적"이라고 여겨진다면 그것은 추종의 대상이 되지만 "비과학적"이라는 낙인이 찍히는 순간 그것은 거부되거나 타파해야만 하는 대상으로 전락하고 만다.

국제정치학에서 예를 들어보자. 인간행위자의 심리, 동기, 신념, 감정 등을 탐구하는 심리감정 연구는 국제정치학계에서 비주류에 속하는 주변화된 분야다. 그 이유는 무엇일까? 대표적인 현실주의 이론가인 한스 모겐소(Hans Morgenthau)의 발언에서 찾을 수 있다. "외교정책의 실마리", 즉 왜 그런 외교정책을 선택하고 결정했는가에 대한 해답을 "정책결정자의 심리감정적 동기(motives)에서 찾는 것은 헛된 일이다… 왜냐하면 그러한 동기는 수시로 바뀌고 무엇보다도 [연구자의] '확인' 범위를 벗어나는 것이기 때문이다"(Morgenthau 1948, 5). 모겐소(류)의 이런 불만과 비판은 지금까지도 이어지는데 그 이유는 국제정치연구에서 심리감정은 연구자의 경험적 확인/검증의 범위를 벗어나기 때문에 "과학적"이라 할 수 없다는 인식이다. 즉 국제정치학에서 어떤 연구나 이론이 "과학"이라는 타이틀을 얻기 위해서는 인식론적 차원에서 실증적 확인의 범위 안에 있어야만 하는데, 심리감정 연구 (그리고 최근의 탈구조주의 및 포스트모던 연구도) 모두 그런 경험적 확인의 범위를 벗어나 있기 때문에 종종 "비과학적"인 것으로 여겨지고 결국 주변화된다.

　　이처럼 학문적, 사회정치적 '규율'이라는 실질적 영향력을 행사하는 '과학 vs. 비과학'의 개념 구분은 앞서 지적했듯 메타이론에 기초하고 있기 때문에 그에 관한 논의는 더욱 활발하게 진행되고 더 많은 관심과 조명을 받을 필요가 있다. 메타이론에 대한 고민과 깊은 성찰을 통해 우리는 왜 어떤 이론은 주변화되었는지를 이해할 수 있으며, 더 중요하게는 그런 주변화가 과연 '정당한가?'라는 질문을 할 수 있게 된다. 실증적 확인이나 검증이 국제정치학에서 과학적 지식을 규정하는 단일한 기준으로 작동되고 있는 현실에 편승

혹은 답습하기보다는 그러한 접근이 과연 적절한 것인지를 묻고 대안적인 입장도 제시할 수 있게 되는 것이다. 당연한 것처럼 여겨지는 학문적 합의에 대해 비판적 의문을 제기하고, 이론 자체의 '기반'을 검증대상으로 포괄하는 것은 지적 진보를 위해 매우 중요한 작업이다. 이것이 바로 메타이론적 논의는 유용하며 나아가 더욱 확대되어야 할 두 번째 이유다.

물론 메타이론 무용론자들의 지적처럼 메타이론에 관한 논의가 논쟁으로 이어지고 그 논쟁이 결국 해결이나 해소되는 것은 요원할 수 있다. 그럼에도 존재론과 인식론이 중심이 되는 메타이론에 관한 논쟁이 "중단" 혹은 "우회"의 대상으로 여겨지는 것은 부적절하다. 논쟁의 '해결 불가능성'은 논쟁의 '불필요성'을 의미하는 말이 결코 아니다. 해결이나 해소가 불가능할지라도 논의 자체를 거부할 필요는 없으며 또한 그래서도 안 될 것이다. '해결의 불가능성'을 메타이론적 논쟁의 거부 근거로 삼고 있는 것은 곧 논쟁에서 승자를 가려 '하나의 진리', '절대적 진리'를 찾아야만 한다는 믿음을 전제로 하고 있는 것과 같다. 그러나 물리학을 비롯한 자연과학에서조차 하나의 진리에 대한 합의가 없는 상황에서, 정치와 사회를 다루는 국제정치학이 논쟁의 승자를 가리고 하나의 진리를 추구해야 한다는 인식적 전제를 갖고 있다면 그것은 매우 빈약한 근거이며 따라서 이것에 기초한 메타이론 무용론 역시 논리적 근거의 타당성이 부족하다고 할 수 있다. 이런 차원에서 볼 때, 논쟁 해결의 불가능성을 외치는 메타이론 무용론자들은 절대적 진리와 상대적 진리를 (의도적으로 혹은 무의식적으로) 혼동하고 있다고 할 수 있다. 그러나 본 장은 국제정치학에서의 메타이론이 갖는 유용성을 주창함에 있어서 전자가 아닌 후자를 지향한다. 즉, 절대적 진리를 얻을 수 없고, 논쟁에서 승자를 가릴 수도 없다 하더라도 연구자들은 끊임없이 논쟁하면서 '상대적'으로 진리에 좀 더 가까운 지식을 생산하고 확장할 필요가 있다고 판단한다. 그리고 진리에 한 걸음 더 가까운 단계로 넘어갈 수 있는 중요한 발판이 되는 것이 바로 메타이론에 관한 적절한 통찰이다. 왜냐하면 앞서 설명한 것처럼 메타이론은 이론의 '기반'을 검증과 비판의 대상에 포함시키는 적극적인 성찰행위이며 나아가 무엇이 "과학적" 지식인가를 규정하는 중요한 출발점이 되기 때문이다.

III. 국제정치학의 존재론과 인식론적 입장들

전술한 메타이론의 유용성과 필요성에 관한 이해를 바탕으로 아래 절에서는 국제정치학에서 진행 중인 메타이론적 논쟁을 좀 더 살펴보고자 한다. 이를 위해 우선 국제정치학에서 발생한 이론논쟁의 역사를 간략히 살펴보고, 여기서 주류의 시각으로 자리 잡게 된 메타이론이 실증주의라는 사실을 파악한 뒤에 실증주의란 무엇을 의미하는지, 그리고 실증주의가 국제정치학의 이론과 연구방법에 어떤 영향을 끼쳤는지에 대해 알아볼 것이다. 그런 뒤에 실증주의의 대안으로서 제시되는 탈실증주의, 나아가 실증주의와 탈실증주의 모두와 대별되면서 새로운 과학관을 제시하고 있는 메타이론인 과학적 실재론에 관해서도 상술하고자 한다. 실증주의, 탈실증주의, 과학적 실재론이 각각 어떤 존재론과 인식론을 견지하고 있으며 서로 어떤 차이와 유사점들이 있는지 설명할 것이다.

1. 실증주의(positivism): 주류의 메타이론

국제정치학이 근대적 학문으로 자리 잡기 시작한 시기부터 지금까지 학계에서는 이론이나 메타이론을 둘러싸고 총 네 차례의 이른바 "대논쟁(Great Debate)"이 발생한 것으로 여겨진다. 물론 실제로는 더욱 복잡한 논쟁과 논의가 있었고 국제정치학(이론논쟁)의 기원에 대한 다양한 학설도 존재하며 따라서 "대논쟁"이라는 단순화된 용어를 사용하는 것이 적절하지 않을 수 있다. 그러나 20세기 초반부터 최근까지 (서구 학계를 중심으로) 주요한 이론들이 특정한 패러다임 '구도'를 갖고 논쟁해왔으며, 학계의 "기준적" 혹은 "정통적" (canonical) 학자들은 그러한 논쟁에 직접 참여하였고 다수의 연구자들은 출판 및 교육활동의 일환으로써 관련된 그들의 대표 문헌들을 유통하고 소비하면서 "대논쟁"이 사회적으로 구성되고 지식 생산활동의 중심이 된 것도 경험적 사실이다.[4] 즉 객관적 진상(reality)으로써가 아니라 간주관적이고 사회구조적 실재(Reality)로써 "대논쟁"의 개념틀을 사용할 수 있는 것이다. 이러한 관점에서 "대논쟁"이라는 용어를 기초로 하여 국제정치학에서 진행된 (메타)이론적 논의의 복잡다양한 지형을 큰 흐름과 경향으로 파악한다면, 다음과 같이 요약할 수 있다.

....

4   "대논쟁"이 패러다임논쟁의 형태와 성격을 갖고 국제정치학의 연구문제설정과 이론 개발에 있어서 지속적이고 광범위한 영향을 끼쳤다는 실증자료는 크리스토퍼 와이트 (Christopher Whyte)의 최근 연구에서 찾아 볼 수 있다(Whyte 2019).

우선 1차 세계대전을 전후로 발생한 첫 번째 "대논쟁"은 전쟁과 평화라는 국제정치의 근본적 사건과 국제관계의 기본속성에 관해 이상주의와 현실주의라는 상이한 입장을 추종하는 학자들 사이에서 발생한 논쟁으로, 이는 당시 학계의 향후 방향을 규정짓는 매우 중요한 논쟁이었다. 그리고 이미 많이 알려져 있듯, 전체주의의 발흥과 2차 세계대전의 발발이라는 중대사건은 이상주의자들의 입지를 크게 줄어들게 만들었으며 결국 국제정치연구와 외교정책 실행에서 이념 및 사상의 배제를 주창했던 현실주의자들이 논쟁의 승자처럼 여겨졌다. 이들의 '주된' 인식론은 실증주의 혹은 (행태론적) 과학주의와 궤를 같이하는 것이었고, 이는 뒤이어 발생한 2차 "대논쟁"에서 더욱 견고해졌다. 특히 2차 "대논쟁"은 국제정치를 어떻게 연구하는 것이 타당한 것인가, 혹은 국제정치를 "안다는 것"은 어떤 의미인가?와 같은 인식론적 문제를 정면으로 맞대고 실증과학주의와 역사(전통)해석주의가 대결하는 양상을 보이다가 결과적으로 전자가 주류의 입장을 점하게 된다. 특히 1969년 발간된 클라우스 크노르(Klaus Knorr)와 제임스 로즈노우(James Rosenau)의 편저는 흔히 2차 "대논쟁"의 포문을 연 것으로 알려져 있으며, 양측의 입장에 "균형"을 언급하기도 하지만, 결론적으로는 역사적 재구성, 심층적 사례연구, 사례들의 개별성을 강조하는 "전통주의자"들에게 실증과학주의 인식론에 기초한 연구절차를 따를 것을 주문한다(Knorr and Rosenau 1969, 20-38).

뒤이어 발생한 1970~80년대의 "패러다임 간 논쟁(inter-paradigm debate)"은 서로 다른 '세계관'이 논쟁의 구심점 역할을 했다. 무엇이 국제정치 현실을 설명하는 데 있어 더 나은 이론인가?라는 질문을 두고 현실주의, 자유주의, 마르크스주의라는 세 개의 이론적 관점(세계관)들이 서로 상이한 주장을 펼치면서 치열한 논쟁이 발생했다. 하지만 여기서 주의할 점은 세계관의 '차이'라는 이면에는 이미 실증주의적 인식론에 대한 암묵적 '합의'가 있었다는 사실이다. 스티브 스미스(Steve Smith), 밀야 커키(Milja Kurki), 콜린 와이트 등 여러 학자들이 이미 지적했듯이 이것은 "실증주의의 타당성이 인정된 상태"에서 벌어진 논쟁이었던 것이다. 달리 말하자면 현실주의, 자유주의, 그리고 마르크스주의 간의 치열한 논쟁은 '인식론'이 아닌 이론적 '시각'의 차이에서 비롯된 것이다. 이런 차원에서 현실주의를 비판하며 그 대안으로 자유제도주의를 발전시킨 로버트 커해인의 다음과 같은 발언은 그리 놀라운 것이 아니다. "우리는 [신현실주의에] 90% 동의하며, 나머지는 근본적으로 경험적 연구에서의 차이다"(Keohane 1993, 291). 이러한 측면에서 1980년대 초반에 들어서 현실주의와 자유주의가 신(neo)현실주의, 신(neo)자유주의로 변모하고, 국제정치 현실에 관한 기본전제를 상당부분 공유하면서 일종의 인식적 "연합(neo-neo synthesis)"이 형성되었고, 이는 결과적으로 1980년대 후반부터 2000년대 초반까지 (본격적으로) 진행된 4차 "대논쟁"의 한 축을 형성하게 된다.

여기서는 앞선 2차 "대논쟁"과 마찬가지로 인식론, 나아가 존재론을 둘러싼 논쟁이 진행되었다. 인식과 분리된 세상은 존재할 수 있는 것인가? 경험적 세상을 넘어선 존재를 연구하는 것은 타당한가? "과학적"인 지식생산은 무엇을 의미하는가? 이론의 기능이나 역할은 무엇인가? 등등에 대한 질문을 놓고 경험적 관측과 일반화를 중시하는 실증주의 패러다임이 주관과 해석 나아가 이론의 사회

변혁적 기능을 강조하는 탈실증주의/성찰주의 시각들과 충돌하면서 양분된 진영이 형성되기 시작했고, 이 과정에서 "통약불가능성 (incommensurability)"에 대해 인지하게 된다. 물론 양측의 지식사회학적 영향력은 큰 차이를 보인다. 주지하듯 현실주의, 자유주의와 같은 현대국제정치학의 주류이론들은 실증주의에 기반을 두고 있으며 나아가 다수의 국제정치학자들이 실증주의적 연구를 수행하고 있다는 사실은 실증주의가 '주류'의 메타이론이라는 것을 잘 보여준다. 예를 들어, 2018년도 트립(TRIP, Teaching, Research and International Policy) 설문조사에서 미국 국제정치학자들의 절대 다수 (70%) 그리고 아시아 지역의 국제정치학자들 역시 과반수가 본인의 연구가 실증주의에 속한다고 응답한 바 있다.

두말 할 나위 없이 앞서 소개한 국제정치학의 (메타)이론 "대논쟁"들에서 명확한 승자가 있다고 단정짓는 것은 타당하지 않다. 다만, 긴 논쟁의 흐름에서 실증(과학)주의가 '주류'의 패러다임이라는 지위를 차지하게 되었다는 것만은 분명하다. 그렇다면, 여기서 우리는 실증주의가 과연 무엇을 의미하는지에 대해 좀 더 자세히 알아볼 필요가 있다. 이를 통해 실증주의와 이에 기반을 두고 있는 국제정치학의 대표적인 거시이론들(현실주의, 자유주의, 전통적 구성주의)에 대해서 좀 더 근본적인 검증을 할 수 있을 것이다.

실증주의는 사회과학이든 자연과학이든, 분야와 상관없이 학문적 고민을 하는 사람이라면 누구나 한 번 정도는 들어봤을 개념일 것이다. 그럼에도 실증주의가 갖는 다층적 함의를 포괄적으로 이해하려는 시도를 국제정치학에서는 찾아보기 힘들다. 예를 들어, 많은 경우 실증주의를 경험주의(empiricism)와 잘못 혼동하기도 하고,

실증주의를 경험적 '방법론'으로 협소하게 이해하기도 한다. 그러나 최소한 '사회과학'에서의 실증주의는 존재론, 인식론, 방법론을 모두 포괄하고 있는 특정한 메타이론적 (과학철학적) 입장이다. 이를 간략히 요약하여 정리하자면 다음과 같다. 실증주의란, 자연세상과 사회세상은 본질적으로 같거나 혹은 동일한 '방법'을 통해 연구하는 것이 바람직하다고 믿는 "자연주의(naturalism)"와 이론과 관측(세상)은 분리될 수 있다는 지식의 "가치 중립성," 그리고 사회현상을 연구함에 있어서도 물리적 세상과 마찬가지로 "규칙성"을 발견할 수 있다는 전제, 마지막으로 "과학적" 지식은 경험적 검증 혹은 반증에 달려 있다는 "경험주의"를 포괄하는 메타이론으로 정의할 수 있다. 다소 복잡하게 들리지만 존재론과 인식론을 통해 아래와 같이 좀 더 쉽게 정리해볼 수 있다.

우선 실증주의는 이원론(dualism)이라는 존재론을 갖고 있는 입장이다. 자연계든 사회계든, 세계는 객관적으로 존재하는 사물들과 그 사물들에 대한 주관적 관념들, 이렇게 두 개의 (이원적) 존재층으로 이뤄져 있다는 믿음에 의거하여, 알고자 하는 대상(세상)과 그것을 알아가는 행위들 혹은 행위자(주체)들은 서로 분리되어 존재한다고 전제한다. 달리 말하자면 알고자 하는 대상은 인간의 지식(활동)과 분리되어 '외부'에 독립적으로 존재한다는 이른바 "외부성(externality)" 원칙이 실증주의 존재론에 깔려 있고, 따라서 지식의 "가치 중립성"은 실현 가능한 것이 된다. 나아가 이원론적으로 분리되어 있는 외부세상은 (자연계든 사회계든) 인간이 '경험'할 수 있는 대상이며 "결정론적 성질(deterministic character)"을 갖고 있다고 전제한다.[5] 그러므로 그 세상에서 "규칙성"을 발견할 수 있고 경험적인 수단(방법)으로 그것을 재현(representation)할 수 있게 된다. 이 러한 시각에서 볼 때 경험적으로 재현된 지적 주장(가설)은 경험적 세상과의 '일치' 여부를 통해 검증될 수 있고, 이렇게 가설검증을 통과한 지식이 곧 "과학적" 지식으로 여기지는 것이다. 이것이 바로 실증주의가 포괄하고 있는 "경험주의" 인식론이다. 객관적으로, "외 부"에 존재하는 세상과의 일치 혹은 "대응"되는 지식만이 타당하 고 과학적인 지식이라는 믿음을 갖고 있다는 측면에서 볼 때 "경험 주의" 인식론은 "진리 대응론(corresponding theory of truth)"에 해 당한다고 할 수 있다. 이는 진리에 합당하는 지식은 반드시 그 대상 이 되는 외부세상과 경험적 차원에서 대응/일치해야만 한다는 논리 다. 더불어 경험적으로 확인될 수 있는 "현상"만을 (과학)지식활동 의 대상으로 여기고 있기 때문에 경험주의 인식론을 종종 "현상주 의(phenomenalism)"라 부르기도 한다. 나아가 경험주의 인식론은 경험을 "토대"로 하여, 지식의 합당성, 즉 "과학성(scientificy)" 여부 를 시공간적 맥락에 관계없이 보편적이고 일괄적으로 판단할 수 있 다고 전제하기 있기 때문에 과학철학에서는 실증주의를 "토대주의 (foundationalism)"에 속하는 입장으로 보기도 한다.

이와 같은 실증주의는 앞서 논의한 바와 같이 지난 수십 년간 진 행된 "대논쟁"을 거치면서 국제정치학계의 주류가 되었다. 현실주 의와 자유주의(그리고 "전통적" 구성주의)에 속하는 많은 이론들이 모 두 실증주의에 기반을 두고 있으며, 따라서 이들의 학술(사회)적 영

....

5   이런 측면에서 실증주의는 (이원론적 존재론을 견지하고 있으면서도) "주관적 존재론 (subjective ontology)"에 속한다고 여겨진다. 실증주의적 시각에서 실제 세계는 경험 된 세계이며, 경험이라는 것은 결국 관측자의 '주관적' 행위이기 때문이다.

향력은 매우 크다고 할 수 있다. 예를 들어 국제정치 학술지의 연구 논문 게재(출판) 비율을 볼 때 실증주의적 연구가 그렇지 않은 연구보다 월등히 높다는 사실은 이미 잘 알려져 있으며, 실증주의 존재론과 인식론에 입각한 방법론, 예컨대 가설설립과 검증을 위한 통계분석 등이 전 세계 거의 모든 정치학과의 필수과목으로 선정되어 교육되고 있는 것은 결코 우연한 현상이 아닐 것이다. 이와 같은 맥락에서, 탈실증주의 (혹은 성찰주의) 이론들에 대해 로버트 커해인의 다음과 같은 비판도 커해인 개인적인 차원에만 머무는 것은 아니라고 보여진다. "[실증주의에 기반을 둔] 신현실주의와 신자유주의의 경쟁자라고 할 수 있는 성찰주의적 [탈실증주의적] 이론들은 경험적 평가를 받아야한다. 경험적 검증의 가능성(testable)을 갖고 있어야 하며, 그렇지 않을 경우 학계에서 도태될 것이다."

하지만 메타이론에 대한 관심과 이해가 있다면 위와 같은 커해인의 예측과 판단이 모순적이며 동시에 상당히 규율적이라는 것을 어렵지 않게 알 수 있다. 탈실증주의의 "도태"를 예상한 커해인의 근거는 다름 아닌 실증주의 과학관에 기반을 둔 "경험적 검증의 가능성"이다. 국제정치라는 '외부'세계와 이론가(연구자/관찰자)는 '분리'되어 있으며, 이론/개념은 그러한 외부세계를 "재현"한 서술체계가 되어야만 하고, 이것이 "과학적"이라는 타이틀을 얻기 위해서는 그 세계와 일치 혹은 대응되는지를 경험적으로 판단할 수 있어야만 한다는 것이다. 즉 국제정치이론의 타당성(과학성) 여부를 오직 경험주의 인식론으로만 한정시키고 있는 입장이다. 그러나 탈실증주의는 바로 그 경험주의 인식론, 나아가 경험주의 인식론의 뿌리가 되는 이원론적 존재론 자체를 문제삼고 있는 시각이다. 따라서 커해인

(류)의 비판이나 예측은 실증주의의 대척점에 위치한 탈실증주의를, 실증주의 패러다임에 끼워 맞춰 평가하는 것이며 이는 논리적 모순일 뿐 아니라 '과학-비과학'의 구별 기준을 오직 하나의 (실증주의적) 관점에서만 찾으려는 편협하고 위계적인 태도라고 할 수 있다.

여기서 상기할 필요가 있는 점은 커해인(류)의 발언이 적절한지 아닌지를 파악하기 위해서는 메타이론에 대한 관심과 이해가 반드시 필요하다는 것이다. 나아가 비판을 넘어 '대안'을 제시하기 위해서도 우리는 메타이론을 "우회"나 "중단"해서는 안 되며 오히려 그것을 중요하고 필수적인 논쟁의 대상으로 여길 필요가 있다. 실증주의를 비판하는 것에 머무르지 않고 대안적인 (혹은 보완적인) 시각을 제시하기 위해서는 메타이론(존재론과 인식론)에 관한 깊은 이해가 수반돼야만 하기 때문이다.

2. 탈실증주의(postpositivism)

탈실증주의는 실증주의와 마찬가지로 존재론과 인식론을 포괄하는 메타이론으로서 시기적으로 볼 때 1980년대 후반을 기점으로 국제정치학계에서 본격적으로 논의되기 시작했다고 볼 수 있다. 탈실증주의에 속하는 국제정치이론들은 비판이론, 탈식민주의, "비판적" 혹은 "급진적" 구성주의, 페미니즘, (후기 비트겐슈타인류의) 해석학, 포스트모더니즘, 탈구조주의 등 매우 다양하며 이러한 거시적 시각들에 속하는 세부이론들 역시 매우 많다. 이처럼 다양한 시각과 이론들을 하나로 묶을 수 있는 것은 이들 모두가 유사한 존재론과 인식론을 공유하고 있기 때문이다. 물론 이들을 하나로 묶는 가장 강력한 공통분모는 바로 실증주의에 대한 거부(rejection)이다. 탈실증주의에서 "탈(post)"이라는 용어는 실증주의 다음/이후(after)라는 의미가 아니라 실증주의에 대한 반명제(anti-thesis)로 작동하고 있다고 보는 것이 타당하다. 따라서 앞서 설명한 실증주의 존재론과 인식론의 반명제로서 탈실증주의를 접근한다면 탈실증주의가 무엇을 의미하는지를 어렵지 않게 이해할 수 있을 것이다. 우선 존재론적으로 이원론(dualism)을 갖는 실증주의와 달리, 탈실증주의는 일원론(monism)이라는 존재론에 기대고 있다. 탈실증주의에 속하는 비판이론의 대가라고 할 수 있는 로버트 콕스(Robert Cox)의 다음과 같은 발언을 보자. 이는 일원적 존재론의 시각을 잘 보여준다. "국제정치의 구조는 행위자의 간주관적 이해의 산물(intersubjective products)"이며, 비록 "구조는 물리적으로 존재하지 않더라도 행위자인 인간이 마치 실제 존재한다고 믿고"있기 때문에 "실질적인 영향력을 행사"한다.

실증주의와 달리 탈실증주의는 지식(이론)의 대상세계와 그것을 알고자 하는 지식활동들이 서로 분리되어 존재한다고 가정하지 않는다. 즉 실증주의가 따르고 있는 존재의 "외부성(externality)"원칙을 거부하는 것이다. 오히려 존재한다고 믿는 것은 존재를 알고자 하는 주체(관측자, 연구자, 이론가)의 '해석'(언어적 행위)에 의해서만 존재할 수 있다고 전제한다. 이를 존재의 "내부성(internality)"원칙이라 칭한다. 따라서 지식의 "가치 중립성"은 실현 불가능한 것이 된다. 언제나 '주관적'인 해석이 개입할 수밖에 없기 때문이다. 관념주의/해석주의 인식론이라고 할 수 있는 이와 같은 입장에서는 이론과 실제가 구분되어 있지 않다. 이론 자체를 실제로서(theory as practice) 이해한다. 나아가 실증주의에서 말하는 경험주의 인식론의 핵심인 "검증가능성(testable)"이 논리적으로 타당하게 성립되기 위해서는 독립적으로 "외부"에 존재하는 세상이 있어야만 한다. 이것과의 대응 혹은 일치 여부가 "과학적" 지식의 판단기준이 되는 것이 실증주의 인식론(경험주의)의 핵심이다. 그러나 탈실증주의의 일원론적 존재론에 따르면 그러한 세계는 존재하지 않으며 따라서 실증주의 인식론(그리고 이와 연관된 가설검증적 방법론)은 지식의 타당성을 판가름하는 데 적합한 기준이 될 수 없다. 자연계와 사회세상은 본질적으로 다르고 결정론적 성질을 갖고 있지도 않으며 경험으로 축약될 수도 없다. 따라서 자연과학의 '방법'을 통해 사회를 연구하는 것도 가능하지 않다는 반자연주의(anti-naturalism)를 따른다.

이러한 논리를 한 걸음 더 밀어붙이고 있는 탈실증주의 (일부) 이론들은 지식의 "과학성"이라는 개념이나 과학(행위) 자체도 거부하는 "반과학주의(anti-scientism)" 태도를 견지한다. 유사한 맥락에서 이들에게 하나의 경험에 기반한 진리는 있을 수 없으며 하나의 지적 "토대"가 있을 수도 없다. 반토대주의(anti-foundationalism)인 것이다. 지식(언어화된 해석)이 곧 대상(세계)의 존재를 가능케 한다고 전제하는 탈실증주의의 입장에서 볼 때, 고정된 해석은 있을 수 없고 따라서 고정된 세계도, 고정된 세계의 작동원칙/원리도 있을 수 없다. 오직 '상대적' 지식과 '다원적' 세계만이 있을 뿐이다. 그러므로 지식의 권력, 권력의 지식이라는 "지식-권력 문제"가 탈실증주의 이론의 핵심사안이 된다고 할 수 있다. 예를 들어 국제정치라는 세계에 어떤 행위원칙이나 작동원리가 존재한다면, 그것은 객관적, 본질적으로 존재하는 것이 아니라 특정한 시대와 장소에서의 특정한 지식(활동)이 권력화/물화된 것으로 이해된다. 관련하여 탈실증주의는 알고자 하는 대상세계를 어떻게 경험적으로 정확히 "재현"하고 "대응"시킬 것인가?라는 질문이 아니라 그 대상세계가 어떻게 현재와 같이 구성되게 되었는가?라는 역사과정적 질문에 관심을 두게 된다. 따라서 이원론적 존재론에 기대고 있는 가설설립 및 검증이라는 경험적 방법론 대신 일원론적 존재론에 의거하여 역사맥락적, 지식사회학적, 계보학적 분석을 중시한다.

이와 같이 탈실증주의는 실증주의의 존재론과 인식론에 강력한 비판을 가하면서 지난 30여 년간 많은 연구와 논의를 생산해왔다. 고전적이면서도 대표적인 관련 연구로는 리처드 애슐리(Richard Ashley)의 "신현실주의의 빈곤(The Poverty of Neorealism)", 로버트 콕스의 "사회, 국가, 그리고 세계질서들(Social Forces, States and World Orders)", 데이비드 캠벨(David Campbell)의 "안보 쓰기(Writing Security)", 마크 호프만(Mark Hoffman)의 "비판이론과 패러다임 간 논쟁(Critical theory and the inter-paradigm debate)", 크리스 브라운(Chris Brown)의 "비판이론과 포스트모더니즘(Critical Theory and Postmodernism)" 등을 꼽을 수 있다. 이들은 실증주의의 반명제(anti-thesis)로서 탈실증주의적 입장을 견지하면서 국제정치학계에 성찰적 시각과 다양한 개념자산을 제공하며 상당한 지적 공헌을 해왔다. 그럼에도 불구하고 탈실증주의가 실증주의의 명료한 '대안'으로 자리 잡았다고 할 수는 없다. 앞서 살펴본 바와 같이 여전히 실증주의 기반의 이론들이 '주류'이론으로 인식되고 있으며 다수의 국제정치 연구자들이 실증주의적 연구를 수행하고 있는 것이 현실이다.

이러한 상황이 이어지고 있는 이유에는 지식사회제도적 원인을 포함하여 다양한 측면에서 논할 수 있겠으나 이 가운데서도 탈실증주의의 "반과학주의"적 태도가 주요원인이라는 지적에 주목할 필요가 있다. 비록 실증주의의 과학관을 비판하지만 그 대안적인 과학관을 제시하지 못하고 있을 뿐더러 과학성 혹은 과학(연구활동) 자체를 포기하고 있다는 비판에 탈실증주의 계열의 연구들이 적절히 대응하지 못하고 있다. 전술했듯 "과학" 혹은 "과학적" 연구라는 타이틀은 국제정치학을 포함하여 거의 모든 학계에서 규율적인 기능을 발현하고 있기 때문에 이를 아예 포기하는 (강한) 탈실증주의 입장은 학계에서 쉽게 수용되기 어려울 수 있다. 이러한 배경에서 아래 절에서는 메타이론으로서 실증주의와는 매우 다른 존재론과 인식론을 견지하면서도 또한 탈실증주의 시각과도 다르게, 과학에 대한 새로운 대안적 개념을 제시하고 있는 "과학적 실재론"을 소개하고자 한다. 이는 실증주의와 탈실증주의 모두를 점검해 볼 수 있는 좋은 계기가 될 수 있을 것이다. 나아가 아래 절에서는 과학적 실재론을 구성주의 국제정치이론과 연계하여 소개하고자 한다. 이를 통해 실증주의, 탈실증주의, 과학적 실재론이라는 메타이론이 국제정치이론과 어떻게 연결되어 있는지를 파악하는 데 도움이 될 수 있을 것이다.

3. 과학적 실재론(scientific realism)

여기서 논의하는 과학적 실재론은 로이 바스카라는 사상가의 논의에 기반을 두고 있는 메타이론으로 "비판적 실재론(Critical Realism)"이라고 부르기도 하며,[6] 국제정치학에 본격적으로 소개된 것은 2000년 이후부터라고 할 수 있다. 우선 과학적/비판적 실재론의 인식론을 요약하면 아래와 같이 정리할 수 있다. 경험할 수 없는 혹은 경험적 검증의 영역을 벗어난 것에 대해 말하고 연구하는 것은 타당할 뿐만 아니라 "성숙한 과학적(mature scientific)" 태도다. 주지하듯, 이것은 경험주의 인식론에 기반을 둔 실증주의와 크게 상충되는 입장이다. 경험적 검증 가능성을 "과학"의 가장 중요한 판단기준으로 삼고 있는 실증주의 입장에서 보자면 경험(관측)을 벗어난 영역은 과학적 연구의 대상이 될 수 없다. 달리 말해, 실증주의적 세계관에서의 '과학적' 연구는 '경험적' 검증이 가능한 현상만을 연구대상으로 진행되어야 하며, 이렇게 경험된 것 중에서 실증적 검증방법을 통과한 것만이 사실이며 곧 실재하는 것이라는 논리구조를 따르고 있다.

여기서 과학적 실재론은 존재론에 대한 더욱 정밀한 접근을 통해 실증주의에 대응한다. 세상에 존재하는 것의 범위를 세 가지 층위로 구분하여 확장하는 것이다. "실재하는 것(the real)", "사실인 것(the actual)", 그리고 "경험된 것(the empirical)"으로 구별하는 것이다. 실재하는 것은 (관측과 경험의 가능성 여부를 떠나) 세상을 만들고 구성하는 구조와 메커니즘을 의미하며, 사실인 것은 현상과 발생한 사건을, 경험된 것은 그 중에서 인간이 지각한 것을 가리킨다. 바스카는 실증주의가 내포하고 있는 경험주의 인식론이 경험된 것(the empirical)을 바탕으로 사실인 것(the actual)은 물론이고

....

6   본 장은 과학적 실재론과 비판적 실재론을 용어적으로 혼용 가능한 것으로 본다.

실재하는 것(the real)까지 협소하게 한정하여 접근한다고 비판하면서 그것을 "인식적 오류(epistemic fallacy)"라고 명한다(Bhaskar 2008[1978], 28). 즉 과학적 실재론은 실증주의가 방법(론)에만 의존하여 존재의 범위를 매우 협소하게 제약하고 있다고 비판하는 것이다. 같은 논리로 과학적 실재론은 경험주의 인식론의 반대편에 위치한 관념주의/해석주의 인식론에 대해서도 비판의 날을 세운다. 개념, 이론, 범주 등 인간의 이성과 관념으로 해석되고 언어화된 것으로만 존재를 제한적으로 이해한다는 점에서 탈실증주의의 관념적 인식론도 실증주의와 마찬가지의 "인식적 오류"를 범하고 있다고 할 수 있기 때문이다. 달리 말해, 실재는 (경험을 통해서든 해석을 통해서든) 인간의 인지(human cognition)에 의해서만 규정될 수 없는 것이기 때문에 진리에 도달하고자 하는 지식활동은 그 이상을 추구해야 하며 그렇게 하는 것이 곧 "성숙한 과학"이라는 입장이 바로 과학적 실재론의 핵심요지라고 할 수 있다.

이런 점에서 볼 때 과학적 실재론은 인간의 지각능력과 인지활동을 과학적 연구와 진리탐구의 중심에 놓는 것을 거부하는 반인간주의(anti-anthropism)에 기초하여 경험된 혹은 물화된 현상 '넘어' 존재하는 실재에 관해 연구하는 "초사실주의(transfactualism)" 혹은 "초현상주의(transphenomenalism)" 인식론을 견지하는 입장이라고 정의할 수 있다. 물론 이러한 입장이 논리적으로 성립되기 위해서는 우선 존재론적으로 인간의 경험(지각) 혹은 인지(해석) 역량과는 "독립적으로 존재하는 세상(a world existing independently of our minds)"이 있다는 가정이 필요하다. 이를 과학철학에서는 "객관적 존재론(objective ontology)"이라 칭하며 실재론이 바로 이러한 객관적 존재론을 갖는 입장이다. 그렇다면 실증주의와 탈실증주의는 비록 일원론과 이원론, 경험주의와 관념주의 등으로 양분되어 있음에도 불구하고 동시에 둘 다 존재의 인간주의적 접근을 하고 있다는 측면에서 보자면 "주관적 존재론(subjective ontology)"에 속한다고 볼 수 있다. "객관적 존재론"을 취하는 과학적 실재론에서 인간은 실질적 조사자 혹은 의식적 행위자로서 경험이든 해석이든 인간의 인지, 지각활동과는 독립적으로 존재하는 세상의 구조와 작동과정 및 매커니즘을 파악하는 역할을 수행하는 것으로 이해된다.

요컨대 과학적 실재론은 존재(론)에 대한 인간중심성을 극복할 것을 주문하는 것이다. 왜냐하면 앞서 설명했듯 자연계든 사회계든 그 세계의 존재 층위는 다층적이기 때문이다. 따라서 과학적 실재론이 말하는 세계는 경험적 현상과 초경험적 구조, 과정, 메커니즘의 합으로 이해될 수 있고, 특히 여기서 후자에 속하는 것들이 바로 전자를 생성 혹은 구성하는 "인과적 힘(causal powers)"을 갖고 있다고 여겨진다. 그리고 이러한 인과적 힘은 존재의 층위에서 경험적 영역이 아닌 실재(Real)의 영역에 속해 있으며 또한 아직 관념(이성)적으로 해석되거나 개념화되지 않았을 수 있다는 점을 과학적 실재론은 강조한다. 이런 측면에서 볼 때 지적 주장은 경험이든 해석이든, 방법론적 차원에 묶여 있기보다는 존재론적 차원에서 포괄적으로 접근해야 한다는 논리가 성립된다. 이를 종종 "존재론 우선주의 (ontology comes first)"라 칭하기도 한다. 이는 인식론과 방법론적 측면에서 과학성의 여부를 따지는 것이 아니다. 오히려 과학적 실재론의 입장에서 "성숙한 과학적" 연구는, 비록 경험할 수 없지만 실재(Real)의 영역에 존재하면서 경험적 현상의 생성원인이 되고 있는 인과적 구조나 매커니즘을 밝히려는 연구다. 그리고 이런 실재의 수준에 존재하는 것들은 결정론적 성질을 내포하고 있지 않고 따라서 일반화 가능성도 없다. 이들은 비결정성, 비확실성, 잠재성, 개방성, 복잡성으로 점철되어 있다고 전제된다. 따라서 연구방법론적으로는 다원주의 방법론을 추구할 수밖에 없다. 비결정적이고 잠재적인 성질의 존재들을 이해하기 위해서는 경험주의적 방법론 혹은 해석학적 방법론 둘 중의 하나로만 접근할 수 없기 때문이다. 요컨대 과학적 실재론자들은 방법론이 아닌 존재론으로부터 시작하여 인식론과 방법론으로 이어지는 사고의 흐름을 만들어가는 것이다.

그렇다면 실증주의는 '방법론 (혹은 인식론) 우선주의'라고 칭할 수 있을 것이다. 경험주의를 내세우며 사회현상의 '규칙'을 발견하고 그것에 대한 검증이나 반증을 경험적 세계와의 일치 혹은 대응 여부로써 파악하는 것을 중시한다는 의미는, 실재하더라도 '방법론'적으로 검증이나 반증될 수 없다면 그것은 과학적 탐구의 영역을 벗어난 것으로 취급되어 결과적으로는 과학적 지식활동의 대상에서도 제외되기 때문이다.

4. 구성주의로 다시 살펴보는 과학적 실재론, 탈실증주의, 그리고 실증주의

국제정치학에서 과학적 실재론을 수입하여 연구와 접목한 학자는 구성주의이론을 체계화한 알렉산더 웬트(Alexander Wendt)가 대표적이다. 웬트는 자신의 구성주의 국제정치이론과 행위자(주체)-구조의 문제를 논하면서 전술한 과학적 실재론과 로이 바스카의 연구를 많이 언급하고 참조하고 있다. 그리고 그의 구성주의는 이미 현대국제정치학에서 하나의 주류이론으로 받아들여지고 있기도 하다. 특히 웬트의 구성주의는 과학적 실재론뿐만 아니라 실증주의와 탈실증주의까지도 관여하고 있는 이론이기 때문에 이를 살펴볼 필요가 있다.

웬트의 이론은 "초사실주의"를 받아들이면서 관념이나 정체성을 구성주의이론의 핵심 변수로 삼고 있으며 국제정치의 행위(자)와 구조의 상호구성관계를 강조하고 있다는 측면에서 볼 때 과학적 실재론의 (일부) 입장과 결을 같이한다고 볼 수 있다. 그러나 과학적 실재론에 대한 세밀한 이해나 균형 잡힌 해석을 통해 구성주의 이론이 만들어졌다고 보기는 어렵다. 오히려 아래 절에서 알 수 있듯, 웬트(류)의 구성주의(혹은 "전통적" 구성주의라고도 종종 칭해지는 미국 국제정치학계 주류의 구성주의)는 탈실증주의가 갖는 존재론을 기반으로 실증주의 인식론을 접목하려는 "중용/중도(via media)"적 시도라고 보는 것이 더욱 합당하다.

우선, 바스카는 물론이고 요르지 리바스(Jorge Rivas)와 같은 국제정치학계의 과학적 실재론자들은 웬트와 달리 중용/중도를 주창하지 않으며 경험과 해석으로 양분된 혹은 정형화된 인식(방법)론을 제시하지도 않는다. 좀 더 상술하자면, 우선 웬트(류)의 구성주의는 잘 알려진 것과 같이 국제정치구조의 중요성을 인지하면서 이러한 구조는 사회관념적으로 구성되어진 것으로 이해한다. 구성주의는 언어, 담론, 정체성이 결국 간주관적 사회화 과정을 통해 제도, 규칙, 규범이 되고 이것이 바로 사회환경적 구조를 구성한다고 보는 것이다. 이런 관점에서 또다른 구성주의 대표이론가인 니콜라스 오너프(Nicholas Onuf)는 "말과 세상은 상호 구성적(world and words ... mutually constitutive)"이라고 주장하기도 한다(Onuf 1989, 94). 즉 구성주의 시각에서 구조는 관념(idea)에 의해서 (예컨대 공유된 지식이나 담론에 의해서) 사회적으로 체계화된 것이다. 이런 측면에서 볼 때 구성주의는 탈실증주의의 존재론과 같은 입장을 견지하고 있다고 보여진다. 그러나 앞서 살펴본 바와 같이 과학적 실재론의 존재론은 이와 매우 상이하다. 과학적 실재론에서 구조는 관념에 의해서뿐만 아니라 실재(Real)의 차원에 존재하고 있는 매우 다양한 "인과적 힘들"의 상호작용을 통해 생성되는 것이다. 두말할 나위 없이 "인과적 힘들"에는 관념뿐만 아니라 물질도 포함된다. 물론 웬트 역시 관념만이 유일하게 중요하다고 주장하지는 않지만, 결국 웬트는 물질의 인과적 영향력을 관념을 '통해서' 발현되는 것으로 이해하면서 관념우선적 태도를 견지하고 있다. 하지만 과학적 실재론에 따르면 구조가 물질적으로 구성되는 것이 아니라고 해서 관념을 통해서만 구성되는 것도 아니다. 즉 월츠(Kenneth Waltz)가 틀렸다고 해서 웬트가 맞다고 할 수 없다는 것이다. 예컨대 구성주의에서 흔히 말하듯 핵무기의 "의미"는 국가든 정책결정자이든, 국제정치 행위주체들 간의 상호작용과 간주간적 의미형성에 따라 달라지겠지만, 과학적 실재론은 핵이라는 물리적 조건이 없다면 그런 의미 자체가 생성될 수 없다고 본다. 핵무기에 안보와 관련된 어떠한 의미가 부여되기 위해서는 핵이라는 '물질'이 존재해야만 공격적이든 혹은 방어적이든, 특정한 의미가 형성될 수 있다는 점을 과학적 실재론자들은 강조하는 것이다.

행위자-구조의 문제에 있어서도 구성주의와 과학적 실재론은 큰 차이를 보인다. 주지하듯 구성주의는 이 문제에서 사회학자 앤서니 기든스(Anthony Giddens)의 구조화 이론(structuration theory)을 거의 그대로 수용하고 있으나 이는 과학적 실재론의 시각과 상이하다. 과학적 실재론에 의하면 경험적 층위를 벗어나 존재하는 "인과적 힘들"은 행위자나 구조가 각각 '독립적'으로 갖고 있고 그 힘들은 물질과 관념의 영역 모두에서 비규칙적, 비결정론적으로 복잡하게 발휘되어 서로에 영향을 끼치지만 결코 의존적 혹은 환원적으로 서로의 존재를 구성하지 않다는 점을 강조한다. 반면 웬트의 구성주의 시각에서 행위자와 구조는 결국 상호 '의존적'으로 존재하는 것으로 이해되며 나아가 구조의 인과적 영향력은 결국 행위주체의 관념이나 행위자들 간의 상호작용을 통해서 발현되는 것으로 이해된다. 예를 들어 웬트의 다음과 같은 발언을 보자. "과정과 분리되어 있는 구조는 존재할 수도 없으며 인과적 영향력을 발휘할 수도 없다"…"구조가 행위자의 태도와 상호작용을 떠나 영향력을 발휘하는 것은 불가능하다"(Wendt 1992, 394-395). 이러한 발언은 과학적 실재론과 웬트(류)의 구성주의가 행위-구조의 문제를 어떻게 달리 인식하는지를 잘 보여준다.

하지만 더욱 근본적인 차이는 다음에 있다. 비록 웬트는 실증주의에 기반하고 있는 신현실주의 혹은 신자유주의 이론과 달리 집단정체성, 간주관적 의미 등 사회관념적 요소를 강조했지만 그의 인식론적 목표는 구성주의를 포함하는 해석학적 접근을 실증주의 인식론(즉 경험주의)에 기초하여 "과학화"하고자 하는 것이었다. 웬트의 구성주의에서 중요한 인식론적 문제는 바로 "사회적으로 구성된 구조를 객관적으로 알아내고자 하는 것(the epistemological issue is whether we can have objective knowledge of these [socially con-structed] structures)"이었다(Wendt 199, 75). 웬트는 여기서 한 걸음 더 나아가 스스로를 인식론 측면에서는 "실증주의자"라고 말하기도 한다. 많은 (미국의 주류) 구성주의 학자들이 사회 자체가 아닌 경험적 방법으로써 확인 가능한 "규범(norm)"에 연구관심을 두고 있는 이유도 바로 여기에 있다. 하지만 앞서 자세히 설명했듯 과학적 실재론은 이와 매우 상반된 태도를 견지한다. 과학적 실재론은 실증주의의 경험주의 인식론(혹은 방법론 우선주의)과 달리, 존재론을 중심으로 과학을 새롭게 정의하고 있다. "인간주의"에서 벗어나 존재의 층위를 다양하게 확대하는 "객관적 존재론"에 입각하여 경험적 층위에서 포착되는 현상들의 발생근원이 되는 "인과적 힘"을 개방성 그리고 우발성을 전제한 상태에서 파악하려는 메타이론이 바로 과학적 실재론이다. 따라서 실증주의와 탈실증주의를 중용적으로 혹은 중도적으로 통합하려는 웬트(류)의 구성주의와는 큰 차이를 보인다고 할 수 있다.

IV. 결론

이상에서 살펴본 바와 같이, 존재론과 인식론에 관한 메타이론적 이해를 통해 우리는 국제정치학의 대표적인 이론들의 '기반'이 얼마나 (불)안정적인 것인지를 파악할 수 있다. 그렇기 때문에 메타이론적 논쟁을 "우회"하거나 "중단"해서는 안 되고, 오히려 정면으로 관통하고 관여할 필요가 있다. 이는 메타이론 우선론이나 유일론을 주창하는 것이 아니다. 존재와 인식에 관한 메타이론적 논의만큼이나 실용적인 이론과 분석이 필요하다는 것은 자명한 일이다. 하지만 문제는 현대국제정치학에서 이 둘의 균형은 이미 무너져서 '메타이론 무용론' 혹은 '메타이론은 해악론(evil)'까지 나와 있다는 사실이다. 이런 배경에서 본 장은 메타이론의 유용성과 필요성을 명시적으로 설명하여 그 균형을 되찾고자 하였다. 이를 위해 본 장은 우선 메타이론이 어떤 면에서 유용하고 왜 중요한지에 관해 구체적으로 논했다. 예컨대 메타이론은 이론의 기반이 되는 가정과 전제의 철학적 원천이기 때문에 이에 대한 논의와 논쟁은 그 이론의 기반을 검증과 비판의 대상에 포함시키는 적극적 성찰행위라고 할 수 있으며, 이는 학문의 발전과 지적 진보에 큰 도움을 준다는 점을 강조하였다. 이론의 현상적 예측을 경험적으로 검증하는 것에서 그치지 않고 그 예측이 만들어진 기원을 비판적으로 살펴볼 수 있는 기회와 공간을 만들어주는 역할을 바로 메타이론이 담당하기 때문에 메타이론적 논의에 관여하는 것은 이론의 옳고 그름을 판단하는 데 있어 필수요건이 된다고 할 수 있다. 이론의 기반에 대한 적절한 이해나 비판적 검증이 없다면 그것이 불안정한 기반이라 하더라도 재생산되는 결과를 낳고 이는 결국 지식의 확장과 발전에 역효과를 낼 수 있다는 점을 다시 한 번 상기할 필요가 있다.

더불어 메타이론과 "과학"이라는 개념과 활동은 서로 뗄 수 없는 관계라는 점도 설명하였다. 전술했듯 학술적으로, 나아가 사회정치적 차원에서도 규율의 기능을 행사하는 '과학적 vs. 비과학적' 개념구분은 메타이론에 대한 깊은 통찰로부터 이뤄진다. '과학 vs. 비과학'이라는 도식은 어떤 특정한 이론을 거부하거나 수용하는 데 있어서 매우 중요한 판단기준이 되는데 바로 이 도식은 존재론 및 인식론과 연계된 메타이론적 입장에서 비롯되기 때문이다. 이와 같은 차원에서 메타이론에 대한 고민과 깊은 이해를 통해 우리는 "왜 어떤 이론은 '과학적'이라는 타이틀을 갖고 있지만 또 다른 어떤 것은 '비과학적'이라는 판정을 받아 결국 주변화되었는가?"를 이해할 수 있으며 더욱 중요하게는 "과연 그런 주변화가 정당한가?"라는 질문도 던질 수 있게 된다. 예를 들어 국제정치학의 주류이론적 시각인 신현실주의와 신자유주의는 모두 실증주의적 인식론에 기반을 두고 있고 이들이 주류패러다임으로 작동하면서 실증주의 이외의 다른 메타이론(인식론)에 기초한 이론들은 '비과학적'인 것으로 여겨지게 되어 결과적으로 국제정치학의 지적 지형은 협소해진다. 협소해진 지적 지형에서 새로운 실천이나 정책이 제시되는 것은 어려운 일이다. 이와 같은 문제를 해소하기 위해 인식론과 존재론을 포괄하는 메타이론에 대한 이해나 관심은 매우 중요한 분야라고 할 수 있다. 이런 측면에서 본 장은 실증주의, 탈실증주의, 과학적 실재론이라는 다양한 메타이론과 이들이 각각 제시하고 있는 존재론과 인식론에 대해서 상술하면서 "과학" 혹은 "과학적" 연구를 정의하는 다양한 입장도 살펴보았다.

참고문헌

은용수. 2015. "왜 메타이론인가? IR에서 메타이론적 논쟁과 이해의 유용성."
『한국정치학회보』 49(4): 127-156.

Bhaskar, Roy. 2008[1978]. *A Realist Theory of Science*. Brighton: Harvester.

Dunne, Tim, Lene Hansen, and Colin Wight. 2013. "The end of International Relations theory?" *European Journal of International Relations* 19(3): 405-425.

Elman, Colin and Miriam Fendius Elman. (eds.) 2003. *Progress in, International Relations Theory: Appraising the Field*. Cambridge: MIT Press.

Jackson, Patrick. 2011. *The Conduct of Inquiry in International Relations: Philosophy of Science and Its Implications for the Study of World Politics*. London: Routledge.

Keohane, Robert O. 1993. "Institutionalist Theory and the Realist Challenge after the Cold War." David Baldwin (ed.) *Neorealism and Neoliberalism: The Contemporary Debate*. New York: Columbia University Press.

Knorr, Klaus and James Rosenau. 1969. *Contending Approaches to International Politics*. Princeton: Princeton University Press.

Lake, David. 2011. "Why 'isms' are evil: Theory, epistemology, and academic sects as impediments to understanding and progress." *International Studies Quarterly* 55(2): 465-480.

Morgenthau, Hans J. 1948. *Politics Among Nations: The Struggle for Power and Peace*. New York: Alfred A. Knopf.

Onuf, Nicholas. 1989. *World of Our Making: Rules and Rule in Social Theory and International Relations*. Columbia: University of South Carolina Press.

Popper, Karl. 1968. "Remarks on the Problems of Demarcation and of Rationality." Imre Lakatos & Alan Musgrave (eds.) *Problems in the Philosophy of Science*. Amsterdam: North-Holland.

Sil, Rudra and Peter J. Katzenstein. 2010. "Analytical eclecticism in the study of world politics: Reconfiguring problems and mechanisms across research traditions." *Perspectives on Politics* 8(2): 411-431.

Wendt, Alexander. 1992. "Anarchy is what states make of it: the social construction of power politics." *International organization* 46(2): 391-425.

_____. 1995. "Constructing International Politics." *International Security* 19(3): 71-81.

Whyte, Christopher. 2019. "Can We Change the Topic, Please? Assessing the Theoretical Construction of International Relations Scholarship." *International Studies Quarterly* 63(2): 432-447.

세력균형이론과 세력전이이론

정성철(명지대학교 정치외교학과)

I. 서론

세력균형이론(balance of power theory)과 세력전이이론(power transition theory)은 대표적인 현실주의 국제정치이론이다. 20세기 초 두 번의 세계대전을 겪으면서 국제정치학이 등장하는 가운데 현실주의(Realism)는 다수의 국제정치이론의 사상적 토대를 제공하였다. 『20년간의 위기(*Twenty Years' Crisis*)』에서 카(E. H. Carr)는 제1차 세계대전 직후 이상주의(Utopianism)에 기초한 국제평화를 위한 노력의 한계를 지적하며 권력의 속성을 고려한 현실주의의 필요성을 강조하였다(Carr 2016[1946]). 카의 우려는 현실이 되어 제2차 세계대전이 발발하였고 이후 세계는 냉전에 돌입하면서 현실주의 국제정치학은 주류 담론으로 자리 잡았다. 현실주의 국제정치학자는 (1) 국제정치는 무정부상태(anarchy)에서 이루어지며, (2) 국제정치의 주요 행위자는 국가이고, (3) 국가는 생존을 추구하는 합리적 행위자라는 가정을 공유하며 국제정치에 대한 이해와 설명을 추구하였다(Walt 2002, 199-200).

이러한 현실주의 전통 속에서 세력균형이론과 세력전이이론은 국가 간 전쟁과 평화를 권력정치(power politics)의 관점에서 설명한다. 주권국가를 통제하는 상위 권력체가 없는 상태에서 국가는 생존을 위해 최선의 선택을 반복한다. 하지만 국가가 전쟁을 피하지 못하고 충돌하는 경우가 있는데 두 이론은 그 근본 원인을 각각 세력불균형과 세력전이에서 찾는다. 20세기 후반부터 국가가 국제정치에서 행사하는 영향력이 줄어들고 비(非)안보 영역이 부각되면서 강대국의 무력충돌에 초점을 맞춘 고전적 안보 이론이 담아내지 못하는 이슈와 사례가 증가하였다. 이는 현실주의 국제정치학 전반에 대한 비판과 반성으로 연결되면서 새로운 이론과 접근에 대한 관심과 연구를 추동하였다. 하지만 기후변화와 글로벌 팬데믹으로 국가의 역할과 강대국 리더십이 더욱 필요한 상황에서 현실주의 국제정치학에 대한 학술적·정책적 관심과 주목은 지속되리라 예상된다.

II. 세력균형이론

1. 내용과 비판

냉전 초기 『국가 간의 정치(*Politics among Nations*)』를 출판한 모겐소(Hans Morgenthau)는 개인과 마찬가지로 국가가 권력을 추구하는 속성을 지녔다고 주장했다(Morgenthau 1960[1948]). 그렇다면 무정부상태에서 국가의 권력추구를 제어할 장치는 무엇인가? 이에 대한 답으로 모겐소는 국제기구, 국제여론, 국제법, 규범과 더불어 세력균형을 제시하면서, 영국과 같은 국가가 수행한 '균형유지자(holder of the balance)' 역할을 강조하였다. 이후 월츠(Kenneth Waltz)는 국제정치의 이론화를 시도하면서 국제체제의 안정성은 어떻게 힘이 배분되었는지에 달려 있다고 주장하였다. 그에 따르면 국가(군) 간 세력균형(balance of power)은 개별 국가들의 균형정책(balancing)을 통해 회복되고 유지되는 경향을 보인다(Waltz 1979, 116-128). 세력불균형(그림 1-a) 상황에서 B국가(군)에 대해 안보 불안을 느끼는 A국가(군)는 스스로 힘을 키우는 내적 균형정책(internal balancing, 자강)이나(그림 1-b), C국가(군)와 연대하는 외적 균형정책(external balancing, 동맹)을 실시한다(그림 1-c). 비록 국가들이 체제수준의 세력균형을 목표로 삼고 있지 않더라도 생존을 위한 그들의 선택은 패권의 등장을 가로막는 결과를 낳는다.

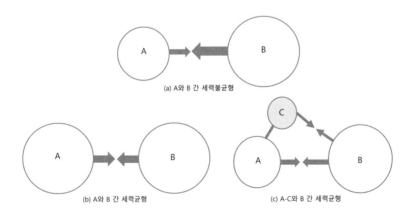

(a) A와 B 간 세력불균형

(b) A와 B 간 세력균형

(c) A-C와 B 간 세력균형

그림 1 세력균형과 세력불균형

이러한 내적·외적 균형정책은 국가수준 현상으로 체제수준의 세력(불)균형과 밀접한 관련을 맺는다. 스스로 힘을 키우는 내적 균형은 제3국의 존재와 의도와 상관없이 힘의 균형을 도모한다는 장점이 있지만 시간과 역량이 요구되는 문제를 안고 있다. 빠르게 부상하는 이웃국을 상대하면서 단시간 내에 대등한 군사력과 경제력을 확보하는 것은 쉽지 않다. 반면, 제3국과 연대하는 외적 균형은 빠른 시간 내에 힘의 균형을 회복할 수 있지만 적절한 동맹 상대가 존재할 경우만 채택할 수 있는 전략이다. 자국과 유사한 입장에서 국력결집을 통해 함께 안보를 추구할 역량과 의지를 갖춘 동반자가 항상 존재하기는 어렵다. 따라서 대부분의 국가는 내적·외적 균형정책의 적절한 조합을 통해 안보를 증진하려는 노력을 기울인다. 예를 들어, 국내 인적·물적 자원의 동원이 어려운 상황에서 지도자는 자강 대신 동맹을 통해 대외 위협에 대응하고자 할 것이며(Barnett and Levy 1991), 동맹으로 인한 자율성 축소를 염려할 경우 자강으로 안보 증진을 추구하게 된다(autonomy-security tradeoff; Morrow 1991).

다수의 국제정치학자는 근대 유럽의 역사를 지목하며 세력균형 체제를 설명하였다. 예를 들어, 키신저(Henry Kissinger)는 30년전쟁 이후 유럽을 세력균형의 대표적 사례로 소개하였다(Kissinger 1994). 그에 따르면 베스트팔렌조약(1648) 이후 유럽의 근대국가들은 국익을 우선시하는 국가이성을 따르면서 일정한 평형상태를 이루었다. 특히 영국은 대륙에서 프랑스와 독일이 유럽의 패권을 차지하지 못하도록 러시아와 미국 등을 끌어당기면서 세력균형을 유지하는 결정적 역할을 감행하였다. 이러한 유럽 협조체제(Concert of Europe)

는 당시 유럽 주요국가들 사이의 일정한 합의를 바탕으로 유지되면서 제1차 대전이 발생하기 이전까지 유럽의 안정과 평화의 근간이 되었다. 하지만 키신저는 세력균형체제를 시공간을 초월한 국제 및 세계 질서의 표본으로 바라보지 않았다. 근대 이전 유럽과 아시아와 중동 지역 등 비유럽권에서 패권질서가 자리 잡았다는 사실을 일깨우면서 키신저는 유럽의 세력균형체제를 다양한 세계질서의 하나로 평가한다(Kissinger 2014).

사실 균형정책이 다른 국가의 부상에 대한 일반적인 대응인가를 둘러싼 의문은 지속되었다. 상승국에 대한 견제를 다른 국가에 떠넘기는 책임전가(buck-passing)나 상승국과 연합하여 이익을 확보하는 편승(bandwagoning) 역시 선택 가능하기 때문이다. 슈뢰더(Paul Schroeder)는 세력균형 시각에서 유럽 근대사를 설명하는 국제정치 연구를 비판하였다(Schroeder 1994). 부상하는 국가에 대하여 자강과 동맹 같은 균형정책뿐 아니라 수용과 협력이라는 편승정책을 취하는 국가의 모습을 손쉽게 발견할 수 있다고 주장하였다. 전통적인 세력균형이론에서 편승은 어쩔 수 없는 선택에 불과하다. 약소국은 동맹 상대를 구할 수 없고 자강이 여의치 않은 상황에서 최후의 수단으로 편승을 택하지만, 편승의 대상인 강대국은 언제라도 약소국의 생존을 위협하고 이해를 무시할 수 있음을 강조한다. 하지만 슈웰러(Randall Schweller)는 직접적 위협이 아닌 강대국에 대한 '이익을 위한 편승(bandwagoning for profit)'은 자주 일어난다고 주장하였다. 제2차 대전에 앞서 독일의 부상을 위협이 아닌 기회로 바라본 이탈리아와 일본은 삼국동맹을 맺은 후 이익 확보를 위해 주변국에 대한 팽창정책을 시도하였다(Schweller 1994).

한편, 국가는 다른 국가의 힘이 아니라 위협에 대응한다는 주장이 제기되었다. 월트(Stephen Walt)는 두 국가가 동맹을 맺는 원인은 공동위협에 있다고 주장하였다(Walt 1987). 국가의 균형정책은 '힘'이 아니라 '위협'에 대한 반응인 것이다. 그의 위협균형이론(balance of threat theory)에 따르면 위협을 구성하는 요인은 (1) 총체적 국력, (2) 지리적 거리, (3) 공격 의도, (4) 공격 능력이다. 아무리 타국이 빠르게 부상할지라도, 지구 반대편에 존재하거나, 유화적 의도를 지니거나, 군사적 공격능력이 없다면 굳이 견제할 필요가 없다는 것이다. 이러한 측면에서 냉전기 미국은 소련에 비하여 유라시아에서 동맹과 우방을 손쉽게 확보할 수 있었다. 가까운 대륙국가보다 먼 해양국가가 덜 위협적이었기 때문이다. 이러한 주장에 대한 세력균형이론의 반론은 국가의 의도는 예측하기 어려우며 국력에 따라 변화한다는 것이다. 예를 들어, 미어샤이머(John Mearsheimer)에 따르면 모든 국가는 공통적으로 국력이 성장하면 지역 패권을 추구하는 속성을 지녔다고 바라본다(Mearsheimer 2001).

앞서 논의한 월트의 위협균형이론을 대내 및 대외 위협을 연계한 형태로 발전시킨 연구가 존재한다. 데이비드(Steven R. David)는 제3세계 국가의 경우 외부 위협보다 내부 위협이 심각한 경우가 많다고 지적하며 균형정책의 대상이 국내 세력일 수 있다고 주장했다(David 1991). 그의 '전방위 균형정책론(theory of omnibalancing)'에 따르면 국가 지도자는 최상위 위협에 대응하기 위하여 부차적 위협과 협력하여 자원 확보를 시도한다. 중국의 영토분쟁 대응을 분석한 프라벨(M. Taylor Fravel)은 소수민족 문제로 인한 체제 불안이 중국 공산당이 국경 지역을 둘러싼 이웃국과의 협력을 낳았다고 주장한 바 있다(Fravel 2005). 부상하는 이웃국이라 할지라도 특정 국내 세력보다 위협적이지 않다면 협력이 될 수 있다는 것이다. 이러한 연구는 국내정치를 무시한 채 다른 국가와 연대하는지를 분석하는 접근이 지난 한계를 일깨워 준다.

국제체제와 국내정치의 상호작용을 강조한 신고전적 현실주의자는 과대균형(over-balancing)과 과소균형(under-balancing) 사례를 조명하였다(Rose 1998). 세력균형이론의 예상과 달리, 외부 세력에 대한 미약한 대응이나 과도한 대응으로 세력불균형을 해소하지 못한 채 전쟁에 이르는 결과를 낳았다. 왜 국가는 그러한 '실수'를 저지르는가? 이에 답하기 위하여 신고전적 현실주의는 국내 차원의 변수를 강조한다. 예를 들어, 스나이더(Jack Snyder)는 주요국의 핵심세력이 카르텔을 형성하여 외교정책을 주도할 때 국가 이익이 아니라 집단 이익을 추구할 때 과도한 팽창이 이루어진다고 주장하였다(Snyder 1991). 19세기 미국의 제한적 대외팽창을 분석한 자카리아(Fareed Zakaria)는 국가 내 권력분산을 강조하였다(Zakaria 1998). 구대륙의 왕정을 비난한 신대륙의 공화정은 권력의 중앙 집중화를 경계하면서 대외 정책을 주도하는 연방정부의 자율성과 군사력을 제한시켰던 것이다. 로벨(Steven Lobell)은 패권국의 대전략은 자유무역에 대한 국내 엘리트의 선호에 따른다고 주장하였다(Lobell 2003). 자유무역 지지자는 자유주의 상승국에 대하여 우호적이지만, '경제 민족주의' 집단은 폐쇄적 국익을 추구하여 사익을 도모하기 때문이다. 이렇듯 신고전적 현실주의자는 세력균형의 변화와 함께 국가수준의 특성을 활용하여 세력균형의 예외적 사례를 설명하였다.

이러한 일련의 세력균형과 위협균형에 대한 연구를 이론발전의 긍정적 과정으로 바라볼 수 있는지는 논쟁의 대상이다(Vasquez and Elman 2003). 바스케즈(John Vasquez)는 세력균형이론의 후속연구들이 이론의 설명력을 확보하기 위하여 보조명제(auxiliary propositions)를 반복하여 도입한 나머지 이론의 핵심내용이 모호해졌다고 비판하였다. 이러한 세력균형연구의 '퇴행'에 대한 지적 속에서 이론의 보편성을 확보하고 설명력을 검증하기 위한 노력은 꾸준히 지속되었다. 특히 근대 유럽이라는 시공간을 벗어나 국제체제에서 세력균형과 패권등장을 비교하고 분석하는 시도들이 반복되었다(Kaufman, Little, and Wohlforth 2007; Streich 2012). 이들 연구는 고대 유럽과 비유럽 사례 등을 통해 세력균형이 파괴되고 패권국이 등장한 체제변화를 국가수준의 변수를 통해 설명하고자 하였다. 예를 들어, 휘(Victoria Tin-bor Hui)는 춘추전국시대를 통일한 진나라의 사례를 분석하면서 상대방을 분열시켜 지배(divide and rule)하는 국가전략과 자기강화개혁(self-strengthening reform)이 패권국의 등장을 가능하게 했다고 주장한다(Hui 2005). 다시 말해, 세력균형과 패권등장이라는 상반된 체제수준의 결과는 국가수준의 대외정책에 따라 좌우된다고 본 것이다.

2. 적용과 논쟁

다수의 세력균형 국제정치학자는 당면한 국제정치 현상을 설명하고 변화를 예측하였다. 이러한 작업은 종종 다른 이론적 입장과 충돌하며 논쟁을 불러일으켰다. 우선 냉전기의 양극체제와 다극체제를 둘러싼 논쟁과 탈냉전기 단극체제의 지속과 속성에 대한 논쟁이 대표적이다. 월츠(Waltz 1979, Ch. 8)와 미어샤이머(Mearsheimer 2001, Ch. 9) 같은 세력균형이론가는 양극체제의 안정성을 지속적으로 주장하였다. 그들에 따르면 다극체제보다 양극체제에서 강대국이 오인으로 대규모 무력분쟁에 휘말릴 가능성은 낮다. 기본적으로 주요 행위자의 수가 적고 두 주요 행위자 사이의 심리적 긴장이 무력 사용을 억제하는 결과를 낳는다고 바라보았다. 이러한 입장에서 볼 때 냉전의 종식은 양극체제의 안정을 기대할 수 없는 불안한 미래의 시작이었다(Mearsheimer 1990a; Waltz 1993). 하지만 일부 학자들은 다극체제의 안정성을 강조하며 반박하였다(Midlarsky and Hopf 1993). 양극체제에서 어느 한쪽이 힘의 우위를 점할 경우 세력균형을 회복할 방안은 제한적이다. 양극 중 상대적 열위에 처한 강대국이 세력균형의 회복을 위해 역량을 갖춘 동맹 상대가 존재하지 않기 때문이다. 반면에 다극체제에서 주요 강대국은 다양한 동맹 조합을 통하여 세력불균형을 조정할 방안을 마련하는 것이 보다 용이할 수 있다.

한편, 소련의 급작스런 붕괴로 등장한 미국이 주도하는 단극체제의 지속은 또 다른 논쟁 주제가 되었다. 세력균형이론가는 미국의 거대한 힘은 다른 주요국가의 동맹을 촉발하여 단극체제를 조만간 종식시킬 것으로 보았다. 더불어 유럽에서는 통일 독일을 포함한 강대국들이 경합하는 다극체제가 복원되면서 양극체제의 안정성을 그리워할 것으로 예상했다(Mearsheiemr 1990). 하지만 글로벌 차원의 단극체제는 약 30년간 유지되면서 반미연합을 억제시킨 원인을 둘러싼 논의가 활발히 이어지고 있다. 예를 들어, 미국의 압도적 힘으로 다른 국가의 도전 자체가 어려웠다는 현실주의 학자들의 주장이 있는 반면에(Brooks and Wohlforth 2008), 자유주의 계열의 학자들은 미국이 유화적 패권 리더십을 행사하면서 자유주의 세계질서를 확장시키고 공고화시켰다고 평가하였다(Ikenberry 2012). 또한 중국과 러시아 같은 잠재적 지역 패권국을 견제하려는 아시아와 유럽 국가들에게 미국은 역외 파트너로 유용했다는 주장이 개진되었으며(Mearsheiemr and Walt 2016), 자강과 동맹이 의미하는 '경성 균형(hard balancing)'은 아니라도 국제기구와 외교를 통한 '연성 균형(soft balancing)'을 통해 미국의 일방주의를 견제하려는 노력은 존재했다는 평가도 있다(Paul 2018, Ch. 5).

미국의 리더십이 지속되는 가운데 몬테이로(Nuno Monteiro)는 "지속되지만 평화롭지 않을"(durable but unpeaceful) 단극체제의 특징을 강조하였다(Monteiro 2014). 중국과 유럽 등 주요 강대국은 미국이 제공하는 생존과 번영에 만족하여 단극체제에 전면으로 도전하지 않지만, 대량살상무기를 통하여 강대국 지위를 획득하려는 이라크와 북한과 같은 일부 비강대국은 미국과 충돌하게 된다는 것이다. 아무튼 미국의 초강대국 지위를 위협할 수 있는 대규모 전쟁의 가능성은 낮다는 결론을 내렸다. 하지만 2008년 미국발 금융위기가 발생하고 자국우선주의를 내세운 트럼프 행정부가 출범하자 몇몇 세력균형이론가들은 탈냉전 미국외교가 과도한 목표를 설정하고 국력을 낭비하였다고 비판하였다(Mearsheimer 2018; Walt 2018). 주요 강대국들이 참여한 반미(反美)연합이 아직까지 등장하지 않았지만 민족주의에 기초한 테러집단의 공격과 비강대국의 저항 속에서 최적의 국익 추구에 실패했다는 것이다. 그들은 아시아와 유럽, 중동에서 패권국이 등장하지 못하도록 견제하는 역외균형자(offshore balancer)의 역할만을 미국이 수행할 것을 제안한다(Mearsheimer and Walt 2016).

한편, 냉전기 핵확산(nuclear proliferation)을 둘러싼 논쟁은 세력균형이론을 바탕으로 일어났다. 20세기 중반부터 시작된 수직적·수평적 핵확산이 국제체제의 안정성을 저해한다는 우려는 핵비확산체제(nuclear non-proliferation regime)의 등장으로 이어졌다. 하지만 월츠를 비롯한 세력균형이론가는 핵확산으로 인하여 국가 간 세력균형이 강화되면서 오히려 무력충돌이 억제될 수 있다는 입장을 개진하였다(Sagan and Waltz 2003[1995], Chs 1 and 4). 이러한 '공포의 균형' 효과를 반박하며 세이건(Scott Sagan)은 조직이론(organization theory)을 활용하여 국가의 주요결정에 참여하는 주요 집단이 '특수 이익(parochial interests)'을 추구하며 표준처리절차(standard operating procedures)에 따라 행동한다는 사실을 강조했다(Sagan and Waltz 2003[1995], Chs 2 and 5). 국가를 합리적이고 단일한 행위자로 가정하는 세력균형이론의 허구성을 비판한 것이다. 더구나 파키스탄과 같은 신흥핵보유국의 경우 민간의 군부 통치가 제한적이고 핵시설에 대한 체계적 관리가 부실한 상황에 놓여 있어 이러한 국가가 핵무기를 사용하거나 핵사고를 맞이할 가능성은 높다고 주장했다.

이러한 핵확산을 둘러싼 월츠와 세이건의 논쟁은 핵무기 개발 및 보유와 관련된 다양한 이슈를 부각시켰다(Bell 2015; Sagan and Waltz 2003[1995]). 우선, 신흥 핵보유국의 공세적 대외정책이 야기하는 불안정성을 들 수 있다. 핵무기를 보유한 국가는 자국의 소멸을 막을 수 있다는 확신 속에 다른 국가에 대한 저강도 분쟁을 손쉽게 일으켜 국제 불안을 증가시킨다는 주장이다(안정성-불안정성 역설[stability-instability paradox]). 다음으로, 타국의 핵시설 공격에 대비하고 보복 능력을 갖추기 위한 노력이 오히려 취약성을 증가시킨다는 지적이다. 제2차 타격능력을 갖추고자 핵시설을 국경 지역으로 이동하고 분산할 경우 핵무기의 안정적 관리와 보호가 어려워지면서 사고와 도난의 위험이 증가하기 때문이다(취약성-미취약성 역설[vulnerability-invulnerability paradox]). 이 밖에 핵무기 개발이 진행 중일 경우 타국이 예방 공격을 감행하여 무력분쟁이 발발할 수 있으며(예: 이스라엘의 이라크 오시락 폭격), 테러단체와 같은 비국가 행위자가 핵무기를 탈취하거나 개발할 경우 국제 불안은 가중될 것이라는 주장이 제기되었다.

III. 세력전이이론

1. 내용과 관련 연구

오르갠스키(A. F. K. Organski)는 산업화로 인한 국력 격차의 심화가 근대국제체제에 미친 영향에 주목하였다(Organski 1968[1958]; Organski and Kugler 1980). 산업혁명 이후 경제성장의 차이가 벌어지면서 지배국(dominant nation), 강대국(great powers), 중견국(middle powers), 약소국(small powers)의 계층이 등장했다는 것이다. 모든 국가의 자발적 지지와 협조를 확보하지 못했지만 지배국은 국제질서를 형성하고 부여하는 역할을 감당한다. 따라서 국가들은 현재 질서에 만족하는 국가군과 불만족하는 국가군으로 나뉘게 되며, 국력이 약할수록 후자에 속할 가능성은 높다(그림 2 참조). 이러한 위계질서 속에서 지배국과 강대국의 국력 격차가 줄어들면 양국 간 국력 순위가 역전되는 세력전이(power transition) 가능성은 높아진다. 구체적으로 세력전이는 두 가지 현상, 지배국의 상대적 힘은 쇠락하고 강대국의 상대적 힘이 증가하는 세력이동(power shift)과 양국의 국력이 같은 수준에 이르는 세력균등(power parity)이 함께 일어나는 것을 의미한다. 국제체제에서 지배국과 강대국의 세력전이는 국제질서의 지배를 둘러싼 경쟁과 갈등으로 인하여 대규모 전쟁으로 비화될 가능성이 높다는 것이 세력전이이론의 핵심 주장이다.

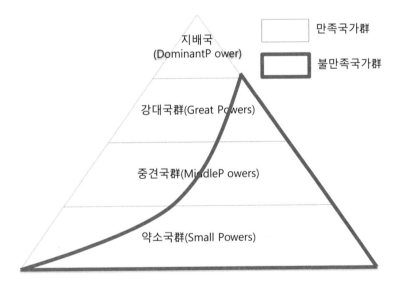

그림 2 오르갠스키의 피라미드

출처: Tammen et al.(2000, Figure 1.3).

하지만 모든 세력전이가 반드시 지배국과 강대국 사이의 전쟁으로 이어지지 않는다. 전통적인 세력전이 연구는 상승국이 국제질서에 만족하는지에 주목하면서 (1) 세력전이와 (2) 상승국의 불만족이라는 두 가지 변수를 강조하였다. 다수의 세력전이 연구자는 두 차례의 세계대전을 지배국 영국과 상승국 독일의 충돌로 설명하였다. 1871년 통일 이후 독일은 후발주자이지만 빠른 경제성장으로 유럽 주요국을 위협하는 강대국으로 발돋움했고 결국 영국과 프랑스, 러시아와 충돌하였다. 하지만 유사한 시기 미국 역시 강대국으로 부상하여 제2차 대전 이후 영국으로부터 지배국의 자리를 넘겨받았다. 그렇다면 이러한 평화로운 세력전이가 가능한 이유는 무엇이었을까? 오르갠스키는 현존 질서에 대한 상승국의 만족 여부가 중요하며, 더불어 (1) 상승국의 잠재력 수준, (2) 상승국의 부상 속도, (3) 지배국의 세력배분 변화에 대한 적응력, (4) 지배국과 상승국의 친밀성(경제·정치 체제의 유사성)이 전쟁 발발에 영향을 준다고 주장했다(Organski 1968, 363-376). 지배국에 맞먹을 수준으로 부상한 강대국이 현존 질서에 불만을 가질 경우 전쟁 위험은 높을 수밖에 없다고 보았다.

이러한 배경 속에서 상승국이 국제질서에 대한 도전국으로 변모하는 조건과 결과에 대한 연구가 이어졌다(Kugler and Lemke 1996; Tammen et al. 2000, Ch. 1). 강대국이 부상하면서 국제질서에 대하여 불만을 가지면 현상유지국(status quo power)에서 현상변경국(revisionist)으로 변모한다. 지배국이 주도한 환경에서 불가피하게 감수한 경제적 손해를 만회하고 영토적 손실을 회복하기 위해서는 기존 질서의 변경이 불가피하기 때문이다. 상승국이 기존 질서에 얼마나 만족하는지를 측정하기 위하여 세력전이 연구자들은 지배국과 상승국이 동맹 형성과 국제연합 투표에서 어느 정도 유사성을 보이는지, 상승국이 어느 정도 경제성장을 거두면서 영토분쟁을 겪고 있는지에 주목하였다(Sample 2018). 이러한 이론적 논의를 배경으로 1990년대 중반부터 중국의 의도를 둘러싼 논쟁이 촉발되었다. 과연 중국이 '책임 있는 이해당사국'으로 변모할 수 있는지, 아니면 미국이 주도하는 국제질서의 도전자로 성장할 것인가? 자유주의자는 글로벌 경제망에서 성장한 중국이 국제기구에 가입하면서 국제 규범을 준수하는 모습을 기대한 반면, 현실주의자는 미국의 상대적 쇠퇴에 중국은 공세적 정책으로 반응할 것이라고 지적하였다(Johnston 2003; Lim 2015).

한편, 일련의 학자들은 부상하는 강대국이 아닌 쇠퇴하는 지배국(혹은 강대국)의 공격성에 집중하였다. 전통적인 세력전이 연구에서는 상승국을 잠재적으로 분쟁을 개시하는 세력으로 보았지만, 예방전쟁(preventive war) 연구에서는 공격을 감행하는 세력은 쇠퇴하는 국가이다. 후자의 시각에서 보면 흘러가는 시간은 상승국에게 유리하다. 반대로 쇠퇴국은 '오늘이 내일보다 낫다(now is better than later)'라는 판단 속에 무력을 통해서 세력이동을 가로막을 유인이 크다(Levy 1987). 이러한 관점에서 제1, 2차 세계대전은 급속한 경제성장을 이루었던 독일이 풍부한 잠재력(인구와 영토)을 지닌 러시아의 부상을 두려워하여 일으킨 전쟁들로 해석된다(Chan 2020, Chs 4 and 5; Copeland 2000). 하지만 '임박한 위협'에 대한 선제공격(preemptive attack)과 비교하여 국내외 명분이 약할 수밖에 없는 예방공격을 민주국가의 지도자가 선택할 가능성은 제한적이다

(Schweller 1992). 쇠퇴하는 지배국은 방어적 동맹을 결성하여 잠재적 도전국을 압박하거나 경제 제재를 통하여 도전국의 상승세를 억제하는 다른 정책적 대안을 활용할 수 있다.

이렇듯 세력전이연구는 상승국과 쇠퇴국의 무력분쟁에 대한 이론적 논의와 경험적 분석을 토대로 한다. 세력전이연구의 발전은 '동맹' 집단 혹은 비(非)강대국 간 세력전이로 문제를 확장하면서 이루어졌다(DiCicco and Levy 1999). 김우상은 세력전이 상황에 놓인 상승국과 쇠퇴국이 얼마나 동맹의 지지를 받는지를 고려해야 한다고 주장하였다(Kim 1991). 세력균형이론이 국제체제를 대상으로 삼으면서 동맹의 역할을 강조한 반면, 세력전이이론은 두 국가에 집중하면서 자강에 의한 세력 이동에 초점을 맞추었다. 하지만 한 국가가 다른 국가의 국력을 평가할 때 그 국가와 함께하는 동맹과 우방을 무시하는 경우는 상상하기 힘들다. 동맹전이이론(alliance transition theory)에 따르면 동맹의 국력까지 고려한 세력전이가 발발할 때 상승 세력과 도전 세력 간 충돌 가능성은 높아진다. 실제로 두 차례의 세계 대전은 두 국가만의 충돌이 아니라 두 동맹군의 충돌이었다. 이러한 관점에서 상대적 쇠퇴기에 접어들었다는 평가 속에서도 미국이 냉전기 유럽과 아시아에 수립한 양자 및 다자 동맹을 활용하여 중국의(잠재적) 도전을 억제할 수 있을 수 있다. 하지만 동맹에 대한 신의가 항상 지켜진다고 볼 수 없으며, 동맹의 국력을 어떻게 합산하여 세력전이 시점을 예상할 수 있는지에 대한 의문이 존재한다.

한편, 지배국과 강대국의 경쟁과 충돌에 집중한 전통적 세력전이이론은 비강대국 관계에도 관심을 가지기 시작하였다. 대표적으로 렘키(Douglass Lemke)는 위계적 국제질서가 글로벌/지역/하부 (global/regional/local) 차원에서 존재한다고 보고, 지역과 하부지역 차원에서 세력전이가 몰고 올 수 있는 무력 충돌에 대한 경험적 분석을 실시했다(Lemke 2002). 서아시아에서 인도, 라틴아메리카에서 브라질, 동아시아에서 중국을 지역 차원의 지배국으로 본다면, 이들 세력을 위협하는 지역 강국의 등장이 무력 분쟁 가능성을 높인다는 가설을 세웠으며, 이란-이라크, 한국-북한 등의 비강대국 양자 관계에서 세력전이가 무력충돌로 비화된 사례 등을 분석하였다. 하지만 비강대국 혹은 지역 강국 간 세력전이 상황에서 글로벌 차원의 지배국과 강대국이 개입할 여지가 크다. 남북한과 인도-파키스탄이 위기 상황에 돌입할 때 미국을 포함한 주요 강대국의 영향력이 발휘되었던 사례를 볼 때 세력전이이론 글로벌 차원 사례에 대한 설명력이 가장 높다고 볼 수 있다.

2. 유사 이론과 관련 연구

구조적 긴장의 관점에서 미중 충돌 가능성을 살펴본 앨리슨 (Graham Allison)의 『예정된 전쟁』은 폭넓은 관심을 끌고 있다(Allison 2017). 사실 강대국의 흥망성쇠는 오랫동안 국제정치학자의 핵심 연구주제였다. 세력전이이론과 마찬가지로 패권안정이론(hegemonic stability theory), 장주기이론(long cycles theory), 권력주기이론(power cycle theory)은 글로벌 패권의 등장과 퇴장을 조명하였다. 국제정치경제학자 길핀(Robert Gilpin)은 영국과 미국이 패권국으로 글로벌 공공재―자유무역과 안보동맹―를 제공하면서 국제질서를 주도했다고 보았다(Gilpin 1981). 하지만 이러한 패권유지를 위한 패권국의 비용은 증가하는 반면에, 기술개발의 후발주자인 다른 강대국들이 누리는 이점은 커진다. 상대적으로 빠른 시간에 적은 자원을 투입해 기술을 확보하여 경제력을 증가시킨 강대국은 기존의 패권국을 위협하며 패권충돌 가능성을 높인다. 반면에 그러한 도전 세력이 등장하기 이전 글로벌 패권국이 자국의 지위와 국제질서를 유지하는 상황에서 국제체제는 안정성은 높다. 이처럼 패권안정이론은 글로벌 패권국의 기능과 역할을 경제와 기술 관점에서 제시하면서 패권 유지와 교체의 단계들을 제시하였다는 강점을 보인다.

한편, 모델스키(George Modelski)는 세계정치가 일정한 주기를 반복했다는 관점을 제시하였다(Modelski 1978). 그의 장주기 이론에 따르면, 1500년대부터 총 5회 주기를 반복하는 가운데 포르투갈(15세기말-16세기 말), 네덜란드(17세기 초-17세기 말), 영국(18세기 초-18세기 말), 영국(19세기 초-20세기 초), 그리고 미국(20세기 초 이후)이 세계국가(world power)의 지위를 누렸다. 각 주기에서 세계국가는 전쟁 승리 후 전후 협정을 통해 합법성을 성취하고 국제문제 해결의 선두에 나섰지만 이후 하강국면에서 권력과 권위를 상실하면서 다른 주권국가들의 역할이 증대하였다. 이러한 주기 이론은 세계정치사의 패턴을 제시하여 과거를 이해하고 미래를 예견하는 작업을 용이하게 한다. 하지만 세계국가의 상승과 하강에 대한 순환론적 접근은 주기적 세계전쟁은 불가피하다는 견해를 강화시키면서 선도국가의 하강 원인을 구체적으로 제시하지 못한 한계를 노출한다. 반면에 세력전이와 패권안정 연구는 각각 기존 질서에 대한 상승국의 불만과 패권국의 질서유지 비용에 초점을 맞춘 인과적 설명을 제시하여 국제체제의 안정성을 유지하는 방안에 대한 함의를 제공하고 있다.

모델스키와 유사하게 도란(Charles Doran)은 국가 권력의 주기적 속성을 강조하였다(Doran 1991). 그의 권력주기이론(power cycle theory)에 따르면 강대국은 상대적 국력의 비선형 변화를 겪으면서 변곡점(inflection point)과 정점(zenith)에서 불확실성에 직면한다. 이러한 주요 지점(critical points)에서 강대국은 보유한 자원과 기대한 이익 간 격차가 커지면서 불안정성에 노출된다. 특히 국력 성장이 기대만큼 이루어지지 않을 때 내부적 위기에 봉착하기 때문이다. 다수의 강대국이 동시에 이러한 위기를 맞이할 때 외부적으로 공세적 입장을 취해 전쟁과 같은 갈등 상황에 돌입할 가능성이 증가한다. 국가의 절대적 국력이 지속적으로 증가하더라도 상대적 국력이 감소할 수 있으며, 상대적 국력이 증가하더라도 증가세의 감소는 피할 수 없다. 따라서 절대적·상대적 국력의 성장과 쇠퇴 추세에 주목한 연구는 중국의 중진국 함정(middle income trap)과 글로벌 팬데믹의 경제적 영향 속에서 더욱 주목을 받을 것이다. 경제성장의 하강 국면 속에 국내 위기에 봉착한 국가들이 늘어나리라 예상되기 때문이다.

최근 세력전이이론과 관련하여 '질서(order)'와 '지위(status)'에 대한 학문적 관심은 증가하고 있다. 단극체제의 유지와 붕괴에 대한 논쟁 속에서 국제질서의 전이와 교체에 대한 연구가 주목을 받고 있다. 탈냉전기 미국이 주도한 동아시아 국제관계를 분석하면서 고(Evelyn Goh)는 중국의 부상에 따라 '질서 전이(order transition)'가 일어났다고 지적하였다(Goh 2013). 그녀는 패권국의 교체와 국제질서의 변화를 동일시하지 않은 채 중국의 부상이라는 세력균형 변화를 반영하면서 미국 주도의 국제질서가 수정되었다고 주장하였다. 최근 들어, '패권질서' 연구는 패권국이 국제질서의 '창조자(maker)'일 뿐 아니라 '수용자(taker)'라는 관점을 제시한다(Ikenberry and Nexon 2019). 이에 따르면 중국이 글로벌 패권국으로 부상하더라도 자유주의 국제질서를 폐기하거나 변경하지 않을 수 있다. 한편, 반(反)국제주의의 국내 여론에 직면한 미국이 중국보다 우위인 세력균형을 유지하면서도 자국을 제약하는 국제질서의 변화를 추구하는 '질서변경국(reformist)'이라는 시각도 제시되었다(Cooley, Nexon, and Ward 2019). 미국 스스로 구축한 다자주의에 기초한 질서에서 이탈하여 자국 우선주의에 몰두하는 트럼프 시기의 미국의 모습을 반영한 평가라 할 수 있다.

2010년대에 접어들면서 국가의 지위에 대한 연구도 꾸준히 증가하였다. 다수 국제정치이론이 국가는 생존, 권력, 혹은 이익을 추구한다는 전제를 토대로 삼았다면, 국제 위계질서에서 상위 지위를 차지하려는 국가의 열망과 정책을 조명한 연구들이 등장한 것이다. 특히 강대국의 부상은 지위 상승에 대한 거부로 인하여 강대국 충돌로 귀결된다는 가설과 이에 대한 경험적 분석은 주목을 받고 있다(Renshon 2017; Ward 2017). 탈냉전기 중국과 러시아의 대외정책이 각각 근대 이전과 냉전기의 지위를 회복하려는 의지의 발현이며, 이러한 움직임은 미국과 이웃국의 우려를 낳으면서 단극체제의 불안요인으로 작동한다는 연구도 존재한다(Larson and Shevchenko 2010; Wohlforth 2009). 이러한 지위에 대한 연구는 글로벌 혹은 지역 차원에서 패권과 리더십을 둘러싼 갈등이 해결되기 어려운 이유

를 제시한다. 물질적 이익의 경우 배분 혹은 공유가 가능하지만 선
도국이라는 무형의 지위는 나누어 보유하는 것이 어렵기 때문이다.

IV. 세력균형이론과 세력전이이론의 비교와 비판

대표적인 두 현실주의 국제정치이론은 무엇보다 권력정치의 시
각으로 강대국의 분쟁을 설명한다는 공통점을 보인다. 근대국제체
제에서 국가가 펼치는 전쟁과 평화를 권력 분포와 그 변화에 대한
관점에서 이해한다. 하지만 세력균형이론은 글로벌/지역(global/re-
gional) 국제정치를 대상으로 하는 체제수준이론(system-level theo-
ry)이라면, 세력전이이론은 지배국과 상승국 관계를 설명하는 양자
수준이론(dyad-level theory)으로 구분된다. 또한 세력균형이론은 무
정부상태 속에서 '군사력' 중심의 권력체제에 초점을 맞추고 있다
면, 세력전이이론은 각국의 '경제력'을 반영한 위계적 국제질서를
상정하면서 무력분쟁의 발발을 설명하고자 한다. 세력균형이론에서
국가는 '군사동맹'을 적극적으로 활용해 세력불균형을 해소하는 역
할을 수행한다면, 세력전이이론에서 국가는 '경제성장'을 바탕으로
국력을 신장하여 국제질서의 유지 혹은 변화를 추구한다.

이러한 두 현실주의 이론의 일정 부분을 결합하여 국제정치를
설명하는 경향이 존재한다. 대표적으로 코프랜드(Dale Copeland)는
대규모 전쟁을 설명하기 위한 이론을 제시하면서 국제체제의 극성
(양극/다극)이 예방전쟁의 발발에 미치는 영향을 강조한다(Copeland
2000). 양극체제에서 쇠퇴하는 강대국은 방어적 동맹을 결성할 만

한 제3의 강대국이 없기에 예방전쟁을 선택할 가능성이 높다. 반면, 다극체제에서 패권국은 상승국을 맞대할 때 동맹체제를 결성하여 잠재적 혹은 실제적 도전을 관리하고 견제할 수 있다. 세력균형이론의 극성연구를 활용하여 세력전이 상황에서 발발하는 대규모 전쟁의 원인을 규명한 것이다. 또 다른 예는 글로벌 선도국(leading power)의 지역전략에 대한 몽고메리(Evan Braden Montgomery)의 연구이다(Montgomery 2016). 그에 따르면 글로벌 선도국은 각 지역의 세력이동과 특수성을 고려하면서 지역 수준에서 상승하는 국가에 대한 전략을 채택한다. 만약 특정 지역의 패권(primacy)보다 분권(parity)을 선호한다면 그 지역의 상승국을 수용하지 않고 거부하는 전략을 펼치게 되는 것이다. 위의 두 연구는 양국(dyad) 수준의 관계를 설명하기 위하여 글로벌 혹은 지역 차원의 세력균형이라는 변수를 고려하는 공통점을 보여준다.

이러한 세력균형과 세력전이 연구에 대한 대표적 비판은 다음과 같다. 우선, 국력 측정의 문제이다. 과연 국력 비교는 어떻게 가능한가? 전통적 세력균형이론은 국방비와 무기체계를 통한 군사력 중심의 국력 측정을 선호했다. 세력전이이론은 국민총생산(GNP)과 국내총생산(GDP)과 같은 경제규모에 기초한 경제력에 초점을 맞추었다. 세력전이 연구는 산업혁명으로 국가 경제발전의 격차가 심화되면서 발생한 국제체제의 불안정성에 주목하였고, 경제력이 잠재적 국력의 핵심으로 군사력으로 변환될 수 있다는 가정을 활용한다. 하지만 군사력과 경제력을 측정하는 다양한 방법이 존재할 뿐 아니라, 인구와 과학기술, 외교력과 지도력, 사회 안정과 동맹 세력과 같은 다양한 요인이 국력을 구성한다는 사실은 부정하기 힘들다. 따라서 대다수 양적 연구는 그동안 Correlates of War Project에서 제공하는 종합국력지수(CINC, Composite Index of National Capabilities)를 활용하며 국방비, 군인 수, 에너지 소비, 철강 생산, 총인구, 도시인구를 동시에 고려하는 국력을 측정하는 방식을 따랐다.

그러나 국력 측정에 대한 논란 속에 세력균형이론과 세력전이이론이 내놓는 설명과 예측에 대한 비판은 지속되고 있다. 앞서 언급한 종합국력지수(CINC)는 인구가 국력에 긍정적 영향을 미친다고 가정하지만, 많은 인구에 대한 교육과 복지, 인프라 투자는 국가의 지출을 증가시킨다. 따라서 최근 들어 잠재력을 구성하는 요인으로 평가받는 인구는 국가 비용과 사회 부담을 높이는 부정적 요인으로 평가받기도 한다. 실제로 종합국력지수를 기준으로 약국으로 분류된 국가가 강국에 대하여 전쟁에서 승리한 사례는 손쉽게 발견할 수 있다(Beckley 2018). 더구나 두 국가의 국력을 어떠한 지표를 통해 측정하느냐에 따라 양국 간 세력전이가 발생한 시기는 변하면서 이론의 적용에 있어서 문제점이 발생한다. 예를 들어, 종합국력지수(CINC)에 따르면 영국과 미국의 세력전이는 1890년대에 일어났지만, GDP 역전은 이미 1860년대 후반에 이루어졌다(Rauch 2017). 세력(불)균형의 경우도 마찬가지로 어떻게 국력을 측정했는지에 따라 분석의 내용과 결과가 상이할 수 있다. 전통적인 군사적·경제적 약소국이 핵무기를 보유하였을 경우 해당 지역의 세력균형에 초래한 변화를 어떻게 평가해야 하는지에 대한 합의는 찾기 어렵다.

세력균형이론과 세력전이이론에 대한 또 다른 비판은 국내정치와 비(非)물질 변수를 간과한다는 점이다. 국력 분배의 형태와 변화를 통해 국제분쟁과 국제질서에 대한 간결한 설명을 제시하고 있지만, 시공간을 초월한 다수 사례를 설명하는 데 일정한 한계를 노출하고 있다. 따라서 국가·개인 수준과 국력 이외 변수에 대한 고려가 필요하다는 비판이 제기되었고, 신고전적 현실주의자로 분류되는 학자들은 국가·사회 수준의 변수를 동원하여 과대 혹은 과소 균형정책 현상을 설명하고자 하였다. 최근 신고전적 현실주의는 구조적 현실주의가 설명하지 못하는 예외 사례를 설명하는 외교정책이론에 머무는 것이 아니라 국제정치이론의 하나로 거듭나고자 한다 (Ripsman, Taliaferro, and Lobell 2016). 구체적으로 국제체제의 자극 (systemic stimuli)에 대한 국가정책의 반응을 네 가지 국내정치 변수 ─지도자 이미지, 전략 문화, 국가-사회 관계, 국내 제도─를 통해 설명하면서 국제정치에 미치는 결과를 조명한다는 것이다. 체제수준 독립변수의 중요성을 받아들이지만, 체제결정론적인 입장이 아니라 국내수준 개입변수를 활용하여 설명력을 높이는 연구전략을 채택하고 있다.

더불어 국력과 국익에 대한 객관적 평가는 존재할 수 없기에 지도자와 엘리트의 인식에 대한 고려가 필요하다는 지적이 있다(Jervis 1976). 앞서 논의한 바와 같이 다양한 국력 측정 방법이 존재할 뿐 아니라 정책결정자가 특정 시기에 자국과 타국의 국력과 의도를 어떻게 평가하였는지는 중요할 수밖에 없다. 국력뿐 아니라 의도와 의지를 둘러싼 오인에 대한 관심은 오랫동안 지속되었다(Levy 1983). 국제정치에서 오인과 오식이 항상 부정적 결과를 초래하는 것은 아니지만 정책결정자와 주요 집단의 인식과 심리에 대한 관심은 꾸준히 증가하였다. 특히 지도자 수준에 집중한 외교정책과 국제정치 관련 연구는 질적 분석뿐 아니라 지도자의 경험과 성향에 대

한 양적 분석까지 포함하면서 발전을 거듭하고 있다. 현실주의 국제
정치학의 원조라 할 수 있는 투키디데스가 '아테네의 부상'과 '스파
르타의 두려움', 즉 물질변수와 비물질변수의 결합을 통해 펠로폰네
소스 전쟁의 발발을 설명했다는 사실은 시사하는 바가 크다.

V. 결론

한반도를 둘러싼 반복된 강대국의 출몰은 세력이동을 통해 전쟁
과 격변을 일으켰다. 16세기 일본의 통일과 부상은 중국 패권에 대
한 도전으로 이어져 임진왜란을 낳았으며, 이후 후금(청)의 등장은
정묘호란과 병자호란을 거쳐 중국 왕조의 교체로 이어졌다. 19세기
말 일본의 한 발 앞선 개항과 성장은 동아시아 제국시대 속에서 한
반도를 전쟁터로 만든 후 식민지로 전락시켰다. 태평양 전쟁 이후
미소 냉전은 한반도를 아시아 세력균형의 최전선으로 만들면서 시
작되었으며, 한미일과 북중러의 대립 구도는 소련의 붕괴 이후에도
상당 부분 유지되고 있다. 20세기 후반 중국의 급속한 경제적 부상
은 중일·미중 세력전이와 그 결과에 대한 다양한 전망을 낳게 하고
있다. 나아가 부상하는 중국에 대한 아시아 국가의 균형 혹은 편승
전략에 대한 관심과 이러한 전략이 미중 관계와 세계정치에 미치는
영향에 대한 관심은 커져만 간다.

이처럼 세력균형이론과 세력전이이론은 서구 역사를 바탕으로
등장했지만 동아시아 국제관계를 이해하고 전망하는 틀을 제공한
다. 앞서 언급한 바와 같이 국력 측정의 어려움과 권력 이외 변수의

영향이라는 문제가 존재하지만, 두 이론은 국제분쟁과 협력을 설명하는 기능을 오랫동안 수행하였다. 향후 한반도의 역사적 경험과 다른 지역과의 상호작용에 대한 면밀하고 체계적 연구는 세력균형이론과 세력전이이론의 시험대이자 두 이론의 발전을 위한 밑거름이 될 수 있을 것이다. 한편, 세력균형과 세력전이에 대한 연구는 학자뿐 아니라 정책결정자의 주목을 받고 있다. 두 현실주의 이론은 각국의 대외정책에 주요 시사점을 제공하면서 대외전략의 방향을 제시하는 기능을 수행한다. 이러한 측면에서 두 현실주의 이론은 권력정치 현상을 설명하지만, 동시에 권력정치 현상이 현실주의자에 의하여 강화되고 있다는 우려를 낳고 있다(Chan 2020, 53-57). 현실주의이론의 목적과 한계를 기억해야 할 이유이다.

참고문헌

Allison, Graham. 2017. *Destined for War: Can America and China Escape Thucydides's Trap?* Boston and New York: Houghton Mifflin Harcourt.

Barnett, Michael N., and Jack S. Levy. 1991. "Domestic Sources of Alliances and Alignments: The case of Egypt, 1962-73." *International Organization* 45(3): 369-395.

Beckley, Michael. 2018. "The Power of Nations: Measuring What Matters." *International Security* 43(2): 7-44.

Bell, Mark S. 2015. "Beyond Emboldenment: How Acquiring Nuclear Weapons Can Change Foreign Policy." *International Security* 40(1): 87-119.

Brooks, Stephen G, and William C Wohlforth. 2008. *World Out of Balance: International Relations and the Challenge of American Primacy.* Princeton: Princeton University Press.

Carr, E. H. 2016[1946]. *The Twenty Years' Crisis, 1919-1939.* London: Springer.

Chan, Steve. 2020. *Thucydides's Trap? Historical Interpretation, Logic of Inquiry, and the Future of Sino-American Relations.* Ann Arbor: University of Michigan Press.

Cooley, Alexander, Daniel Nexon, and Steven Ward. 2019. "Revising Order or Challenging the Balance of Military Power? An Alternative Typology of Revisionist and Status-Quo States." *Review of International Studies* 45(4): 689-708.

Copeland, Dale C. 2000. The Origins of Major War. Ithaca: Cornell University Press.

David, Steven R. 1991. "Explaining Third World Alignment." *World Politics* 43(2): 233-256.

DiCicco, Jonathan M. and Jack S. Levy. 1999. "Power Shifts and Problem Shifts: The Evolution of the Power Transition Research Program." *Journal of Conflict Resolution* 43(6): 675-704.

Doran, Charles F. 1991. *System in Crisis: New Imperatives of High Politics at Century's End.* Cambridge: Cambridge University Press.

Fravel, M. Taylor. 2005. "Regime Insecurity and International Cooperation: Explaining China's Compromises in Territorial Disputes." *International Security* 30(2): 46-83.

Gilpin, Robert. 1981. *War and Change in World Politics.* New York: Cambridge University Press.

Goh, Evelyn. 2013. *The Struggle for Order: Hegemony, Hierarchy, and Transition in Post-Cold War East Asia.* New York: Oxford University Press.

Hui, Victoria Tin-bor. 2005. *War and State Formation in Ancient China and Early Modern Europe.* New York: Cambridge University Press.

Ikenberry, G John. 2012. *Liberal Leviathan: The Origins, Crisis, and Transformation of the American World Order*. Princeton: Princeton University Press.

Ikenberry, G. John, and Daniel H. Nexon. 2019. "Hegemony Studies 3.0: The Dynamics of Hegemonic Orders." *Security Studies* 28(3): 395-421.

Jervis, Robert. 1976. *Perception and Misperception in International Politics*. Princeton: Princeton University Press.

Johnston, Alastair Iain. 2003. "Is China a Status Quo Power?" *International Security* 27(4): 5-56.

Kaufman, Stuart J, Richard Little, and William C Wohlforth. 2007. *The Balance of Power in World History*. Basingstoke: Palgrave Macmillan.

Kim, Woosang. 1991. "Alliance Transitions and Great Power War." *American Journal of Political Science* 35(4): 833-850.

Kissinger, Henry. 1994. *Diplomacy*. New York: Simon & Schuster.

_____. 2014. *World Order*. New York: Penguin.

Kugler, Jacek, and Douglas Lemke. 1996. *Parity and War: Evaluations and Extensions of The War Ledger*. Ann Arbor: University of Michigan Press.

Larson, Deborah Welch, and Alexei Shevchenko. 2010. "Status Seekers: Chinese and Russian Responses to U.S. Primacy." *International Security* 34(4): 63-95.

Lemke, Douglas. 2002. *Regions of War and Peace*. Cambridge and New York: Cambridge University Press.

Levy, Jack S. 1983. "Misperception and the Causes of War: Theoretical Linkages and Analytical Problems." *World Politics* 36(1): 76-99.

_____. 1987. "Declining Power and the Preventive Motivation for War." *World Politics* 40(1): 82-107.

Lim, Yves-Heng. 2015. "How (Dis)Satisfied is China? A Power Transition Theory Perspective." *Journal of Contemporary China* 24(92): 280-297.

Lobell, Steven E. 2003. *The Challenge of Hegemony: Grand Strategy, Trade, and Domestic Politics*. Ann Arbor: University of Michigan Press.

Mearsheimer, John J. 1990a. "Back to the Future: Instability in Europe after the Cold War." *International Security* 15(1): 5-56.

_____. 1990b. "Why We Will Soon Miss the Cold War." *The Atlantic Monthly* 266(2): 35-50.

_____. 2001. *The Tragedy of Great Power Politics*. New York: Norton.

_____. 2018. *Great Delusion: Liberal Dreams and International Realities*. New Haven: Yale University Press.

Mearsheiemr, John J. and Stephen M. Walt. 2016. "The Case for Offshore Balancing: A Superior U.S. Grand Strategy." *Foreign Affairs* 95(4): 70-83.

Midlarsky, Manus I., and Ted Hopf. 1993. "Polarity and International Stability."

American Political Science Review 87(1): 171-180.

Modelski, George. 1978. "The Long Cycle of Global Politics and the Nation-State." *Comparative Studies in Society and History* 20(2): 214-235.

Monteiro, Nuno P. 2014. *Theory of Unipolar Politics*. New York: Cambridge University Press.

Montgomery, Evan Braden. 2016. *In the Hegemon's Shadow: Leading States and the Rise of Regional Powers*. Ithaca: Cornell University Press.

Morgenthau, Hans J. 1960[1948]. *Politics among Nations: The Struggle for Power and Peace*. New York: Knopf.

Morrow, James. D. 1991. "Alliance and Asymmetry: An Alternative to the Capability Aggregation Model of Alliance." *American Journal of Political Science* 35(4): 904-933.

Organski, A. F. K. 1958. *World Politics*. New York: Knopf.

Organski, A. F. K. and Jacek Kugler. 1980. *The War Ledger*. Chicago: University of Chicago Press.

Paul, T. V. 2018. *Restraining Great Powers: Soft Balancing from Empires to the Global Era*. New Haven and London: Yale University Press.

Rauch, Carsten. 2017. "Challenging the Power Consensus: GDP, CINC, and Power Transition Theory." *Security Studies* 26(4): 642-664.

Renshon, Jonathan. 2017. *Fighting for Status: Hierarchy and Conflict in World Politics*. Princeton: Princeton University Press.

Ripsman, Norrin M., Jeffrey W. Taliaferro, and Steven E. Lobell. 2016. *Neoclassical Realist Theory of International Politics*. New York: Oxford University Press.

Rose, Gideon. 1998. "Neoclassical Realism and Theories of Foreign Policy." *World Politics* 51(1): 144-172.

Sagan, Scott D., and Kenneth N. Waltz. 2003[1995]. *The Spread of Nuclear Weapons: A Debate Renewed*. New York: W. W. Norton & Company.

Sample, Susan G. 2018. "Power, Wealth, and Satisfaction: When Do Power Transitions Lead to Conflict?" *Journal of Conflict Resolution* 62(9): 1905-1931.

Schroeder, Paul. 1994. "Historical Reality vs. Neo-realist Theory." *International Security* 19(1): 108-148.

Schweller, Randall L. 1992. "Domestic Structure and Preventive War: Are Democracies More Pacific?" *World Politics* 44(2): 235-269.

_____. 1994. "Bandwagoning for Profit: Brining the Revisionist State Back In." *International Security* 19(1): 72-107.

Snyder, Jack. 1991. *Myths of Empire: Domestic Politics and International Ambition*. Ithaca: Cornell University Press.

Streich, Philip. 2012. "The Balance of Power in Japan's Warring States Period." *Asia*

Pacific World 3(2): 17-36.

Tammen, Ronald L., Jacek Kugler, Douglas Lemke, Alan III Stam, Mark Abdollahian, Carole Alsharabati, Brian Buford-Efird, and A.F.K. Organski. 2000. *Power Transitions: Strategies for the 21st Century.* New York: Chatham House Publishers.

Vasquez, John A., and Colin Elman. 2003. *Realism and the Balancing of Power: A New Debate.* Upper Saddle River: Prentice Hall.

Walt, Stephen M. 1987. *The Origins of Alliances.* Ithaca: Cornell University Press.

_____. 2002. "The Enduring Relevance of the Realist Tradition." in *Political Science: State of the Discipline,* edited by Ira Katznelson and Helen V. Milner. New York: W.W. Norton.

_____. 2018. *The Hell of Good Intentions: America's Foreign Policy Elite and the Decline of US Primacy.* New York: Farrar, Straus and Giroux.

Waltz, Kenneth N. 1979. *Theory of International Politics.* Reading: Addison-Wesley.

_____. 1993. "The Emerging Structure of International Politics." *International Security* 18(2): 44-79.

Ward, Steven. 2017. *Status and the Challenge of Rising Powers.* Cambridge and New York: Cambridge University Press.

Wohlforth, William C. 2009. "Unipolarity, Status Competition, and Great Power War." *World Politics* 61(1): 28-57.

Zakaria, Fareed. 1998. *From Wealth to Power: The Unusual Origins of America's World Role.* Princeton: Princeton University Press.

동맹이론

신욱희(서울대학교 정치외교학부)

I. 서론

동맹에 대한 논의가 학문적, 실천적으로 매우 중요하다는 것은 주지의 사실이다. 하지만 그 중요성에 비해 이에 대한 이론적 검토와 우리의 현실에 대한 적용 사례의 작업은 실제적으로 그리 많지 않다. 이 글은 이와 같은 문제의식에서 출발하여 동맹에 대한 이론적 논의를 정리해 보고, 이론의 보편적 내용에 대한 보완적 검토를 수행하고자 한다.

동맹의 주제에 대해 가장 많은 작업을 남긴 스나이더(Glenn Snyder)는 국가 간의 갈등과 협력에 대한 이론적 연구의 풍부함에도 불

* 초고에 대해 유익한 논평을 해주신 박건영 교수님께 감사드리고, 자료정리를 도와준 신수안, 주연정 석사에게 고마움을 표한다.

구하고 동맹이론에 대한 관심이 부족했던 이유를 아래와 같이 지적하였다.

> (그러나) 하나의 중심적인 현상이 (이와 같은) 이론의 거대한 융성을 빗겨가고 있는 것처럼 보이는데, 이는 아마도 이것이 [갈등과 협력의] 어느 한 유형에 정확하게 들어맞지 않기 때문인 것이다. 그것은 군사 동맹이다. 동맹은 그 구성원들이 어떠한 공유된 목적을 추구하기 위해 그들의 자원을 함께 쓴다는 점에서 명백히 협력적 행위이다. 하지만 그 목적은 외부의 상대와의 갈등의 수행에 관련된다. 국제협력에 관심을 갖는 학자들은 갈등의 수행보다는 적수들 사이의 갈등 해결에 초점을 맞추는 경향이 있으며, 국가안보정책의 연구자들은 동맹과 같은 협력적 기제보다는 군비나 위기, 그리고 전쟁과 같은 수단에 의한 갈등의 수행에 관해 좀 더 흥미를 느껴왔다. 따라서 동맹과 같은 복합적 현상은 그에 합당한 관심을 받지 못했던 것이다.… 아마도 동맹이 충분히 연구되지 못한 또 하나의 이유는 그것이 다른 모든 것들과 구별되기가 너무 힘들었다는 점일 수도 있다(Snyder 1997, 1).

마지막 부분에 대해 스나이더는 다른 논문에서 다음과 같이 서술하고 있다.

> 국제관계의 이론 중에서 가장 덜 발전된 분야는 동맹이론이다. 전통적인 이론가들은 이 주제를 '체제의 구조' 또는 '세력균형'과 같은 좀 더 광범위한 의제에 대해 부차적인 것으로 여기는 경향이 있다

(Snyder 1990, 103).

이 글은 먼저 동맹의 형성과 전환에 대한 보편적인 논의를 다루려고 한다. 즉 동맹의 목적과 자조(self-help)와의 관계를 안보론과 연관해서 살펴보고, 세력균형론, 세력전이론, 위협균형론과 같은 국제정치이론에서 나타나는 동맹 형성에 대한 주장들을 검토한다. 그리고 동맹의 강화 내지는 약화, 그리고 동맹과 적수 사이의 전환에 대한 논의들을 고찰할 것이다. 이러한 부분들이 적수게임 맥락에서의 동맹 논의라면, 우리는 다음으로 스나이더가 제시하는 '동맹 딜레마'와 같은 동맹게임의 내용을 보완적으로 다룰 필요가 있다. 스나이더는 두 게임의 관계에 대해 아래와 같이 서술하였다.

> 비록 양자의 결합이 실제적인 현실이지만, 동맹게임과 적수게임들을 구분해서 관찰하는 것이 분석적으로 유용하다.… 공격 대상이 되는 다른 국가를 방어하는 결정은 부분적으로 공격자가 권력의 자원을 얻는 것을 방지하려는 동기를 가질 수 있지만(적수게임), 또한 부분적으로는 자신을 방어하기 위해 유용한 희생국의 자원을 보존하려는 동기에 기반하기도 하는 것이다(동맹게임)(Snyder 1990, 105).

마지막 보완적 논의는 권력분포의 차이가 현저한 비대칭적 동맹에 관한 것이다. 스나이더의 저작은 동맹정치의 다양한 측면을 다루고 있지만, 대부분의 경험적 사례는 19세기 후반에서 20세기의 초반까지의 유럽 상황, 즉 다극적인 국제체제에서의 동맹의 경우에 해당한다. 따라서 이 글은 동아시아와 20세기 중반 이후의 상황을 반영하는 비대칭적 동맹 사례에 대한 고찰을 통해 그의 논의를 보완하고자 한다.

II. 동맹의 형성과 전환

동맹(alliance)에 대한 정의는 대부분 제휴(alignment)의 개념과 함께 다루어졌다. 스나이더는 동맹과 제휴의 용어가 자주 혼용되고 있지만 두 개념을 다소간 다른 의미를 가진 것으로 취급할 필요가 있다고 지적하면서, 아래와 같이 이야기한다.

> 좀 더 광범위하고 본질적인 개념은 제휴인데, 이는 국가들이 미래의 상호작용에서 다른 국가들로부터 지지를 빌 것인가, 아니면 반발을 살 것인가에 대한 그들의 예상으로 정의된다.… 공식적인 동맹은 단순히 제휴를 형성하고 강화하는 행태적 수단 중의 하나이다 (Snyder 1997, 6).[1]

또한 스나이더는 동맹을 '둘 혹은 그 이상의 주권국가들 사이의 상호적인 군사적 지원에 대한 약속'이라는 월퍼스(Arnold Wolfers)의 정의를 원용하기도 하였다(Snyder 1991, 123).

동맹의 목적은 근본적으로 한 국가의 안보 구상과 연결되며, 이

....

[1] 윌킨스(Thomas Wilkins) 역시 제휴 개념이 동맹 개념보다 좀 더 적절하다고 이야기하면서, 현대의 안보환경은 전형적인 동맹과는 다른 연합, 안보 공동체, 그리고 전략적 파트너십 등의 다양한 제휴의 형태를 보여주고 있다고 주장하였다(Wilkins 2012, 53).

는 국제정치학의 주류 패러다임이라고 할 수 있는 현실주의의 기본 전제들에 대한 검토를 필요로 한다. 국가(state), 생존(survival), 자조(self-help)는 이른바 '3S'라고 불리는 현실주의 이론의 핵심에 해당하는데. 이에 대해서 국제정치학의 한 교과서는 다음과 같이 설명한다.

국가―현실주의자들에게 국가는 주된 행위자이며, 주권은 그 특징적인 속성이다. 주권국가의 의미는 불가피하게 무력의 사용과 연결된다.

생존―모든 부류의 현실주의자 대부분을 묶는 두 번째 원칙은 국제정치에서 가장 두드러진 목표가 생존이라는 것이다. 비록 권력의 축적 그 자체가 목적인가라는 점에 대한 현실주의자들의 설명에는 모호한 점이 있지만, 국가의 궁극적인 관심사가 안보를 위한 것이라는 주장에는 이견이 없다고 생각된다.

자조―국내와 국제질서 사이의 핵심적인 차이는 그들의 구조에 있다. 국내체제에서는 시민이 스스로를 방어할 필요가 없지만, 국제체제에서는 무력의 사용을 방지하거나 맞설 상위의 권위가 존재하지 않는다. 그러므로 안보란 단지 자조에 의해서만 실현될 수 있을 뿐이다(베일리스 외 2009, 121-124).

무정부성(anarchy)을 특징으로 하는 국제체제에서 스스로의 힘에 의해서 자신의 생존을 보장받을 수 있는 국가는 거의 없다고 볼 수 있다.[2] 따라서 대부분의 국가에게 동맹(혹은 제휴)은 자신의 국력 증대와 함께 자조의 중요한 수단이라고 할 것이다. 즉 한 국가의 안보는 자주와 동맹, 그리고 제도 등의 수단에 의해 확보되는 것이라고 할 수 있다. 미시적 수준에서 한 국가의 안보를 위한 동맹 체결은 거시적 수준에서는 체제의 구조와의 연관성 문제로 이해된다. 다극 체제에서의 동맹 형성에 대한 연역적 이론 구축을 목표로 한 자신의 책에서 스나이더는 이 주제에 대해 다음과 같은 주요 질문과 핵심 변수를 제시하였다.

주요 질문:

1 동맹의 이익과 비용은 무엇인가?

2 체제의 무정부적이고 다극적인 구조는 동맹에 대해 어떠한 유인을 제공하는가?

3 군사력의 불균형과 상충 혹은 일치하는 이익과 같은 비구조적 요인들은 어떠한 유인을 제공하는가?

4 무엇이 누가 누구와 동맹을 맺는 것을 결정하는가?

5 무엇이 동맹의 이익과 비용이 구성국들에게 분배되는 방식을 결정하는가?(Snyder 1997, 43)

핵심 변수:

1 체제의 무정부적이고 다자적인 구조

2 상이한 군사적 능력과 강대국의 잠재력

3 그러한 국가들의 상충되거나 일치되는 이익

....

2 군사적 패권국인 미국 역시 다양한 방식의 구조적 제약 하에서 자신의 대외정책을 수행해야 하며, 지구적 안보의 문제에 있어서는 다른 나라들의 협력을 필요로 하는 것이다.

4 이념적이고 인종적인 구성을 포함하는 그들의 국내정치(Snyder 1997, 129)

그는 자신이 다룬 30년 동안의 동맹 형성 사례가 궁극적으로 구조적 요인의 영향력을 보여준다고 지적하면서, 이는 체제적 논리가 예견하는 결과, 즉 세력균형을 만들어냈다고 주장하였다(Snyder 1997, 142).[3]

이러한 주장은 위에서 언급한 바와 유사하게 현실주의 패러다임 내에서 세력균형론과 동맹과의 관계에 대한 고찰을 요구하게 된다. 김태현은 이에 대해 월츠(Kenneth Waltz)를 인용하여 아래와 같이 서술하였다.

세력균형이론은 무엇보다 국가에 관한 가정으로 시작한다. 즉 국가는 하나의 단일한 행위자로 최소한 그 보존을, 최대한 세계지배라는 목적을 추구한다. 그리고 국가는 그와 같은 목적을 위해 내부적 및 외부적 수단을 동원한다. 경제발전, 군비증강, 전략개발 등이 내부적 수단의 예라면 동맹이 외부적 수단의 대표적인 예이다(김태현 2004, 90).

....

3 스나이더가 이 부분에서 참고한 사례는 1879년의 오스트리아-독일 동맹, 1881년의 삼제동맹, 그리고 1891-1894년의 프랑스-러시아 동맹이다. 윤정원은 동맹과 세력균형 사이의 관계를 다루면서 동맹이 다수 국가들로 이루어진 국제체제 하에서 힘의 균형이 작동되도록 하는 데 있어서 필수적인 기능을 수행한다고 보는 모겐소(Hans Morgenthau)의 견해를 인용하였다(윤정원 2010, 230). 그는 또한 자신의 글에서 동맹의 목적과 더불어 유형, 발동조건과 절차, 주요 활동 등 동맹의 기능적 부분을 서술하고 있다.

이어지는 양자 간 관계의 논의는 편승(bandwagon)과 균형화 (balancing)에 대한 논쟁이다. 잘 알려진 바와 같이 월츠는 국가들이 힘을 결집하기 위해 행하는 동맹에서, 국가들은 강자의 힘에 편승하기보다는 이를 균형화하려고 노력한다고 주장하였다. 김태현은 국가들이 강자가 아닌 약자와 동맹을 맺는 균형화를 택하는 부분적인 이유는 그것이 좀 더 안전할 뿐만 아니라, 상대적으로 약한 동맹국에 대해 더욱 큰 힘을 행사할 수 있기 때문이라는 학자들의 주장을 아울러 지적한다. 하지만 외교사가인 슈뢰더(Paul Schroeder)는 유럽 근세사에서 편승이 오히려 균형화보다 더 자주 나타난 동맹정책이라고 반박하였다(김태현 2004, 92-96).[4]

세력균형론과 대척점에 있는 세력전이론은 국력증대의 수단으로서 동맹에 대해 유보적인 입장을 표명하였다. 대표적인 학자인 오르갠스키(A. F. K. Organski)는 동맹 형성을 통한 국력증대라는 가설을 지나치게 비현실적이라고 간주하면서, 산업화 시대의 국제체제에서는 국력의 증대가 동맹관계와 같은 외적인 방법보다는 산업화를 통한 경제성장과 같은 내적인 요인에 의해서 이루어진다고 보았다. 하지만 김우상은 기존의 세력전이 틀에 동맹변수를 접목하는 자신의 동맹전이 모델을 통해 국가는 산업화와 더불어 동맹관계를 통해 자신의 힘을 증강시킨다고 재차 주장하였다. 이에 따르면 동맹관

....

4 김태현은 또한 '과다동맹'과 '과소동맹'의 용어를 사용하여 당시의 지배적 무기체제가 공격에 유리하다고 믿는 경우는 많은 국가들이 동맹체제에 연결되고(chain-ganging), 수비에 유리하다고 믿는 경우는 서로 책임을 전가하게 된다는(buck-passing) 크리스텐센(Thomas Christensen)과 스나이더(Jack Snyder)의 견해를 소개하고 있다. 하지만 모로우(Morrow 1993)는 1860년의 사례 분석을 통해 이 주장을 반박하였다.

계를 고려할 때, 쇠퇴하는 패권세력과 급성장하는 도전세력 간의 국력이 균형을 이루는 상태인 두 세력 간의 세력전이가 발생할 경우 전쟁 가능성이 높아진다고 예측할 수 있다는 것이다. 그는 자신의 모델이 오르갠스키의 핵심 가정을 벗어나 새로운 연구프로그램을 시작하는 '전향적 프로그램 간 문제교체(progressive interprogram problem-shift)'인 것으로 평가하고 있다(김우상 2004, 121-126).

월트(Stephen Walt)는 국가들이 편승이 아닌 균형화를 택한다는 세력균형론의 주장을 수용하면서, 균형의 대상이 단순히 권력만이 아니라 좀 더 포괄적인 의미에서의 위협이라고 주장한다. 동맹의 기원에 대한 그의 책에서 월트는 "국가들은 어떻게 그들의 친구들을 선택하는가"라는 질문에 아래와 같이 답하고 있다.

> … 나는 균형화가 편승보다 훨씬 더 보편적이라는 것을 보여준다. 하지만 전통적인 세력균형 이론가들과는 달리, 나는 국가들이 권력만이라기보다는 위협을 균형화시키기 위해 동맹을 형성한다는 점을 제시한다. 비록 권력의 분포가 매우 중요한 요인이기는 하나, 위협의 수준 또한 지리적 인접성, 공격적 능력, 그리고 인지된 의도에 의해 영향을 받는다. 따라서 나는 세력균형이론에 대한 좀 더 나은 대안으로서 위협균형이론을 제안한다(Walt 1987, 5).[5]

이와 같은 위협균형론은 위에서 설명된 세력전이론과 함께 현재 중

....

5 그는 아울러 이념은 균형화보다 제휴의 동기로서 강력하지 않으며, 대외원조나 정치적 영향 역시 제휴의 결정적인 원인은 아니라고 주장한다.

국의 부상에 대한 대항 동맹 형성의 필요성을 강조하는 서구이론의
근거를 제공하고 있다.

다음으로 살펴볼 이론적 측면은 동맹의 전환에 대한 것이다. 이
는 동맹의 관리, 연속성, 그리고 미래 등의 주제로 논의가 이루어
져 왔다. 스나이더는 일단 동맹이 형성되면, 그 구성원들은 그것을
'관리'하는 임무에 직면하게 된다고 언급한 바 있는데(Snyder 1997,
165), 그의 견해는 이후 동맹게임(alliance game)의 부분에서 상술하
게 될 것이다. 동맹에 대한 자신의 고전적 문헌에서 리스카(George
Liska)는 동맹정치의 '연속성'을 서술하면서, 동맹의 응집력과 효율
성을 좌우하는 요인들에 대한 설명을 제공하고 있다(Liska 1962, part
I). 또한 그는 동맹의 '미래'는 '강대국의 수, 갈등의 유형과 형태,
그리고 국가들 사이의 궁극적인 무기의 분포 등으로 결정되는 국제
체제의 변화'에 달려 있다고 지적하였다(Liska 1962, 255).

월트는 동맹의 '쇠퇴'와 '지속' 원인에 대한 좀 더 미시적인 분석
을 행하였다. 그는 동맹의 쇠퇴를 초래하는 세 요인으로 위협인식의
변화, 신뢰성의 저하, 그리고 국내정치를 들면서, 그 중에서 아래와
같이 위협인식 변수의 의미를 강조한다.

가장 명백하고 중요한 [쇠퇴의] 원인은 근원적인 연합을 만들어냈던
정체성 혹은 위협의 속성에 있어서의 변화이다. 만약 위협이 저하되
거나 좀 더 강력한 것으로 대체된다면, 원래의 위협에 대항하기 위
해 형성되었던 동맹은 변화하게 될 것이다. 동맹은 구성원들이 자신
을 보호할 다른 수단을 획득하게 되거나, 동맹의 의무를 수행할 상
대국의 능력이나 의지를 의심하게 되었을 때 또한 쇠퇴할 수 있다.

현존하는 동맹은 국내정치적인 변동의 결과로 국가들이 자신의 이익을 재정의하게 되거나, 만약 이념적인 원칙이 양립 불가능하고 위협의 수준이 이러한 차이점을 극복하기에는 그렇게 크지 않을 경우 시련을 겪게 될 가능성이 존재한다(Walt 1997, 163).[6]

월트는 반대로 동맹의 지속을 담보하는 요인을 다음과 같이 서술하고 있다.

… 동맹은 구성국들 간의 권력의 비대칭성이 클 때, 동맹국들이 유사한 정치적 가치를 보유했을 때, 그리고 그 관계가 고도로 제도화되었을 때 지속될 가능성이 좀 더 크다. 그러한 동맹들은 새로운 상황에 적응하기에 좀 더 유리할 것이며, 불가피하게 발생하는 이해의 충돌을 다루기에 좀 더 익숙할 것이다. 동맹들은 구성국 사이의 관계가 공동 정체성(common identity)에 대한 강한 인식을 불러일으킬 경우 특히 지속적일 수 있지만, 그러한 경우는 매우 드물다고 할 수 있다(Walt 1997, 170).[7]

동맹의 전환 양상 중 가장 극적인 것은 동맹에서 적, 적에서 동맹으로의 전환이라고 할 수 있다. 국제정치가 정글 상태로 묘사되

....

6 유상범은 북핵문제와 한미동맹의 사례를 통해 위협과 동맹인식의 상관관계를 분석하고 있다(유상범 2018).
7 월트는 아울러 다극이나 양극이 아닌 일극체제에서의 동맹문제에 대해서도 논의를 전개하였다(Walt 2009). 프레스-바나산(Press-Barnathan 2010)은 일극성 아래서 NATO의 문제를, 정하용(정하용 2012)은 일극체제와 한미동맹의 사례를 다루고 있다.

고 있는 홉스적 현실주의에서는 모든 국가들이 서로를 '적'으로 생각하는 것이 보편적일 것이다. 하지만 기본적으로 '동맹' 내의 국가들은 서로를 '친구'로 생각하는 인식을 갖고 있다고 간주된다. 여기서 상식적으로 상기해야 할 점은 친구와 적의 정체성은 항상 가변적 특성을 갖는다는 것이며, 전쟁사의 기록은 이를 잘 보여준다고 할 수 있다.[8] 쿱찬(Charles Kupchan)은 어떻게 안정적 평화(stable peace)가 등장하고 유지되는가를 검토한 그의 저작에서 '적이 친구가 되어' 평화적 관계를 구축한 여러 예를 제시한다. 그는 안정적 평화의 지역을 우호 관계, 안보 공동체, 연합으로 구분하고, 이러한 지역이 구축된 역사적인 사례를 아래의 표와 같이 나열하고 있다.

우호 관계:
영국과 미국 (1895-1906)
노르웨이와 스웨덴 (1905-1935)
브라질과 아르헨티나 (1979-1998)

안보 공동체:
유럽협조체제 (1815-1848)
유럽 공동체 (1949-1963)
ASEAN (1967년 이후)

연합:
스위스 (1291-1848)
이로쿼이 (1450-1777)

....

8   월퍼스는 일찍이 국가 간 관계의 분석에 있어서 우정과 적의 같은 용어는 매우 주의 깊게 사용되어야 한다고 지적한 바 있었다(Wolfers 1962, 25).

아랍 에미레이트 (1971년 이후)

이와 더불어 쿱찬은 미연방 수립과 이탈리아와 독일 통일 역시 적에서 친구로의 궁극적인 전환 사례로 인용하였는데, 이러한 예 중우호 관계와 안보 공동체를 동맹으로의 전환 사례로 간주할 수 있을 것이다(Kupchan 2020, 12).

적에서 동맹으로, 그리고 동맹에서 적으로의 전환 양상은 20세기 중반 동북아시아에서 현저하게 나타났다. 태평양 전쟁 이후 냉전의 전개에 따라 일본이 미국의 적에서 동맹이 되는 과정은 그 대표적인 예라고 할 수 있다. 이러한 전환의 이해를 위해서는 위협전이(threat transition)의 논의를 살펴볼 필요가 있다. 이는 세력전이와는 달리 물질적 요인이 아닌 관념적 요인의 전환에 의해서 불안정성이 도래하는 것으로, 하나의 사건의 발발, 혹은 주체의 투사에 따라 위협이 전이되고, 이렇게 형성된 위협인식이 다시 주체의 행위를 통제하는 매커니즘을 만들어낸다. 이러한 접근법은 비판적 안보연구가 제시하는 안보화 이론의 주장과 연결되는데, 이 논의에 따르면 안보는 무엇이 보호되어야 할 핵심적인 대상인가, 그리고 그 위협이 어디에서부터 오는가의 문제에 대한 발화행위이며, 고정된 의미를 갖는 것이 아닌 사회적 구성물로 간주한다. 따라서 안보의 대상과 위협의 소재는 고정된 것이 아니라 한 곳에서 다른 곳으로의 전이가 가능한 것으로 이해될 수 있는 것이다(신욱희 2017, 25-26).

일본에 대한 적에서 동맹으로의 위협전이를 수행한 대표적인 행위 주체는 미 국무장관이었던 덜레스(John Foster Dulles)였다. 덜레스에게 있어 일본은 원래부터 문제(question)가 아닌 모범(example)

에 해당하였다. 1950년의 저서에서 그는 이에 대해 아래와 같이 이야기하였다.

그러한 점에서 일본은 우리의 특별한 관심과 책임의 대상이다. 우리가 하려고 한다면 우리는 일본이 아시아에서 정신적이고 지적인 풍요로움과 물질적인 번영 속에서 성장하는 자유사회의 모범이 되도록 도와줄 수 있다. 이는 쉬운 일이 아닌데 왜냐하면 일본은 인구가 부족하고 비옥한 토지가 적으며 산업생산과 해외시장을 필요로 하고 있기 때문이다. 정신적인 쇄신과 정치적 교육도 요구된다. 만약 우리가 일본인들이 자신들의 정신적, 물질적인 필요를 충족시키도록 도와줄 수 있다면, 이 자체가 아시아/태평양 전체에 영향력을 행사하게 될 것이다. '행동과 모범'은 선전이나 무력보다 장기적으로 더 효과적이다(Dulles 1950, 230).

딜레스는 중국의 공산화 이후 교전국인 일본에 대한 인식을 바꿀 것을 아래와 같이 요구하였다.

아시아, 태평양의 광활한 지역에서 우리는 적절한 정책을 갖고 있지 못한데, 이는 지금까지 우리의 친근한 동료였던 중국이 소련 공산주의의 동맹 세력에 의해 전복되었기 때문이다. 이는 우리와 아시아, 태평양의 국민들과의 관계에 대한 새로운 사고를 요구하고 있다(Dulles 1950, 176).

이러한 딜레스의 위협인식은 한국전쟁의 발발, 그리고 중국의 참전과 함께 더욱 강화되었고, 샌프란시스코 강화조약을 통해 일본문제 (Japanese Question)의 완전한 탈안보화(desecuritization)의 모습으로 나타났다. 즉 전후 탈식민화의 일본문제에서 냉전적 위협의 표상으로서의 북한 그리고 중국문제로 동북아에서의 위협전이가 이루어진 것이었다(신욱희 2017, 73).

이러한 동북아시아에서 위협전이는 한국전쟁이라는 사건과 그를 통한 행위 주체, 즉 정책결정자들에 의한 위협의 투사를 통해서 이루어졌으며, 이는 샌프란시스코 강화조약을 통해 제도화되었다. 그 결과 지역적 안정의 구도가 만들어지기보다는 남방삼각관계와 북방삼각관계의 냉전적 구도가 동북아시아에 형성되었던 것이다. 반면 남방삼각관계인 한미일 안보체제 또한 내부적으로 협력적이지 않은 모습을 표출하게 되는데, 이는 미국 정책결정자들과 이승만의 위협인식 차이에 그 뿌리를 두고 있었다. 즉 미국의 인식이 완전한 동맹국으로서의 일본이라는 이미지로의 전이를 보여주었던 반면, 이승만은 실용적인 태도를 보이면서도 잠재적인 적으로서의 일본이라는 이미지를 계속 견지하고 있었기 때문이었다.[9]

냉전 초기의 미중관계는 미일관계와는 반대로 동맹에서 적으로의 전환의 예를 제공하였다. 칭(Simei Qing)은 일본에 대항했던 전략적 동맹국이었던 미국과 중국이 1945년부터 1960년까지의 기간에 교전국, 그리고 타협할 수 없는 적국이 되었다고 지적하였다. 그녀는 자신의 연구에서 아래와 같은 질문을 제시하였다.

....

9   이는 동맹국 간에도 친구와 적에 대한 인식이 명확하게 공유되는 것이 아니라는 점을 보여준다(신욱희 2017, 80).

이와 같은 급작스런 악화는 언젠가는 드러날 수밖에 없었던 두 나라의 핵심적인 국가이익과 도덕적 원칙 사이의 불가피한 갈등에 기인했던 것인가? 아니면 그 대신 동맹에서 적으로의 이 전이는 양측의 생산적이지 못했던 외교정책, 상대의 의도에 대한 되풀이된 오판의 산물, 또는 결정적인 오해, 즉 국가이익과 원칙의 양립 불가능에 대한 인식의 결과에 의해 만들어졌던 것인가?(Qing 2007, 2)

칭은 후자의 설명에 치중하면서, 미중 간 대립의 기원과 전개에 있어서 정체성에 대한 뿌리 깊은 전제와 근대성에 대한 문화적 이상의 차별성이 갖는 역할에 주목하였다(Qing 2007, 8).[10]

이상에 서술된 것처럼 동맹의 형성과 전환에 대한 논의는 세력균형론, 세력전이론, 위협균형론, 그리고 위협전이론의 이론적 쟁점과 함께 다루어져야 한다. 이는 구조와 주체가 함께 작용하고, 물질적 요인과 관념적 요인이 연결되는 국제정치의 복합적인 양상을 보여주고 있다. 이러한 점에서 스나이더가 언급한 대로 동맹이론은 보편적인 국제정치이론이나 외교정책론과 분리되기 힘든 성격을 갖고 있다고 할 수 있는 것이다.

....

10 이 부분은 소위 문명충돌론이나 구성주의적인 전략문화의 논의와 연결된다고 할 수 있다.

III. 동맹게임

근대국제체제가 기본적으로 '전쟁체제(war system)'로 형성되었다는 점에서 볼 때, 국제정치의 가장 대표적인 분석은 적수게임에 대한 것이다.[11] 하지만 이와 같은 적수게임과 함께 한 국가 대외정책의 핵심적인 부분을 이루는 것은 동맹국들 사이에서의 동맹게임의 영역이라고 할 수 있다. 동맹연구 역시 잠재적인 적수 사이의 세력균형 문제에 주로 치중해왔다는 점에서 볼 때, 방기(abandonment)와 연루(entrapment)의 문제를 중심으로 한 스나이더의 동맹게임의 분석은 큰 의미를 갖는다(Snyder 1984).

그에 따르면 다극체제의 국가 간 게임은 두 단계로 나누어지는데, 첫 단계는 n명의 수인의 딜레마 게임의 논리를 따른다. 동맹이 형성된 이후 등장하는 두 번째 단계의 동맹게임은 동맹에 협조하는 것과 비협조하는 것 사이의 딜레마에 해당하는데, 국가들은 어느 쪽을 선택하게 되더라도 좋은 결과와 나쁜 결과를 모두 얻게 된다. 동맹 내에서 국가들은 방기와 연루를 모두 피하려 하는데, 한 국가가 동맹에 협조하게 되면 방기의 위험은 줄일 수 있지만 연루의 위험은 증대되며, 비협조할 경우에는 반대의 결과를 낳게 된다. 또한 일방적 협조는 동맹국에 대한 협상력을 낮출 수 있고, 동맹을 재구성하는 데 있어 선택을 제한시킬 수 있으며, 대항동맹으로부터의 위협을 증대시키는 결과를 가져온다.

이와 같은 동맹 딜레마에서 국가의 선택을 결정하는 요인 중 첫

......

11 이에 대한 최근의 연구로 톰슨(Thompson 2015)의 논문을 보라.

번째는 동맹국 사이의 상대적 의존도이다. 한 국가가 더 의존적이고 상대방이 덜 의존적일수록 방기의 위험과 비용이 연루의 경우보다 커질 가능성이 많다. 두 번째 요인은 서로를 방어하는 것에 대한 전략적 이익의 정도이다. 전략적 이익은 위기 시의 직접적 방어가 아닌 평시의 간접적 방어에 관련된 것인데, 이러한 간접적 방어에서 오는 이익이 크고 상대방은 그렇지 않을 경우 방기에 대한 두려움이 커지게 된다. 세 번째 요인은 동맹협정의 명시성이다. 이것이 모호할수록 방기의 두려움은 커지지만, 모호한 협정은 동맹에 포괄적 의무를 부과해서 행동을 제약하는 역할을 할 수도 있다. 네 번째 요인은 적에 대항하는 것에 대한 이익 공유의 정도이다. 이 요인은 방기와 연루의 위험에 모두 영향을 미쳐, 이익 공유가 클수록 두 위험은 모두 줄어들게 된다. 마지막 요인은 자국과 상대방이 행한 과거의 행태인데, 이 요인은 위의 네 가지 상황적 요인에 보완적으로 사용되어 국가의 행동을 더욱 정확하게 예측할 수 있도록 한다.

동맹게임의 딜레마는 방기와 연루의 위험 사이의 긴장에서 오는 것이기 때문에 방기의 위험이 상대적으로 적은 양극체제에서는 동맹 딜레마가 약해지고 적대게임의 딜레마가 강해지게 된다. 다극체제와는 달리 동맹의 구성국들은 동맹게임의 부작용에 크게 신경 쓰지 않고 적대게임의 딜레마에 대처할 수 있는 것이다. 하지만 동맹게임의 딜레마가 완전히 없어지는 것은 아니며, 방기에 대신하는 정치적, 군사적 조치가 등장할 수 있다. 공동관리, 중립화, 혹은 긴장완화 등이 정치적 예라면, 군사적 예로는 동맹국 군대가 부분적으로 철수하는 것을 들 수 있다(신욱희 2010, 18-20).

냉전기, 데탕트, 그리고 탈냉전기의 한미관계는 이와 같은 동맹게임의 적절한 예를 제공하고 있다.[12] 한국전쟁을 마무리하면서 미국은 한반도에서 이승만의 북진통일론에 연루되는 것과 그를 방기하는 것 모두를 피하기 위해 한미상호방위조약 체결을 통한 한국과 북한을 모두 대상으로 하는 이른바 이중봉쇄(double containment) 전략을 구사하였다. 아래의 1953년 미 국무부의 입장은 이를 잘 보여주고 있다.

> 동북아국의 맥글러킨(McClurkin)은 미국이 절대 피해야 하는 두 가지 상황으로 한국에 의해 미국이 전쟁에 말려드는 경우와 한국군의 패전(즉 북진한 한국군이 패주해서 한국을 잃는 경우)을 강조하고, 이 두 가지 상황을 막기 위해 필요한 모든 조치들을 한국에 대해 취해야 한다고 제안했다(이혜정 2004, 17).

데탕트 시기 한미관계 역시 동맹게임의 양상에서 방기와 연루 딜레마가 등장하는 과정을 잘 보여준다. 1968년의 1·21 사태에 대한 미국의 소극적 대응과 프에블로호 피랍에 따른 북한과의 비밀 협상, 1969년의 닉슨 독트린에 이은 주한미군의 부분 철수, 그리고 1971년에 가시화된 미중관계 개선은 박정희에게 방기의 우려를 부여하였다. 반면 1960년대 말의 미국은 제2의 베트남전 발발과 그에 대한 연루의 우려를 갖고 있었으며, 이를 방지하기 위한 정책적 탄력성을 확보하는 것이 중요한 아시아 정책의 목표였다. 1970년대

....
12 동맹 딜레마를 한미일 관계에 적용한 것으로 차(Cha 2000)의 연구를, 미-대만 관계에 적용한 것으로는 첸(Chen 2012)의 연구를 참조하라.

초반은 미국의 새로운 세계전략, 즉 중국과의 관계 개선이 한반도에서 미국의 정책 수행을 좌우하게 되었다. 즉 같은 시기에 미국은 자신의 지역/세계 전략을 전환시키고 있었던 반면 박정희는 지속적으로 한반도 수준에서 안보정책을 추구하고 있었고, 이러한 분석수준의 차이는 한반도에서 기본적인 전략적 이해의 공유에도 불구하고 양측에 서로 다른 안보적 위협의 요인을 제공하게 되었던 것이다. 그리고 이러한 동맹 내 갈등은 안보전략의 대상으로서 북한의 능력과 의도에 대한 평가의 차이에 의해 더욱 증대되었다(신욱희 2010, 3장).

냉전의 종언 이후 한미동맹의 딜레마는 좀 더 복잡한 형태를 띠게 되었다. 전재성은 전환기 한미동맹의 특성을 아래와 같이 서술하였다.

한국은 지구적, 지역적 차원의 냉전 종식에도 불구하고 여전히 북한과의 대결 국면을 벗어나지 못하고 있으며, 더불어 중국의 부상에 따른 지역 안보국면의 변화 속에서 전략적 딜레마에 처해 있다. 한미동맹은 변화하는 상황 속에서 한국과 미국이 공통의 안보위협을 지속적으로 정의할 수 있는가, 다양한 동맹의 딜레마를 극복할 수 있는가? 어긋나는 상호 간 안보이익을 조정하기 위해 결박과 제지의 활동을 적절히 조절해 갈 수 있는가? 동아시아 전체 동맹 네트워크 속에서 한미동맹의 역할을 규정할 수 있는가 등에 따라 향후의 방향이 결정될 것이다(전재성 2016, 4).

그는 동맹국 사이의 방기와 연루 딜레마와 적수에 대한 강경과 관여 딜레마가 합쳐진 스나이더의 '복합 안보딜레마'의 개념을 바탕으로 한국이 한미동맹에서 갖는 전략적 딜레마를 1. 남북한 관계의 딜레마; 2. 중국의 부상에 따른 딜레마; 3. 안보와 자율성의 딜레마; 4. 한미일 삼각관계 속의 딜레마의 네 가지로 정리하였다(전재성 2016, 4-5).[13] 노무현 행정부나 현재 문제인 정부의 대북 관여정책에 따른 한미동맹의 약화 가능성, 남중국해나 미사일방어(MD) 문제에서 한국 정부가 갖게 되는 모호성, 전시작전권 환수에 따른 연합사/유엔사 재편, 그리고 미일동맹의 강화에 따른 한반도 안보에 대한 일본의 연루 문제 등이 각각의 동맹게임 딜레마의 예라고 할 수 있다.[14] 탈냉전기 북중동맹은 북핵문제를 중심으로 또 다른 모습의 동맹 딜레마 양상을 나타낸다. 박홍서는 자신의 연구에서 북핵 위기 시 중국의 대응이 북핵으로 인한 연루 가능성과 북한의 동맹관계 이탈 가능성을 동시에 최적화하는 방향으로 전개되었다고 본다. 즉 '한반도 비핵화'와 아울러 '대북제재 반대'라는 두 가지 입장은 중국의 이러한 의도를 잘 보여준다는 것이다(박홍서 2006, 103).

....

13 중국의 부상과 한미관계의 동맹딜레마 문제를 연결시킨 글로는 서정경의 연구(서정경 2008)를 보라.
14 박건영, 남창희, 이수형은 이러한 문제의 해결을 위해서 한국이 동맹정치의 이분법적 성격을 완화시킬 다자간안보협력의 제도화를 위해 노력하는 한편, 한미동맹의 군사적 성격을 완화하고 동맹에 의한 연루의 위험성을 줄이기 위해 자신의 자율성을 확대할 수 있는 방안을 모색해야 한다고 주장하였다(박건영·남창희·이수형 2002, 63-64). 하지만 이러한 제안 역시 북핵문제나 미중갈등의 전개 양상에 따라 가변적일 수밖에 없다는 사실이 함께 인지되어야 할 것이다.

IV. 비대칭적 동맹

보편적인 동맹이론의 구체적 적용을 위한 고려 사항으로 동맹게임과 함께 논의되어야 할 부분은 군사력의 격차가 심한 단위 사이의 비대칭적 동맹의 문제이다.[15] 스나이더는 그의 책에서 군사력의 격차가 동맹형성에 어떠한 요인으로 작동하는지에 관해 분석하고 있지만, 그로 인해 만들어지는 동맹의 특성에 대한 고찰은 하고 있지 않다. 동맹을 맺는 국가가 모두 비슷한 능력을 가진 것은 아니며, 특히 양극체제나 일극체제에서의 동맹은 사실상 능력이 서로 상이한 국가들 사이에서 맺어지게 되는 것이 보통이다. 모로우(Morrow 1991)의 연구는 동맹관계에서의 역동성을 이러한 비대칭적 모델을 중심으로 설명하려 했다는 점에서 그 중요성을 갖는다. 그의 논문은 동맹을 이루는 국가가 하나의 동맹으로부터 모두 안보를 제공 받는다고 가정하는 능력결집모델(capability aggregation model)과는 달리, 한 국가는 동맹으로부터 자율성의 이득을 얻고 다른 국가는 안보의 이득을 얻게 되는 이른바 안보-자율성 교환모델(autonomy-security trade-off model)을 제시하고 있다.

모로우는 다음과 같은 세 가지 가설을 제시하고 그를 경험적으로 입증함으로써 자신의 대안적 모델의 적실성을 보여주려고 한다. 첫 번째, 비대칭적 동맹은 대칭적 동맹에 비해 형성되기 쉽고 오래 지속될 것이다. 두 번째, 동맹의 유형에 관계없이 각 국가의 능력의 변화가 클수록 그 동맹은 깨어지기 쉬울 것이다. 세 번째, 준 강대국

....

15 동맹이론의 한국적 수용의 논의에 대해서는 윤태룡(윤태룡 2009)의 글을 보라.

은 그들의 능력이 증대되면 비대칭적 동맹을 형성할 확률이 높아지게 될 것이다(신욱희 2010, 20). 그의 후속 연구에서 모로우(Morrow 2000)는 군비확장과 동맹 사이의 교환성, 비용 분담, 동맹의 관리와 지속, 비안보적 이득, 그리고 국내정치 문제 등의 검토를 통해 신현실주의 동맹이론의 단순성을 보완하고자 하였다.

하지만 그의 안보와 자율성 상호교환과 그 변화에 대한 예측은 한미동맹의 사례에 있어서는 차별적인 모습을 보여준다. 즉 동맹의 하위에 있는 국가의 국력 증대나 대외적 환경의 변화가 동맹 내부의 안보협력 방식의 재편과 하부단위의 자율성 증대로 즉각적으로 이어지지 않는 경우에 대한 고려가 필요하게 되는 것이다. 장노순(장노순 1996)은 그의 논문에서 이와 같은 한미동맹의 특수성을 고찰하고 있다. 그에 따르면 한국의 군사력은 크게 증강되었고, 경제력의 향상이 그에 뒷받침이 되어 왔다. 그리고 북한을 제외하고는 동북아시아에서 한국과 적대적인 국가는 존재하지 않는다. 이러한 한국의 변화와 대외적 환경은 한미동맹에서 한국의 자율성을 향상시킬 수 있는 요인으로 작용할 것으로 예상되나 이는 다음과 같은 이유에서 기대만큼 이루어지지 않고 있다. 첫째, 미국의 군사력에 대한 절대적 의존성과 관련하여 한국의 무임승차 가능성이 현저하게 낮아졌고, 미국으로부터의 안보 제공에 따르는 비용을 다양한 형태로 지불하지 않으면 안 되게 되었다. 둘째, 미국에 대한 안보 의존성은 크게 완화되지 않았으며, 이는 한국의 지도자와 국민들의 인식과 동아시아의 경쟁적 구도에 기인한다.[16] 셋째, 한반도 통일 과정에

....
16 김준형은 이러한 측면에 더하여 한미동맹의 제도적 관성과 그에 연관된 한국의 사회정

있어서 미국의 역할이 크다는 점이다. 통일을 위해 한국이 단독으로 결정하고 실행할 수 있는 정책과 수단이 많지 않기 때문에 미국의 지원 없이는 남북한 관계 개선도 용이하지 않은 상황이라는 것이다 (장노순 1996, 96-98).[17]

이와 같은 분석을 통해 장노순은 한미동맹의 사례에 대해 다음과 같은 결론을 내렸다.

비대칭적 안보동맹에서 안보와 자율성에 대한 상호교환성은 안보를 제공 받는 국가에게 훨씬 불리하게 작용할 수 있다. 피후견국은 자체의 군사력과 경제력 수준이 크게 향상되고 외부환경이 유리하게 전개됨으로써 동맹국의 군사력에 대한 안보적 의존정도를 줄일 수 있다. 그러나 자국의 군사력으로 안보수준을 향상시킬 수 있는 여건을 마련했음에도 불구하고 의존도를 크게 해소시키지 못한 결과를 가져올 수 있다. 제로섬의 특징을 많이 내포하고 있는 민족 내 갈등에서 억지력을 강조하는 비대칭적 안보동맹은 강대국의 안보 제공이란 절대적인 영향력이 쉽게 약화되지 않을 수 있음을 보여준다. 즉 국제체제의 구조변화는 기존의 동맹관계를 유지하는 양식에서 변화를 초래할 수 있으나 피후견국의 자율성의 신장이 보장되는 것은 아니다. 한미안보동맹은 '교환동맹모델'에서 설명하는 안보와 자율성의 상호교환성이 효과적으로 역비례를 유지하기 어려운 사례이다(장노순 1996, 99).

....

체성 요인을 지적하고 있다(김준형 2009).

17 물론 이러한 상황은 미중관계, 북핵문제, 그리고 미국과 한국의 국내정치 변화에 따라 다소 변화되었다고 할 수 있다.

한미동맹의 사례에 있어 안보와 자율성 사이의 상호교환은 전쟁 수행을 통한 작전권 이양이라는 특수한 형태로 이루어졌다. 따라서 한미안보관계의 특성에 대한 고찰은 단순한 권력의 분포나 안보적 환경뿐만 아니라 그것이 갖는 비공식성과 위계성에 대한 검토를 필요로 하는 것이다. 한반도의 분단과 단독정부의 수립, 그리고 한국 전쟁의 경로를 통해 이루어진 한미동맹은 양국 간에 한국의 안보에 대한 분업구조를 만들어냈으며, 그 결과 한미안보관계는 현실주의의 기본 가정인 무정부성이 아닌 위계적 성격을 가진 '비공식적 제국(informal empire)' 하의 '구멍 난 주권(perforated sovereignty)'의 특징을 갖게 되었던 것이다(신욱희 2010, 22).[18]

이와 같이 독특한 비대칭적 양자동맹의 내부적 역동성을 이해하기 위해서는 하부단위가 택할 수 있는 행동 방식에 대한 개념화가 요구된다. 신욱희(신욱희 2001)는 자신의 논문에서 순응(compliance), 협상(negotiation), 구성(construction), 저항(resistance)의 영역을 설정하고, 그를 아래와 같이 설명하였다.

순응과 저항은 비교적 그 정의가 간단하게 내려질 수 있는 개념이라 할 수 있다. 즉 동맹의 하위국가가 자신이 속해 있는 비대칭적 관계에서 상위국가로부터 주어지는 정책적 입장이나 수단을 일방적으로 따르는 경우와 그에 대해 전적으로 반발하는 경우를 양 극단으로 상정하는 것이다. 최근의 연구는 순응이 이루어지는 이유를 신

....

18 웬트(Alexander Wendt)와 프리드하임(Daniel Friedheim)은 소련-동독관계를 분석하면서 이 개념을 사용하였다(Wendt and Friedheim 1995).

현실주의 이론이 주장하는 물리력의 분포에 따른 구조적인 조건 이외에 이익에 대한 고려, 정책적인 효율성, 그리고 그를 유도하는 제도와 규범의 존재에 두고 있다. 따라서 저항의 조건은 이러한 것들을 역전시킬 만한 새로운 유인의 등장에 그 기본적인 원인을 찾아야 할 것이다.

하지만 국제체제 내에서의 국가관계에 있어 완벽한 순응이나 저항의 모습을 찾기란 쉽지 않으며, 사실상 그 중간의 어느 형태로 쌍무적이거나 다자적인 국가의 행위가 이루어지는 것으로 보인다. 그러한 점에서 볼 때 비대칭적인 동맹관계에 있어서도 '충성'과 '탈퇴'의 사이에 있는 다양한 형태의 중간적 행위 유형들을 살펴볼 필요가 있으며 협상과 구성의 부분이 바로 그에 해당한다고 하겠다. 협상의 영역을 주어진 구조 내에서 하위국가가 자신의 이익을 극대화하려는 방식을 말한다면 구성의 영역은 상위국가와의 상호작용을 통해 자신이 처한 구조의 상대적인 전환을 모색하려는 시도를 지칭한다고 볼 수 있다(신욱희 2001, 8-9).[19]

북중동맹도 이와 같은 비대칭적 동맹의 사례로 간주될 수 있을 것이다. 하지만 이는 중소관계와 같은 외부적 환경, 그리고 한국전쟁 이후 북한의 국내정치, 그리고 상대적으로 자주를 강조한 북한

....
19 신욱희는 이승만과 박정희의 대미정책을 분석한 후 '구성의 부재'를 두 사례의 특징으로 지적하였다(신욱희 2010). 로즈노우(James Rosenau)는 약소국 외교정책을 본질적으로 적응적 행위로 규정하면서, 이를 순종적 적응, 비타협적 적응, 조장적 적응, 보존적 적응의 네 가지로 구분하였다. 이 중에서 국가의 내적 구조와 외적 환경을 서로에게 적합하게 변형시킴으로써 양자 간에 바람직한 균형을 모색하고자 하는 세 번째의 조장적 적응의 방식이 구성의 개념에 비교적 가깝다고 할 수 있다(Rosenau 1981, ch. 4).

의 대외정책에 따라 상대적으로 다른 모습을 보여주었다. 장노순의 연구와 마찬가지로 함명식 역시 모로우의 안보-자율성 교환모델을 북중동맹에 적용하는 것의 한계를 다음과 같이 지적하였다.

모로우에 따르면 비대칭 동맹에서 강대국이 약소국에게 제공하는 안전보장은 정책결정 시 약소국의 자율성을 약화시키는 결과로 이어질 수 있다. 하지만 냉전과 탈냉전시기 북중관계를 설명하는 데 있어 중국이 북한의 안전을 보장해주는 대가로 북한의 정책적 자율성을 침해한 경우를 찾아보기는 쉽지 않다. 역으로 중국의 도움으로 한국전쟁의 위기 상황에서 살아남은 김일성 정권은 1956년 8월 종파사건을 일으켜 친중 세력을 숙청했으며,[20] 김정은 역시 2015년 친중 성향을 보여 온 장성택과 그 일파를 처형하는 강경한 모습을 보였다. 위의 두 사건은 북한정권 내부에서 친중국 성향을 보인 정치 지도자들에 대한 숙청을 감행해 북한에 대한 중국의 영향력을 제한하거나 양국 사이에 일정한 거리감을 유지하려 한 것으로 해석될 수 있다. 특히 북한의 핵보유 시도가 본격화된 1993년 이후 중국이 한반도 비핵화를 명분으로 북한의 핵개발 저지를 위해 시도한 노력들이 네 차례에 걸친 핵실험으로 인해 결국 수포로 돌아갔음은 비대칭 동맹관계에서 강대국이 약소국 파트너의 자율성을 제한할 수 있다는 모로우의 주장을 북중동맹에 직접적으로 적용하기에는 무리가 있음을 보여주는 대목이다(함명식 2016, 11-12).

....

20 박건영은 1930년대 이른바 민생단 사건을 통해 형성된 김일성의 중국에 대한 불신을 북한의 중국에 대한 주체적 입장의 기원 중 하나로 보았다(박건영 2013, 20).

이에 대한 대안적 시도로 그는 비대칭 양자동맹에서 동맹의 약소국 정치지도자가 개인의 이익과 국가의 이익을 병치시켜 자신의 권력 기반을 공고히 하고 이를 달성하기 위한 수단으로 동맹의 강대국 파트너로부터 정책결정의 자율성을 향상시키는 과정을 지칭하는 '비대칭균형'의 개념을 제시하고 있다(함명식 2016, 5).[21]

V. 결론

동맹이론은 위에서 언급된 것과 같이 사실상 포괄적인 국제정치이론과 중첩되는 부분이 많이 존재하였기 때문에 그 자체의 개별적인 이론화는 상대적으로 풍부하게 이루어지지 못하였다. 하지만 세력균형론, 세력전이론, 위협균형론의 논의에서 동맹은 항상 중요한 변수로 다루어져 왔으며, 그는 주로 동맹의 형성과 전환에 대한 내용에 해당하였다. 이러한 체제의 구조와 동맹의 관계에 대한 작업은 다극, 양극, 일극, 그리고 새로운 양극체제로의 변화를 거치며, 앞으로도 지속될 것으로 보인다. 국제정치 이론가 중 동맹 자체에 대해 가장 체계적이고 풍부한 연구를 진행한 학자는 스나이더이며, 그의 작업 중 특히 동맹게임에 대한 부분은 기존의 연구가 다루지 못한 국제정치학의 중요한 측면을 분석한 것이라 할 수 있다. 또한 비대칭적 행위자 사이의 동맹에 대한 모로우의 연구 역시 기존의 신

....

21 박민형과 전광호는 한미동맹의 경우에 있어서도 모로우의 모델에 대한 대안으로 '자율성-안보 동시 증진모델'의 적용 가능성을 모색하였다(Park and Chun 2015).

현실주의적 동맹이론을 중요한 부분에서 보완하는 역할을 수행하였다.

거시적이고 미시적인 측면에서의 동맹에 대한 이론적 논의와 더불어 우리에게 중요한 것은 그러한 이론의 적용, 그리고 그 적실성과 한계에 대한 연구일 것이다. 본문에서 제시된 한미동맹과 북중동맹의 사례는 전반적인 동맹, 동맹게임, 그리고 비대칭적 동맹 이론의 적용에 있어서 타당한 부분과 보완 혹은 대체가 필요한 부분이 동시에 존재함을 보여주고 있다. 따라서 동맹이론의 핵심과 부차적 가설에 대한 이론적 고찰과 함께 요구되는 것은 시공간적인 비교 맥락에서의 경험적 검토의 부분이라고 할 수 있으며, 이와 같은 병행적 노력의 결과로 좀 더 적절한 정책적 의미 도출 또한 가능해질 것으로 생각된다.

참고문헌

김우상. 2004. "세력전이이론." 우철구·박건영 편.『현대 국제관계이론과 한국』. 서울: 사회평론.

김준형. 2009. "한국대외정책의 대미의존성의 고착화과정과 원인에 대한 분석." 『21세기정치학회보』19(2).

김태현. 2004. "세력균형이론." 우철구·박건영 편.『현대 국제관계이론과 한국』. 서울: 사회평론.

박건영. 2013. "오바마의 주판과 긴 파장?: 재균형 정책과 한반도에 대한 함의."『한국과 국제정치』29(3).

박건영·남창희·이수형. 2002. "미국의 동북아 동맹전략과 동맹의 안보딜레마, 그리고 한국의 국가안보전략에 대한 함의."『한국과 국제정치』18(4): 63-64.

박홍서. 2006. "북핵위기시 중국의 대북 동맹안보딜레마 관리 연구."『국제정치논총』46(1).

베일리스, 존 외. 2009.『세계정치론』4판. 하영선 외 역. 서울: 을유문화사.

서정경. 2008. "중국의 부상과 한미동맹의 변화: 동맹의 방기-연루 모델적 시각에서." 『신아세아』15(1): 95-118.

신욱희. 2001. "한미동맹의 내부적 역동성: 분석틀의 모색."『국가전략』7(2): 5-23.

_____. 2010.『순응과 저항을 넘어서: 이승만과 박정희의 대미정책』. 서울: 서울대학교출판문화원.

_____. 2017.『삼각관계의 국제정치: 중국, 일본과 한반도』. 서울: 서울대학교출판문화원.

유상범. 2018. "위협과 동맹 인식에 관한 연구: 동맹분리 효과를 중심으로."『국제정치연구』 21(2): 29-51.

윤정원. 2010. "동맹과 세력균형." 함택영·박영준 편.『안전보장의 국제정치학』. 서울: 사회평론.

윤태룡. 2009. "동맹이론의 한국적 수용." 이정희·우승지 편.『현대국제정치이론과 한국적 수용』. 서울: 법문사.

이혜정. 2004. "한미동맹 기원의 재조명: 한미 상호방위조약의 발효는 왜 연기되었는가?" 『한국정치외교사논총』26(1): 5-35.

장노순. 1996. "'교환동맹모델'의 비교환성: 비대칭적 한미안보동맹."『국제정치논총』 36(1): 79-104.

전재성. 2016. "한미동맹의 동맹 딜레마와 향후 한국의 한미동맹 전략."『국가안보와 전략』 16(2): 1-32.

정하용. 2012. "단극 체계와 한미동맹의 변화."『한국정치연구』21(1): 231-254.

함명식. 2016. "북한-중국 동맹관계에 대한 이론적 재고찰: 약소국의 비대칭 전략과 자율성 증가."『동북아연구』31(1): 5-28.

Chen, Edward I-hsin. 2012. "The Security Dilemma in U.S.-Taiwan Informal Alliance Politics." *Issues & Studies* 48(1): 1-50.

Cha, Victor. 2000. "Abandonment, Entrapment, and Neoclassical Realism in Asia: The United States, Japan and Korea." *International Studies Quarterly* 44: 261-291.

Dulles, John Foster. 1950. *War or Peace*. New York, NY: Macmillan.

Kupchan, Charles. 2010. *How Enemies Become Friends: The Sources of Stable Peace*. Princeton, NJ: Princeton University Press.

Liska, George. 1962. *Nations in Alliance: The Limits of Interdependence*. Baltimore, MD: The Johns Hopkins Press.

Morrow, James. 1991. "Alliances and Asymmetry: An Alternative to the Capability Aggregation Model of Alliances." *American Journal of Political Science* 35(4): 904-933.

_____. 1993. "Arms versus Allies: Trade-offs in the Search for Security." *International Organization* 47(2): 207-233.

_____. 2000. "Alliances: Why Write Them Down." *Annual Review of Political Science* 3: 63-83.

Park, Min-hyoung and Chun, Kwang-Ho. 2015. "An Alternative to the Autonomy-Security Trade-off Model: The Case of the ROK-U.S. Alliance." *The Korean Journal of Defense Analysis* 27(1): 41-56.

Press-Barnathan, Galia. 2006. "Managing the Hegemon: NATO under Unipolarity." *Security Studies* 15(2): 271-309.

Rosenau, James. 1981. *The Study of Political Adaptation*. London: Frances Pinter.

Qing, Simei. 2007. *From Allies to Enemies: Visions of Modernity, Identity, and U.S.-China Diplomacy, 1945-1960*. Cambridge, MA: Harvard University Press.

Snyder, Glenn. 1984. "The Security Dilemma in Alliance Politics." *World Politics* 36(4): 461-495.

_____. 1990. "Alliance Theory: A Neorealist First Cut." *Journal of International Affairs* 44(1): 103-123.

_____. 1991. "Alliance, Balance, and Stability." *International Organization* 45(1): 121-142.

_____. 1997. *Alliance Politics*. Ithaca, NY: Cornell University Press.

Thompson, William. 2015. "Trends in the Analysis of Interstate Rivalries." in *Emerging Trends in the Social and Behavioral Sciences: An Interdisciplinary, Searchable, and Linkable Resource*. Wiley Online Library.

Wilkins, Thomas. 2012. "'Alignment', not 'Alliance'—The Shifting Paradigm of International Security Cooperation: Toward a Conceptual Taxonomy of Alignment." *Review of International Studies* 38: 53-76.

Wolfers, Arnold. 1962. *Discord and Collaboration: Essays on International Politics*.

Baltimore, MD: The Johns Hopkins Press.

Walt, Stephen. 1987. *The Origins of Alliances*. Ithaca, NY: Cornell University Press.

_____. 1997. "Why Alliances Endure or Collapse." *Survival* 39(1): 156-179.

_____. 2009. "Alliances in a Unipolar World." *World Politics* 61(1): 86-120.

Wendt, Alexander and Daniel Friedheim. 1995, "Hierarchy and Anarchy: Informal Empire and the East German State." *International Organization* 49(4): 689-721.

국제정치의 거시적 이해와 시스템이론

민병원(이화여자대학교 정치외교학과)

I. 서론: 왜 시스템이론인가?

어느 시대나 마찬가지겠지만 21세기는 많은 국제정치학자들에게 한눈에 파악하기 어려운 대상으로 다가왔다. 9·11 테러의 충격은 공산권의 붕괴 이상으로 미국 주도의 국제질서에 결정타를 날렸고, 세계는 아직까지도 그 후유증에서 완전히 벗어나지 못하고 있다. 환경문제나 인권문제, 난민문제, 내전과 경제위기 등 숱한 이슈들은 말할 것도 없고, 코로나-19와 같은 감염병 확산은 국제사회가 제대로 대응하기는커녕 기존의 패러다임을 뒤집는 충격을 가하고 있다. 갈수록 열악해지는 국제정치의 환경에서 우리는 도대체 어떤 문제를 지니고 있는 것일까? 기존의 국제정치이론은 왜 이러한 문제들을 명쾌하게 설명하거나 효과적인 대안을 제시하지 못하는 것일까? 시스템이론은 이러한 문제에 대한 새로운 성찰의 결과라고 할 수 있다. 기존의 국제정치이론에 대하여 인식론적이면서 존재론적인 성찰을 바탕으로 새로운 시각을 제공할 가능성을 탐색하는 것이 이 장의 목표이다.

인식론적 차원에서 시스템이론은 기존의 국제정치이론들이 지나치게 좁은 범위에 국한되어 있었다는 점을 강조한다. 지난 100여 년에 걸쳐 발전해온 국제정치학은 미국 사회과학의 실증주의 전통을 여전히 유지하고 있으며, 학문의 진보가 법칙의 발견과 축적에서 이루어진다고 믿고 있다. 주류 이론가들은 여전히 이와 같은 생각을 가지고 있지만, 1980년대의 '제3의 논쟁'과 같이 탈(脫)실증주의와 해석학적 접근도 만만찮게 강조되어왔다. 과학적 실증주의가 인과관계를 바탕으로 한 '설명(explanation)'의 전통에 집착하고 있기는 하지만, 막스 베버(Max Weber)가 언급한 대로 '이해(understanding)'의 전통 역시 학문의 양대 전통으로 자리 잡고 있는 것이다. 시스템이론은 이런 배경에서 법칙이나 설명보다도 이해를 지향하는 데 더 가깝다. 자연과학처럼 핵심 변수를 제외한 모든 변수들을 통제한 상태에서 실험이나 관찰을 수행하기가 불가능하다고 판단하기 때문이다. 대신 시스템이론은 우리의 관심대상이나 문제가 어떻게 작동하는가를 밝히고, 이를 기반으로 더 나은 대안을 모색하는 데 있다. 우리의 관심대상이 인간과 사회인 경우에는 더욱 그럴 것이다.

20세기 초반 국제정치학이 하나의 학문 분야로 자리 잡은 이후 다양한 방식으로 이론화가 진행되었는데, 특히 제2차 세계대전 이후 학제적 교류를 바탕으로 타 학문의 접근방법이 본격적으로 소개되기 시작했다. 시스템이론 역시 이러한 배경 하에 물리학, 생물학, 사회학 등을 거쳐 정치학과 국제정치학에도 적용되기 시작했다. 1950년대 중반에 본격적으로 국제정치학에 도입되기 시작한 '시스템' 개념은 물리학적 차원을 넘어 생물학 차원에서 이루어진 이론적 발전을 수용하고 있었다. 근대 과학의 기초로서 물리학은 '기계(mechanics)'의 비유에서 볼 수 있는 것처럼 대상을 하나의 원자적(atomistic) 단위체로 간주했는데, 이것은 단순한 인과관계에 대한 추론을 바탕으로 목표 달성을 위해 만들어진 단순한 전체를 가리키는 개념에 머물러 있었다.

한편 진화론 기반의 생물학이 발전하면서 전통적인 물리학 기반의 시스템 개념은 '생명' 현상을 고찰하기 위해 한층 세련되고 복잡한 방향으로 발전해왔다. 생물학에서는 살아 있는 '유기체(organism)'를 탐구 대상으로 하고 있다는 점에서 물리학에 비해 동적 변화에 관심을 기울였고, 특히 유기체 외부의 '환경(environments)'과 상호작용하는 시스템의 속성을 강조하기 시작했다. 이러한 변화는 19세기 중반 다윈(Charles Darwin)의 진화론이 확산되면서 널리 확산된 '자연선택'이나 '적응' 등 새롭게 도입된 개념의 도움을 받았다. 이때부터 시스템 개념은 하나의 전체라는 의미에 국한되지 않고, 구성요소들 사이의 기능(functions)과 상호작용(interactions)을 통해 스스로 유지해가는 개체로 간주되기 시작했다(Little 1978, 183).

II. 모든 것을 시스템으로 설명하기

20세기 초반 생물학 기반의 시스템이론이 발전하면서 다양한 학문 분야에 걸쳐 표준적인 시스템이론의 프레임워크를 구축하려는 움직임이 일었다. 가장 대표적인 것으로 '일반시스템이론(General Systems Theory)'의 등장을 꼽을 수 있는데, 여기에는 폰 베르탈란피(Ludwig von Bertalanffy)의 기여가 컸다. 그에 따르면, 일반시스템이론이란 현실 세계의 다양한 관찰 대상을 하나의 시스템으로 인식하려는 시도를 가리킨다. 여러 학문 분야에 걸쳐 탐구의 대상을 보편적인 '체계' 또는 '시스템'으로 인식할 수 있도록 해주는 호환적인 프레임워크를 제공하겠다는 것이 그 목표였다. 서로 다른 관찰 대상 간에 유사하게 나타나는 형태와 구조를 밝힘으로써, 세계가 작동하는 모습을 보편 법칙으로 정립할 수 있게끔 해주는 공통의 프레임워크를 구축하고자 한 것이다. 이처럼 서로 다른 분야에서 관찰되는 구조적 유사성을 가리켜 생물학에서는 '동형성(同型性; isomorphism)'이라고 부르는데, 이것은 규모와 속성이 다른 대상이라 할지라도 그것들을 지배하는 구조와 원리에는 일정한 수준의 동질성과 법칙이 존재한다는 것을 뜻한다. 이처럼 서로 다른 시스템 사이의 유사성이나 연관성을 이해할 수 있도록 해주는 일반 모형을 수립하는 것이 일반시스템이론의 궁극적인 목표였다.

폰 베르탈란피가 일반시스템이론을 구축하는 데 생물학은 중요한 출발점이었다. 그는 물리학의 원자론적 한계를 극복하고, 전체와 구성요소가 상호작용하는 모습을 그려낼 수 있는 총체론적(holistic) 접근방법을 지향했다. 뉴턴 물리학 패러다임의 전제인 '닫힌 시스템(closed system)' 사고만으로는 세계의 모든 현상을 충분하게 이해할 수 없었기 때문이다. 특히 생물학적 유기체는 끊임없이 외부 환경과 에너지를 교환하고 생명을 위한 장치를 유지한다는 점에서 '열린 시스템(open system)'이라는 점을 강조했다. 일반시스템이론에 따르면, 시스템은 특정한 기능을 수행하기 위하여 외부 환경과 구분되는 경계(boundary)를 설정한다. 하지만 닫힌 시스템의 경계가 외부와 완전하게 차단된 반면, 열린 시스템의 경우에는 시스템의 작동을 지속하기 위해 외부 환경과 지속적으로 신진대사를 유지하는 '구멍 뚫린 경계(porous boundary)'를 지닌다. 이러한 경계를 통하여 시스템 내부와 외부 환경 사이에 지속적인 상호작용이 일어난다고 보는 것이다. 열린 시스템의 속성은 자연현상이나 사회현상에서도 자주 관찰되는데, 특히 사회 시스템을 이해하는 데 있어 이러한 프레임워크가 매우 유용하다는 점이 드러나기 시작했다.

일반시스템이론은 몇 가지 점에서 시스템 사고의 특징을 구축해왔다. 먼저 이 이론에서는 그동안 산만하게 사용되어온 '시스템'의 개념을 체계적으로 정리했다. 이에 따르면 하나의 '시스템'은 외부 '환경'과 구분되는 구성원들의 내부 질서로서, 내부와 외부 환경 사이에 '경계'가 존재한다고 가정한다. 그런데 일반시스템이론에서는 시스템 내부와 외부 사이에 유의미한 상호작용이 존재한다고 봄으로써, 그동안 시스템 내부의 물리적 작동에만 초점을 맞추어온 전통적 시스템이론의 한계를 넘어서고자 하였다. 즉 '전체'와 '부분'이라는 전통적인 차이의 구분을 넘어 '시스템'과 '환경' 사이의 관계가 서로 유기적으로 연관되어 있다는 점을 부각한다. 이런 점에서 하나의 시스템은 그것이 살아 움직이거나 질서를 만들어내는 작동을 지속하는 한 '열린 시스템'으로 간주된다(von Bertalanffy 1990, 70-71). 예를 들어 기계와 같이 '닫힌 시스템'은 아무리 많은 부품들로 구성되어 있다 할지라도, 기계 자체가 외부와 연계될 필요 없이 고립되어 작동하게끔 만들어져 있는 부분들의 집합체에 불과하다. 그러나 생명체나 인간사회는 집합체임과 동시에 외부로부터 에너지나 정보를 받아들이고 동시에 불필요한 것들을 외부로 발산한다는 점에서 열린 시스템이다.

다시 말해 기계나 무생물처럼 생명이나 신진대사를 하지 않는 닫힌 시스템에서는 우리의 관심 대상인 '질서(order)'가 더 이상 나타나지 않는다. 이와 같은 관념은 열역학 제2법칙으로 알려진 엔트로피(entropy) 증가의 원리를 바탕으로 한다. 이 법칙에 따르면, 외부 환경과 상호작용을 하지 않는 닫힌 시스템에서는 시간이 흐를수록 엔트로피, 즉 에너지원이 흩어짐으로써 시스템을 움직이게 만드는 동력을 더 이상 갖지 못하는 상태에 빠지게 된다. 엔트로피가 증가한다는 것은 쉽게 표현하면 질서가 더 이상 만들어지지 못한다는 것을 뜻한다. 닫힌 시스템에서는 살아 움직이는 작동 메커니즘이 점점 줄어들게 되며, 따라서 장기적으로 생명이나 질서는 완전하게 소멸한다. 이에 비하여 생물학에서는 생명의 탄생이라는 질서 증가 현상에 관심을 가져왔는데, 이것은 일종의 '부(負)의 엔트로피' 또는 엔트로피 감소 현상이라고 할 수 있다. 만약 이러한 원리를 사회현상에도 적용할 수 있다면, 사회과학자들은 다양한 질서와 제도의 등장과 진화를 탐구하는 학자들로서 일반시스템이론으로부터 인간사회를 하나의 '열린 시스템'으로 설명할 수 있는 도움을 얻을 수 있을 것이다.

열린 시스템은 스스로 신진대사 또는 자기유지 작용의 다이내믹스를 유지하면서 엔트로피가 감소하는 과정을 통해 생명을 창출하고 질서를 유지한다. 이러한 시스템의 자기유지 속성은 '항상성(homeostasis)' 또는 '자기조직화(self-organization)'라고 불리는 것으로서, 열린 시스템이 외부 환경과의 상호작용을 통해서 스스로의 신진대사 작용과 기능을 유지해가는 메커니즘이다. 열린 시스템의 자기조직화 메커니즘은 외부로부터의 충격에 대하여 시스템의 구성요소들이 환류작용(feedback)을 통해 수많은 물리화학적 변이들을 일정하게 관리함으로써 생명체가 지속할 수 있도록 도와준다. 일찍이 스피노자는 인간의 생명을 유지하는 이러한 시스템의 속성을 '코나투스(conatus)'라고 불렀는데, 그는 이 개념을 통해 살아 움직이는 시스템이 무의식적으로 개체를 보존하는 활동을 수행한다고 보았다(Damasio 2007, 98).

이와 같이 폰 베르탈란피를 위시한 초기의 시스템이론가들의 노력으로 확립된 일반시스템이론은 시스템이 외부 환경과 상호작용하는 독립적 단위체로서 지닌 개방성과 폐쇄성, 그리고 다양한 자기조직화와 자기생산의 속성을 체계적으로 이론화함으로써 자연과학과 사회과학을 통틀어 서로 호환적인 이해가 가능하게끔 해주는 공통의 프레임워크를 지향했다. 이러한 이론화는 시스템이 단지 하나의 '전체' 또는 구성요소들의 '총체'라는 차원을 넘어, 그것이 유기체로서 탄생과 소멸을 겪으면서 스스로를 유지해나가는 자기조직화의 메커니즘을 지니고 있다는 점을 부각시켜왔다. 특히 과거의 뉴턴 물리학 사고의 고착화된 '기계' 비유에서 벗어나 자연과 사회현상이 살아 움직이는 '유기체'와 같이 신진대사와 다이내믹스를 통하여 진화하는 대상이라고 봄으로써 사회과학자들에게도 매력적인 도구로 다가가게 되었다.

III. 사회를 시스템으로 이해하기

사회과학과 정치학, 그리고 국제정치학에서 시스템 사고를 받아들이기 시작한 것은 냉전 초기로 거슬러 올라간다. 당시의 미국 사회과학에서는 실증주의를 바탕으로 한 행태주의 접근방법이 주류를 이루고 있었고, 인간의 행동과 구조에 대한 관심은 자연스럽게 사회와 정치 공동체에 대한 관심으로 확대되었다. 이러한 분위기 속에서 시스템 개념은 사회 전체를 지칭하는 표현으로 자리 잡았고, 물리적 측면뿐 아니라 사회현상을 지탱하는 조직원리에 대한 관심도 커지게 되었다. 당시의 행태주의적 접근방법은 이러한 시스템을 '구성요소들의 집합체'로 인식하고 있었고, 이러한 구성요소들이 외부와 구분되는 작동원리, 그리고 구성요소들 간의 상호작용을 집중 탐구하였다(Little 1978, 187-188). 당시만 하더라도 국제정치 시스템은 하나의 '전체(totality)'로서 이해되고 있었고, 이러한 전체는 시스템의 구조를 통해 지탱되는 것이라고 간주되었다.

사회과학에 시스템이론이 도입되기 시작한 데에는 파슨스이론의 영향이 컸다. 파슨스(Talcott Parsons)는 인간 조건의 일반적 패러다임으로서 행위시스템과 사회시스템에 대한 이론을 수립했는데, 그는 정치, 경제, 사회, 문화의 영역을 구분하고, 행위시스템의 조건으로서 시스템 사이의 기능 분화를 개념화하였다(Parsons 1961). 파슨스는 인간 행위이론을 수립하기 위해서 그것을 가능하게 만들어 주는 거시적 차원의 사회시스템이 필요하며, 이것은 구조와 기능의 차원에서 구성되어야 한다고 보았다. 그리하여 인간행위와 사회질서가 규칙적으로 이루어지는 패턴, 즉 구조화된 기능을 설명할 수 있는 시스템이론을 지향하게 된 것이다. 하지만 일반시스템이론과 같이 포괄적이고 총체적인 차원의 이론화가 충분히 이루어지지 못한 까닭에 파슨스의 시스템이론은 대부분 특정한 시스템 구조에서 출발하여 해당 시스템의 특징을 설명하는 데 그치고 있었다. 그리하여 파슨스의 시스템이론은 자연과학과 같은 일반법칙에 도달하는 데 만족할 만한 성과를 내지 못했고, 체계적인 이론화를 이루는 데에 상당한 한계를 드러내고 있었다.

파슨스로부터 비롯된 사회학의 구조기능주의 시스템이론은 또 다른 점에서 비판의 대상이 되었는데, 이는 '시스템'이라는 표현 자체가 기존의 질서를 유지하는 기능을 긍정적으로 평가하려는 경향을 지닌다는 점에서 체제옹호적이라는 평가를 받고 있었기 때문이다. 1950년대와 60년대의 시대 상황이 미국의 헤게모니를 기반으로 한 국제정치 질서였다는 점을 고려할 때 이러한 비판에는 타당한 면이 있다. 만약 시스템이론이 보편이론을 지향한다면, 미국 주도의 기존 질서에 초점을 맞추는 대신 한층 더 일반적인 질문을 제기할 필요가 있기 때문이다. 예를 들어 시스템이론은 "하나의 사회적 체계가 존속하기 위한 전제조건은 무엇인가?"와 같이 보편적인 질문을 제기해야 하며, 특수한 질문에서 시작한 문제의식이라 할지라도 보편적인 물음으로 치환시킬 수 있어야 한다는 것이다. 하지만 구조기능주의 시스템이론에서는 해당 구조를 가진 대상이 이미 존재한다는 것을 전제로 설명하기 때문에 이와 같은 문제의식을 바탕으로 한 개념화 작업이 지극히 제한적일 수밖에 없었다.

또한 구조기능주의 시스템이론은 "시스템을 유지한다는 것을 어떻게 판단하는가?"의 질문에도 답할 필요가 있다. 예를 들어 '일탈'이나 '혁명'은 시스템의 외부라고 보아야 하는가에 대해서 구조기능주의는 명확한 답을 주지 못하고 있다. 만약 이러한 예외적 현상들이 시스템의 요소가 아니라고 판단하면 구조기능주의 시스템이론이 분명 현상유지적 또는 체제옹호적 성격을 벗어나지 못한다는 비판을 면하기 어려울 것이다. 그렇다고 이 현상이 시스템 내부에 포함되는 것이라고 본다면 더 많은 개념화 작업이 동반되어야 하는데, 구조기능주의 시스템이론은 그러한 단계에 도달하지 못했다고 평가할 수 있다. 1960년대 후반부터 미국 주도의 질서에 대한 도전이 안팎에서 거세게 일어났고, 신좌파와 탈구조주의의 목소리가 커지고 있었다는 점을 고려할 때 이와 같은 비판들은 당시의 시스템이론을 무력화시키기에 충분한 근거를 지니고 있었다(Luhmann 2014, 22-23).

이러한 양상은 정치학 분야에서도 나타나고 있었는데, 대체로 일반시스템이론과 파슨스의 구조기능주의 접근법의 영향을 받은 냉전 초기의 정치학이론도 정치현상을 시스템이 스스로의 기능을 유지하기 위한 행동패턴을 보인다는 속성에 주목했다. 또한 정치시스템 내부의 상호작용을 통해 외부 환경에 적응할 수 있는 기능에도 관심을 보였다. 하지만 이러한 시각은 정치시스템이 주어진 목표를 달성하거나 안정과 균형을 유지하기 위한 기능을 수행한다고 인식함으로써 궁극적으로 파슨스의 구조기능주의에 내재된 현상유지적 한계를 극복하지 못하고 있었다. 결국 냉전 시기의 사회과학이나 정치학은 자연과학에서 비롯된 시스템 사고를 받아들이는 데 적극적이었고, 초기의 일반시스템이론이나 구조기능주의 시각을 적용하여 사회 및 정치 현상을 설명하려는 노력을 기울였다는 점에서 일정한 한계에도 불구하고 거시적 사회과학의 본격적인 출발점이었다고 평가할 수 있다.

정치학 분야에서 시스템이론은 1950년대와 60년대에 걸쳐 여느 사회과학 분야에 비해 뒤처지지 않을 정도로 활발한 움직임을 보여왔다. 사실 물리학 기반의 사회이론을 추구했던 토마스 홉스(Thomas Hobbes)도 그의 『리바이어던』에서 최초로 '시스템'이라는 용어를 사용했으며, 가브리엘 아몬드(Gabriel Almond) 등이 20세기에 들어와 처음으로 정치학에 이 용어를 도입했다. 이후로 다양한 개념적, 이론적 논의가 시스템이론의 도움을 받아 전개되었는데, 여기에는 '열린 시스템'의 개념을 강조함으로써 글로벌 차원의 혼란과 질서의 관계를 이해하고자 했던 제임스 로즈노우(James Rosenau), 복잡성의 수준에 따라서 시스템과 하위시스템을 유형별로 구분한 케네스 보울딩(Kenneth Boudling), 커뮤니케이션 개념을 통해 시스템 내부의 상호작용을 규명한 칼 도이치(Karl Deutsch), 투입-산출 및 경계 유지 등 정치시스템의 기능 분석에 주력한 데이비드 이스턴(David Easton) 등이 포함된다(Dougherty and Pfaltzgraff 2001).

IV. 사회시스템으로서 국제정치

냉전 초기는 미소 간에 핵무기 개발 경쟁과 이데올로기의 대립
으로 말미암아 치열한 공방전이 벌어지던 시기였다. 당시 국제정치
학자들의 관심은 19세기의 다극화 시스템에 대비하여 초강대국 중
심의 양극화 구도가 어떤 방식으로 전개될 것인가에 쏠려 있었는
데, 모턴 캐플란(Morton Kaplan)은 국제정치의 이런 모습을 시스템
개념을 통해 이해했다. 그는 6가지의 국제정치 시스템 모델을 제시
했는데, 여기에는 위계질서(hierarchical) 시스템, 보편(universal) 시
스템, 느슨한 양극 시스템(loose bipolar system), 경직된 양극 시스
템(tight bipolar system), 세력균형 시스템, 그리고 단위거부권(unit
veto) 시스템이 포함되었다. 캐플란은 당시의 양극화 구도를 '느슨
한 양극 시스템'이라고 불렀는데, 이는 북대서양조약기구(NATO)
와 같은 '블록 행위자' 또는 국제연합(UN)과 같은 '보편 행위자'가
두 초강대국과 공존하면서 초국가적 규범을 관리한다는 점에 주목
했다(Kaplan 1957, 36-37). 그는 블록이나 국제기구가 수평적 차원에
서 잘 관리되기만 한다면 과거의 '세력균형 시스템'과 유사해질 수
있다고 보았다. 만약 다자간 기구가 결여된 상황에서 각각의 블록이
융통성 없이 운영될 경우 '경직된 양극 시스템'으로 전락할 것이라
고 보았다.

여러 시스템 유형 중에서도 캐플란의 논의는 '세력균형 시스템'
에 집중되어 있었는데, 그는 국제정치의 '균형' 추구, 즉 행위자들
사이의 상호작용을 통해 자동으로 안정을 이루어가는 '사회시스템
(social system)'의 특징에 관심을 보였다. 19세기 유럽의 강대국 정

치가 대표적인 사례였는데, 캐플란은 이러한 경험이 역사적으로 반복되는 패턴이기 때문에 이론적 의미 부여를 통해 과학적 보편성을 획득할 수 있다고 보았다(Kaplan 1957, 25). 그리하여 그는 느슨하거나 경직된 형태의 양극화 시스템과 세력균형 기반의 다극화 시스템을 관통하는 일반시스템 모델을 구축하고자 하였다. 또한 그는 세력균형 시스템에 포함된 강대국의 수에도 관심을 보였는데, 세 강대국 사이에 세력균형이 유지될 경우 한 나라가 견제의 대상이 될 가능성이 크다는 것이 그의 견해였다. 세력균형 시스템에서는 강대국의 수가 적을수록 긴장 상태가 조성되기 쉬운 반면, 그 수가 늘어날 경우 특정 국가의 세력 확대를 견제하기 위한 동맹 형성이 가능해지면서 체제의 안정을 위한 선택의 폭이 넓어지고 또 균형자(balancer)의 역할과 위상이 크게 증가하기 때문이다(Sheehan 1989, 124-125).

한편 캐플란은 '느슨한 양극 시스템'의 보편적 행위자, 즉 다자간 국제기구의 역할이 확장될 경우 새로운 유형의 '보편 시스템'이 가능하다고 보았다. 이 시스템은 기존 강대국을 포함한 국가 행위자들을 그대로 유지하면서 통합과 유대감을 증진시키는 경우를 가리킨다. 특히 초국가 차원에서 별도의 사법적, 경제적, 정치적, 행정적 기능이 이루어짐으로써 시스템 구성원들 사이에 공동의 가치체계가 작동할 수 있도록 한다(Kaplan 1957, 46). 이러한 공동의 유대감이 더욱 발전될 경우 '위계질서형(hierarchical) 시스템'이 만들어지는데, 여기에서는 초국가적 규범이 하향식으로 작동함으로써 주권국가의 권한과 기능이 제약을 받게 된다. 이런 시스템은 상당한 수준의 정치적 통합을 달성한 안정적인 경우라고 할 수 있지만, 캐플란은 이것이 항상 바람직한 것이라고 보기는 어렵다고 보았다. 만약 이 시스템이 소수의 권위주의 세력에 의해 좌우되는 '지시적(directive)' 시스템이라면 궁극적으로 불안정해질 것이기 때문이다. 하지만 냉전 초기의 유럽의 통합 움직임이 일천한 수준이었다는 점을 고려할 때 이러한 모델화 작업이 갖는 계몽 효과는 자못 크다고 할 수 있다.

이러한 시스템 유형과 더불어 캐플란은 별도의 국제정치 시스템 유형을 제시하고 있는데, 이는 핵무장을 한 초강대국 사이의 대결이 첨예하게 이루어지던 당시 상황을 배경으로 한 비관적 전망의 결과였다. 모든 행위자들이 핵무기를 보유할 경우 힘의 불균형 정도와 상관없이 서로를 파괴할 수 있는 역량을 갖추게 되는데, 캐플란은 이러한 상태를 단위거부권 시스템이라고 불렀다(Kaplan 1957, 50-51). 모든 국가가 핵무기를 이용하여 거부권을 행사할 수 있기 때문이다. 이런 체제에는 국제기구와 같은 보편적 행위자가 존재하지 않으며, 핵무기와 같은 파괴적 수단으로 말미암아 불안과 긴장이 상존할 수밖에 없다. 물론 이러한 모델이 현실화될 가능성은 낮지만, 초강대국 이외의 여러 나라가 핵무장 대열에 동참하고 9·11 이후 비국가 단체들까지 핵테러 위협을 제기하면서 단위거부권 시스템 모델에 근접한 상황이 발생할 가능성도 무시할 수 없다.

한편 월러스타인(Immanuel Wallerstein)의 세계시스템이론은 마르크스 시각을 국제정치에 적용하여 자본주의 세계질서의 역사를 재해석한 이론적 결과라고 할 수 있다. 종속이론과 마찬가지로 자본주의의 구조적 불평등이 전 세계로 확산되면서 세계경제가 하나의 시스템으로서 작동해왔다고 본다는 점에서 여타 시스템이론과 차별화되고 있다. 하지만 월러스타인도 세계시스템이 하나의 사회시스템이라는 점을 강조하며, 시대와 여건에 따라 영고성쇠를 거듭하는 유기체와 같다고 본다. 또한 세계시스템은 자기완결성을 가지고 있어서 그 내부에 존재하는 구성요소들 사이의 분업적 상호작용을 통해 유지되어 간다는 점을 지적한다. 이런 점에서 세계시스템의 개념은 국가를 포함한 다양한 행위자들을 아우르는 거대 단위체라고 할 수 있다.

월러스타인이 역사사회학적으로 분석한 세계시스템은 인류 역사에서 두 가지 형태로 존재해왔다. 하나는 동일한 정치시스템을 지닌 세계제국(world empire)이며, 다른 하나는 다양한 정치시스템들이 공존하면서 영향을 미치는 경제시스템, 즉 세계경제(world economy)이다. 근대 이전에는 세계제국 형태의 시스템이 자주 등장했지만, 근대에 들어와 자본주의 경제시스템은 그 특수성으로 말미암아 이러한 세계제국이 등장하는 것을 견제해왔다. 자본주의 세계경제는 특히 광범위한 분열이 존재하는 시스템으로서, 내부의 필요성에 따라 기능적, 지역적 분화시스템을 구축해왔다. 월러스타인의 분석에 따르면, 세계경제는 핵심국가들(cores)과 주변지역들(peripheries), 그리고 중간에 위치한 반주변지역(semi-peripheries)으로 나뉜 불평등 구조 속에서 자본주의 시스템을 재생산하는 역할을 수행해 왔다(Wallerstein 2013, 531-534).

이상에서 논의한 것처럼 시스템 사고는 국제정치학에도 적극 반영되어 캐플란의 시스템 유형 분류작업이나 월러스타인의 자본주의 시스템 분석에 활용되었다. 이 외에도 정치학, 경제학, 사회학 등에 걸쳐 많은 학자들이 거시적 차원의 분석을 위해 지구 전체를 하나의 통합적 개체로 다루어왔다. 물론 이들 학자들이 모두 일반시스템이론의 프레임워크를 본격적으로 도입했다고 보기는 어렵지만, 국제정치의 시공간적 측면을 거시적 관점에서 분석하려고 시도했다는 점에서 중요한 의미를 갖는다. 아쉬운 점이 있다면 캐플란의 시스템이론은 시스템의 작동원리나 구조에 대한 치밀한 개념과 논리로 나아가지 못했다는 점이고, 월러스타인의 경우 역사적 사실을 바탕으로 자본주의 시스템의 발전을 추적했음에도 그 이전과 이후를 아우르는 통합적 프레임워크를 충분히 발전시키지 못했다는 점이다. 국제정치를 하나의 '시스템'으로 설명하기 시작했지만, 이러한 이론 작업이 어떤 메커니즘과 원리를 밝혀내고 있는지, 그리고 다른 학문과 호환될 수 있는 시스템이론을 제시했는지에 대해서는 다소 미흡한 점이 있다. 이런 맥락에서 1970년대 후반 케네스 월츠(Kenneth Waltz)의 구조 현실주의 이론은 시스템 사고를 한층 본격적으로 구현한 경우라고 할 수 있다.

V. 국제정치 시스템과 구조

캐플란 이후 국제정치학에서 시스템이론을 활용한 분석은 점차 가라앉기 시작했는데, 여기에는 1970년대 이후의 시대적 변화도 영향을 미쳤지만 월츠의 구조 현실주의(structural realism)가 등장했다는 점도 고려할 필요가 있다. 월츠의 국제정치이론은 국제정치의 구조(structure)를 설명변수로 삼아 다양한 현상을 설명하고자 하였다. 이런 맥락에서 월츠의 이론도 시스템이론의 계보에 포함시킬 수 있지만, 그는 기존의 정치학 시스템이론을 면밀하게 분석한 후 이를 새롭게 개편하는 데 더 주안점을 두었다. 그는 국제정치 현상을 미시적 차원의 변수로 설명하려는 환원주의(reductionism)를 적극적으로 비판했고, 기존의 시스템이론도 대부분 그 한계를 벗어나지 못했다고 보았다. 예를 들어 월츠는 월러스타인의 세계시스템 분석이 시스템이론에 해당한다고 보았지만, 자본주의 시기의 국제정치 시스템의 진화를 경제적 개념으로 설명한다는 점에서 환원주의의 오류를 극복하지 못한다고 보았다. 월츠에 따르면 국제정치 시스템은 거시적 차원의 정치적 개념을 통해 분석해야 하며, 따라서 그 스스로 정치적 구조를 이론화하는 데 주력했다.

월츠는 시스템이 상호작용하는 단위체(units)와 구조로 구성되어 있다고 보고, 국제정치를 분석하는 데 두 측면이 모두 고려되어야 한다고 강조했다. 그는 구조를 '구성요소들의 배열(arrangements)'로 규정했는데, 무정부상태(anarchy), 강대국의 수 또는 극화(polarity) 현상은 대표적인 구조의 지표들이다(Waltz 1979, 79-80). 월츠가 구조 개념을 강조한 데에는 시스템 구조에서 관찰되는 두 가지의 특성 때문이다. 하나는 투입요소가 무엇이든지 동일한 결과물을 만들어내는 속성, 즉 등종국성(equifinality)인데, 이 특징은 대부분의 유기체와 사회시스템 등 외부 환경과 상호작용하는 시스템에서 나타나고 있다. 시스템의 구조를 관찰하는 것은 바로 이러한 속성을 밝히는 일이다. 구조의 다른 특성은 시스템이 작동하는 조건을 규정한다는 점인데, 특히 구성요소들의 행위에 대하여 사회화와 경쟁을 통하여 간접적인 영향을 미친다(Waltz 1979, 74).

한편 국제정치학의 연구 대상을 하나의 시스템으로 바라볼 때 우리가 얻을 수 있는 장점 중의 하나는 다양한 개체들을 비교하기가 용이하다는 사실이다. 정치, 사회, 경제 등 여러 영역도 하나의 시스템으로 개념화할 수 있으며, 개별 국가나 지역정치도 하나의 시스템으로 간주할 수 있다는 점에서 이러한 주장은 당연할 것이다. 국제정치에서 국가 단위체의 차원을 넘어서는 지역-시스템은 언제나 복수로 존재하며, 이러한 다수의 시스템이 그 외부의 환경과 공존 및 교류하면서 국제정치의 동학을 만들어내기 때문이다. 이때 각각의 시스템들이 스스로의 '경계'를 어떻게 설정하는가에 따라 시스템의 질서가 만들어지며, 이는 문화나 제도에 반영된다. 예를 들어 '동아시아' 지역을 시스템으로 이해할 경우, 어떤 국가나 지역이 그 안에 포함되고 다른 국가는 그로부터 배제되는지를 명확하게 설정하는 이론화 작업이 이루어진다. 경계선을 어디에 긋는가가 시스템의 이론적 속성을 결정짓는 것이다.

하지만 월츠의 시스템이론을 활용하여 하부 수준에서 발생하는 다양한 지역적 현상에 대해서는 충분하게 설명하기 어렵다는 점은 부인하기 어렵다. 그의 거시이론이 동아시아나 중동, 아프리카 지역과 같은 특수한 상황에 대하여 구체적인 설명을 제시할 수 없기 때문이다. 이런 점에서 월츠의 구조 현실주의가 지역 또는 하부 수준의 단위체를 설명하기 위한 시스템 경계의 개념을 충분하게 발전시키지 못했다는 지적을 받아들일 필요가 있다.

물론 월츠의 구조이론이 고전 현실주의 이론에 비해 한 단계 진보된 형태의 시스템이론이라는 점은 분명하다. 그럼에도 월츠의 이론이 비판을 받고 있는 몇 가지 이유에 대해서 고찰해볼 필요가 있는데, 무엇보다도 그의 구조 개념 속에 인간과 사회의 모습이 투영되어 있지 않다는 점, 그리고 그의 이론이 역사적 사실과도 충분히 부합되지 않는다는 점이 그렇다. 만약 월츠의 구조이론만으로 국제정치의 시스템이론을 발전시키는 데 충분하지 않다면, 어떤 보완이 이루어져야 할까? 일반시스템이론의 관점에서 볼 때 가장 먼저 보완되어야 할 점은 시스템을 움직이는 메커니즘에 대한 이론화가 요구된다. 즉 월츠의 이론은 국제정치의 구조 개념을 넘어 시스템과 환경 간의 관계로 확장될 필요가 있는 것이다. 또한 시스템 외부에 존재하는 모든 것, 즉 국제정치 시스템 외부의 환경은 무엇이며, 시스템과 환경 사이의 관계는 어떻게 설정되어야 하는지 등에 관하여 더 면밀한 이론화가 요구된다. 또한 월츠의 구조이론이 정태적(static)이라는 비판에 대응하여, 하나의 시스템이 어떻게 만들어지고 변화를 겪으며 또 소멸하는지의 다이내믹스에 관한 고려도 필요하다.

시스템을 작동시키는 메커니즘의 관념은, 관찰의 대상이 외부세계 또는 환경과 구분되는 경계를 지닌 하나의 통합적인 단위체라는 전제 하에 가능하다. 예를 들어 기계 메커니즘의 경우 두 가지 조건 하에 작동하는데, 첫 번째는 물리와 화학적 법칙 등과 같이 메커니즘을 구성하는 하부 법칙을 따른다는 점이다. 그런데 이와 같은 하부 법칙만으로는 기계라는 전체 시스템을 충분하게 설명할 수는 없다. 그러한 법칙들이 작동하는 범위와 조건이 상부 원칙에 따라서 설계되어 있기 때문이다. 따라서 우리는 기계의 메커니즘을 이론화하는 데에 있어 두 번째의 조건, 즉 미시 차원의 하위 원칙과 거시 차원의 상위 원칙 사이에 '경계조건(boundary conditions)'을 상정할 필요가 있다(Polanyi 1968, 1308). 경계조건은 기계와 같은 거시 시스템이 작동할 때 외부로부터 미치는 다양한 영향을 구속하고 통제하는 기준을 뜻하는데, 이것이 바로 하위 원칙들이 작동할 수 있는 조건을 규정짓는다. 국제정치 시스템의 예를 들자면, 냉전기의 동아시아 시스템 내에서 국가들 간의 관계는 지역 내의 여러 물리적, 이데올로기적 조건에 의해 작동하고 있었다. 하지만 동아시아 시스템은 미국과 소련의 대결구도를 넘어설 수 없었기 때문에, 상위 시스템에서 작동하는 양극화 조건의 제약을 받고 있었다. 이럴 경우 동아시아 지역질서와 글로벌 양극화 질서 사이에는 위계질서적인 경계조건이 작용하고 있었다고 해석할 수 있는 것이다.

여기서 우리는 구조 현실주의의 제한적인 시스템이론을 보완하는 데 영국학파의 '국제사회(international society)' 개념이 중요한 시사점을 제공한다는 점을 살펴볼 필요가 있다. 그동안 세계를 단일체로 인식해야 한다는 주장들은 정치학뿐만 아니라 사회학에서도 활발하게 제기되어 왔는데, 이는 분석의 대상을 국가에 한정하는 상대주의적, 비교정치적 관점에서 벗어나 국가 경계를 초월하여 공통적으로 나타나는 통합적 측면으로 관심을 돌려야 한다는 문제의식을 바탕으로 한다(Moore 1966). 예를 들어 존 버튼(John Burton)은 국가들 간의 관계를 일컫는 '국제관계'라는 용어 대신 '세계사회(world society)'라는 개념을 사용하자고 제안했고, 이를 통해 국가의 경계를 넘어 세계 전체를 하나의 단위체로 이해해야 한다고 강조했다(Burton 1972, 19-21). 영국학파의 경우에도 '국제사회'의 개념을 통용함으로써 국제정치 시스템과는 다른 맥락에서 세계를 하나로 바라보고자 했는데, 이들은 국제사회의 구성원들이 협력과 질서를 도모하면서 상호이익을 추구하고 제도를 공유한다는 점에서 단순한 국제정치 시스템과 차별화된다는 점을 부각해왔다(Buzan

2014).

영국학파의 대표적인 학자인 헤들리 불(Hedley Bull)에 따르면, 국제정치 시스템은 2개 이상의 국가가 상호작용하면서 서로 영향을 미치는 경우에 해당한다. 이때 국가들 사이의 상호작용은 협력과 갈등, 또는 중립적 관계 중의 하나로 나타날 수 있다. 하지만 역사 속에서 이보다 더 밀접하게 연계된 공동체 유형이 존재해왔는데, 불은 이를 '국제사회'로 지칭하면서 국제정치 시스템과 차별화한다. 국제사회는 국가들 사이에 공통의 이해관계와 가치를 공유하며, 상호관계의 규칙에 구속받으면서 공통의 제도를 받아들이는 경우를 가리킨다(Bull 2012, 78). 따라서 상호작용만을 인식하는 단순한 '시스템'과 달리 국제정치의 '사회'는 구성원들 사이에 공유되는 가치와 호환적 규범에 주목한다. 이러한 국제사회의 개념은 루만의 일반시스템이론이 국제정치학에 도입되면서 사용되기 시작한 '질서' 개념과도 통용될 수 있는데, 왜냐하면 국제법이나 기구, 제도의 형성은 시스템의 기능을 유지하고 안정성을 도모하기 위한 일종의 질서로 해석할 수 있기 때문이다.

VI. 루만의 사회시스템이론과 복잡성

지금까지 살펴본 바와 같이 시스템이론을 활용하여 국제정치를 이론화하려는 노력은 꾸준하게 진행되어 왔는데, 몇 가지 면에서 두드러진 패턴을 보인다. 우선 국제정치학자들은 국제정치 시스템의 안정과 불안정을 유발하는 요인에 관심을 가지면서 그것이 균형을 유지하기 위해 어떤 형태의 적응을 해가는지를 설명코자 하였다. 일반시스템이론의 용어로 '항상성'의 패턴을 규명하는 것이 이들의 목표이다. 또한 국가 시스템 내부의 기능이 어떻게 국제정치 시스템에 영향을 미치는가, 외부 환경의 교란과 영향에 대하여 구성원들이 어떻게 대처하는가 등이 국제정치학자들이 시스템이론의 도입을 통해 밝히고자 했던 주제들이다(Dougherty and Pfaltzgraff 2001, 120). 하지만 캐플란과 같은 초기의 이론가들뿐만 아니라 월츠와 같이 현실주의의 프레임워크를 재구성한 학자들조차 국제정치 시스템을 심층적으로 분석하기보다는 패턴 분석이나 구조 개념화 수준에 머물러 있었다는 한계는 앞서 언급한 바와 같다.

이런 한계를 극복하기 위해 니클라스 루만(Niklas Luhmann)의 사회시스템이론을 도입하여 국제정치 시스템을 설명하려는 최근의 시도에 주목할 필요가 있다. 루만은 오랫동안 영미 학계에는 제대로 소개되지 못했지만, 그의 체계적인 사회시스템이론이 번역되기 시작하면서 사회학뿐 아니라 여러 사회과학에서 적극 활용되고 있다. 루만에 따르면 기존의 시스템이론은 안정과 균형에 대한 편향성을 보이고 있다는 점에서 비판의 대상이다. 오히려 시스템의 지속성에 영향을 미치는 불안정, 장애, 교란 행위를 모두 설명할 수 있어야만 완전한 시스템이론이 가능하다고 주장했다(Luhmann 2014, 162). 이를 위해 그는 시스템 개념을 규정하는 데 있어 '경계'의 개념을 뛰어넘는 '구별(distinction)' 기능을 중시한다. 기존의 닫힌 시스템에서는 시스템의 범위를 표시하는 경계만이 존재하지만, 루만은 열린 시스템의 핵심적인 기능을 스스로를 외부 환경으로부터 의식적으로 구분짓는 작용에서 찾으면서 이것을 구별 기능이라고 불렀다. 그럼으로써 시스템은 스스로가 외부 환경 사이에 차이가 존재한다는 점을 부각시키면서 자신의 존재를 정당화하고 지속적으로 시스템이 유지되어가는 메커니즘을 구축한다. 다시 말해 어느 시스템이건 외부와의 차이를 통해 내부의 결속을 다진다는 점이 루만에게는 중요한 시스템 기능이었다.

이와 같이 수동적으로 정해진 경계에 비해 스스로 외부 환경과 차별화 기능을 수행하면서 시스템 내부의 통합을 추구하는 구별 기능이 시스템 개념의 핵심 요소라는 것이 루만의 주장이다. 그리고 이와 같이 자기유지적, 자기지향적인 활동과 기능을 '자기준거(self-reference)'라고 불렀다. 자기준거의 속성을 지닌 시스템은 외부 환경과의 상호작용을 통해 스스로를 끊임없이 유지하고 재생산하면서 질서를 창출해낸다. 자기준거는 시스템 내부의 정체성을 구축하는 주요한 과정으로서, 의식과 소통을 통해 외부 세계와 구별되는 시스템 내부의 형태와 구조를 인식하고 그로부터 자신과 타자를 구분하는 '의미' 형성의 메커니즘이다(Luhmann 2014, 115). 이와 같은 시스템의 재귀적(self-referential) 특징은 국제정치의 단위체들, 예를 들어 지역이나 국가, 민족 등 여러 유형의 시스템들이 어떻게 자신들과 외부를 구별하면서 내부의 정체성을 다져나가는지를 이해하는 데 유용한 도구가 될 수 있다.

루만의 시스템이론은 시스템이 단지 환경과 구분되는 차원이 아니라 환경과 끊임없이 상호작용하는 관계에 놓여 있다는 점을 중시한다. 예를 들어 생명과 같은 유기체는 외부 환경과 에너지를 주고받는다. 사회시스템도 환경으로부터 정보를 선택적으로 받아들임으로써 시스템 내부에서 의미(meanings)가 통용될 수 있도록 해준다

(Kneer and Nassehi 2008, 107-112). 이런 맥락에서 루만도 일반시스템이론에서 강조하는 '열린 시스템'의 개념을 적극 수용한다. 그는 이 개념이 진화이론을 기반으로 하여 시스템의 다양성을 설명하는 데에 유리하며, 이를 통해 '시스템-환경' 관계뿐 아니라 '시스템-시스템' 관계를 탐구할 수 있도록 해준다고 강조한다. 루만의 사회시스템이론은 기술적(技術的) 대상에 치중하면서 법칙과 인과성을 중시하는 자연과학과 달리, 인간 정신을 대상으로 하는 사회시스템에서는 의미가 더 중요하다는 점을 부각하고 있다. 이러한 사회시스템에서는 텍스트에 담긴 의미를 해석하는 일이 인과법칙의 발견보다 앞선다는 것이다. 루만이 해석학적 방법을 통해 사회현상을 분석하지는 않았지만, 상당한 정도로 탈근대주의적 인식론과 호환적인 입장을 보이고 있었음은 분명하다.

그렇지만 루만이 보기에 사회는 결코 인간들의 집합체가 아니다. 그에 따르면, 사회가 인간들의 집합체라고 보는 편향성은 오로지 인간과 인간집단에만 초점을 맞춤으로써 강한 '인간중심주의' 성향을 보여온 유럽철학의 산물에 불과한 것이었다. 인간중심주의는 근대 개인주의(individualism)에 기반을 둔 것으로서, 개인이 사회라는 조건에 영향을 받는다는 점을 등한시한 채 개인이 그 자체로서 존재의 가치가 있다고 보는 잘못된 인식이었다. 그럼으로써 유럽의 개인주의 철학은 오랫동안 개인의 '주체(subject)' 의식과 개인에 대한 억압으로부터 '해방(emancipation)'이 중요하다는 점을 강조하는 대신 사회와 공동체의 영향을 제대로 다루지 못해왔다. 칸트 철학 이후 이와 같은 개인주의 성향이 지배적이었는데, 특히 서구 학문의 논의가 대부분 구체적 개인, 유물론적 인간에 치중해온 것은 결코 우연이 아니었다(Luhmann 2014, 325-327). 루만은 시스템의 핵심 속성이 자기재생산에 있다고 보았기 때문에 시스템의 재생산을 가능하게 만드는 요소로서 인간이 아닌 소통의 역할을 새롭게 강조했던 것이다.

왜 인간이 아닌 소통인가? 루만에 따르면 인간조차도 생물체이자 심리시스템으로서 복합적인 속성을 지닌 '환경'에 해당한다. 우리가 관찰 대상으로서 하나의 시스템을 상정할 때, 그 시스템을 구성하면서 동시에 시스템의 기능을 지속적으로 유지할 수 있도록 만드는 것이 인간이 아니라는 점이다. 오히려 시스템 내부에서 의미가 통용되는 방식, 즉 소통이 시스템의 자기조직화와 자기생산을 담당하는 구성요소라고 본다(Moeller 2006, 5-6). 루만이 염두에 둔 시스템의 핵심 기능은 외부와 구분되는 의미를 창출하고 그것을 바탕으로 내부의 질서를 유지하는 것이다. 이때 외부와의 상호작용을 통해 무한한 가능성과 무질서로부터 일정한 수의 가능성을 선택하게 되는데, 이것이야말로 시스템을 외부와 구별하는 핵심적인 자기생산 메커니즘이라는 것이다(Luhmann 2014, 339). 결국 루만에 따르면 사회시스템은 커뮤니케이션 또는 소통에 의해 작동되며, 이러한 소통은 반복적으로 생산되면서 '선택'과 '복제'의 과정을 거쳐 외부 환경으로부터 정보를 선택하고 그것을 시스템 내부의 의미와 질서로 전환하는 핵심적인 요소라는 것이다(Luhmann 2014, 384).

루만의 사회시스템이론에 의하면, 외부의 복잡한 환경으로부터 시스템 내부의 질서 유지에 필요한 정보를 받아들여 단순하고도 질서정연하게 만드는 과정을 '복잡성 감축(reduction of complexity)'이라고 부른다. 예를 들어 시기적으로나 공간적으로 다양한 가능성이 전개될 수 있는 상황에서 특정한 국가나 지역에서 어떤 제도를 구축한다면, 이는 복잡한 가능성으로부터 의미 있는 질서를 만들어 내는 복잡성 감축의 결과라고 할 수 있다. 이를 위해 하나의 시스템은 언제나 외부 환경의 조건을 인식하고 그에 반응하게 되는데, 사회시스템이론에서는 이를 '구조적 동조(structural coupling)' 과정이라고 본다. 이러한 과정을 통해 시스템은 서로 다른 시스템 사이에 구조적으로 의존하면서 자기생산 기능을 반복하고, 이를 통해 새롭게 구조적 복잡성을 증가시켜 나간다(Moeller 2006, 18-19). 이와 같은 '구조적 동조' 개념은 환경 속에서 시스템의 구조에 중요한 의미가 있다고 판단되는 것을 선택적으로 포획하고 불필요한 것들은 배제하도록 만드는 메커니즘이다. 이런 방식으로 사회시스템은 수많은 가능성으로부터 제한적인 수의 가능성을 시스템 내부로 받아들여 구현한다. 그리고 이와 같이 현재화된 가능성으로부터 새로운 미래의 가능성을 다시금 생성해간다(Luhmann 2015, 156-157).

또한 루만의 사회시스템이론에서는 '관찰'의 기능이 매우 중요하다. 어떤 관찰이건 간에 관찰자의 존재를 전제로 하는데, 즉 "누가 관찰하는가"에 대한 인식론적 문제를 안고 있기 때문이다. 여기에서 루만은 관찰자 자신에 대한 관찰이 어떤 의미를 갖는가를 되묻고 있다. 관찰의 주체의식에 대한 질문인데, 관찰자 스스로에 대한 재귀적 물음을 통해 관찰이 갖는 의미와 한계를 인식해야 한다는 점을 드러내기 위한 것이다. 그에 따르면 관찰자는 타자를 관찰함과 동시에 스스로를 관찰하는 '자기준거적 시스템'이다(Luhmann 2014, 193). 그렇다면 관찰자와 관찰자 사이에는 상대방과 더불어 자기 자신에 대해서도 인식하는 일종의 '이차적 관찰'이 이루어진다. 이러한 개념은 국제정치학에서 최근 탈구조주의와 탈식민주의를 통해 확산되고 있는 인식론 논쟁과도 밀접하게 연관된다. 서양의 학문을 객관적으로 추종하는 스스로의 입장을 성찰하면서 주체적인 관점을 재정립하려는 노력으로 이어지기 때문이다. 이런 점에서 "왜 하나의 지역은 세계를 특정한 방식으로 바라보는가"를 이해하는 데 루만의 '이차적 관찰' 개념이 적용될 수 있다. 루만은 이 개념을 통해 유럽 이외의 지역에서 나타나는 특수성에 대한 관심을 정당화할 수 있다고 생각했다(Luhmann 2014, 206).

루만의 여러 난해한 개념 중에서도 이러한 '관찰' 및 '관찰자'의 개념은 국제정치이론을 평가하는 데에도 중요한 기여를 할 수 있다. 예를 들어 국제정치학에서는 현실주의부터 탈근대주의에 이르기까지 대부분의 주류 이론들이 서구의 경험을 바탕으로 한 것이라는 성찰이 있어왔다. 또한 이러한 성찰과 탈식민주의 패러다임의 영향으로 말미암아 비서구 지역에서도 자신들의 경험과 문화를 기반으로 한 이론들을 만들어야 한다는 움직임들이 나타나고 있다. 루만이 보기에 이러한 노력들은 '이차적 관찰'이다. 서구에서 만들어진 이론을 그대로 반복하기보다 서구의 이론을 '누가 만들었는가'를 먼저 인식하고, 그것을 수입함으로써 스스로에게 어떤 의미가 있는가를 알게 되기 때문이다. 그럼으로써 서구 기반의 국제정치이론과 스스로 생성하는 비서구의 국제정치이론의 유사성과 차이점을 올바로 파악할 수 있다. 루만의 표현에 따르면, 스스로의 이론적 노력을 스스로 성찰하는 국제정치이론이야말로 '자기준거적 시스템'이라 할 수 있을 것이다.

VII. 복잡계 국제정치이론을 향하여

루만이 체계적으로 구축해온 사회시스템이론은 폰 베르탈란피의 일반시스템이론의 기반 위에 수립된 것으로서, 사회과학 전반에 걸쳐 점차 그 응용이 확산되는 추세에 있다. 이런 경향은 국제정치학에서도 나타나고 있는데, 국제정치가 '복잡한 시스템(complex system)'으로서의 성격을 지니고 있기 때문에 기존의 패러다임으로는 충분하게 설명할 수 없으며 그에 걸맞는 새로운 이론체계가 필요하다는 인식이 널리 공유되고 있다. 예를 들어 로즈노우는 탈냉전기의 국제정치가 이전 시기에 비해 더욱 복잡해졌고, 그로 말미암아 불확실성이 증가했다는 점을 강조한다. 대부분 기술적 변화로 인하여 생겨난 이러한 변화의 규모와 속도는 국제정치의 동역학적 변화와 격변(turbulence)을 설명해낼 수 있는 이론틀을 요구하게 되었다는 것이다. 특히 미래를 예측하기 어려운 이유 중의 하나로 창발적(emergent) 패턴을 꼽는데, 이것은 미시적 차원의 요소들이 상호작용을 통하여 거시적 차원의 현상을 만들어내는 과정을 일컫는다. 하지만 미시적 차원의 요소들을 모두 이해한다고 하더라도 거시적 차원의 현상을 예측하기 어렵다는 데 문제가 있다. 모든 현상은 해당 차원의 고유한 속성을 스스로 만들어내기 때문에 미시적 차원의 환원을 통해서 그것을 완전하게 이해하거나 통제하기 곤란하다는 것이 창발적 패턴의 특징이다. 그런 만큼 향후 시스템 전체가 어떻게 변화할지를 내다보는 일이 더욱 불가능해진다는 속성을 가리킨다(Rosenau 1990, 7-10). 국제정치 내에서 점증하는 이와 같은 창발성은 앞으로 이를 설명하는 이론이 미시적 차원뿐 아니라 거시적인 차원도 동시에 살펴보아야 한다는 요구로 이어진다(Rosenau 2003).

루만의 사회시스템이론을 국제정치에 적용할 경우 세계사회 속에서 생성 또는 소멸되는 수많은 기능적 하위 시스템들을 동시에 파악할 수 있다. 세계정치를 이렇게 이해한다면 서로 다른 층위 사이의 연결성을 쉽게 파악할 수 있는데, 이는 국가 간의 관계를 넘어서는 다양한 층위의 요소들을 하나의 통합적인 프레임워크 안에서 체계적으로 연결함으로써 가능하다. 과거에는 에너지문제, 환경문제, 코로나-19와 같은 보건문제 등은 전통적인 국제정치의 틀 내에서는 제대로 인식하기 어려웠고 또 해법을 모색하기도 쉽지 않았다. 이는 국제정치가 국가 간의 관계에만 몰두했기 때문인데, 사회시스템이론은 이러한 한계를 넘어 다양한 요인들을 총체적으로 고려한 프레임워크를 제공한다. 그만큼 사회시스템이론은 국제정치가 유기체와 같이 자기조직화의 원리에 따라 움직인다고 본다. 이러한 시스템은 내부적인 필요성에 따라 분화(differentiation)를 거듭하면서 하위시스템을 만들어낸다. 이러한 분화 과정은 수평적 분화(segmentation), 수직적 분화(stratification), 그리고 기능 분화(functional fragmentation)로 구분된다. 국제정치에서 나타나는 수많은 시스템들은 이러한 분화를 거듭하면서 하위의 질서를 생성하고 또 변화시켜 나간다.

또한 사회시스템이론은 국제정치가 하나의 '사회'로서 이해될 수 있다는 점을 강조한다. 여기에서 사회라는 개념은 두 가지 의미를 갖는데, 첫째는 사회의 형성(formation)이라는 면에서 다양한 구성요소들 사이의 통합을 위한 도구라는 점을 꼽을 수 있다. 즉 사회는 일종의 공동체(community) 또는 집합적 정체성(collective identity)을 위한 기초가 된다. 둘째로 사회는 하나의 사회시스템을 가리키는데, 이는 국제정치가 시스템과 환경을 구분하며, 기능적 분화를 통해 하위 시스템을 재생산하면서 연계성을 확장하는 대상이라는 점을 부각시키고 있다. 이처럼 하나의 사회시스템으로서의 국제정치는 끊임없이 진화해나가는 동적 단위체이기도 하다. 존 어리(John Urry)의 '글로벌 복잡성(global complexity)' 개념이나 로버트 저비스(Robert Jervis)의 '시스템 효과(system effects),' 에밀리안 카발스키(Emilian Kavalski)의 '카오스의 가장자리(edge of chaos)' 등은 이와 같은 시스템의 복잡성에 대한 이론적 프레임워크를 국제정치를 분석하는 데 도입해온 최근의 노력들을 대표한다(Jervis 1997; Urry 2003; Kavalski 2015).

한편 폰 베르탈란피의 일반시스템이론과 루만의 사회시스템이론이 널리 소개되기 시작한 이후로 자연과학 분야에서 지속된 시스템이론의 발전도 지속적으로 사회과학에 영향을 미치고 있다. 이러한 현상은 특히 '복잡성'의 개념을 중심으로 이루어지고 있는데, 루만도 시스템의 복잡성을 언급하기는 했지만 자연과학의 복잡계이론(complex systems theory)은 훨씬 더 정교하면서도 통합적인 이론 프레임워크를 만들어가고 있다는 점에 주목할 필요가 있다. 복잡계이론도 기본적으로 모든 대상을 시스템으로 인식한다는 점에서 기존의 시스템이론들과 같지만, 그것이 갖는 복잡성의 특징을 이해하기 위한 이론적 메커니즘을 더욱 세련된 형태로 발전시키고 있다. 여기에는 카오스(chaos), 프랙탈(fractals), 무산구조(dissipative structure), 공진화(eo-evolution), 자기조직화(self-organization) 등 자연현상의 탐구에서 얻은 다양한 개념들이 포함되어 있다(민병원

2002; 민병원 2006; Harrison 2006; Kavalski 2013, 23-38).

　미시적 차원에서 일어나는 상호작용이 거시적 차원에서는 새로운 모습의 결과로 이어진다는 '창발(emergence)' 현상에 대한 관심은 새롭게 복잡계이론에서 강조되고 있는 핵심적인 개념이다. 이것은 기존의 주류 국제정치이론이 공통적으로 지니고 있는 실증주의적 입장, 즉 관찰을 통해 일반법칙을 구축하려는 인식론적 편향성에 대한 도전으로서, 환원과 분석을 통해 아무리 정확한 설명과 예측을 시도한다 하더라도 시스템의 궁극적인 복잡성으로 말미암아 그것이 불가능하다는 점을 강조한다. 그렇다고 탈근대주의 시각처럼 상대주의적 인식론을 지지하는 것은 아닌데, 이것은 완전하지는 않더라도 자연과 사회질서 속에서 대강의 질서와 패턴을 이해할 수 있다는 입장을 견지한다. 자연과학에서는 이러한 인식론 하에 행위자 기반 모델(agent-based models)을 통하여 시스템의 속성을 파악하는 데 주력하고 있으며, 사회과학에서도 점차 이러한 방법론이 확산되고 있다.

VIII. 결론: 미래의 시스템 국제정치이론을 향하여

　복잡계이론과 같은 시스템 사고의 발전이 국제정치학의 주류 이론에 대하여 갖는 함의는 매우 크다. 비록 이 이론에 대한 소개와 관심이 아직 일천한 단계에 있지만, 치열한 논쟁이 지속되고 있는 국제정치학 영역에서 인식론과 방법론의 한계를 넘어 한층 포괄적이면서 실용적인 대안을 모색할 수 있는 가능성을 열어주고 있기도

하다. 우선 시스템이론과 복잡계이론은 인식론적으로는 인과관계 법칙을 발견하는 데 주안점을 두고 있는 실증주의의 제약을 넘어설 수 있는 기반을 마련해주고 있다. 관찰 가능성의 한계와 복잡성을 강조함으로써 사회과학이 무리하게 자연과학적 접근방법을 추종하지 않도록 경종을 울리고 있기 때문이다. 방법론적으로도 이러한 새로운 패러다임은 정량적 데이터를 통계적으로 처리하는 기존의 주류 접근방법에서 드러난 여러 조건들, 예를 들어 통계분석의 전제조건들과 제한적 실험방법 등이 일반화를 도출하는 데 얼마나 한계가 있는지를 잘 보여주고 있다.

냉전 초기 시스템이론이 국제정치학에 적극 도입된 이후, 국제정치 전체를 하나의 통합적인 개체로 인식하면서 일반시스템이론과 구조 현실주의가 전면에 등장하기 시작했다. 이러한 새로운 접근방법은 인간에 초점을 맞추어오던 전통적인 정치학의 인식론을 뛰어넘어 거시적 차원으로 지평을 확대해왔다. 특히 폰 베르탈란피의 일반시스템이론과 루만의 사회시스템이론은 산발적으로 적용되어온 시스템 관련 개념들을 체계적이고 통합적으로 정비하고 연결하는 중요한 도구들을 제공해왔다. 최근 도입되고 있는 복잡계이론의 다양한 이론적 프레임워크와 개념들 역시 국제정치라는 거대한 현상을 이해하는 데 유용한 수단이 되고 있다.

이와 같은 시스템이론의 여러 계보는 지난 백여 년간 국제정치학을 주도해온 주류 이론들에 비하여 여전히 덜 알려져 있고 영향력도 상대적으로 미진하지만, 다음과 같은 점에서 향후의 발전 가능성을 기대해볼 수 있다. 첫째, 시스템 사고는 국제정치 전체를 한눈에 볼 수 있도록 해주는 거시적 개념도구들을 제공한다. 지금까지의 국제정치이론들이 인간과 사회에 초점을 맞추어왔다면, 시스템 기반의 이론들은 그것을 뛰어넘어 자연과 비인간적 측면을 함께 고려할 수 있도록 해준다. 예를 들어 자연재해나 기술, 감염병과 같이 국제정치의 근간을 흔드는 사건들에 대하여 기존의 국제정치이론은 만족할 만한 설명을 하지 못해왔다. 인간과 비인간을 포괄하는 여러 시스템이론들은 인간중심주의에 빠지지 않으면서 포괄적인 시야를 갖출 수 있는 도구들을 제시한다는 점에서 기대가 크다. 오늘날 코로나-19 사태로 인하여 여타 학문들과 마찬가지로 국제정치학이 혼란 상태에 빠져 있는 상황에서, 인간중심주의의 극복을 주장하는 시스템 사고야말로 매우 강력한 이론적 대안 중의 하나이다.

둘째, 시스템 사고는 국제정치학이라는 학문 영역에까지 침투해 있는 권력관계의 민낯을 드러내는 데 도움을 준다. 현실주의와 자유주의, 심지어 마르크스주의나 구성주의에 이르기까지 지금까지의 주요 국제정치이론들은 대부분 서구의 경험과 담론 위에 구축된 것이었다. 하지만 이것이 국제정치의 모든 지역을 포괄할 수는 없다는 점은 분명하다. 그럼에도 학문적 헤게모니와 불충분한 탈식민성으로 인하여 우리는 여전히 주류 국제정치이론을 수입하고 그것을 반복해서 학습하고 있다. 시스템 사고는 이러한 권력관계가 현실을 이해하는 데 장애가 되지 못하도록 돕는다. 개인주의 또는 인간중심주의에 내재된 서구중심주의의 편향성에 대하여 '관찰자'의 입장을 되돌아보도록 함으로써 다른 비서구지역의 정체성을 발견하고 독자적인 이론화가 가능하도록 해주기 때문이다. 방법론적으로도 실증주의에 매몰된 주류 국제정치학자들의 한계를 지적하면서 시스템과 시스템 사이에 존재하는 차이과 구별, 상호작용과 자기조직화가 중요하다는 점을 깨닫게 해준다.

시스템 사고와 그에 기반을 둔 이론들은 이러한 가능성에도 불구하고 몇 가지의 한계를 지니고 있기도 하다. 우선 개념적으로나 이론적으로 매우 복잡하고 난해하다는 점을 꼽을 수 있다. 지금까지 사회과학이나 국제정치학을 지배해온 주류 이론의 핵심 개념과는 다른 종류의 새로운 개념들이 고안되면서 이를 이해하고 또 기존 개념들과 연결하는 일이 더욱 복잡하면서도 어려운 과제로 남아 있다. 그것은 이 패러다임이 자연과학에서 출발했다는 점에 기인하기도 하지만, 루만과 같은 이론가들의 난해한 이론화 작업, 친절하지 않은 개념 설정과 집필 방식, 영미권에 늦게 알려진 점 등 다양한 요인들에도 기인한다. 또한 시스템 사고는 방법론적으로도 진입장벽이 매우 높은데, 시뮬레이션과 시스템 다이내믹스, 여러 수학적 도구 등 사회과학도들이 쉽사리 취득할 수 없는 분석도구들로 인하여 실증주의적인 결과를 도출하는 데 제약이 많은 상황이다. 이러한 난점에도 불구하고 시스템 사고는 국제정치이론의 전통적인 한계를 비판적으로 검토할 수 있도록 해주며, 그동안 설명하기 어려웠던 현상들을 포함하여 미래의 이론적 지평을 확장하고 설득력을 높이는 데 중요한 가능성을 제공하고 있다.

참고문헌

민병원. 2002. "복잡계로서의 국제정치: 새로운 패러다임의 모색을 위한 실험."
　　『한국정치학회보』 36(2): 425-446.
　　　　. 2006. "국제관계의 변화와 복잡계 패러다임." 민병원·김창욱 엮음. 『복잡계 워크샵
　　복잡계이론의 사회과학적 적용』. 서울 삼성경제연구소.
　　　　. 2017. "국제정치와 시스템이론: 동아시아 국제정치이론에 대한 메타이론적 고찰."
　　전재성 편. 『세계정치』 26: 47-81.

Albert, Mathias. 1999. "Observing World Politics: Luhmann's Systems Theory of Society
　　and International Relations." *Millennium* 28(2): 239-265.
　　　　. 2016. *A Theory of World Politics.* Cambridge: Cambridge University Press.
Albert, Mathias and Lena Hilkermeier. 2004. *Observing International Relations: Niklas
　　Luhmann and World Politics.* London: Routledge.
Brunczel, Balázs. 2010. *Disillusioning Modernity: Niklas Luhmann's Social and
　　Political Theory.* Frankfurt am Main: Peter Lang.
Bull, Hedley. 2012. *The Anarchical Society.* 진석용 옮김. 『무정부 사회』(서울: 나남).
Burton, John. 1972. *World Society.* Cambridge: Cambridge University.
Buzan, Barry. 2014. *An Introduction to the English School of International Relations:
　　The Societal Approach.* Cambridge: Polity.
Clemens, Jr. Walter C. 2013. *Complexity Science and World Affairs.* Albany: SUNY
　　Press.
Dougherty, James E. and Robert L. Pfaltzgraff, Jr. 2001. *Contending Theories of
　　International Relations: A Comprehensive Survey.* New York: Longman.
Harrison, Neil E. (ed.) 2006. *Complexity in World Politics: Concepts and Methods of a
　　New Paradigm.* Albany: SUNY Press.
Jervis, Robert. 1997. *System Effects: Complexity in Political and Social Life.* Princeton:
　　Princeton University Press.
Kaplan, Morton A. 1957. *System and Process in International Politics.* New York: John
　　Wiley and Sons.
Kavalski, Emilian. 2015. *World Politics at the Edge of Chaos: Reflections on Complexity
　　and Global Life.* Albany: SUNY Press.
Kneer, Georg and Amin Nassehi. 2008. *Theorie Sozialer Systeme.* 정성훈 옮김.
　　『니클라스 루만으로의 초대』 (서울: 갈무리).
Knorr, Klaus and James N. Rosenau (eds.). 1969. *Contending Approaches to*

International Politics. Princeton: Princeton University Press.

Little, Richard. 1978. "A Systems Approach." Trevor Taylor (ed.), *Approaches and Theory in International Relations*. London: Longman.

_____. 1985. "The Systems Approach." Steve Smith (ed.), *International Relations: British and American Perspectives*. New York: Basil Blackwell.

Luhmann, Niklas. 2007. *Soziale Systeme*. 박여성 옮김. 『사회체계이론』 1 & 2 (파주: 한길사).

_____. 2014. *Einführung in die Systemtheorie*. 윤재왕 옮김. 『체계이론 입문』 (서울: 새물결).

Meadows, Donella et al. 1972. *The Limits to Growth: A Report for the Club of Rome's Project on the Predicament of Mankind*. New York: Universe Books.

Moeller, Hans-Georg. 2006. *Luhmann Explained: From Souls to Systems*. Chicago: Open Court.

Moore, Wilbert E. 1966. "Global Society: The World as a Singular System." *American Journal of Sociology* 71(5): 475-482.

Parsons, Talcott. 1961. *The Social System*. London: Free Press of Glencoe.

Polanyi, Michael. 1068. "Life's Irreducible Structure." *Science* 160(3834): 1308-1312.

Rosenau, James N. 1990. *Turbulence in World Politics: A Theory of Change and Continuity*. Princeton: Princeton University Press.

_____. 2003. *Distant Proximities: Dynamics Beyond Globalization*. Princeton: Princeton University Press.

Sheehan, Michael. 1989. "The Place of the Balancer in Balance of Power Theory." *Review of International Studies* 15(2): 123-134.

Urry, John. 2003. *Global Complexity*. London: Polity.

Von Bertalanffy, Ludwig. 1990. *General System Theory*. 현승일 옮김. 『일반체계이론』 (서울: 민음사).

Wallerstein, Immanuel. 2004. *World-System Analysis: An Introduction*. Durham: Duke University Press.

_____. 2012. *The Modern World-System I*. 나종일 외 옮김. 『근대세계체제 I: 자본주의적 농업과 16세기 유럽 세계경제의 기원』 (서울: 까치).

Waltz, Kenneth. 1979. *Theory of International Politics*. Reading: Addison-Wesley.

Wight, Martin. 1966. "The Balance of Power." Herbert Butterfield and Martin Wight (eds.), *Diplomatic Investigations: Essays in the Theory of International Politics*. London: George Allen and Unwin.

상호의존론과 민주평화론

정성철(명지대학교 정치외교학과)

I. 서론

상호의존론과 민주평화론은 대표적인 자유주의 국제정치이론이다. 자유주의는 20세기 초 국제정치학의 등장과 더불어 주류 담론으로 자리 잡은 현실주의를 비판하고 보완하면서 주목을 받았다. 현실주의 이론이 국가를 단일체적 행위자(unitary actor)로 간주한다면, 자유주의 이론은 국가-사회 관계 속에서 국가의 외교정책 선호가 결정된다고 바라본다(Moravcsik 1997). 현실주의자의 당구공 모델에서 공(국가)은 크기(국력)만 다를 뿐이지만, 자유주의자의 공은 크기(국력)뿐 아니라 색상(체제)도 다양하다. 자유주의는 무정부 상태에서 벌어지는 국제정치에서 주요 행위자는 국가라는 현실주의의 가정을 수용한다. 하지만 경제 이익과 국제 및 국내 제도의 영향을 강조하면서 국제협력이 일어나는 조건과 원인을 제시하여 현실주의를 보완한다(Keohane 2005[1984]). 이러한 자유주의 시각에 따르면 국가는 안보 딜레마의 불신과 제로섬 관계를 벗어나 상호 협력하며 생존과 번영을 추구할 수 있다.

자유주의를 대표하는 상호의존론과 민주평화론은 각각 경제협력과 정치체제를 통해 국가 간 협력과 평화를 설명한다. 20세기 후반부터 국제기구와 다국적기업과 같은 비(非)국가 행위자가 부상하고 국제 규범과 제도가 확산되면서 다양한 형태의 국제 협력이 심화되는 결과를 낳았다. 이러한 복합적인 국제정치의 협력상을 무정부 상태의 권력정치의 시각으로 설명할 수 있는지에 대한 불만이 늘어났다. 이러한 배경 속에서 자유주의자들은 이익과 제도의 역할에 주목하며 국제정치의 협력과 평화를 발생시키는 원인과 조건을 규명하고자 노력하였다. 이후 세계화와 유럽연합이 상징하는 경제통합과 정치통합의 흐름 속에서 자유주의는 안보 중심의 현실주의를 벗어나 경제·문화·환경·인권 영역을 아우르는 정치경제와 국제기구와 같은 새로운 연구 분야를 선도하며 국제정치학에서 다루는 이슈와 문제를 확장시켰다. 이러한 자유주의의 국제정치이론을 대표하는 상호의존론과 민주평화론은 다양한 논쟁을 불러일으키며 후속 연구를 추동시키고 현실 정치에 일정한 영향을 미쳐왔다.

II. 상호의존론

1. 주장과 논리

상호의존론에 따르면 국가는 무정부 상태 속에서 생존과 번영을 추구하면서 의존관계를 형성한다. 1970년대 커해인(Robert Keohane)과 나이(Joseph Nye) 등이 제시한 상호의존론(interdependence theory)은 이익과 제도를 통한 국제 협력을 강조한다(Keohane and Nye 2012[1977]). 이들은 국가가 자신의 생존과 번영을 우선시하는 이기적 행위자이지만 자주 협력한다는 사실에 주목하였다. 냉전이 지속되는 상황에서 무역과 통화, 해양과 자원 같은 초국가 이슈를 둘러싼 양자협력 혹은 다자협력이 대표적 사례로서 안보 딜레마에 빠져 군비경쟁을 펼치는 현실주의 모델로는 설명할 수 없었다. 물론 국가가 협력(cooperation)한다는 사실이 그들 간 분쟁 이슈가 사라져 조화(harmony) 상태를 이룬다는 의미는 아니었다. 단지 그들 간에 이견이나 갈등이 발생하였을 때 협상을 통해 충돌을 피하고 서로 이익을 챙기는 선택이 일어나고 지속될 수 있다는 것이었다.

사실 20세기 초부터 근대국가의 속성이 변하여 국제정치에서 전쟁은 구시대의 유물이 되었다는 주장이 등장했다. 전쟁의 승리가 제공하는 이익과 번영은 이제 환상에 불과하다는 것이다(Angell 2012[1909]). 17세기 유럽에서 근대국제체제가 형성된 이후 정복을 통하여 부국강병을 꾀한 '영토국가(territorial state)'는 무역과 투자를 통해 번영을 추구하는 '무역국가(trading state)'로 탈바꿈하였다는 주장이다(Rosecrance 1986). 더구나 20세기 중후반 대량살상무기의 개발로 전쟁의 비용과 피해가 극심해지자 미국과 중국 같은 강대국이 이제 대규모 전쟁을 벌일 가능성은 매우 낮다는 주장이 제기되었다(Brzezinski and Mearsheimer 2005). 이러한 세계경제의 출현과 과학기술의 발전이 강대국 중심의 권력정치의 속성을 약화시켰다는 주장은 지금까지 다양한 논쟁을 일으키면서 주목을 받고 있다.

다수의 자유주의자는 무역과 투자, 동맹 및 규범 등과 같은 국제제도가 국제협력을 유지하고 강화한다고 주장한다(Keohane 1984; Martin 1992). 이러한 주장을 뒷받침하는 이유는 다음과 같다. 첫째, 장기적 관점에서 협력은 배신보다 큰 이익을 제공할 수 있다. 죄수의 딜레마에서 두 범죄자는 자신만 자백할 경우 즉시 석방이라는 가장 큰 이익을 얻는다. 하지만 현실 속에서 국가는 서로를 끊임없이 상대하는 '반복 게임'을 펼친다. 특정 국가에서 수입하는 물품에 대한 관세를 높이면 무역수지의 단기적 개선을 기대할 수 있다. 하지만 그 국가의 보복 조치로 인하여 자유무역이 위축되면 장기적 경제적 이익이 줄어들 것이다. 오늘이 끝나면 더 이상 마주하지 않을 상대와 펼치는 '일회 게임'이 아니기에 '미래의 그림자(shadow of future)'가 클 수밖에 없다. 국가는 상호성에 기반하여 전략적 선택을 한다고 가정했을 때 한 국가의 배신은 장기적 관점에서 손해일 수밖에 없는 것이다(Axelrod and Keohane 1985).

둘째, 안보와 경제, 환경과 문화 등 다양한 영역의 이슈를 연계할 경우 국제협력을 이룰 방안이 늘어난다. 국가는 안보 이슈만을 두고 서로 갈등하고 협력하지 않는다. 무역과 투자, 관광과 이주, 환경과 자원 등 상이한 영역에 존재하는 다양한 이슈가 같은 시기에 존재하기 마련이다. 만약 두 국가가 안보 이슈를 두고 서로 양보를 요구하면서 대립하는 상황에서 안보 이슈와 무역 이슈를 연계하여 각자가 다른 영역에서 양보하면서 양국은 협력의 길로 들어설 수 있다. 포클랜드전쟁을 벌였던 영국은 아르헨티나에 대한 경제 제재에 유럽국가들의 동참을 이끌어내기 위해서 유럽경제공동체의 예산문제에서 양보를 선택하였다(Martin 1992). 이는 경제제재와 예산문제의 이슈연계(issue linkage)를 통해서 유럽국가 간 협력이 촉진된 사례로 볼 수 있다.

셋째, 국제제도를 활용하여 다른 국가를 감시하고 배신한 국가를 처벌하는 것이 제한적으로 가능하다. 근대국제체제에서 주권국가를 감시하고 처벌할 수 있는 합법적 권리를 보유한 다른 주권국가는 존재하지 않는다. 하지만 국제제도는 복수 국가의 합의 속에서 이러한 기능을 담당하면서 불신의 문제를 일부 해소하게 된다. 국제원자력기구(IAEA)는 각국의 핵의 평화적 사용 여부를 감시하면서 획득한 정보를 회원국들에게 제공한다. 핵비확산체제(non-proliferation regime)가 성립된 후 핵무기 개발을 지속한 북한에 대하여 국제사회는 국제연합을 통해 국제제재를 비롯한 압력을 증가시키고 있다. 죄수의 딜레마 상황에서 같은 범죄 조직에 소속된 두 사람은 상대방을 배신할 가능성이 낮다. 혼자 범죄 사실을 인정하고 자유를 얻을지라도 기다리는 것은 배신의 대가, 즉 범죄조직의 응징이기 때문이다. 물론 국제제도를 통한 감시와 처벌이 그 효율성과 정당성에서 제한적일 수밖에 없지만 국제협력의 유인을 증가시킨다는 점은 부인하기 어렵다.

마지막으로 국제제도의 확산은 국가 간 거래비용(transaction cost)을 감소시킨다. 정기적으로 개최되는 국제회의와 다양한 영역과 관련된 국제기구를 통해 국가는 손쉽게 당면한 이슈를 논의하고 해결 방안을 도출할 수 있기 때문이다. 더구나 정보통신혁명으로 국경을 넘나드는 인적·물적 교류와 정보의 공유와 확산이 값싸고 빠르게 이루어지게 되었다. 국경이 재화·자본·노동력의 이동을 제한하는 '장벽'에서 '다리'로 변화하는 가운데 정부 간 기구(IGO)의 수도 급속도로 증가하였다. 그 결과 전략적·역사적 라이벌 관계인 국가들도 공동으로 참여하고 있는 정부 간 기구도 많아지면서 각국 지도자들이 경쟁과 갈등 속에서도 공동의 이익을 확인하고 추구할 수 있는 협력의 기회와 공간이 늘어난 것이다.

이러한 이유로 경제적 상호의존을 확대될 경우 이를 지지하는 국내 세력이 등장하면서 제도적 협력을 뒷받침한다. 국가는 사실 단일한 행위자가 아니라 다양한 사회세력으로 구성되어 있다. 국제 무역과 투자를 통해 경제적 이익을 확보한 사회 세력은 정치 지도자에게 국제 협력을 추구하도록 압력을 행사하게 된다. 자유무역을 실시할 경우 이를 지지하는 세력과 반대하는 세력이 등장하게 된다. 각국이 보유한 토지, 노동, 자본, 기술에 따라서 자유무역을 통해 이익과 기회를 얻게 되는 산업과 계급, 지역은 자유무역을 선호하지만 다른 이들은 배격하는 상황이 발생한다(Hiscox 2002; Rogowski 1989). 이때 국내 정치를 장악한 집단은 자신의 선호를 적극적으로 대외정책에 반영한다(Trubowitz 1998). 따라서 정치 지도자가 국제 경쟁력을 바탕으로 해외 시장을 통해 이익을 창출하는 집단의 지지를 등에 업었을 경우 다른 국가와 상호의존을 강화하는 전략을 추진하는 모습을 보인다. 핵비확산체제가 들어선 이후 핵무기 개발을 포기하거나 자제한 국가들의 특징 중 하나가 국내 핵심세력이 세계 경제에 편입으로 경제적 이익을 누리고 있었다는 점이다(Solingen 2009).

이렇듯 상호의존에 대한 국내정치 접근은 국내 엘리트와 이익단체의 이익을 강조한다. 그러나 국가의 대외정책은 사회 세력과 별도로 독립되어 추구된다고 보는 입장도 존재한다(Krasner 1978). 일반적으로 민주국가에서 복수의 이익단체의 이익과 입장이 경쟁하며 국가정책에 영향을 미친다고 바라보지만, 외교정책은 국가 지도자와 관료들의 판단에 따라 결정된다는 주장도 지속적으로 제기되고 있다. 레이크(David A. Lake)는 19세기 말과 20세기 초 미국의 상업 전략을 국내 사회 세력의 적극적 '선택'이 아니라 국제환경(시장과 정치)에 대한 수동적 '대응'으로 평가하였다(Lake 1988). 강대국이라 할지라도 대외정책은 핵심 세력의 이념과 이익을 반영한 결과가 아니라 국제 환경의 압박과 구조에 대한 순응이라고 본 것이다. 물론 경제적 상호의존으로 인해 국가의 핵심세력의 선호가 변할 수는 있지만, 국가 지도자는 국제환경의 기회와 제약 속에서 대외전략을 수립하고 실행에 옮긴다. 이처럼 '경제적 상호의존'을 '국가-사회 관계'의 맥락 속에서 바라보고 분석하는 연구는 지속되면서 국내정치와 국제정치의 상호작용에 대한 다양하고 경쟁적인 시각을 제공해주고 있다.

2. 논쟁과 대안

경제적 상호의존을 포함한 제도적 협력을 둘러싼 자유주의와 현실주의는 꾸준히 상반된 입장을 개진하였다. 자유주의는 무역과 투자로 인한 상호의존망을 기초로 국가는 협력과 안정을 통해 이익을 추구한다고 주장한다. 이에 대한 현실주의의 논리적 비판은 다음과 같다(Mearsheimer 1994/1995; Waltz 1979, Ch. 7; 2008). 첫째, 안보가 경제에 우선한다는 것이다. 안보 이익과 경제 이익이 충돌할 때 국가의 선택은 전자이다. 따라서 상호의존을 통해 이익을 공유하는 경우라도 안보적 문제를 두고 충돌할 수 있다는 것이다. 세계대전을 펼친 유럽 국가들은 산업혁명 이후 상호의존망을 형성하였지만 그들은 결국 전쟁에 뛰어들고야 말았다. 태평양전쟁 이전에 미국과 일본은 서로에게 주요 무역 파트너였지만, 일본의 팽창을 경계한 미국은 경제 제재를 단행하였고 일본은 진주만 공습으로 응수하였다. 생존이 위협당하는 상황에서 번영을 우선시하는 국가는 없다는 점에서 이익은 부차적 목표에 불과하다는 주장이다.

둘째, 국가는 '절대 이익(absolute gains)'보다 '상대 이익(relative gains)'을 중시한다. 국가 간 상호의존은 불신과 분쟁의 씨앗이 될 뿐이라는 주장이다(Grieco 1988). 무역과 투자를 통해 접촉과 교류가 증가하면 자국이 얻는 이익과 상대가 얻는 이익을 비교하기 마련이다. A국과 B국이 경제 협력으로 모두 절대 이익을 보는 상황을 생각해 보자. 양국이 협력을 지속할수록 A국의 B국에 대한 상대적 열세는 악화되는 결과를 낳게 된다(그림 1 참조). 이러한 상황에서 A국은 절대 이익에 만족하지 않고 상대 이익을 확보하기 위한 노력

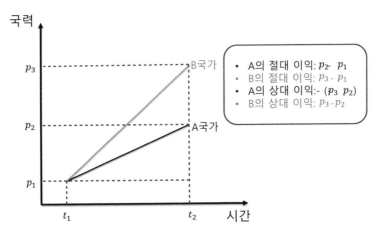

국력

p_3 ----------------------------- B국가

- A의 절대 이익: p_2- p_1
- B의 절대 이익: p_3 - p_1
- A의 상대 이익:- (p_3 p_2)
- B의 상대 이익: p_3 - p_2

p_2 ------------------- A국가

p_1 ----

t_1 t_2 시간

그림 1 절대 이익과 상대 이익

을 기울이게 된다. 무역을 하는 국가 간 관세와 보조금 등을 둘러싼 분쟁이 끊이지 않는 이유이다. 특히, 안보와 국익에 핵심적인 군수 및 첨단 산업에서 국가는 상대 이익의 관점에서 행동하기 때문에 동맹 간 협력조차도 제한적일 수밖에 없다(Mastanduno 1991).

셋째, 비대칭(asymmetric) 상호의존은 국가 간 불신과 위협을 증폭시킨다. 무역과 투자를 통해 서로 의존하는 상황에서 대칭적 관계보다 비대칭 관계가 일반적이다. 커해인과 나이가 설명한 바와 같이 촘촘해진 상호의존망은 서로에 대한 '민감성(sensitivity)'과 '취약성(vulnerability)'을 증가시킨다. 그런데 상호의존관계를 맺은 국가들의 민감성과 취약성은 동일하지 않은 비대칭성이 불신과 갈등을 부추긴다는 주장이다. 경제 대국은 경제 소국과의 무역이 중단되어도 심대한 영향을 받지 않는다. 하지만 경제 소국은 경제 대국과의 무역 중단은 경제 위기를 의미한다. 만약 무역 상대국이 특정 물품의 수출을 중지하였을 때 다른 수입원이나 국내 생산업체가 존재한다면 민감성이 높지만 취약성은 낮다고 할 수 있다. 반대로 이웃 국가가 갑자기 수입 장벽을 높인 상황에서 다른 해외 시장을 발굴할 수 없다면 민감성과 취약성이 모두 높다는 것을 의미한다. 중국의 경제 부상으로 아시아에서 경제적 상호의존은 증가하였지만 한국을 포함한 아시아 주요국들이 종종 중국의 경제적 압박으로 피해를 겪고 있다. 이는 중국과의 비대칭 상호의존으로 인해 증가한 아시아 국가의 민감성과 취약성을 보여준다.

넷째, 현실주의는 경제협력이 안보협력의 원인이 아니라 결과라고 주장한다. 상호의존과 안보협력에 대한 자유주의의 논리를 역의 인과관계를 통하여 논박하고 있는 것이다. 이러한 현실주의 입장을 따르면 안보적 이해를 공유하는 국가들이 경제적 이해를 공유하고 확대하는 의존관계를 형성한다. 냉전기 미국의 영향력에 들어온 국가들이 자유무역 레짐을 형성하며 글로벌 경제의 주요 구성원들이 되면서 세계화를 주도하여 왔다. 따라서 만약에 국가 간 안보 갈등이 심화되면 그들 사이의 경제적 상호의존이 유지된다고 장담하기 어렵다. 1970년대 후반 이후 중국의 경제 부상이 미국의 지지와 협력 속에서 이루어졌지만, 2008년 금융위기 이후 미중 양국이 지정학 경쟁을 본격화하면서 무역과 과학기술을 둘러싼 갈등을 심화시고 있는 상황이다. 이는 경제협력이 안보협력의 종속변수라는 현실주의의 입장을 일정 부분 지지한다고 볼 수 있다.

이러한 상호의존론을 둘러싼 자유주의와 현실주의의 이론적 논박은 탈냉전기 미국 외교정책에 대한 논쟁의 바탕이 되었다. 소련이 붕괴한 이후 미국에서 중국에 대한 관여와 봉쇄 정책을 둘러싼 논의가 불거졌다. 상호의존론과 근대화이론에 기초한 자유주의자는 관여를 통해 중국을 "책임감 있는 이해상관자"로 변화시킬 것을 제안했다면, 현실주의자는 그러한 관여정책은 미래의 '괴물'을 만드는 전략이라고 반박하였다(Christensen 2006; Shambaugh 1996). 결국 냉전기에 소련의 지정학적 팽창을 봉쇄하는 전략을 구사했던 미국은 1990년대 중국을 포함한 구(舊)공산권 국가들을 글로벌 경제망에 편입시키는 '참여와 확장(engagement and enlargement)' 전략을 선택하였다. 하지만 2010년대 남중국해를 중심으로 중국의 '공세적' 외교가 두드러지면서 미국의 자유주의 국제전략에 대한 현실주의의 비판은 거세지고 있다(Mearsheimer 2018; Walt 2018).

한편, 상호의존의 현재 수준이 아니라 상호의존의 미래에 대한 기대가 중요하다는 주장을 주목할 필요가 있다. 코플랜드(Dale C. Copeland)에 따르면 지도자는 미래의 경제적 이익을 고려하여 외교정책을 결정한다(Copeland 2015). 일본의 진주만 공습에서 보듯이, 경제적 협력의 미래를 부정적으로 바라볼 경우 현재 높은 수준의 상호의존을 맺고 있는 국가에 대해 공격을 감행하게 된다. 반대로, 심대한 경제적 이해를 공유하지 않는 국가라 할지라도 미래에 대한 긍정적 기대를 기반으로 동반자 관계를 구축할 수 있다. 냉전 후반기 미국과 소련은 낮은 경제적 의존관계에도 불구하고 긍정적 미래에 대한 기대 속에서 냉전의 종식을 추진한 바 있다, 세계화로 인하여 글로벌 상호의존망이 촘촘해진 상황에서 경제적 유인과 압박을 활용하는 외교 전략은 강대국을 중심으로 보편화되고 있다. 이러한 상황에서 현재의 경제적 상호의존은 취약성에 대한 우려 속에서 불신을 심화시킬 수 있지만, 미래의 경제 이익은 중장기적 관점에서 현재의 협력을 추동하는 원동력이 될 수 있음을 유념할 필요가 있다.

III. 민주평화론

1. 내용과 비판

칸트(Immanuel Kant)는 『영구평화론(*Perpetual Peace*)』에서 공화정의 평화지향성을 주장하였다. 이를 바탕으로 도일(Michael Doyle)은 자유주의 이념과 자유주의 국가를 통한 국제평화의 가능성을 제시하였다(Doyle 1983; 1986). 그에 따르면 자유국가(liberal state)는 지도자가 국민을 대표하는 정치체제 속에서 민주주의, 사유재산, 개인권리를 보호하고 존중하는 대외정책을 채택한다는 점에서 차별성을 보여준다. 이러한 자유국가에 대한 입장은 민주국가가 비민주국가와 달리 평화를 추구한다는 '국가 수준(state-level) 민주평화론'으로 발전하였다. 민주국가의 기본 이념에 비추어 대외관계에서 무력 사용을 정당화하기 어려우며, 전장에서 피를 흘려야 할 국민은 지도자가 평화를 추구하도록 정치적 압력을 행사한다고 본 것이다.

하지만 민주국가가 평화를 지향한다는 주장은 충분한 경험적 지지를 확보하지 못했다. 그 대신 민주국가는 서로 전쟁을 하지 않는다는 '양자 수준(dyad-level) 민주평화론'이 주목을 받게 되었다. 민주국가의 역사 속에서 국내 여론이 지도자의 유화정책에 비판적이고 강경한 대외정책을 지지한 사례들은 손쉽게 발견할 수 있다. 특히 국제분쟁의 비용이 크지 않고 정당한 대의가 존재할 경우 무력 사용에 대한 민주사회의 반발은 제한적이다. 하지만 그러한 호전적 행위의 대상이 다른 민주국가인 경우는 찾기가 어렵다. 비록 일부의 학자들은 미국의 남북전쟁이나 미국-스페인 전쟁 등을 거론하며 민주체제 간 충돌을 언급하기도 했지만(Ray 1993), 두 민주국가는 전쟁을 벌이지 않는다는 명제는 "거의 법칙과 같은 지위(nearly law-like status)"를 획득하였다(Levy 1994, 352). 러셋(Bruce Russett)과 오닐(James Oneal)은 '민주주의 공유'가 '경제적 상호의존'과 '국제기구 가입'과 함께 국제평화를 추동하는 삼각구도를 구성한다고 주장하였다(Russett and Oneal 2001)(그림 2 참조).

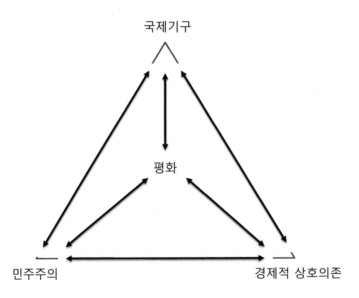

그림 2 평화의 삼각구도

출처: Russett and Oneal(2001, 35).

그렇다면 민주국가 간 평화와 협력을 발생시키는 원동력은 무엇인가? 자유주의자는 이에 대하여 규범적·제도적 설명을 제시한다(Maoz and Russett 1993). 규범적 설명에 따르면 민주국가는 서로 신뢰하고 존중하기 때문에 갈등이 발생하더라도 무력을 통한 문제해결을 선호하지 않는다. 자유민주주의를 신봉하는 정치엘리트는 동일 가치와 제도를 채택하고 있는 국가에 대하여 호의적일 수밖에 없기 때문이다. 한편, 민주평화론의 제도적 설명은 견제와 균형의 정치제도가 지도자의 무력사용 결정을 제한한다고 주장한다. 지도자가 국민을 전쟁터로 내보내는 결정에 대한 정치적 부담이 클 수밖에 없으며, 무력 사용과 관련된 비밀유지가 어려워 기습공격이 제한되며, 민주적 절차로 인하여 전쟁을 위한 인적·물적 자원의 동원이 더디다는 점을 강조한다. 민주국가는 전쟁을 시작하기 위한 제도적 장애물이 높다는 것이다. 또 다른 제도적 설명은 민주국가가 신중하고 강인한(smart and tough) 체제라는 명제를 활용한다(Bueno de Mesquita et al. 1999). 민주체제는 전쟁의 피해와 패배를 고려하여 이길 만한 전쟁 상대를 신중하게 고르고, 전쟁에 돌입해서는 국민 합의와 자발성을 통하여 효율적으로 전쟁을 수행한다는 주장이다. 만약 그렇다면 신중한 민주국가는 강인한 민주주의를 상대로 전쟁을 펼칠 이유가 없게 된다.

하지만 이러한 자유주의의 인과적 설명을 비판하거나 대체하려는 시도는 지속적으로 이루어졌다(Rosato 2003). 현실주의 입장을 견지하는 학자들은 민주주의의 공유가 아니라 안보 우려의 공유가 민주국가가 서로 협력하는 유인을 제공했다고 바라본다. 파버(Henry Farber)와 고와(Joanne Gowa)에 따르면 대다수 민주국가는 미국의 동맹/우방으로 안보적 이해를 함께 하고 있다(Farmer and Gowa 1995). 20세기 중후반에 일어난 전 세계적인 두 차례의 민주화의 물결을 고려할 때 민주국가 간 평화는 냉전기 이후 미국이 주도한 자유주의 진영 속에서 일어난 현상이다. 냉전 종식 후에도 미국이 주도하는 다자와 양자 동맹은 확대되었고 민주주의 전파의 근간을 이루었다. 이러한 관점에서 민주주의와 국제평화 사이에는 인과관계가 아니라 허위관계(spurious relation)에 불과하다고 평가할 수 있다.

위와 유사한 방식으로 일부 학자들은 '자본주의 평화론(capitalist peace)'을 역설한다(Gartzke 2007; Mousseau 2000). 민주국가 간 협력과 평화의 동인은 바로 경제적 이익이라는 것이다. 이는 상호의존론의 주장과 궤를 같이하는 것으로, 민주국가가 무역과 투자로 상호의존 관계를 형성하면서 글로벌 경제에 편입되었다는 사실을 강조한다. 실제로 민주주의의 확산은 자본주의 경제발전과 함께 이루어지면서 근대화의 두 축을 이루었다. 이러한 관점에서 민주평화 지대(the zone of democratic peace)의 구성원은 바로 자본주의가 발전한 민주국가이기에, 저개발 민주국가 사이에서 평화는 기대하기 어렵다(Mousseau 2002). 이렇듯 안보와 경제 이익에 기초한 민주평화 연구는 민주국가 사이의 협력과 평화를 부정하지 않지만 그 원인이 민주주의의 이념이나 제도가 아님을 강조한다.

한편, 오웬(John M. Owen)은 자유주의의 이념적 영향과 더불어 자유주의 엘리트의 상호인식의 중요성을 일깨웠다(Owen 1997). 그에 따르면 자유주의자가 강조하는 민주주의의 규범적·제도적 영향도 두 민주국가가 서로를 민주주의로 인정할 때 발생한다. 미국의 독립혁명 이후 상당 기간 동안 영국과 미국은 서로를 자유국가로 바라보지 않은 채 국제사회에서 위험스러운 존재로 평가했다. 이러한 민주평화 연구의 영향으로 독재체제 혹은 사회주의를 공유하는 국가들이 향유하는 협력과 평화의 가능성을 탐구하는 노력들이 존재했다(Peceny, Beer, and Sanchez-Terry 2002; Oren and Hays 1997). 이들 연구는 민주국가들처럼 이념과 제도를 공유하는 국가들이 서로를 충돌의 대상이 아니라 협력의 대상으로 바라볼 가능성을 상정한 채 평화의 충분조건을 찾으려는 경험적 분석을 시도하였다.

탈냉전기 미국과 유럽이 민주주의 전파를 대외정책의 주요 목표로 삼자 민주화에 대한 학문적 관심은 고조되었다. 맨스필드(Edward Mansfield)와 스나이더(Jack Snyder)는 일련의 분석을 통해 민주화가 진행 중인 국가의 공격적 성향을 경고하였다(Mansfield and Snyder 2005). 민주화로 인하여 대중의 지지가 필요한 지도자는 배타적 민족주의를 고조시키면서 타국에 대한 호전적 정책을 초래한다는 주장을 내세운 것이다. 권위주의 국가가 민주주의를 채택하여 성숙해지면 다른 민주국가와 평화지대를 구성할 수 있겠지만, 이러한 평화효과를 단기간 내에 기대할 수는 없다. 다른 학자도 섣부른 민주주의 전파가 오히려 국제평화를 해치면서 국제 불안정을 초래할 수 있다는 주장을 내놓았다. 자카리아(Fareed Zakaria)는 20세기 후반 '비자유주의 민주주의(illiberal democracy)'의 등장과 확산에 주목하였다. 비록 선거를 통해 선출된 지도자이지만 대내적으로 법에 의한 통치를 저버리고 개인의 권리를 무시하면서 대외적으로 자유주의 가치를 등한시하는 정책을 추진한다고 지적한 것이다(Zakaria 1997). 국민이 지도자를 선출한 국가가 곧 민주주의이며 이들 국가 사이에서 평화가 보장된다는 믿음을 부정한 것이다. 냉전의 종식과 더불어 러시아를 비롯한 다수의 국가가 전형적인 권위주의를 탈피하였지만, 이러한 국내제도의 변화가 민주평화의 증진으로 바로 이어질 수 없는 이유를 제시하였다고 볼 수 있다.

2. 민주평화론 이후: 정치제도와 국제정치

국제협상과 위기관리

1990년대 국제정치학의 주요 화두였던 민주평화론은 이후 민주주의와 외교정책, 정치체제와 국제정치에 대한 다양한 연구를 추동하였다. 민주주의는 외교정책 결정자에게 곤혹스러운 정치제도라는 인식은 오랫동안 널리 퍼져 있었다. 국가협상에서 비밀유지가 어렵고, 지도자의 잦은 교체와 변덕스러운 여론은 외교정책의 수립과 집행에 부정적 영향을 끼치기 때문이다. 민주국가의 국제협상을 퍼트넘(Robert Putnam)은 양면게임(two-level game)에 비유한 바 있다 (Putnam 1988). 상대국과 협상을 벌이지만 협상 결과에 대한 국내 비준을 고려하는 외교관은 국제협상에서 두 상대를 동시에 다룬다는 시각이다. 의회와 여론의 영향력이 막강한 민주국가의 대외협상을 적절하게 설명하는 분석틀이다. 그런데 이러한 양면게임으로 바라본 민주국가는 국제협상에서 불리한 상황에 처한 것만은 아니다. 사회적 합의를 바탕으로 협상 이슈에 대한 국내 선호가 명확한 상황에서 외교관은 유리한 협상 지위를 차지하게 된다. 민주국가의 뚜렷한 국내 선호는 상대국에 분명한 신호가 되어 국제협상을 원활하게 이끌어준다. 국내 비준에 실패할 국제협상 결과는 양측 모두에게 휴지조각에 불과하기 때문이다.

이러한 협상모델에 기초하여 피어론(James Fearon)은 국내 청중 비용(domestic audience cost) 개념을 소개하였다(Fearon 1994). 그에 따르면 민주지도자는 국제 위기를 고조시킨 후 뚜렷한 이유 없이 후퇴할 경우 국내 청중에게 질타를 받는다. 무분별한 결정으로 국제위기를 자초하고 국익에 손해를 끼쳤다는 재선 실패 혹은 영향력 감소라는 정치적 비용으로 이어진다. 따라서 민주국가는 함부로 위기 상황을 고조하지 않는 한편, 그러한 민주국가는 자국의 의지와 관련하여 허세를 부리지 않는다는 믿음을 심어준다. 한편, 슐츠(Kenneth Schultz)는 정부와 야당의 입장이 동일할 때 민주국가는 상대에게 강한 신호를 보낸다고 주장했다(Schultz 1998). A국의 정부가 B국에 공세적 입장을 취하지만 A국의 야당이 이를 비판하는 상황에서, B국은 A국 정부의 허세를 의심할 수 있다는 것이다. 반대로, A국의 정부와 야당이 동일한 목소리로 강경한 대외노선을 천명할 경우, B국가는 A국의 의지를 의심하지 않고 분쟁 심화를 막고자 유화적 태도를 선택할 가능성이 높다. 위의 연구들은 자국의 의지를 명확히 전달할 수 있다는 점에서 민주국가가 지닌 장점을 설명하고 있다.

위의 국내 청중 협상모델은 다양한 후속 연구를 추동하였다. 대표적으로 윅스(Jessica Weeks)는 권위주의 지도자가 고려하는 국내 청중 비용을 주목하였다(Weeks 2008; 2014). 그녀의 연구에 따르면 권위주의 체제는 1인이 권력을 독점하는 '개인지배체제(personalist)'와 특정 무리가 권력을 행사하는 '집단지배체제'로 나뉜다. 스탈린의 소련과 김일성의 북한이 전자의 예라면, 중국공산당이 지배하는 중국과 군부가 통치했던 미얀마는 후자의 예라고 할 수 있다. 집단지배체제 하에서 지도자는 위기 상황과 관련된 자신의 결정에 정치·군사 엘리트가 어떻게 반응할지를 심각하게 고려한다. 따라서 민주국가 지도자의 경우처럼 쉽사리 위기를 고조시키는 허세를 부리는 데 부담을 느끼게 된다는 것이다. 이러한 설명을 뒷받침하기 위해 웍스는 개인지배체제, 집단지배체제, 민주국가가 일으킨 무력분쟁에 대해 상대 국가들이 어떻게 대응하는지를 분석하여 집단지배체제와 민주국가가 유사한 반응을 이끌어낸다는 사실을 입증하였다. 개인지배체제가 아닐 경우 정치 지도자가 의식하는 국내 청중은 존재하기 마련이라고 볼 수 있다.

하지만 수리모델과 통계분석에 기초한 청중 비용에 대한 비판은 사례 연구를 통해서 제기되고 있다(Snyder and Borghard 2011). 위기 상황에서 국내 청중의 비판을 우려해서 위기 해소를 머뭇거린 지도자는 실제로 찾아보기 힘들다는 것이다. 국제 위기가 닥쳤을 경우 어떤 국가가 위기의 주범인지, 위기의 격화와 해소의 원인이 무엇인지 모호한 경우가 대부분이다. 따라서 지도자가 위기의 책임과 대처를 둘러싼 국내 비난을 피해 갈 수 있는 다양한 방법이 존재할 수 있다. 더구나 지도자가 자신의 약속을 번복하더라도 국익을 위한 결정이라고 주장한다면 국민은 용납하고 지지할 수 있다. 한편, 권위주의 국가에서 대외 정책과 국내 여론의 관계에 대한 관심은 증가하고 있다. 중국공산당은 국내 여론을 주도하면서 대외정책을 펼쳐나가기도 하지만, 동시에 국내 여론의 추이를 지켜보며 대외정책을 조정하는 이중적 모습을 보여준다(Weiss 2014). 양국 간 협상모델에 기초한 민주국가와 비민주국가의 국내 청중 연구는 다양한 연구방법론을 동원하면서 외교정책과 국제정치의 이론화를 시도하고 있다.

전쟁 승리와 동맹관계

탈냉전기에 들어서 민주주의가 전쟁 승리와 동맹관계에 미치는 영향에 대한 체계적 연구가 진행되었다. 우선, 민주국가가 전쟁에서 승리한다는 '민주승리론(democratic triumphalism)'이 주목을 받은 바 있다. 민주국가는 서로를 전쟁 상대로 삼지 않는다는 민주평화론에서 한 발 나아가 민주국가는 전쟁에서 승리를 거둔다는 주장이 제시된 것이다(Lake 1992; Reiter and Stam 2002). 이를 뒷받침하는 논리는 다음과 같다. 첫째, 민주 지도자는 전쟁의 결과를 책임져야 하기에 이길 수 있는 전쟁만 벌인다는 것이다. 함부로 전쟁에 참여하여 패배하더라도 자리에서 물러날 필요가 없는 독재자와는 다를 수밖에 없다. 이러한 민주국가의 선택효과(selection effects)는 높은 승리 가능성을 보장하게 된다. 둘째, 민주국가는 전쟁에 참여할 경우 효율적 자원 동원이 가능하다. 자발성에 기초한 민주체제의 특성상 인적·물적 자원의 동원에서 강점을 발휘하여 전쟁을 승리로 이끈다는 주장이다. 셋째, 민주국가의 군대는 전문성이 뛰어나다는 점이다. 권위주의 체제에서 잠재적 국내 위협인 군대를 통제하기 위하여 지도자는 충성심을 중시하지만, 민주국가에서 군대는 무엇보다 전문성을 요구받는다. 따라서 물적 자원과 무기 체계와 별도로 군대의 전문성과 사기는 민주국가에게 전쟁 승리를 안겨다 주는 핵심 요인이 될 수 있다.

민주승리론을 둘러싼 논쟁은 정치체제에 따른 대외행태의 차이에 초점을 맞추고 있다. 국가를 합리적이고 단일한 행위자로 상정하는 현실주의 입장에서 정치체제에 따라 전쟁의 선택과 수행이 상이하다는 주장은 비판의 대상이다(Desch 2002). 이러한 민주주의와 전쟁 승리에 대한 논쟁은 다양한 경험적 분석으로 이어졌다(Downes 2009). 하지만 개별 전쟁의 승자와 패자를 확정하는 문제와 전쟁 승리에 영향을 미치는 다른 요인들을 통제하는 기술적 문제 속에서 민주주의와 전쟁 승리에 대한 논쟁은 뚜렷한 결론을 내리지 못한 채 지속되었다. 더구나 미국이라는 민주주의 초강대국이 20세기 이후 대다수 전쟁 결과에 직접적·간접적 영향을 미쳤다는 점을 고려할 때 민주승리론을 주장하는 자유주의이론이 광범위한 지지와 호응을 확보할 가능성은 크지 않은 상태이다.

이러한 민주승리론과 연계하여 다수 학자는 민주주의와 동맹 관계를 연구하였다. 민주국가는 서로를 전쟁 상대로 삼지 않을 뿐 아니라 서로를 안보협력 상대로 선호한다는 것이다(Siverson and Emmons 1991). 이들 연구는 전쟁이 발발할 경우 민주국가는 동맹의 의무를 다하면서 민주 진영의 승리에 기여한다고 주장한다(Choi 2004). 이러한 민주연합의 형성과 지속, 전쟁 승리는 민주주의가 다른 민주주의에게 제공하는 신뢰에 기초하고 있다. 정책결정의 '투명성(transparency)'과 권력 간 '견제와 균형(checks and balances)'이라는 민주주의의 두 가지 특징은 동맹 상대국에게 신뢰할 만한 정보를 제공하고 정책 일관성에 대한 믿음을 제공하게 된다. 현실주의자 월트(Stephen Walt)는 공동의 위협에 따른 동맹 체결을 강조하면서 이념적 유대의 영향은 제한적이라고 주장하였다(Walt 1987). 이러한 전통적인 현실주의 동맹론과 민주평화론에서 출발한 자유주의 동맹론은 상이하고 경쟁적인 시각을 제공하고 있다(Gartzke and Gleditsch 2004; Gibler 2014; Leeds 2003).

IV. 자유주의 국제정치이론과 국제협력의 미래

상호의존론과 민주평화론은 무정부 상태에서 발생하는 국제협력을 설명하는 대표적 이론이다. 국가가 경제적 이익과 민주주의의 공유를 통해 불신을 넘어 협력을 지속하며 생존과 번영을 도모하는 자유주의 국제정치관을 보여준다. 상호의존론에서 국가가 어떠한 경제체제를 갖추고 얼마나 세계경제에 편입되었는지를 주목했다면, 민주평화론은 국가가 어떠한 정치 제도와 이념을 채택하였는지를 통해 평화지대의 가능성을 제시하였다. 이러한 자유주의 국제정치이론의 영향 속에 국가의 특성에 주목하여 국제 협력과 갈등을 설명하려는 시도가 늘어났다. 이러한 연구들은 구성주의와 외교정책연구가 주목한 이념과 인식, 문화와 종교 등의 변수를 자유주의 국제정치학의 범주에 적극적으로 포함시키면서 포괄적인 이론발전을 꾀한다고 평가할 수 있다.

사실 2000년대부터 문명과 종교에 대한 국제정치학의 관심은 급증하였다. 소련이 해체되자 헌팅턴(Samuel Huntington)은 이념 간 대립을 대체할 문명 간 충돌을 예견하였고, 이에 대한 즉각적 관심과 다양한 비판은 후속 연구를 불러일으켰다(Huntington 1996).

특히 9·11 테러는 종교와 문화에 뿌리를 둔 개인·집단·국가의 정체성이 어떠한 상호작용을 통해 국제정치에 영향을 미치는지에 대한 체계적 연구를 추동하였다. 전근대 동아시아의 "장기 평화"는 중국 중심의 유교문화권을 토대로 지속되었으며(Kang 2010; Kelly 2012), 국가가 무력 분쟁을 일으키는 수준은 종교정체성에 따라 차이가 존재하며(Brown 2016), 미국이 주도하는 군사연합에 영어권 국가는 보다 적극적으로 참여한다는 연구 등이 등장하였다(Vucetic 2011). 이러한 연구들은 민주평화론 연구와 마찬가지로 국제 협력과 평화를 일으키는 충분조건 혹은 허용조건을 찾아내려는 노력으로 평가할 수 있다.

자유주의 국제정치학은 상호의존과 민주평화에 기초한 자유주의 국제질서를 주목하였다. 아이켄베리(John Ikenberry)는 제2차 세계대전 이후 자유무역·안보동맹·민주주의에 기초한 자유주의 세계질서의 등장과 그 영향을 강조하였다(Ikenberry 2001). 이러한 국제질서는 미국이 글로벌 리더십을 행사하기 위한 수단으로 고안되었지만 미국의 이해만을 반영한 창조물은 아니라고 보았다. 미국 스스로 국제규범과 다자질서를 무시하고 강요만 할 경우 자유주의 국제질서는 효과적으로 작동할 수 없다고 보았다. 소련이 붕괴한 이후 단극체제가 등장하는 상황에서 미국이 확장하는 국제질서의 변화와 영향에 대한 관심은 한층 고조되면서 제국과 주권, 탈근대 세계정치 등 다양한 세계정치의 유형과 질서에 대한 논의를 촉발시켰다.

이라크 전쟁(2003)과 글로벌 금융위기(2008)를 거치면서 자유주의 세계질서(liberal world order)가 약화되는 가운데 자유주의 국제정치이론에 대한 비판적 입장은 강화되었다. 특히 2010년대에 들어서 트럼프 행정부의 출범과 극우 민족주의의 득세, 주요 국가의 민주주의 후퇴와 중국과 러시아의 도전이 이어지면서 자유주의 국제질서의 퇴장과 더불어 새로운 세계질서의 미래에 대한 논의가 급증하고 있다(Cooley and Nexon 2020). 중국의 부상을 염두한 새로운 패권 질서에 대한 전망뿐 아니라, 복수의 민주주의 중견국이 연대하여 규칙기반질서(rules-based order)를 유지하는 미래와 더불어 국제정치의 질서 자체가 약화된 상황 등이 제시되었다(Haass 2019). 이러한 상황 속에서 경제적 이익과 국제 제도에 바탕을 둔 자유주의의 국제협력상에 대한 회의론이 거세지고 있다. 경제적 상호의존과 민주주의 전파가 가져올 평화를 기대한 미국의 자유주의 패권전략이 "망상"에 기초하였으며 미국 국력의 낭비만을 초래했다는 평가가 대표적이다(Mearsheimer 2018; Schweller 2018).

향후 국제질서에 대한 자유주의 연구는 현실주의의 핵심변수와 국내정치의 요인을 고려하며 진행되리라 예상된다. 현재 미국의 패권 질서의 위기와 변화는 자유주의와 현실주의 학자들의 공동 관심사로 자리 잡았다(Ikenberry 2014). 국제질서에 대한 자유주의 연구는 국가의 자발적 참여와 지지를 이끌어내는 핵심 규범과 운영 방식을 설치하고 운용하는 '선한(benign)' 패권국에 대한 가능성을 제시하였다. 반면에, 현실주의자가 상정한 지배국은 힘의 우위를 통하여 질서를 부과하며 강대국의 부상을 억제하고 견제하면서 국제정치의 안정을 유지하는 역할을 적극적으로 수행한다. 현재 중국의 부상 속에서 미국 주도 국제질서가 약화되는 원인을 두고 상이한 해석과 전망이 제기되는 이유가 여기에 있다. 더불어, 미국과 중국의 국내정치에 대한 높은 관심은 두 강대국의 이념과 정체성, 국내 여론과 사회 분열, 정치시스템 등이 국제질서의 미래에 심대한 영향을 미칠 것이라는 믿음을 반영하고 있다. 과거 소련이 경제 실패로 내부 붕괴에 직면하자 양극 체제는 갑작스럽게 종식되고 말았다. 이를 거울삼아 주요 강대국의 국내정치와 국제질서의 변화를 연계하는 국제정치연구는 주목을 받으며 활성화되리가 예상한다.

V. 결론

21세기 미중 경쟁이 심화되고 초국가 이슈가 늘어나면서 국제협력의 필요성은 더욱 강조되고 있다. 하지만 글로벌 팬데믹이 발생하고 기후변화가 가속화되는 상황에서 강대국이 펼치는 지정학 경쟁은 가열되고 있다. 미국과 중국이 무역과 투자를 기반으로 상호의존을 강화할 경우 중국의 정치적 자유화가 가능하리라는 기대는 급격히 약화되고 말았다. 반면에 미국의 대중국 관여정책이 내포한 한계를 지적하며 구조적 긴장을 강조하는 시각이 주목을 받고 있다(Allison 2017). 이러한 상황 속에서 미국과 중국, 두 강대국은 상대를 배제한 가운데 자국 중심의 국제협력을 강화하려는 노력을 기울이는 공통점을 보여준다. 미국이 민주주의와 인권의 자유주의 가치를 강조하며 동맹과 우방을 묶어내고자 한다면, 중국은 부강한 권위주의 모델을 제시하면서 유라시아 연계망을 제시하고 있다. 정치적 가치와 경제적 이익을 공유하는 국가를 규합하려는 경쟁적 노력이 시작된 것이다.

자유주의 국제정치이론은 미국의 동맹이자 중국의 이웃으로 전략적 딜레마에 봉착한 한국에게 국제협력의 방안을 제시한다. 민주주의를 공유하는 미국과 제도적·이념적 협력을 확대하면서도, 중국과 형성한 복합적 상호의존망을 강화하여 공동 이익을 제도화하는 전략을 생각할 수 있다. 더불어 강대국 외교에만 매몰되지 않고, 아시아 및 글로벌 주요 세력들과 양자 및 다자 협력을 상호 이익과 국제규범에 기초하여 제도화하는 것이 바람직하다. 특히 미국의 글로벌 위상이 약화되면서 국제질서의 공백이 우려되는 상황에서 규칙기반질서를 유지하고 확대하려는 창의적이고 지속적인 노력은 그 어느 때보다 중요하다고 할 수 있겠다.

참고문헌

Allison, Graham. 2017. *Destined for War: Can America and China Escape Thucydides's Trap?* Boston and New York: Houghton Mifflin Harcourt.

Angell, Norman. 2012[1909]. *The Great Illusion: A Study of the Relation of Military Power to National Advantage.* New York: G.P. Putnam's Sons and the Knickerbocker Press.

Axelrod, Robert and Robert O. Keohane. 1985. "Achieving Cooperation under Anarchy: Strategies and Institutions." *World Politics* 38(1): 226-254.

Bueno de Mesquita, Bruce, James D. Morrow, Randolph M. Siverson, and Alastair Smith. 1999. "An Institutional Explanation of the Democratic Peace." *American Political Science Review* 93(4): 791-807.

Brzezinski, Zbigniew and John J. Mearsheimer. 2005. "Clash of the Titans." *Foreign Policy* 146: 46-50.

Brown, Davis. 2016. "The Influence of Religion on Interstate Armed Conflict: Government Religious Preference and First Use of Force, 1946-2002." *Journal of the Scientific Study of Religion* 55(4): 800-820.

Choi, Ajin. 2004. "Democratic Synergy and Victory in War, 1816-1992." *International Studies Quarterly* 48(3): 663-682.

Christensen, Thomas J. 2006. "Fostering Stability or Creating a Monster? The Rise of China and US Policy toward East Asia." *International Security* 31(1): 81-126.

Cooley, Alexander and Daniel Nexon. 2020. *Exit from Hegemony: The Unraveling of the American Global Order.* New York: Oxford University Press.

Copeland, Dale C. 2015. *Economic Interdependence and War.* Princeton: Princeton University Press.

Desch, Michael C. 2002. "Why Regime Type Hardly Matters." *International Security* 27(2): 5-47.

Downes, Alexander. 2009. "How Smart and Tough Are Democracies? Reassessing Theories of Democratic Victory in War." *International Security* 33(4): 9-51.

Doyle, Michael W. 1983. "Kant, Liberal Legacies, and Foreign Affairs." *Philosophy & Public Affairs* 12(3): 205-235.

_____. 1986. "Liberalism and World Politics." *American Political Science Review* 80(4): 1151-1169.

Farber, Henry S., and Joanne Gowa. 1995. "Polities and Peace." *International Security* 20(2): 123-146.

Fearon, James D. 1994. "Domestic Political Audiences and the Escalation of

International Disputes." *American Political Science Review* 88(3): 577-592.

Gartzke, Erik. 2007. "The Capitalist Peace." *American Journal of Political Science* 51(1): 166-191.

Gartzke, Erik, and Kristian Skrede Gleditsch. 2004. "Why Democracies May Actually Be Less Reliable Allies." *American Journal of Political Science* 48(4): 775-795.

Gibler, Douglas M. 2014. *The Territorial Peace: Borders, State Development, and International Conflict.* Cambridge: Cambridge University Press.

Grieco, Joseph M. 1988. "Anarchy and the Limits of Cooperation: A Realist Critique of the Newest Liberal Institutionalism." *International Organization* 42(3): 485-507.

Haass, Richard. 2019. "How a World Order Ends: And What Comes in Its Wake." *Foreign Affairs* 98(1): 22-30.

Hiscox, Michael J. 2002. *International Trade and Political Conflict: Commerce, Coalitions, and Mobility.* Princeton: Princeton University Press.

Huntington, Samuel P. 1996. *The Clash of Civilizations and the Remaking of World Order.* New York: Simon and Schuster.

Ikenberry, John. 2001. *After Victory: Institutions. Strategic Restraint, and the Rebuilding of Order after Major Wars.* Princeton: Princeton University Press.

Ikenberry, John. (ed.) 2014. *Power, Order, and Change in World Politics.* Cambridge: Cambridge University Press.

Kang, David C. 2010. "Hierarchy and Legitimacy in International Systems: The Tribute System in Early Modern East Asia." *Security Studies* 19(4): 591-622.

Kelly, Robert E. 2012. "A 'Confucian Long Peace' in Pre-Western East Asia?" *European Journal of International Relations* 18(3): 407-430.

Keohane, Robert O. 2005[1984]. *After Hegemony: Cooperation and Discord in the World Political Economy.* Princeton: Princeton University Press.

Keohane, Robert and Joseph Nye. 2012[1977]. *Power and Interdependence.* fourth edition. Boston: Longman.

Krasner, Stephen D. 1978. *Defending the National Interest: Raw Materials Investments and US Foreign Policy.* Princeton: Princeton University Press.

Lake, David A. 1988. *Power, Protection, and Free Trade: International Sources of U.S. Commercial Strategy, 1887-1939.* Ithaca and London: Cornell University Press.

_____. 1992. "Powerful Pacifists: Democratic States and War." *American Political Science Review* 86(1): 24-37.

Leeds, Brett Ashley. 2003. "Alliance Reliability in Times of War: Explaining State Decisions to Violate Treaties." *International Organization* 57(4): 801-827.

Levy, Jack S. 1994. "The Democratic Peace Hypothesis: From Description to Explanation." *Mershon International Studies Review* 38(2): 352-354.

Mansfield, Edward D. and Jack Snyder. 2005. *Electing to Fight: Why Emerging*

Democracies Go to War. Cambridge: MIT Press.

Maoz, Zeev, and Bruce Russett. 1993. "Normative and Structural Causes of Democratic Peace, 1946-1986." *American Political Science Review* 87(3): 624-638.

Martin, Lisa L. 1992. "Institutions and Cooperation: Sanctions during the Falkland Islands Conflict." *International Security* 16(4): 143-178.

Mastanduno, Michael. 1991. "Do Relative Gains Matter? America's Response to Japanese Industrial Policy." *International Security* 16(1): 73-113.

Mearsheimer, John J. 1994/95. "The False Promise of International Relations." *International Security* 19(3): 5-49.

_____. 2018. *Great Delusion: Liberal Dreams and International Realities*. New Haven: Yale University Press.

Moravcsik, Andrew. 1997. "Taking Preferences Seriously: A Liberal Theory of International Politics." *International Organization* 51(4): 513-553.

Mousseau, Michael. 2000. "Market Prosperity, Democratic Consolidation, and Democratic Peace." *Journal of Conflict Resolution* 44(4): 472-507.

_____. 2002. "An Economic Limitation to the Zone of Democratic Peace and Cooperation." *International Interactions* 28(2): 137-164.

Oren, Ido, and Jude Hays. 1997. "Democracies May Rarely Fight One Another, but Developed Socialist States Rarely Fight at All." *Alternatives* 22(4): 493-521.

Owen, John M. 1997. *Liberal Peace, Liberal War*. Ithaca: Cornell University Press.

Peceny, Mark, Caroline C. Beer, and Shannon Sanchez-Terry. 2002. "Dictatorial Peace?" *American Political Science Review* 96(1): 15-26.

Putnam, Robert D. 1988. "Diplomacy and Domestic Politics: The Logic of Two-Level Games." *International Organization* 42(3): 427-460.

Ray, James Lee. 1993. "Wars between Democracies: Rare, or Nonexistent?" *International Interactions* 18(3): 251-276.

Reiter, Dan, and Allan C. Stam. 2002. *Democracies at War*. Princeton: Princeton University Press.

Rogowski, Ronald. 1989. Commerce and Coalitions: How Trade Affects Domestic Political Alignments. Princeton: Princeton University Press.

Rosato, Sebastian. 2003. "The Flawed Logic of Democratic Peace Theory." American Political Science Review 97(4): 585-602.

Rosecrance, Richard N. 1986. The Rise of the Trading State: Commerce and Conquest in the Modern World. New York: Basic Books.

Russett, Bruce and John Oneal. 2001. Triangulating Peace: Democracy, Interdependence, and International Organizations. New York: Norton.

Schultz, Kenneth A. 1998. "Domestic Opposition and Signaling in International Crises." *American Political Science Review* 92(4): 829-844.

Schweller, Randall. 2018. "Three Cheers for Trump's Foreign Policy: What the Establishment Misses." *Foreign Affairs*. 97(5): 133-143.

Shambaugh, David. 1996. "Containment or Engagement of China? Calculating Beijing's Responses." *International Security* 21(2): 180-209.

Siverson, Randolph M., and Juliann Emmons. 1991. "Birds of a Feather: Democratic Political Systems and Alliance Choices in the Twentieth Century." *Journal of Conflict Resolution* 35(2): 285-306.

Snyder, Jack, and Erica D. Borghard. 2011. "The Cost of Empty Threats: A Penny, Not a Pound." *American Political Science Review* 105(3): 437-456.

Solingen, Etel. 2009. *Nuclear Logics: Contrasting Paths in East Asia and the Middle East*. Princeton: Princeton University Press.

Trubowitz, Peter. 1998. *Defining the National Interest: Conflict and Change in American Foreign Policy*. Chicago: University of Chicago Press.

Vucetic, Srdjan. 2011. "Bound to Follow? The Anglosphere and US-Led Coalitions of the Willing, 1950 – 2001." *European Journal of International Relations* 17(1): 27-49.

Walt, Stephen M. 1987. *The Origins of Alliances*. Ithaca: Cornell University Press.

_____. 2018. *The Hell of Good Intentions: America's Foreign Policy Elite and the Decline of US Primacy*. New York: Farrar, Straus and Giroux.

Waltz, Kenneth N. 1979. *Theory of International Politics*. Reading: Addison-Wesley

_____. 2008. "The Myth of National Interdependence." in *Realism and International Politics*. New York and London: Routledge.

Weeks, Jessica L. 2008. "Autocratic Audience Costs: Regime Type and Signaling Resolve." *International Organization* 62(1): 35-64.

Weeks, Jessica L. P. 2014. *Dictators at War and Peace*. Ithaca: Cornell University Press.

Weiss, Jessica Chen. 2014. *Powerful Patriots: Nationalist Protest in China's Foreign Relations*. New York: Oxford University Press.

Zakaria, Fareed. 1997. "The Rise of Illiberal Democracy." *Foreign Affairs* 76(6): 22-43.

외교정책결정과정론

박건영(가톨릭대학교 국제학부)

I. 서론: 외교정책결정과정론이란 무엇인가?

1950년대 구미(歐美)에서 국제정치학이라는 학문이 체계화, 이론화되기 시작한 이후 국가 간 상호작용이나 국가의 외교정책 행위(또는 무행위)를 설명하는 분석적 도구는 국가의 '단일성(unitary)'과 '합리성(rational)'이라는 현실주의적(realist) 전제 또는 합리주의적 존재론에 기초해 있었다. 이에 따르면 행위자는 주어진 대안들 중 가장 큰 이익을 가져다 줄 것으로 예상되는 대안, 즉 자신의 '효용함수(utility function)'의 관점에서 가장 선호되는 결과를 가지고 올 것으로 예상되는 대안을 선택한다. 다시 말해, 해결해야 하는 문제와 관련된 정보, 문제 해결을 위한 각 대안들의 비용과 이익, 그리

....

* 이 글은 박건영. 2021. 『외교정책결정의 이해』(서울: 사회평론아카데미)의 일부이다.

고 그것들이 각각 성공/실패할 확률 등이 국가라는 '암상자(black-box)'로 투입되고, 암상자 내부에서는 경제적 효용계산이 이루어지며, 그 결과 전 국민의 이익이라고 간주되는 국가이익의 관점에서 가성비가 가장 높은 외교정책이 산출되어 나온다는 것이다. 이 외교정책은 상대국의 대응을 야기할 것이고, 그것은 다시 자국의 암상자로 들어가서 새로운 효용계산이 이루어지게 된다(Freyberg-Inan 2004, 82).

이와 같은 합리주의적 관점에서 보면 외교정책이 결정되는 '과정'은 중요하지 않다. 국가가 국가이익이라고 하는 '선험적'으로 이미 주어져 있는 자신의 선호(preference)를 기준으로 모든 대안들의 장단점을 고려하고 가성비가 가장 높은 대안을 선택하기 때문이다. 여기서 '선험적'이라는 말은 시간적으로 경험보다 앞선 인식이라는 뜻이라기보다는 경험이나 감각의 세계에서 벗어난, 즉 보편성과 필연성을 지닌 인식이라는 뜻이다. 즉 합리주의에서의 국가의 이익이나 선호는 구체적 시공간의 차이에 의해, 즉 실천(practice)과 과정(process)에 의해 형성되는 것이 아닌 인간의 본성이나 국제정치의 무정부성(anarchy)과 같은 상수적 요소에 의해 주어지는, 따라서 시공간의 특수성을 초월하여 모든 국가들이 공유하는 개념으로 파악된다는 것이다.

그러나 현실주의의 합리주의적 전제가 지나치게 현실을 단순화, 보편화하고 있다고 보던 일단의 국제정치 연구자들은 국가라는 "형이상학적 추상물(metaphysical abstraction)"(허드슨 2007, 16)의 암상자를 열어 그 속에서 '살과 피(flesh and blood)'를 가진 사람들이 실제로 참여하는 의사결정의 과정을 관찰하고자 하였다. 이렇게 시작된 외교정책결정과정론은 합리적 선택론을 넘어서서 또는 그것과 함께 국가의 외교정책 행위에 대해 보다 완전하고 심도 있는 설명이나 이해를 가능케 주는 대안적 분석 도구로 부상하게 되었다.

외교정책결정과정론의 계보학: 합리적 선택론에 대한 대안적 시각

미국 프린스턴 대학의 '외교정책분석프로젝트(Foreign Policy Analysis Project)'를 수행하던 스나이더, 브룩, 사핀(Richard Snyder, Henry Bruck, and Burton Sapin)은 1954년에 발간된 『국제정치 연구방법으로서의 의사결정론(*Decision Making as an Approach to the Study of International Politics*)』에서 연구자들은 분석의 수준을 단일체적인 국가에서 실제로 정책을 결정하는 '의사결정자들(decision-makers),' 즉 자신의 "상황을 자신이 정의하는" 개인의 수준으로 낮출 것을 제안하였다. 이러한 문제의식은 당시로서는 가히 혁신적인 것이었다. 그들은 국가가 외교안보 문제를 국가이익의 관점에서 단순히 그리고 기계적으로 처리하는 것처럼 보이지만 사실은 국가 내부에서 많은 일이 다양하게 벌어지고 있고, 그 과정은 합리적일 수도 또는 그렇지 않을 수도 있다고 암시하면서, 국가는 단일체적 합리적 주체로서 사고하고 행동한다는 당시 지배적 패러다임에 도전하여 국가 행위자 내부에서 이루어지는 의사결정의 '과정(process),' 즉 '결정된 것(determined)'이 아닌 '결정되고 있는(being determined)' 상태를 들여다보는 것이 보다 현실에 가까운 접근법이라고 주장하였다.

투입(inputs)을 처리하여 합리적 산출(outputs)을 내뱉는 '암상자'를 열어보자는 스나이더, 브룩, 사핀의 선구자적인 이니셔티브는 스트라웃 부부(Harold and Margaret Sprout)에 의해 탄력을 받았다. 그들은 1956년 『국제정치의 맥락에서의 인간-환경 관계에 관한 가설들(*Man-Milieu Relationship Hypotheses in the Context of International Politics*)』과 1957년 "국제정치 연구에서의 환경적 요인들(Environmental Factors in the Study of International Politics)" 등에서 한 국가의 환경적 요인들은 그 국가의 외교정책결정과정에 참여하는 사람들의 인식체계에 영향을 미친다는 이른바 "의사결정의 환경적 요인들"의 중요성을 강조하였다. 여기서 방점은 환경이라기보다는 "참여하는 사람들의 인식체계"에 찍혀 있었다. 그들은 자신의 가설들을 상정하기 전에 역사학자 포터(Elmer Belmont "Ned" Potter)를 아래와 같이 인용하며 기계적인 '환경결정론'의 문제를 지적하였다(Sprout and Sprout 1957, 44):

"자원이 부족했던 영국은 생계수단을 찾기 위해, 그리고 급증하는 인구문제를 해결하기 위해 바다로 진출하지 않을 수 없었다. 서유럽의 주 해로에 위치한 이점도 한몫을 하였다. 영국은 지리적 조건으로 인해 바다를 지배하게 될 운명을 타고났다고 봐야 할 것이다."

'환경결정론'은 국가의 이익은 나라마다 그 개념이 다르다는 점을 지적했다는 면에서 국가이익의 보편성을 강조하는 현실주의 패러다임의 합리주의적 전제에 문제를 제기한 것은 맞지만, 스프라웃 부부는 현실주의자들의 결정론은 실제로 정책을 결정하는 사람들이 그러한 환경 요인을 어떻게 지각(知覺, apperceive)하고 인식하는지 여부가 외교정책에 대해 갖는 영향력을 무시하고 있다며 '실제적 환경(operational environment)'과 '심리적 환경(psychological environment)'을 구별할 것을 제안하며 후자, 즉 특정 개인들이 실제로 인식하고 반응하는 방식이 보다 중요하다고 주장하였다. 그들은 다음과 같이 의사결정의 과정에 관한 가설을 제시하였다(Sprout and Sprout 1957, 310):

> "환경적 요인들은 정책 형성 과정에 참여하는 '사람들'에 의해 지각되고 고려됨으로써 한 국가의 외교정책을 구성하는 태도들과 결정들에 연결된다… 지각된 환경적 요인들이 외교정책결정과정에서 어떻게 처리되는지는 분석가[정책결정자]가 문제 해결을 위해 사용하는 그들의 '의사-결정의 이론들(theories of decision-making)'에 의존한다."

현실주의의 이른바 '행위자-일반적(actor-general)' 이론에 대해 이들 외교정책결정과정론의 선구자들이 제기한 '행위자-구체적(actor-specific)'(George 1993), 또는 주체지향적(agent-oriented) 문제의식은 1960년대 초 많은 동조자들과 지지자들을 이끌어냈다. 이는 미국 존슨 정부의 베트남전 확전 정책과 베트남 공산군에 의한 '구정공세' 등 정책적 대실패로 요약되는 당시의 시대적 상황과 무관하지 않았다. 그들이, 그리고 많은 미국 시민들이 던진 질문은 "세계 최강 미국이 어째서 동남아의 약소국을 이기지 못하는가?"였다. 기존의 현실주의 패러다임에 따르면, 모든 다른 나라와 마찬가지로,

미국은 국가이익 극대화의 관점에서 가장 '가성비'가 좋은 '합리적' 정책을 선택했고, 그렇다면 물리력이 압도적으로 우세한 미국이 당연히 이겨야 하는 것이었다. 그런데 미국은 지고 있었다. 그렇다면 이제 질문은 "미국의 물리력은 객관적으로 관찰 가능하다 할 때, 하자가 있다면 미국의 대베트남 정책이 아닐까?"로 이어질 수밖에 없었다. 일단의 연구자들은 현실주의의 존재론적 기초가 된 합리주의적 전제, 즉 합리적 선택론의 현실성에 의문을 제기하며 스나이더, 브룩, 사핀, 스프라웃 부부 등이 제시한 '행위자-구체적'인 대안적 패러다임에 따라 정부라는 '암상자' 내부에서 합리적 선택론이 상정하는 것과는 다른 일들이 벌어졌을 가능성에 주목하였다. 그들은 '살과 피'를 가진 사람들이 실제로 참여하는 의사결정의 과정을 조명하는 대안적인 관념적 틀을 만들어내기 시작하였다.

1960년대 이후 다양한 수준에서 외교정책결정과정을 조명하는 이론들이 제시되었다. 그러나 이들 이론이 기존의 패러다임이 간과하는 바를 드러내준다는 사실이 전자가 후자를 대체한다는 의미는 아니었다. 즉 두 시각이 상충적이라기보다는 상보적이라는 뜻이다. '행위자-일반적' 이론인 합리적 선택론은 장기적이고 일반적인 외교정책적 추세를 기술하는 데, 그리고 국가 내부의 '결정 동학(decisional dynamics)'에 주목하는 '행위자-구체적'인 외교정책결정과정론적 관점은 단기적이고 급변하는 외교정책 행위를 설명하는 데 상대적으로 더 유용한 것이었다.

이와 같이 제시된 지배적 패러다임인 합리적 선택론과 대안적인 외교정책결정과정론의 관계는 형광등과 손전등 사이의 관계로 은유적으로 설명할 수 있다. 지배적 패러다임은 형광등과 같이, 예를 들어, 교실의 구조와 주요 사물이나 사람들의 존재와 움직임을 조명해준다. 국제정치 현상이나 외교정책 행태가 '대체적'으로 합리적 선택론으로 설명이 가능하다는 의미이다. 그러나 형광등이 교실의 구석구석이나 책상 및 의자의 밑부분을 조명해주지 못하는 것처럼 비합리적 국제정치 현상 및 외교정책 행태를 설명해주지는 못한다. 따라서 교실 전체에 대해 보다 상세하고 완전하게 속속들이 파악하고 싶은 사람은 형광등이 비춰주지 못하는 '어두운 부분'을 보기 위해 손전등을 사용하려 할 것이다. 손전등이 잘 안 보이던 "거기를 보여줄 수도 있고," "거길 보라"고 외칠 수도 있다(Look there!). 형광등이 켜져 있는 상태에서 우리는 이러한 '손전등들'을 많이 동원하면 할수록 '사각지대' 없이 장소의 면면을 정확하고 포괄적으로 관찰할 수 있고, 전체적 그림을 타당하게 이해할 수 있게 된다. 아래에서는 이론적 형광등과 손전등들이 국제정치 현상이나 국가의 외교정책적 행태에 대한 우리의 이해를 어떻게 증진시켜주는지 살펴보기로 한다.

II. 합리적 행위자 모델(Rational Actor Model)

그레이엄 앨리슨(Graham Allison)은 그의 명저 『결정의 에센스 (*Essence of Decision*)』에서 현실주의 국제정치이론의 합리적 선택론에 대해 '합리적 행위자 모델'이라는 이름을 붙여주었다. 그에 따르면 합리적 행위자 모델은 국가의 단일성/합리성이라는 현실주의 전제에 기초해 있다. 여기서 우리는 조금 더 들어가 볼 수 있다. 첫째,

합리적 행위자 모델은 외교정책 행위의 주체는 국가이고, 이 국가는 '명목적 국가(notional state)'라고 가정한다. 앨리슨에 따르면 분석가들이 국가에 대해 가지고 있는 정보의 양에 따라, 즉 "파일의 두께의 차이에 따라" 국가는 '명목적 국가,' '특정 부류의 국가(generic state),' '명시적 국가(identified states),' '개인화된 국가(personified state)'로 분류될 수 있다. '명목적 국가'는 파일이 가장 얇은 국가이다. 모든 국가는 권력에 의해 정의된 국가이익의 극대화를 지향하는 주체로 파악된다. '특정 부류의 국가'는 민주국가, 독재국가, 또는 자본주의 국가, 사회주의 국가 등 특정 기준으로 구분되고 분류된, 말하자면, 파일이 조금 두꺼워진 국가이다. '명시적 국가'는 국가의 정체가 드러난 상태, 예를 들면, "미국이 원하는 것은…"이라고 했을 때처럼 그 미국을 지칭한다. '개인화된 국가'는 '트럼프의 미국'과 같이 특정 지도자의 가치와 견해가 주요 변수가 되어 있는 국가를 말한다. 합리적 행위자 모델은 첫 번째 국가, 즉 명목적 국가를 외교정책결정과정의 주체라고 파악한다. '모든' 국가는 권력의 관점에서 정의된 국가이익을 극대화하는 것이다.

둘째, 국가는 '단일체적(unitary)' 행위자이다. 국가를 사람(정신적으로 건강한)과 마찬가지로 보는 것이다. 예를 들어, 누군가가 "중국이 식량원조나 연료공급을 중단할 가능성도 있을 것이다. 그러나 중국은 그렇게 하지 않을 것이다. 북한이 불안정해지는 것을 원치 않기 때문이다. 중국은 북한이 살아남고, 안정되기를 원한다."고 말한다면, 그는 국가(중국, 북한)를 단일체적 행위자로 '의인화'하고 있는 것이다. 합리적 행위자 모델은 "의인화된 국가가 그의 목적과 그것을 달성하기 위한 행위를 선택하는 것"이고, "국가를 구성하는 부분들(조직들, 개인들)은 생략될 수 있거나, 그것들의 목표는 국가의 그것과 동일하다."고 본다.

셋째, 국가는 '합리적(rational)' 행위자이다. 여기서 합리적이라 함은 목적이 합리적이라는 것이 아니라 그것과는 별도로 행위자가 설정한 목표나 목적을 달성하기 위해 그가 보기에 최적의 수단을 선택한다는 것을 의미한다. 달리 표현하면, 여기서 말하는 합리성이 란 '도구적 합리성(instrumental rationality)'이다. '도구적 합리성'은 그 자체로는 목표나 목적의 성격에 대해서는 불가지론에 서 있으며, 오로지, 효율적인 수단이라는 합리성을 의미할 뿐이다. '도구적 합리성'은 '포괄적 합리성(comprehensive rationality)'을 전제한다. 즉 합리적 인간은 분명한 목적을 가지고 있고, 그 목적을 달성하기 위해 수많은 대안들 중에서 '가성비'가 가장 좋은(most efficient) 대안을 선택(choice)하며, 나아가 그러한 선택이 가지고 올 결과에 대해 미리 인지하고 행동한다는 것이다. 합리적 행위자 모델은 모든 국가가 이렇게 행동한다고 가정한다.

여기서 우리는 인간 행동의 합리성에 관한 토론을 좀 더 해볼 필요가 있다. 아래에서 우리가 다룰 모델이나 이론들이 이러한 논의에 대한 사전 지식을 요구할 것이기 때문이다. '포괄적 합리성'에 대한 첫 번째 주요 도전은 1950년대 '합리성의 한계(limits of rationality)'라는 개념을 제시한 허버트 사이먼(Herbert Simon)에 의해서였다. 그에 따르면 인간은 '경제적 인간(homo economicus)'으로서 행동하지 않는다. 지식과 인지 능력(cognitive capability) 모두에서 한계가 있기 때문이다. 사이먼은 인간은 자신이 놓여져 있는 상황이나 자신이 선택할 수 있는 대안들에 대해 잘 알지 못하고, 많은 선택지들 중 어떤 것이 최대의 이익을 가져다 줄지도 잘 모르며, 선택의 결과들도 정확히 평가하지 못하고, 기억도 정확하지도 신뢰할 만하지도 않다고 보았다. 그렇기 때문에 인간은 포괄적으로 합리적인 결정을 내리지 못하며, 오로지 '제한적인 합리성(bounded rationality)'에 기초해 "그 정도면 충분히 만족스럽다(good enough)"는 의미에서 '충족적(satisficing, 充足的; satisfy+suffice)'인 선택을 하게 된다. 사이먼에 따르면 인간은 인식적, 인지적 한계 내에서만 합리적으로 행동한다.

앨리슨의 관념적 모델들 중 첫 번째인 합리적 행위자 모델은 전반적으로 포괄적 합리성에 기초해 있지만, 실제 국가가 내리는 결정을 설명/이해하기 위해 그 국가에 대한 추가적 정보를 요구하는 '제한적 합리성'을 사용하기도 한다. 분석가가 분석을 시작할 때는 실제를 단순화하기 위해 '포괄적 합리성'의 전제로부터 시작하지만 설명력/예측력을 높이기 위해서는 결국 행위자의 '제한적 합리성'을 인정하는 단계로 내려오게 되는 경향이 있을 수 있다는 것이다. 그러나, 다른 한편, 두 번째 모델인 '조직과정 모델'은, 예를 들어, 과중한 업무에 시달리는 "관료 조직들은 '건초 더미에서 가장 뾰족한 바늘(sharpest needle in the haystack)'을 찾기보다는 어떤 형태이든 바늘 하나를 발견하면 그것에 만족한다."고 지적하면서, 조직은 이익을 극대화하는 최적의 선택이 아닌 목표 달성을 위해 '충족적'인 선택만을 한다며 이와 같은 '제한적 합리성'은 '포괄적 합리성'과 구별되어야 한다는 입장을 취하고 있다.

합리적 행위자 모델은 "파일의 두께가 최소한"인 명목적 국가를 분석 대상으로 하며, '포괄적 합리성'을 전제한다. 그런데 합리적 행위자 모델을 사용/소비하는 분석가들이나 의사결정자들은 대안적 합리성이 갖는 설득력에도 불구하고 왜 포괄적, 객관적 합리성을 가정하는가? 그 이유는 쉽고 비용이 덜 들고 그들이 보기에 실수로 인해 설명되지 않는 '변칙사례들(anomalies, 예외들)'은 중요하지 않은 것들이기 때문이다. 아닌 게 아니라 현실주의 국제정치학자들은 국가의 단일성과 합리성이라는 전제에 기초한 합리적 행위자 모델이 높은 설명력과 편의성을 갖고 있을 뿐 아니라, 시간적, 경제적 비용이 적게 드는 가성비가 좋은 접근법이라고 강조하고 있다. 모겐소는 '합리적 재연(rational reenactment)'에 대해 다음과 같이 말했다:[1]

> "우리는 우리 스스로를 이러이러한 상황에서 저러저러한 문제를 해결해야 하는 국가지도자의 입장에 놓고, (그가 항상 합리적으로 행동한다는 전제 위에) 그 지도자가 문제의 상황에서 문제를 해결하기 위해 취할 수 있는 합리적 대안이 무엇이 있는지를 따지고 그 중 그가 무엇을 선택할 것인가를 따져봐야 한다."

모겐소(Hans Morgenthau)는 위에서 모든 국가의 지도자들은 권력에 의해 정의되는 국가이익을 극대화하려 하기 때문에 분석가들도 권력에 의해 정의되는 이해관계를 기준으로 생각함으로써, 국가지도자들이 생각하는 것처럼 생각할 수 있다는 점을 말하고 있는 것이다. 그는 정치적 현실주의가 국제정치학에서 자신의 위치를 발견하게 해주는 핵심 이정표는 권력에 의해 정의되는 국가이익이라

....

1 Allison and Zelikow(2005, 56)에서 재인용.

는 누구에게나 통용되는 보편적 개념이라고 강조하고 있다.

합리적 행위자 모델의 구조와 주요 개념들

앨리슨은 합리적 행위자 모델의 구조를 준거 틀(frame of reference), 분석의 단위, 핵심 개념, 추론의 패턴 등을 기준으로 설명하고 있다. 그는 합리적 행위자 모델과 비교/대비되는 '조직과정 모델'과 '정부정치 모델(또는 관료정치모델)'의 구조를 설명할 때도 위와 같은 기준에 입각하고 있다. 준거 틀이란 일반적으로 분석의 대상이 되는 주제의 범주를 기본적 전제(가정)를 통해 한정하는 데 필요한 판단의 기준이라고 간주되나, 여기서 중요한 것은 그것이 가지는 비교/대조의 기능이라 할 수 있다. 즉 준거 틀을 기준으로 우리는 우리의 분석 대상의 구조를 다른 대상들의 구조와 비교/대조함으로써 그것의 고유한 특징, 즉 주소(住所)를 찾을 수 있다는 것이다.

합리적 행위자 모델의 준거 틀은 '이익을 극대화한다는 의미에서의 합리성'이다. 즉 행위자가 목표를 달성하기 위해 가성비가 가장 높은 대안을 의도적으로 선택한다는 의미이다. 따라서, 이 모델에서 분석가는 의사결정자가 "왜(why)" 그러한 선택을 했는지, 즉 그의 의도를 찾아냄으로써 행동(또는 무행동)에 대한 설명이나 이해를 완성하게 되는 것이다. 분석 단위는 여러 대안들 중 최적의 대안에 대한 "선택(choice)"이 이루어진다는 것이다. 핵심 개념은 목표, 대안들, 선택 등을 포함한다. 추론의 패턴은 행위자의 관찰되는 합리적 행동에 기초하여 목표에 대한 추론 또는 예측이 가능하다는 것이다.

III. 조직과정 모델(Organizational Process Model)

'조직과정 모델'의 관점에서 보면, 정부는 "저마다 독자적 생명력을 지닌 여러 조직들이 느슨하게 엮어진 대기업과 같은 복합체"이다. 정부는 문제를 인식함에 있어 조직의 촉수(觸手)에 의존한다. 정부는 각 조직이 처리하는 정보에 따라 대안들을 정의하고 그에 따른 각 결과를 예상하며 조직들이 자신이 갖고 있는 '루틴(routines)'을 작동시킴에 따라 비로소 행동하게 된다. 따라서 정부의 행위는 의식적이고 의도적인 선택(choice)이 아니라, 거대한 조직들이 과거 경험에서 축적된 지식들을 담아놓은 매뉴얼, 즉 조직의 '표준처리절차(standard operating procedure, SOP)'에 따라 기계적으로 처리된 산출(output)로 이해될 수 있다.

조직과정 모델의 구조와 주요 개념들

조직과정 모델의 구조를 준거 틀을 기준으로 살펴보면, 먼저 조직적 맥락과 조직의 압력이라는 개념이 일단 합리적 행위자 모델과의 차별성을 부각시킨다. 합리적 행위자 모델에서는 분석가들이 "왜?"라는 질문을 던졌다. 즉 왜 흐루쇼프가 쿠바에 탄도미사일을 배치하려 했는지, 혹은 왜 케네디가 해상봉쇄와 최후통첩을 겸한 방식으로 대응했는지를 묻는 식이었다. 여기서 소련은 흐루쇼프로, 그리고 미국은 케네디로 '의인화'되었다. 국가나 정부가 마치 특정 목적을 위해 움직이는 하나의 개인인 것처럼 취급되었다. 조직과정 모델에서 행동의 주체는 조직이다. 그리고 그 행동은 조직을 구성하는 개인들이 아닌 조직 그 자체의 모종의 목표와 관행에 의해 설명된다. 그러니까 던져지는 질문은 의도성을 가진 "왜?"가 아니라 "어떻게(how)?"로 시작한다.

분석의 단위는 '조직의 산출'로서의 정부의 행동이다. 세 가지 의미가 있다. 첫째, 정부 행위의 대부분은 미리 정해진 절차에 따라 이루어진다. 둘째, 조직의 현재 역량이 외교정책 문제를 해결해야 하는 정부지도자들의 선택의 폭을 결정한다. 셋째, 조직의 산출이 상황의 구조를 결정한다. 즉 조직의 산출이 문제를 정의하고 관련 정보를 제한적으로 제공한다는 차원에서 정부지도자는 제한된 범위 안에서만 선택을 할 수 있다.

조직과정 모델 특유의 개념으로 '문제의 분할과 할당(factored problems)'이 중요하다. 국제정치 문제는 다면적이고 복합적 성격을 지니며, 또한 한 개인이나 조직이 문제의 여러 측면을 동시에 파악할 수 없기 때문에, 문제의 덩어리는 여러 조각으로 쪼개어져 유관 부서에 분산 배정될 수밖에 없다. 예를 들어 군사문제는 국방부에, 외교문제는 외교부에, 정보문제는 국정원에 배분되는 식이다.

앨리슨에 따르면 정부는 그 규모가 크기 때문에 단 하나의 중앙 권위체가 모든 중요한 결정을 내리거나 모든 중요한 활동을 지휘/감독할 수 없다. 그런데 문제를 분해하고 권한을 분산하는 것은 결국 한 자루의 칼이 지닌 양쪽의 날과 같다. 문제를 분해함으로써 정부지도자들이 직접 보려고 했으면 도저히 보지 못했을 문제의 세부 측면을 보고 관리할 수 있다. 그러나 조직이 그 재량에 따라 문제의 어느 측면을 보고, 어떠한 프로그램, 또는 SOP로 대응하는지에 대해서는 중앙권위체 또는 정부지도자가 잘 알 수 없다. 각 조직이 자신들의 SOP에 따라 '따로 놀' 수 있는 가능성이 상존하는 것이다.

SOP는 조직과정 모델의 가장 중요한 개념이다. 업무 분장에 따라 상호 독립적으로 업무를 처리하는 정부의 각 부처는 많은 개인들로 구성된다. 그러다보니 복잡한 업무, 특히 "치명적 과제를 안정적으로 수행"하기 위해서는 구성원들의 업무 수행을 조율하거나 조정하는데 기준이 되는 절차나 준칙, 즉 표준처리절차(SOP)가 필수적이다. 이것이 없으면 여러 개인의 행동 간에 조화가 불가능하다. SOP는 "경험에서 도출된 법칙(rule of thumb)"이라 할 수 있다. 이 경험법칙은 간단하다. 그래야 구성원들이 쉽게 익히고 적용할 수 있다. 이와 같이 개인들의 업무를 조율/조정하는 SOP가 존재할 때 개인들은 각 사안을 개별적으로 접근했을 때에 비해 안정적이고 효율적으로 업무처리능력을 발휘할 수 있다.

그러나 이와 같이 수많은 사람들의 행동을 조율/조정하는 이 메커니즘의 특성으로 인해 조직의 행태는 때로 답답할 정도로 형식적이고, 느려 빠지고, 상황에 맞지 않을 때가 있다. 그리고, 이는 조직의 보상체계, 조직의 규범, 혹은 구성원들의 기본태도, 직업문화, 그리고 행동스타일에 깊게 자리 잡고 있다. 그 깊이가 깊을수록 그것은 쉽게 변하지 않는다. 프랭클린 루즈벨트(Franklin Roosevelt) 미국 대통령은 SOP에 고착되어 있는 미국 정부 부처의 행태를 다음과 같이 표현한 바 있다(Allison and Zelikow 2005, 228):

"재무부는 조직이 방대한데다 업무영역도 넓고 고유의 관행에 깊이

물들어 있어 이들로 하여금 내가 원하는 행동이나 결과를 가져오게 하는 것은 거의 불가능했다… 그러나 재무부는 국무부에 비할 바가 못되었다. 직업외교관들의 생각이나 정책, 행동에 모종의 변화를 가져오려고 한번 시도해보라. 그러면 진정한 문제가 무엇인지 알게 될 것이다. 그러나 재무부와 국무부를 합쳐도 그 '해--군(na-a-vy)'의 상대는 되지 못한다… 그 '해--군'에서 무언가를 바꾸려 하는 것은 마치 깃털 침대를 때리는 것과 같다. 오른 주먹으로 때리고, 왼 주먹으로 때리고, 녹초가 되도록 두들겨 패고 나서 돌아서면 때리기 전과 다름없이 멀쩡한 그 빌어먹을 침대 말이다."

정부의 부처들이 작동하기 위해서는 SOP가 필수불가결하지만 이들이 SOP에 매몰되거나 고착되면 일상 업무에 변화나 혁신을 기대하기 어렵다는 측면에서 정부의 업무처리 관련 수월성은 당연히 저해될 수밖에 없다. 그러나 더욱 중요하고 치명적일 수 있는 문제는 예외적인 상황, 즉 표준적이지 않은 상황이 발생하면 그에 대한 부처의 대처는 느리고 부적절할 수밖에 없다는 데 있다. 표준적이지 않은 상황은 대개 결정적이고 치명적인 상황이다.

정부 내 조직의 비효율성이나 보수성 반동성은 그 자체로도 문제이지만, 더 큰 문제는 자신들의 SOP에 고착되어 있는 조직들이 정부지도자들에 의해 단지 부분적으로만 통제된다는 사실이다. 현실적으로 정부지도자들은 이러한 조직들의 행동을 "충분히 귀찮게 할 수는 있으나, 충분히 통제할 수는 없다." 정부지도자들의 주의나 관심 여부에 따라 각 조직들이 따로 놀 수 있는 가능성이 있고, 이는 "표준적이지 않은 상황"에서 국가를 재앙으로 인도할 수도 있다.

조직과정 모델의 또 다른 중요 개념은 '제한적 합리성'에 따른 '충족적' 행동이다. 사이먼의 통찰력을 수용한 앨리슨에 따르면 "제한적으로만 합리적(boundedly rational)"인 정부나 대규모 집단은 문제 해결을 위한 최적의 대안을 찾지 않으며, 오히려 목표 달성을 위해 "그 정도면 충분히 만족스럽다(good enough)"는 의미에서의 '충족적'인 대안이 발견되면 검색을 멈춘다. 과중한 업무에 시달리는 "관료 조직들은 건초 더미에서 가장 뾰족한 바늘을 찾기보다는 어떤 형태이든 바늘 하나를 발견하면 그것에 만족한다."는 것이다.

조직의 '충족적' 행동은 의사결정과정의 포괄적 합리성을 저해한다. 앨리슨에 따르면, 일상적인 판단을 SOP에 의존하는 조직들이 충족의 원칙에 따라, 즉 "그만하면 충분히 만족스러운" 대안들 중 맨 처음 떠오르는 대안을 선택하게 되면 가성비가 아닌 대안들이 제출되는 순서가 결정적으로 중요해지는 것이다.

앨리슨은 앞서 조직과정 모델의 분석의 단위를 논할 때 조직의 산출이 상황의 구조를 결정한다고 말한 바 있다. 그 따르면 조직의 산출은 문제를 인식하고, 필요한 관련정보를 제공하고, 문제의 성격을 규정한다. 따라서 정부지도자는 제한된 범위 안에서만 선택을 할 수 있다. 케네디 대통령의 최측근 중 하나였던 소렌슨(Theodore Sorensen)은 조직이 어떻게 지도자의 선택의 기회를 박탈하는지에 대해 다음과 같이 말했다(Allison and Zelikow 2005, 218):

"특히 외교문제에 있어서 대통령이 깨끗한 백지 위에 결론을 적는 식으로 결정을 내리는 일은 거의 없다… 그의 선택의 폭을 규정하는 기본적인 결정은 모두 진작 내려져 있다."

이와 같이 상황의 구조와 문제의 성격이 이처럼 조직의 산출에 의해 규정된다고 할 때 정부지도자의 선택이란 상황의 끝 단계에 불과하다. 그의 "공식적 의사결정(formal choice)"이 이루어지는 시점은 사실은 의사결정의 "절정의 단계가 아니며(anticlimactic)," 절정의 시점은 이미 지나가버린 것이다(Allison and Zelikow 2005, 218).

이 맥락에서 강조되어야 하는 것은 조직의 산출이 상황의 구조를 결정하는 경향성을 고려하면 조직의 '충족적' 행동의 중요성과 위험성이 증폭된다는 점이다. 즉 조직이 대안 검색을 대충하고, 목표를 대충 만족시키는 대안들만이 정부지도자에게 제출된다면 그가 내리는 선택은 이미 합리성과는 거리가 먼 것일 수밖에 없다는 것이다. 조직의 SOP가 중요해지고 대안의 장기적 포괄적 함의는 무시될 가능성이 높아진다.

IV. 정부정치 모델(Government Politics Model; Bureaucratic Politics Model)

앨리슨의 '정부정치 모델'에 따르면 정부의 행태는 의도적 선택(choice)도 조직의 산출(output)도 아니고 "흥정게임(bargaining games)의 결과(resultant)"로 이해될 수 있다. 이 모델은 합리적 행위자 모델과는 달리 단일체적인 국가를 상정하지 않는다. 대신 의사결정이라는 게임에 참여하는 많은 플레이어들(players)을 주목한다. 그리고 이 모델은 이러한 플레이어들이 선험적으로 주어진 국가이익을 일관되게 추구하기보다는 "각자가 생각하는" 국가이익, 조직이익, 개인이익에 따라 "밀고 당기는(pulling and hauling)" 게임을 한다. 각 부처의 고위직 "공무원들(men in jobs)이 정치를 하는 것"이다.

정부정치 모델의 구조와 주요 개념들

정부의 행동이 의사결정과정 참여자들 간 협상과 흥정의 "정치적 결과물(political resultant)"이라 할 때 이 모델이 주목하는 부분은 이익 극대화나 SOP가 아니라 게임에 "누가(who)" 참여하고 어떤 이익을 대변하는지, 누가 자신의 이익이나 자신이 대표하는 이익을 관철할 수 있는 능력을 보유하고 있는지 여부이다. 정부정치 모델의 분석 단위는 "정치적 결과물"로서의 정부의 결정이고 행동이다. 여기서 '결과물'이란 문제의 해결을 위해 의도적으로 도출된 해결책을 의미하는 것이 아니고, 또 조직 과정의 기계적 산출도 아닌, 다양한 이해관계와 권한을 가진 여러 관료들이 서로 타협하고, 갈등하고, 때로는 혼란을 일으킨 결과로서 나타나는 결정이나 행동을 말한다. 그리고 '정치적'이라는 것은 정부의 결정과 행동을 낳은 활동이 본질적으로 정부 각 부처의 고위 관료들 사이에서 정규화된 채널을 따라 진행된 '흥정'이라는 의미이다.

이 모델의 핵심 개념들은 몇 가지 질문을 중심으로 정리될 수 있다. 누가 게임에 참여하는가? 무엇이 이들의 인식과 선호, 그리고 사안에 대한 입장을 결정하나? 무엇이 결과에 대한 각 플레이어들의 영향력을 결정하나? 플레이어들의 입장, 영향력, 그리고 각자의 행마(行馬)가 어떻게 맞물려 정부의 결정과 행동으로 나타나는가? 이 질문들에 답해보자면, 첫째, 유관 업무 수행자들이 '정부정치'의 게임에 참여한다. 이들은 통상적으로 '행동 채널(action channel, 누가 언제 게임에 참여할 것인지를 정해 놓은 절차적 규정)' 속에서 일정한 지위를 차지하고 있는 사람들이다. 그리고 이들이 차지하고 있는 지위는 그들이 할 수 있는 것과 해야 하는 것을 상당 부분 규정한다. 그러나 업무처리가 '맡고 있는 자리'에 의해 전적으로 결정되는 것은 아니다. 개인적인 차이가 있기 마련이다. 특히 이들이 고위 직책을 맡을 때 빈손으로 오지 않고 큰 '가방(baggages)'을 끌고 들어온다는 점이 중요하다. 그 가방 속에는 그가 평소 중요하게 생각했던 것, 다양한 프로젝트에 대한 약속, 그리고 그 자리에 오기까지 진 신세와 빚이 들어 있다.

둘째, 무엇이 이들의 인식과 선호, 그리고 사안에 대한 입장을 결정하나? 여기서 가장 중요한 것은 '편협한 조직우선주의(organizational parochialism)'이다. "문제가 무엇인가?," "어떻게 대처해야 하는가?"라는 질문에 대한 대답은 그 문제를 어느 자리에 앉아서 보는지에 따라 달라진다. 이와 같은 '편협한 조직우선주의'를 조장하는 요인들은 이들 조직의 최고 직책을 맡고 있는 게임 플레이어들의 인식, 선호, 입장에 지대한 영향력을 행사한다. 조직의 장들은 그의 조직의 구성원들에게 동기를 부여하고 활력을 불어넣기 위해 예산 인력 등 그들의 이익과 요구에 민감하지 않을 수 없다. 그들은 자신의 조직이 건강하고 확대되어야 자신의 이익과 권력도 증가한다고 믿는다. 같은 의미에서 대통령도 이러한 '정부정치'의 논리에서 벗어날 수 없다. 민주 사회의 대통령은 국내정치적 결과에 민감하지 않을 수 없다.

셋째, 무엇이 결과에 대한 각 플레이어들의 영향력을 결정하나? 앨리슨은 플레이어의 권력은 그가 쓸 수 있는 자산, 그 자산을 사용하는 기술과 의지, 그리고 이 두 요소에 대한 다른 플레이어들의 평가 등으로 이루어진다며, 특히 협상 자산을 구성하는 요소로 직위가 부여하는 공식적 권한과 책임, 행동을 수행하는 데 필요한 자원에 대한 통제력, 문제의 성격을 규정하는 데 필요한 전문성과 정보에 대한 접근권 및 통제력, 보스들에게 결정이 어떻게 집행될 것인가를 구체적으로 보여줄 수 있는 능력, 국내정치 게임 등 다른 게임에서 다른 플레이어의 목표에 영향을 줄 수 있는 능력, 인간관계나 카리스마에서 나오는 개인적인 호소력, 다른 플레이어들에 대한 접근 능력과 설득력 등을 꼽았다.

넷째, 플레이어들의 입장, 영향력, 그리고 각자의 행마가 어떻게 맞물려 정부의 결정과 행동으로 나타나는가? 정부정치 모델의 관점에서 보면 결정을 하는 권한은 공유하면서 입장은 서로 다른 사람들이 벌이는 게임은 다름아닌 '정치'이다. 각 플레이어들은 스스로가 생각하는 국가이익, 조직이익, 개인이익을 증진하는 방향으로 결정을 끌고가기 위해 주어진 권한과 보유하고 있는 권력을 동원하여 서로 '밀고 당기기'를 하는 것이다.

이 모델에 따르면 이와 같은 협상과 홍정의 과정에서 서로 다른 입장과 의견의 조각들이 서서히 모양새를 갖춘 하나의 결과물로 모습을 드러내게 된다. 그러나 이 결과물은 특정 개인이나 조직이 의도했던 것과는 상관없는 일종의 절충이다. 그림에 비유하자면 여러 개의 잡다한 요소들이 혼합되어 있는 '콜라주(collage)'와 같다 할 것이다.

정부정치 모델은 정해진 정책이 번복되거나 무시되는 상황을 드러내주기도 한다. 결정이 내려진 후 행동에 옮겨지는 과정에서 누수(漏水)가 일어나는 일이 생각보다 많다는 것이다. 결정이 내려지면 게임의 판이 커지고 보다 많은 플레이어들이 독자적인 권한과 권력을 가지고 게임에 참여하기 때문이다. 앨리슨은 프랭클린 루즈벨트 대통령의 보좌관을 역임한 대니얼스(Jonathan Daniels)를 인용함으로써 이러한 누수현상이 정부정치 모델에 의해 포착되고 있음을 강조하고 있다(Allison and Zelikow 2005, 372):

"대통령의 제안이란 결과적으로 명령이나 다름없다. 그러나 그 절반은 각료들이 그냥 무시한다. 대통령이 그것에 대해 두 번째 물으면 검토 중이라고 말한다. 대통령이 세 번째 물으면 현명한 각료는 일부에 대해서만이라도 대답한다. 그러나 대통령이 세 번째 묻는 경우는 매우 중요한 문제를 제외하고는 거의 없다."

정부정치 모델의 추론의 패턴은 미래 행동을 게임에 참가하는 플레이어들에 기초하여 설명 또는 예측하는 것이다. 보다 구체적으로, 이 모델은 플레이어들이 "어디에 서는지는 어디에 앉아 있는지에 달려 있다(Where you stand depends on where you sit)."고 지적하고 있다. 플레이어가 어떤 조직에 속하느냐, 즉 어떤 좌석(seat)에 앉느냐를 알면 그의 주장을 상당부분(with high reliability) 예측할 수 있다는 것이다. 특히 예산이나 무기획득과 같은 구조적 문제의 경우 더욱 그러하다.

앨리슨의 모델들은 관찰과 연구의 대상이 정부와 같은 대규모 집단이다. 아래에서는 소규모 집단 내에서 발생하는 독특한 '결정동학'이 어떻게 의사결정과정의 합리성을 저해하는지에 대해 알아보기로 한다.

V. 집단사고 모델(Groupthink Model)

'집단사고 모델'은 1961년 4월 케네디 정부의 피그스만(Bay of Pigs) 침공의 실패에 대한 사회심리학자 어빙 재니스(Irving Janis)의 성찰에서 비롯되었다. 그는 1972년 발간된 『집단사고의 희생자들(*Victims of Groupthink: A Psychological Study of Foreign-Policy Decisions and Fiascoes*)』에서 "고도의 지적 능력을 가진 정부지도자나 참모들로 구성된 집단이 실패할 것이 뻔한, 또는 실패한 것으로 판명난 정책을 고집스럽게 고수하는 이유는 "응집력이 높은 의사결정집단 내에서 반대 의견과 대안적 관점을 억누르고, 어떠한 비용에도 불구하고 일치를 형성하려는 심리적 욕구," 즉 '집단사고'와 관련이 있다고 지적하였다. 그는 자신의 집단사고 모델을 경험적으로 검증하고 정당화하기 위해 4가지 정책 실패(피그스만 침공, 한국전쟁 시 북한 점령 시도, 진주만 피습 예측 실패, 베트남전 확전 등과 관련된 미국의 결정), 2가지 정책 성공의 사례들(쿠바 미사일위기에 대한 대처와 마샬 플랜)을 제시하였다.

집단사고 모델의 구조와 주요 개념들

재니스는 위기 시 발생하는 집단사고의 원인으로 3개의 선행조 건들과, 경험적 검증을 위한 8개의 가설들(집단사고의 징후들)을 적 시하였다. 문제의 시작은 의사결정 집단의 높은 응집력이다. 재니스 는 한국전쟁 시 38선을 넘어 북한에 대한 점령을 결정할 당시 '코리 아 그룹(Korean group)'으로 알려진 트루먼 대통령의 참모들 간의 응집력에 대해 서술하면서 글렌 페이지(Glen Paige)의 저작을 활용 하고 있다(Janis 1982, 49):

"글렌 페이지는 모든 위기대응회의에 드러난 집단 내 유대감을 주 목할 것을 요구하고 있다. 그에 따르면 가장 도드라지는 점은 의사 결정자들이 공유한 높은 수준의 만족도와 도덕적 우월감이었다… 집단의 구성원들은 같이 일한 수개월 동안 '한 몸 정신(esprit de corps),' 즉 강력한 동지애, 그리고 상호존경심을 지속해서 서로에 게 보여주었다. 그 집단의 구성원들은 미국 사회 파워엘리트의 기본 가치와 지배적인 신념을 공유한, 특히 '자유 세계'를 방위하기 위해 '세계 공산주의'의 팽창을 봉쇄해야만 한다는 신념을 공유한 사람 들이었다."

재니스는 이렇게 응집력이 강한 집단은 걸려 있는 판돈이 크고, 기습적으로 일어나 대처하는 데 시간적 제약이 있는 '위기(crisis)' 가 발생하여 높은 수준의 스트레스에 시달리게 될 때 집단사고에 취약해진다고 지적하고 있다. 그렇지 않아도 사회적 배경과 이념 등에 있어 동질적인 이 집단의 구성원들은 위기에 대응하기 위해 더 자주 만나고 더 많이 소통하게 된다. 왜냐하면 구성원들은 자신들이 직면하고 있는 위험에 대해 다른 동료들은 무엇을 알고 있는지, 어떻게 해석하는지, 해결책은 어떤 것이 있을 수 있는지에 관해 의견을 나누려 하기 때문이고, 나아가, 자주 만나고 소통함으로써 자신들이 한 집단에 소속되어 있다는 심리적 안정감을 느끼려 하기 때문이다(Janis 1982, 555). 결과적으로 이 집단의 응집성은 고도로 강화된다. '소속감의 필요'가 증가하면 구성원들은 자신이 속해 있는 집단에 더욱 의존하게 되고, 집단의 규범을 준수하려는 경향이 심화된다. 그리고 이는 집단의 사기를 진작하고 스트레스 대처 능력을 증가시킨다. 그러나 역작용이 일어날 가능성도 있다. 집단 응집성의 증가가 비판적 사고를 무력화하고 '동의추구(concurrence-seeking)' 경향을 증가시키면 정책이 합리성과 현실성을 상실하는 등 부작용을 산출할 가능성이 높아지는 것이다.

재니스는 동의추구 경향성을 조장/억지할 수 있는 조직체적 제약들의 존재 또는 부재와 관련된 개입변수(moderating variables)로서 조직체의 구조적 결함들을 적시하고 있다. 그는 이 결함들 중 많은 문헌에서 자주 언급되는 '공정한 리더십(impartial leadership)의 부재,' 또는 '판촉적 리더십(promotional leadership)'에 대해 피그스만 침공과 케네디의 사례를 들어 설명하고 있다. 재니스에 따르면 케네디 대통령은 피그스 만 침공 시 공평하지 못한 리더십으로 집단사고를 자초한 측면이 있었다(Janis 1982, 42):

"케네디 대통령은 회의를 주재할 때마다 많은 사람들, 특히 반대 의

견을 가진 사람들이 말할 수 있는 기회를 허용하지 않았고, CIA 대표들이 전체 회의를 지배할 수 있도록 회의를 운영하였다. 대통령은 합리적 의심이 제기될 때마다 그들이 즉각 반박하도록 하였다. 그는 의심을 갖는 다른 참가자가 있는지 확인하지 않았고, 새로운 우려가 표시된 문제가 갖는 함의를 따져볼 수 있는 기회를 허용하지 않았다."

모델의 구조에 대해 언급하자면, 재니스는 집단사고의 발발에 대해 이 모든 제약들과 변수들이 동등한 중요성을 갖는 것은 아니라며, "도발적인 상황적 요인들이 압도적인 중요성을 갖는다."고 말했다. 여기서 특히 중요한 상황적 맥락은 '높은 스트레스'와 '도덕적 딜레마'이다. 재니스에 따르면, 집단사고는 의사결정자들이 위기 상황을 다루면서 높은 스트레스에 시달리고 있을 때 주로 발생하며, 이러한 상황 하에서 의사결정자들은 불가해하고 도덕적으로 복잡한 문제들에 대해 결정을 내려야 하는 막중한 부담감으로 인해 인간으로서의 자긍심 내지 자존감이 위협받는다고 인식하는 경향이 있다. 자신들이 선호하는 정책이나 결정이 비판받거나 위협받으면 받을수록 이러한 도덕적 딜레마는 더욱 격화되고, 집단은 구성원 개인이 처음 생각했던 것보다 더 극단적인 결정을 내리게 되며, 구성원들은 집단의 결정과 행동이 가지고 올 초단기적 결과에만 몰두하게 되고, 보다 장기적이거나 도덕적인 결과에는 신경조차 쓰지 않는다. 구성원들이 심한 도덕적 딜레마에 빠지게 되면 그로부터 벗어나기 위해 집단의 단결과 일치를 찾게 된다. 자신이 속한 단합된 집단은 그들이 도덕적으로 비난받아야 하는 인간이 아니라, 오히려 제대로 된 인간으로서의 자아성을 유지해주는 위로의 원천으로 인식하는 것이다. 이렇게 하여 이들의 자신의 집단에 대한 의존도가 심화된다. 재니스는 이와 관련하여 워터게이트(Watergate) 사건을 '사실 은폐(cover-up)'로 수습하려던 '닉슨 팀'을 전형적인 사례로 꼽았다.

재니스는 동의추구, 즉 집단사고의 경향이 야기하는 관찰 가능한 여덟 가지 결과들을 세 가지 유형으로 분류하여 제시하였다. 제1유형은 '취약불감증(illusions of invulnerability)'을 포함하여 집단에 대한 과대평가를 야기하는 요인들, 제2유형은 '집단적 합리화(collective rationalization)'를 포함하여 폐쇄적 마인드를 야기하는 요인들, 그리고 제3유형은 '일치 압박(conformity pressure)'을 야기하는 요인들을 말한다. 이러한 특징들로부터 집단사고에 대한 부정적 평가가 제시된다. '일치 압박'은 과대한 '동의추구'를 나타내는 지표이고, 집단에 대한 과대평가와 폐쇄적 마인드는 이러한 '일치 압박'과 '동의추구'가 '나쁜' 정책들을 발생시키는 맥락이자 배경이 된다. 재니스에 따르면, '동의추구'는 집단적 의사결정 과정에서 필수적인 요소라고 인정한다. 의견이 개진되고 토론이 진행된 후 지도자는 자신이 선호하는 대안으로 의견을 모아가기 마련이고, 그것 자체는 전혀 이상할 것이 없다. 그러나 지도자가 '동의추구'를 너무 조급하게 또는 너무 엄격하게 시작할 때 '과잉'이 발생한다. 이 단계에서의 과잉은 치명적이지는 않다. 이 단계에서도 집단이 건전한 대안에 대해 개방되어 있다면 실패나 재앙을 피할 수 있다는 것이다. 그러나 집단사고의 또 다른 특징은 이러한 개방성을 질식시키는 역할을 한다. 즉 폐쇄적 마인드와 고정관념에 사로잡혀 있으며 자신감과 도덕적 우월감으로 가득찬 의사결정자들은 올바른, 적어도 합리적으로 만족할 만한 정책을 선택하지 못한다. 재니스는 집단사고에서도 '취약불감증'과 '집단적 합리화'가 동시에 작동한 사례로 미국이 1941년 12월 7일 하와이 진주만 피습을 예측하는 데 실패한 것을 들었다. 그는 취약불감증과 집단적 합리화가 하와이 주둔 해군과 육군의 경계 실패를 야기하였다고 주장했다. 그에 따르면 취약불감증은 과도한 낙관주의로 이어졌고, 워싱턴으로부터의 경고에도 불구하고 하와이에 주둔하던 태평양 사령부의 의사결정자들은 일본은 결코 미국을 공격할 수 없을 것이라고 믿고 있었다. 그리고 이렇게 형성된 집단의 전제에 대해 누구도 근본적인 문제제기를 하지 않았다. 그들이 한 것은 일본이 미국을 공격할 수 없는 이유를 가능하면 많이 찾아 기존의 전제를 합리화하는 것 뿐이었다.

집단사고는 베트남전 확전 결정 시에도 발생하였다. 사실, 재니스의 이론적 문제의식은 피그스 만 침공 실패에 관한 그의 문헌조사에서 비롯됐지만, 1972년『집단사고』를 집필하게 된 직접적 배경 중 하나는 미국의 베트남전 확전 정책과 관련이 있었다. 재니스의 목표는 어떻게 존슨 대통령을 포함하는 "양심적인 정치인들과 지력이 뛰어난 고위관리들"이 베트남전 참전 자체의 부도덕성과 '확전'의 부정적인 정치적 결과와 관련한 "수많은 저명한 미국인들의 우호적 적대적 경고를 무시할 수 있었는지"를 이해하는 데 있었다. 그는 존슨의 '내부 서클'이 가지고 있던 '공유된 착각(shared illusions)'이 많은 것을 설명한다고 보았다.

'화요오찬그룹(Tuesday Luncheon group)' 또는 '화요각료회의(Tuesday cabinet)'라 불린 존슨의 '내부 서클'의 구성원들은 공동의 역경을 겪으면서 강화되고 심화된 상호 존경과 충성심으로 가득찬 지적이고 양심적인 인물들이었다. 그들은 모임이 지속되면서, 마음이 맞는 모든 사람들이 그러하듯, 의견이 다른 경우에도 결코 직접적이거나 격한 언어를 사용하지 않았고, 동료의 비위가 상하지 않게 말하는 방법을 터득해갔다.

베트남전의 악화와 관련된 위기는 사전경고 없이 기습처럼 찾아왔고, 따라서, '화요오찬그룹'은 그야말로 중대한 판돈이 걸린 사안에 대해 엄청난 시간적 압박 속에서 해결책을 찾아야 했다. 이러한 상황 하에서 구성원들은 소속감의 필요성을 더욱 절감하게 되었고, 따라서, 집단 내 응집성을 급증시켰으며, 이들의 이와 같은 동의추구 경향은 결국 자신들과 집단이 집단사고에 빠지도록 한 것이었다. 재니스에 따르면, 구성원들의 집단적 유대감과 '한 몸 정신(esprit de corps),' 즉 강력한 동지애를 강화시켜주는 만장일치의 추구는 집단사고의 모든 징후들의 심리적 근본이다. 그는 집단사고의 징후 중 일치 압박 또는 동조 압박의 중요성을 강조하며 사례를 들어 설명하고 있다.

'화요오찬그룹'이 이미 내린 결정이나 정책은 회의 석상에서 다시 거론되지 않았다. 이를 재론코자 하거나 대안적 시각을 제시하는 구성원들은 조직의 규범을 무시하며 개인 플레이를 하는 것으로 간주되었다. 그들은 이내 동조 압박을 느끼며 집단정신에 길들여졌다. "튀려는 사람은 배척되었다(odd man out)." '화요오찬그룹'의 모든 구성원들은 동조 압박의 대상이 되었다. 동조 압박은 문제를 제기하는 사람에게 뼈 있는 말이 간접적으로 전달되도록 하는 식으로 이루어졌다. "그는 요새 감이 많이 떨어진 것 같아 걱정이야," "그는 총기(聰氣)가 많이 떨어져서 어떻게 하나."라는 식이었다. 그러나 이를 간접적으로 듣는 사람은 위협을 느낄 수밖에 없었다. "한물간 사람(has-been)"은 권력의 의자에 대한 접근권이 제한되거나 박탈될 것이기 때문이었다. 이런 말을 들은 사람은 퇴장하지 않으려면 자신의 주장을 적어도 누그러뜨리지 않으면 안 되었다.

어떤 경우에는 유머를 빙자하여 은근히 놀리는 식으로 동조 압박이 가해지기도 했다. 예를 들어 회의 석상에서 '튀는 발언'을 한 구성원은 나중에 복도 등에서 동료들과 마주쳤을 때 "폭격중단 씨(Mr. Stop-the-Bombing)" 또는 "우리의 친애하는 비둘기파(our favorite dove)"라는 불길한 별명으로 불리기도 하였다. 한편, '화요오찬그룹'의 주류에 속하는 구성원들은 반대자의 입장에 귀를 기울였다고 자화자찬하였고, 어떤 이들은 주류 동료의 등을 가볍게 두드리며 반대 의견에 대해 너그럽고 민주적인 태도를 보여주었다며 칭찬하기도 했다. 불길한 별명을 얻은 '튀는 사람'은 한물갔고, 너그럽지 못하고, 민주적이지 못한 사람으로 낙인 찍힐 것을 두려워하게 되었다.

대통령의 '불공정한 리더십' 또는 '판촉적 리더십(promotional leadership)'은 이러한 동조 압박의 구조적 제약을 더욱 경직화하였다. 전쟁의 출구가 보이지 않고, 국내외적인 여론이 악화하자 전략과 수단에 대한 존슨 정부의 고민은 깊어졌다. 존슨의 안보팀은 더 이상 상상력과 비범함을 추구하던 '케네디의 수재들'이 아니었다(존슨 대통령은 그들 수재들을 모두 인수하였다). 존슨은 '예스-맨들'만을 주변에 두었고, 희소식만을 원하였다. 국무장관 딘 러스크에 따르면, 존슨은 자신과 국방장관 맥나마라에게 먼저 의견을 구한 후 다른 참모들에게 "질문이나 이야기할 것이 있는가?" 하고 묻곤 했다. 그들은 침묵을 선택하였다. 대통령의 구미에 맞는 이야기를 할 여건이 아니었기 때문이다. 존슨의 측근들 몇몇이 백악관을 떠났다. 1967년 11월 29일 끝까지 남아 있던 맥나마라 국방장관도 사임 형식으로 해임되었다. 대통령을 포함하는 '동질적 매파그룹'에 의해 밀려난 것이었다. 맥나마라는 회의 석상에서 몇 차례 존슨의 전쟁전략에 회의를 표시하여 대통령의 격노를 산 바 있었다.

집단사고는 대통령 자신도 공격하였다. 대통령제 하의 미국에서 총사령관으로서의 대통령의 외교안보 관련 권한은 거의 무제한적이다. 그렇기 때문에 존슨 대통령은 자신의 확전정책을 포함하여 베트남전 전략 전체를 취소/변경할 수 있는 위치에 있었고, 그도 그것을 잘 알고 있었다. 자신이 원하지 않는 것은 하지 않으면 되는 것이었다. 그러나 재니스는 최고 권력자인 대통령조차도 집단사고에서 벗어날 수 없었다고 지적하였다. 자신과 자신의 집단이 이미 정한 정책을 되돌릴 수 없다고 생각했다는 것이다. 그조차도 '집단적 일치'를 깨는 것이 두려웠던 것이다. 재니스는 집단사고의 지배력과 위험성을 압축적으로 담고 있는 한 에피소드를 들려주고 있다:

1966년 6월 29일 존슨 정부는 북베트남의 석유, 오일, 윤활유 저장 시설을 폭격한다고 발표하였다. 문제는 미군의 오폭이 중국과 소련의 무력개입을 자극할 가능성이 있다는 것이었다. 당시 소련 선박이 하이퐁항에 정박하고 있었다. 존슨은 자신의 북폭 결정이 대규모 전쟁으로 비화할까 전전긍긍하였다. 29일 저녁 존슨의 딸 루시(Luci)는 "피곤해 하고 크게 걱정하는 듯한 대통령의 모습"을 보았다. 맥나마라 국방장관이 "첫 번째 폭격이 개시되었다."는 보고를 마친

직후였다. 루시는 "무슨 걱정을 하고 계세요?"라고 물었다. 존슨은 "너의 아빠가 3차대전을 시작한 인물로 역사에 기록될지도 모르겠구나."라고 답하였다. 자정이 임박했을 때 루시는 존슨을 워싱턴 내성도미니크 성당으로 인도하였다. 두 사람은 무릎을 꿇고 긴 시간기도하였다. 존슨은 백악관의 침실로 돌아왔으나 폭격이 무사히 완료되었다는 보고를 받고서야 잠을 이룰 수 있었다(Janis 1982, 124-25).

VI. 운용코드 모델(Operational Code Model)

집단이 아닌 개인의 정치적 신념에 초점을 맞추는 '운용코드 모델'은 냉전기 미국의 소련전문가 네이선 라이츠(Nathan Leites)로부터 시작되었다. 그는 소련의 협상전략을 간파하기 위해서는 소련의 대외 인식에 영향을 미치는 소련 정부 내 엘리트들의 정치적신념을 이해해야 하며, 그들의 발언, 연설문, 언론기고문, 기자회견문, 인터뷰 내용, 회고록과 같은 저작물 등을 분석하면 그들의 전술과 전략 선택에 영향을 미치는 일련의 정치적 신념체계인 운용코드를 추론할 수 있다고 생각했다. 그러나 식견과 통찰력에도 불구하고그의 연구는 지나치게 복잡하고 난해하여 일반화된 이론으로서의가치를 가지지 못한 것으로 간주되었다. 알렉산더 조지(Alexander George)는 라이츠의 연구를 단순화하고 경험적 검증이 가능한 가설의 형태로 이론화하는 작업을 시작하였고, 그 결실은 1967년 랜드연구소에 메모랜덤 형식으로 제출된 『운용코드: 정치지도자들과 의사결정 연구에 대한 접근(*The "Operational Code": A Neglected Approach to the Study of Political Leaders and Decision-Making*)』에 포함되었다. 요는 소련 지배집단의 대외적 정치전술/전략은 그들의 운용코드(또는 그들의 "정치적 계산에 대한 접근법")를 분석함으로써 이해할 수 있다는 것이었다. 나아가, 레닌이나 스탈린 등 볼셰비키 지도자들의 세계관이나 정치전술/전략관은 정치국원들에 의해 공유/내면화되며, 이 '정체성의 전환(identity transformation)' 과정에서 그들의 운용코드는 신뢰할 수 있는, 핵심 볼셰비키를 구성하는 새로운 성격구조로 자리를 잡게 되었다는 것이다.

조지는 볼셰비키의 정치적 신념들을 간파하기 위해 그가 고안한 질문들을 두 가지 유형으로 구분하였다. 즉 그는 질문들을 정치의 본질적 성격, 정치적 갈등의 성격, 역사에서 개인의 역할 등에 관한 전제들인 '철학적 신념(philosophical beliefs)'과 정치 행동의 맥락에서 '결과-수단(ends-means)'의 관계에 관한 준칙이라 할 수 있는 '도구적 신념(instrumental beliefs)'으로 분류하였다(George 1969, 199-216). 그는 각각에 대해 5개의 질문을 던지고 라이츠의 연구 결과가 답하는 방식으로 볼셰비키의 신념들과 정치전략을 드러내고, 그것들이 어떻게 소련의 정책결정과정에 영향을 미치는지를 분석하였다. 주요 부분을 요약/정리해보자.

운용코드 내의 철학적 신념들

1. 정치적 삶의 본질은 무엇인가? 정치 세계는 조화로운가 아니면 갈등적인가? 정치적 적들의 근본적인 성격은 어떠한가?

조지에 따르면 이 질문들은 '하나의 전체로서의 신념체계'의 성격이 형성되는 데, 그리고 정치 행위에 대한 행위자의 영향력이 조절되는 데 결정적으로 중요하게 작용한다. 그는 특히 '적의 이미지'는 고전적 볼셰비키의 신념체계의 초석으로서 정치에 대한 그들의 다양한 접근법들의 기초를 이루고 있다고 보았다. 볼셰비키들은 자본주의 적들이 자신들에게 뼛속까지 적대적이라고 인식했다. 그들이 보여주는 얼굴이 어찌됐든 그들은 상상할 수 없을 정도로 약삭빠르고, 그들 계급의 적을 박멸하고자 하는 결의에 차 있는 것이다. 따라서, 볼셰비키에게 정치 세계는 "누가 누구를 파괴하는가?"로 요약될 수 있는 첨예한 갈등과 투쟁의 장이었다. 그들은 민족과 국가 간의 근본적인 '이익의 조화'를 전제하고, 전쟁과 같은 갈등은 그러한 조화가 일시적으로 깨진 것이라는 이른바 전간기 자유주의적 이상주의자들의 주장을 알고 있었다. 그러나 볼셰비키는 그것은 공허한 환상이자 '사악한 선전'이라고 일축했다. 그들은 공산주의자들과 그들 계급의 적들 간의 갈등은 근본적이고 화해 불가한 것으로서 그것은 어느 개인의 문제가 아니고, 마르크스주의적 변증법이 묘사하는 '객관적인' 역사적 조건으로부터 비롯되는 구조적인 문제였다.

2. 근본적인 정치적 가치와 열망들이 궁극적으로 실현될 가망성은 얼마나 되는가? 우리는 이를 낙관적으로 보아야 하나? 아니면 이 문제에 대해 비관적 관점을 유지해야만 하나? 어떤 점에서 그런가 또는 그렇지 아니한가?

볼셰비키의 입장은 낙관주의였다. 그들은 마르크스의 예언과 같이 공산주의가 전 세계 수준에서 궁극적으로 승리할 것이라고 믿었다. 그러나 그것은 쉽게 찾아오는 미래는 아닐 것이었다. 전쟁과 같은 재앙의 가능성은 항상 존재하는 위험이었다. 볼셰비키는 이러한 재앙의 가능성을 한시도 몰각해서는 안 되며, 그것이 현실화되지 않도록 하기 위해 전략과 정치 행위에서 실수해서는 안 된다.

3. 정치적 미래는 예측 가능한가? 어떤 의미에서, 그리고 어느 정도 가능한가?

볼셰비키의 입장은 결정론과 비결정론이 융합된 것이다. 자본주의로부터 공산주의로의 이행의 방향과 최종적 결과는 예측 가능하지만, 그럼에도 불구하고, 이러한 이행의 속도와 발전의 특정한 경로들은 그렇지 않다. 따라서 역사적 발전의 많은 교차점에서 하나 이상의 결과들이 '객관적으로 가능하다.'

4. 개인은 역사적 발전에 대해 얼마나 주체적으로 통제할 수 있는가? 역사를 바람직한 방향으로 이끌고 형성하는 데 있어 볼셰비키 개인의 역할을 무엇인가?

볼셰비키의 입장은 공산당은 전진을 위한 '기회'를 포착하고 현실화하는 데 책임을 지고 있다는 것이다. 책임을 지고 있다는 말은 개인이 역사를 만들어가는 의미있는 주체라는 것을 뜻한다. 그들에 따르면 인간은 '불가피한' 사회 변동의 비용을 얼마나 지불해야 하는지, 그리고 그 기간을 얼마나 단축할 수 있는지 여부와 관련하여 '꽤 넓은 한계 내'에서 선택하고 결정할 수 있다. 역사 발전 과정에서 개인적 주체가 가지는 운신의 폭이 상당하는 의미이다. 이러한 볼셰비키의 대답은 헌신적이고 훈련받은, 그리고 지적 능력을 갖춘 정치 주체들이 역사를 바람직한 방향으로 이끄는 역할의 중요성을 강조한다.

5. 인간의 일상사와 역사적 발전에서 '우연'의 역할은 얼마나 되나?

모든 정치적으로 중요한 사건들은 마르크스-레닌주의로 설명 가능하다. 따라서, 역사가 '우연적인' 사건들에 의해 의미 있는 수준으로 영향을 받는다는 주장은 거부되어야 한다. "아무리 작은 단계라도 그 비용과 이익이 면밀히 계산되어야 한다."는 준칙은 이러한 볼셰비키의 믿음에서 비롯된 것이다. 우연히 일어나는 일은 없다.

조지에 따르면 위에서 언급된 볼셰비키의 다섯 가지 '철학적 신념'들은 지식과 행동 간의 관계의 핵심적 측면을 보다 구체적 상황과 연계하여 지시하는 일련의 '도구적' 신념들과 논리적으로, 그리고 심리적으로 연결되어 있다. 정치의 성격에 관한 철학적 신념들은 '결과-수단'의 관계에 관한 준칙인 도구적 신념들에 직접적 영향을 미치는 상위개념인 셈이다.

운용코드 내에서의 도구적 신념들

1. 정치 행위에서 목표나 목적을 선정하는 가장 좋은 접근법은
   무엇인가?

볼셰비키의 대답은 이미 위에서 언급된 철학적 신념 중 두 가지
에 의해 영향을 받았다. 즉, 그들은 역사를 옳은 방향으로 '움직이는
데 있어서의' 개인의 역할에 대해서는 결정론과 비결정론이 혼합된
관점을 가지고 있다. 볼셰비키의 대답에 암시된 '명령'은, 앞서 언급
된 철학적 신념의 세 번째와 네번째 조항, 즉 공산당은 앞으로 전진
하기 위하여 주어지는 모든 '기회'를 붙잡을 의무가 있다는 말과 연
결해서 생각해야 한다. 그러면, 볼셰비키는 다음과 같은 중요한 질
문, 즉 우리는 무엇을 위하여 싸워야 하며, 이익을 얻을 '기회'가 왔
을 때는 어떤 목표와 목적을 택해야 하는가라는 질문에 뭐라고 답
했을까? 볼셰비키의 '대답'은 다음과 같은 맥락에서 찾을 수 있다:

(a) 주어진 상황 속에서 추구할 수 있는 모든 대안들의 성공 확률을
    정확히 계산하고 나서 목표와 대상을 설정하려 해서는 안 된다.
(b) 또한, 특정한 상황 속에서 목표를 선택할 때, 계산을 해보니 성
    공 확률이 상당히 높거나, 마음만 먹으면 거의 확실히 해낼 수
    있을 듯한 것들 중에서만 선택을 해서는 안 된다. (활용할 수 있
    는 수단들과 그것들의 효능을 추정해 보되 그 추정의 결과로 추구하는
    목표의 규모나 진도를 부적절하게 한정지어서는 안 된다.)
(c) 그러므로 정치 행동의 목표를 세울 때는 지나치게 보수적으로

접근해서는 안 된다. 즉, 가능할 것 같지 않다 하여 유용한 이익을 포기한다거나, 같은 맥락에서, 확실히 실행 가능하고 성취 확률이 높은 것으로만 목표를 '축소하는(pare down)' 것을 경계해야 한다.

(d) '결과-수단'을 계산하는 보수적/수구적 접근에 맞서 볼셰비키는 주어진 상황에서 도출될 수 있는 이익을 최적화하거나 극대화하는 전략을 옹호해야 한다. 볼셰비키는 다른 많은 정책결정자들이 '최적(optimizing)'의 전략보다 더 선호하는 '충족적(satisficing)' 선택, 즉 "그 정도면 충분히 만족스럽다."며 선택하는 전략을 거부하는 것이다.

조지는 행동의 선택과 관련된 지식이 불명확하거나 불충분할 때 볼셰비키들은 이 문제를 특별한 방법으로, 서구의 이론가들이 사용하는 '제한적 합리성'을 인정하면서도 그것을 가능한 대로 타파할 수 있는 방식으로 최적의 전략을 추구하려는 경향이 있다고 보고 있다. 이와 관련해 볼셰비키의 운용코드는 다음과 같이 비현실적이지만은 않은 대답을 내놓고 있다:

(a) 정치 행동은 대부분 가능한 결과에 대한 불완전한 지식을 바탕으로 시작할 수밖에 없다. 직접 행동해 보아야 지식이 증가한다.

(b) 특정한 상황에서 무엇이 성취될지는 예측할 수 없다. 그것은 그 상황에서 최대한의 결과를 내려고 '투쟁'하는 과정에서 비로소 알게 될 것이다.

(c) 그러므로, 목표와 목적을 정할 때에는, 주어진 상황에서 '객관적

으로 가능한' 것을 평가하여 적용해야 하며, 주어진 자원을 '잘 (intelligently)' 사용하기만 한다면 '불가능하지는 않을 것 같은 것들'을 고려대상으로 삼아서는 안 된다.

다시 말하지만, 운용/도구적 신념이란, 당이 행동을 개시하는 단계에서 그들이 세운 목표가 "성공 확률이 높은 것이냐"가 아니고 "객관적으로 가능한 것이냐" 하는 것만 고려해야 한다는 것을 의미한다. 무엇이 성취될지는 예측할 수 없다. 이는 '끝을 볼 때까지' 이어지는 '투쟁'의 과정에서 드러나게 될 '세력 간의 관계'에 달렸다. 그러므로 중요한 것은, 여러 가지 대안적 행동들의 결과를 예측할 때, 행위주체가 가지고 있는 제한적인 지식이 그로 하여금 지나치게 보수적으로 '결과-수단' 계산을 하는 접근법으로 목표를 정하게 해서는 안 된다는 것이다.

볼셰비키는 이러한 신념을 행동의 문제에 적용시켜 특별한 종류의 '최적화 전략'을 발전시켰다. 이익을 증진하기 위한 행동을 시작하기 전에, 그들은 대개 단일 목표가 아니라 '등급이 매겨진(graduated)' 복수의 목표들을 설정한다. 소위 바람직한 것과 실제로 가능하다고 생각되는 것 사이에 타협을 해야 한다는, 모든 의사결정자가 기본적으로 감내해야 하는 이 숙명은 볼셰비키의 '최적화 전략'에서는 상당히 유연하게 규정된다. 오히려, 구체적 상황 하에서 효용과 현실성의 정도에 따라 등급이 매겨진 일련의 목표들 방향으로 행동이 결정된다. (아마도 효용과 현실성은 반비례 관계에 있을 것이다') 최적화 전략은, 성공 확률은 낮아 보이지만 이익은 큰 결과와, 성공 확률은 높아 보이나 이익은 상대적으로 적어 보이는 결과를 동시에 추구하라고 요구한다. 이러한 전략은 최대의 결과를 도출할 기회를 줄 수도 있다. 하지만 이 전략에는, 만약 그렇게 안 될 것 같거나, 되더라도 기회비용이 너무 높고 위험해 보일 경우, 필요하다면, 최상의 결과는 아니지만, 등급이 매겨진 목표들 중 그 상황에서 가장 나은 차선의 결과를 선택할 '기회'를 줄 수도 있다는 암묵적인 가정이 존재하는 것으로 보인다. 이는 모험주의와 대비된다. 볼셰비키는 중간적 목표가 아예 없고, 무조건 최대 결과냐 아니면 심각한 손실이냐를 택해야 하는 양단간의 선택만을 주장하는 맹동/모험주의를 배격한다.

2. 목표들을 가장 효과적으로 추구할 수 있는 방법은 무엇일까?

이 질문에 대한 볼셰비키의 대답은 세 개의 준칙으로 요약될 수 있다: "벼랑끝까지 간다(push to the limit)," 퇴각하거나 밀리기 시작하는 적을 "전력을 다해 밀어붙여라," 그러나 "언제 멈출지도 알아야 한다." "벼랑끝까지 간다" 또는 "끝까지 밀어붙여라"라는 준칙은 목표들을 달성하기 위해 최대한의 에너지를 쏟아부어야 한다는 명령을 말한다. 목표들을 달성하기 위한 '투쟁'은 어정쩡하게 중지되어서는 안 된다. 적에 대한 압박은, 적이 항복의 조짐을 보이더라도, 그리고 처음에는 그것이 적의 저항을 오히려 부채질하는 것처럼 보여도, 끝까지 유지되어야 한다는 것이다. 대답의 두 번째 부분은 "밀어붙임(pursuit)"의 원칙을 말한다. 일단 진전이 보이고, 적의 자세가 약해진 것을 보게 되면, 적에 대한 압박을 좀 느슨하게 하려는 유혹이 생길 수 있다. 그러나 유혹에 빠져서는 절대 안 된다. 적이 양보를 입에 올리거나 실제로 양보하기 시작할 때, 그것이 적의 약점의 징후라는 것을 인지해야 한다. 이런 상황에서 적을 계속 압박해야만 추가적인, 그리고 아마도 더 큰 이득을 얻을 수 있다.

그러나, 조지에 따르면, 볼셰비키의 운용코드는 앞의 두 준칙에 중요한 제한을 가하고 있다. 이 제한은 "언제 멈추어야 할지를 알라."라는 일반 명령에 깔려 있는데, 이는 승리에 도취해서, 적을 지속적으로 압박하기 위해 치러야 할 비용과 위험을 냉정하게 계산하지 못하는 위험에 대한 경고이다. 그러나 이런 유형의 일반 명령은 실제 운용에 있어 명확하고 구체적인 지침을 결여하고 있다. 이것은 그 준칙이 구체적 상황에서 어떻게 의미 있게 적용되는지를 보여주지 못한다는 것이다. 조지는 이런 운용적 문제에도 불구하고 "언제 멈추어야 할지를 알라."라는 일반 명령이 '올바른 볼셰비키'가 가져야 할 인지적, 정서적 덕목의 일부로 여겨지고 있다는 점을 강조하고 있다.

3. 정치적 행동의 위험은 어떻게 계산되고, 관리되고, 수용되는가?

이 질문에 대한 볼셰비키의 답은 그들이 자신들보다 훨씬 더 강하고 위험한 적들—처음엔 차르 왕정, 그리고 혁명 후에는 자본주의 세력들—에 맞서 투쟁한 경험으로부터 크게 영향을 받았다.

더 강한 상대가 비용을 감당하도록 하며 중요한 목표를 추구하는 것이 오히려 안전할 때가 있다. 소련의 관점에서 보면 이러한 공격적 행동의 위험은 목표 달성을 위한 수단들을 제한함으로써 통제할 수 있다. 소련은 이와 같은 방식으로 너무 세거나 원치 않는 반응을 야기할 수 있는 행동은 삼가하면서 상대방에 대가를 치르게 하고 자신은 큰 이익을 얻을 수 있다고 생각할 수 있다. 여기서 조지는 냉전 시대 미소 양국이 위험을 계산하고 수용했던 접근방식의 큰 특징적 차이점이 있다고 주장한다. 그들 사이의 갈등 상황이 확대되는 것을 막는 데 사용되는 양국의 '제한(limitation)' 이론은 서로 다르다는 것이다. 한국전쟁의 경험에서 도출된 미국의 이론은 '목표들을 제한하는 것'이 갈등이 위험하게 비화되는 것을 막는 필수요소라는 것이다. 이는 한국전쟁에서 미국이 자신의 목표를 제한하는 것에 실패하여 중공군의 개입을 가져왔다는 경험으로부터 비롯된 것으로 보인다. 북한을 38선 이북으로 패퇴시킨 이후, 미국은 전쟁의 목표를 남북통일로 확대 설정했고, 그것이 중공군의 개입을 촉발했으며, 미국은 원하지 않았던 대국과의 전쟁에 휘말리게 된 것이었다. 반면에 소련의 '제한' 이론에 따르면, 많은 경우, 즉각적인 위험이나 과도한 확전의 위험이 없는 국지적 갈등 상황에서는 차라리 더 크고 더 높은 목표를 추구하는 것이 안전하다고 제시한다. 소련의 관점에서 핵심 포인트는, 목표들을 제한하는 것이 아니고 그 '목표를 위해 사용하는 수단들을 제한하는 것'이다.

조지에 따르면, 소련은 갈등 국면에서 고강도 위험(소련/미국 전쟁의 위험)이 존재한다는 사실은 아래 두 요소보다 덜 중요하다고 믿었다:

(1) 그들이 원치 않는 결과가 '현재 시점'에서 우려되는지, 아니면 지금은 그렇게 위험한 상태는 아닌지 여부, 그리고,
(2) 전쟁을 촉발할 수 있는 사건들이 이어질 때 소련 지도자들이 (전

쟁이 일어나기 전에) 자신들이 그 중간의 사건들을 통제할 능력이 있다고 믿는지 여부.

조지에 따르면 소련 지도자들은 절대 용납할 수는 없으나 임박하지 않은 위험에 대해서는 자신들이 통제하고 피할 수 있다는 데 상당한 자신감을 피력해왔다. 많은 경우 소련의 위험 계산은 서방 지도자들의 계산보다 더 정교하다. 왜냐하면 그들은 위험의 규모뿐 아니라 '임박한 위험'이냐, '좀 먼 미래의 위험'이냐까지도 계산하기 때문이다.

이와 같이 소련 지도자들은 중요한 것을 얻기 위한 투쟁에서 불가피하게 개재되는 위험 또는 위험으로 인도하는 일련의 사건들을 사전에 스스로 통제할 수 있다고 믿기 때문에 고강도 위험도 수용할 수 있다고 믿었고, 또 가끔 그렇게 행동하기도 했다. 여러 사례(북한의 남한 침공, 베를린위기의 일부, 쿠바 미사일위기)에서 보듯이, 소련은 서방 지도자들이나 대중들에게 자신이 위험을 받아들일 준비가 되어 있고, 정말로 전면전을 벌이려 한다고 해석되는 방식으로 행동하였다. 그러나 전면전의 위험은 사실 몇 발짝 전에서 해소되었다. 당시 소련 지도자들은 필요하다면 자기들이 그 위기상황을 끝내거나, 아니면 덜 위험한 경로로 방향을 틀 수 있다고 확실히 믿고 있었다.

4 이익을 증진하기 위하여 행동을 취해야 할 최적의 '타이밍'은 언제인가?

다시 한번 볼셰비키의 대답은 극과 극(중간 입장을 배제하고)의 개념으로 이 문제에 접근하는 경향을 보여준다. 즉, 볼셰비키의 운용코드는 이에 대해 수수께끼 같고 진부한 표현이지만 "미루어져서도 안 되고, 예정보다 일러서도 안 된다."라고 명령한다. 당은 필요하다면 완벽한 때가 올 때까지 무한정이라도 기다릴 수 있어야 한다. 하지만 앞으로 전진할 수 있는 길이 손에 잡히는데도 (비록 험난할 수는 있지만) 나중에는 더 쉬워질 수도 있다는 불확실한 기대로 실행을 미루는 것은 허락되지 않는다. 그러므로 행동은 (반드시 행하도록) 필수적이거나 (절대로 행하면 안 되도록) 허락되지 않거나 둘 중에 하나이다. 그 중간은 존재하지 않는다.

5. 이익을 증대시키는 여러 가지 수단의 효용과 역할은 무엇인가?

조지는 여러 가지 수단의 효용에 관한 많은 볼셰비키의 관점들 가운데서, 서방 사람들에게는 좀 낯선, 특이한 관점 한 가지를 소개하고 있다. 그것은, 강한 적이 나를 공격하지 못하게 저지하려면 "때로는 무례하게 행동하는 것이 효과적이다(it often pays to be rude)."라는 신념이다. 볼셰비키에 따르면, 무례하고 때로는 폭력적인 언어는, 소규모의 피해를 입히는 행동과 동반될 수도 있고 그렇지 않을 수도 있지만, 적이 그들의 힘과 결단을 더 높게 평가하게 함으로써, 그리고/또는 상대방 지도자의 정책에 대한 대중의 지지를 약화시킴으로써 이익을 증대시키려는 목적을 달성하게 해줄 수 있다. 볼셰비키들은 무례함이라는 전술의 위험부담이 크지는 않다고 생각하였다. 왜냐하면 그들의 입장에서 보면, '진지한' 강대국은 그런 '같잖은' 전술/전략 따위에 감정적으로 휘둘리게 되는 자신을 용납할 수 없을 것으로 예상되었기 때문이다. 그들은, 말하자면, 고상하고 관용적인 하이클래스 부르주아지들은 천하고 질이 낮은 프롤레타리아와 동급으로 행동하는 것을 수치스럽게 생각할 것이기 때문에 바로 이 빈틈을 공략함으로써 수월찮은 이익을 도모할 수 있다고 믿었다는 것이다.

VII. 오인 모델(Misperception Model)

개인의 정치적 신념이 의사결정에 영향을 미친다는 운용코드 모델과는 달리 '오인 모델'은 의사결정자가 가지고 있는 '세상을 보여주는 이론(정치적 신념을 포함)'이나 자신이나 상대에 대해 가지고 있는 이미지가 야기하는 인지적 장애나 왜곡, 즉 오인이 의사결정에 영향을 준다고 강조한다는 면에서 전자보다 포괄적인 관념적 독립변수를 상정한다고 할 수 있다. 이 모델을 제안한 로버트 저비스(Jervis 1968, 457)의 핵심 논지는 다음과 같이 요약될 수 있다:

"인간의 판단과 의사결정은 일련의 인지적(cognitive), 인식적(perceptual), 동기적(motivational) 편향성에 의해 왜곡된다. 그 결과인 오인은 지배적 패러다임인 합리적 선택론의 "국가는 합리적으로 행동한다."는 기본 가정을 무력화할 수 있다. 하나의 과정으로서의 정보 수집/분석/평가는 행위자의 과거 경험과 그의 마음 속에 이미 형성되어 있는 개념과 관념들에 전적으로 의존한다. 행위자에게 주어지는 정보는 이미 형성되어 있는 개념들과의 관계에서만, 즉 이미지들의 맥락에서만 이해되며, '있는 그대로의 사실'을 파악할 수 있다는 '순전한 경험주의(pure empiricism)'는 불가능하고 타당하지 않다."

저비스는 14개의 가설들을 제시하며 인간이 저지르는 오인의 유형과 패턴을 역사적 사례들과 연결시켜 설명하고 있다. 아래에서는 주요 가설들의 경험적 일치 여부를 염두에 두고 그 의미를 파악해 보기로 한다.

가설 1: 의사결정자는 새로운 정보를 자신이 머리 속에 가지고 있는 기존의 이론들 및 이미지들에 합치시키려는 경향이 있다. 이론과 개념들은 그가 무엇에 주목할지("여기 봐[Look here!]"의 경우처럼)를 결정하는 데 중요한 역할을 한다. 다시 말해, 그는 그가 기대하는 것을 보게 된다는 것이다. 나아가, 이론은 사실에 대한 의사결정자의 해석에 큰 영향을 미친다. 사실이 모호하면 할수록, 그가 이론을 믿는 정도가 강하면 강할수록 더 큰 영향을 미친다.

이 가설의 함의는 들어오는 정보를 의사결정자가 모종의 관념적 필터를 통해 받아들인다면 그 필터가 어떠하냐에 따라 그의 결정이 좌지우지될 것이라는 점이다. 인간의 지각 능력의 한계로 인해 세상 어느 누구도 '있는 그대로의 사실'에 직접 접근할 수 없기 때문에 내려진 결정이 '좋은지' 여부는 '필터가 좋은지(사용되는 이론이 타당하고 정확한지)'에 달려 있는 것이다. 좋은 필터를 찾고, 장착하는 것이 중요하지만, 아마도, 자신이 필터를 통해서만 사실에 접근할 수밖에 없다는 사실을 의사결정자가 이해하는 것이 더욱 중요할 것이다.

가설 3: 기존의 이미지와 충돌하는 정보가 들어올 경우 '조금씩 조금씩(bit-by-bit)' 들어오면 한꺼번에 들어오는 것보다 더 쉽게 수용될 수 있다.

전자의 경우 충돌하는 정보가 충분히 작아서 눈에 띄지 않을 수 있고, 중요하지 않다고 간주될 수 있으며, 기존 이미지에 대한 약간의 수정—예를 들어, 예외적 현상이라고 의미를 축소할 수 있기 때문에—만을 필요로 할 수 있다. 주체가 변경해야 하는 정도가 부담스럽지 않은 것이다. 정보가 조각이 아니라 '덩어리 형태(in a block)'로 들어올 경우 새로운 정보와 주체의 기존 이미지 간 모순이 부각되고, 따라서 대규모의 인지적 재편이 필요해져 결국 충돌적인 정보는 거부될 가능성이 높다.

가설 4: 오인은 개념 자체가 부재할 때 교정하기 가장 어렵고, 범주가 머릿속에 존재하지만 분류를 잘못했을 때 가장 교정하기 쉽다.

저비스에 따르면 3가지의 원천이 국제관계나 타국들에 대한 의사결정자의 개념 형성에 기여하고, 그들의 '인식적 임계점(perceptual thresholds),' 즉 모호한 정보가 산출하기 쉬운 이미지들은 그가 경험하고 학습한 것에 의해 영향을 받는다. 어떤 행위자, 예를 들어,

A라는 행위자가 특정한 범주에 속한다고 B행위자가 인식하기 위해서는 B행위자가 먼저 그러한 특정한 범주에 대한 개념을 갖고 있어야 한다. 우리는 개념이 실제로 존재하는지 여부를 3가지 수준에서 구별해 볼 수 있다. 첫째, 국내정치체제에 대한 행위자의 신념이 중요하다. 전체주의 국가에서는 이념이 결정적인 영향력을 가진다. 체제가 다른 국가에서도 국내정치제제의 경험이 행위자가 무엇에 익숙한지, 타국에서 또는 타국에 대해 무엇을 인식하기 쉬운지 여부를 부분적으로 결정한다. 저비스는 루이스 하츠(Hartz 1955, 306)를 인용하면서, 이른바 국가 간 '공통의 역사'의 불가피한 부재는 국가 간 이해의 부족으로, 그리고 실패와 불행으로, 인류의 재앙으로 귀결될 수 있다는 점을 강조한다:

"미국의 딜레마의 핵심은 사회적 혁명 경험의 부재에서 발견된다… 미국이 세계와 소통하기 어려운 점은 바로 이 때문이다. 미국은 유럽의 '사회문제'를 잘 이해하지 못한다… 미국은 아시아의 사회적 투쟁의 역사를 모르기 때문에 그곳의 반동적인 정권들조차도 '민주적'인 것으로 착각하는 경향이 있다."

국제관계나 타국들에 대한 의사결정자의 개념 형성에 기여하는 두 번째 원천은 과거의 경험이다. 즉 행위자들은 과거 경험을 통해 개념들을 형성한다는 것이다. 저비스는 이 가설을 정당화하는 사례로 조셉 케네디(Joseph Kennedy)를 들고 있다:

"영국 주재 미국 대사 조셉 케네디는 증권거래위원회 위원장으로서의 과거 경력에 걸맞게 주 관심사는 경제문제였다… 나치 정권의 혁명적 성격은 그가 쉽게 이해할 수 있는 것이 아니었다. 그는 나치 독일이 불만이 가득하고, 권위주의적이며, 팽창주의적인 주된 이유는 독일의 경제가 어렵기 때문이라고 생각했다."[2]

영국 수상 챔벌린(Neville Chamberlain)도 비슷한 맥락에서 묘사되어 왔다. 그가 히틀러의 의도를 뒤늦게 파악할 수밖에 없던 이유는 그의 개인적 배경이나 사업가로서의 경험에서 비롯된 것으로서 고도로 계산된 히틀러의 의도를 이해할 수 있는 능력을 그가 결여하였다는 것이다.

의사결정자의 인식적 임계점의 수준에 영향을 미치는 세 번째 원천은 국제관계의 역사이다. 즉 개념들은 국제관계사에서 얻어지는 것이다. 저비스는 키신저를 인용하며 유럽의 지도자들이 나폴레옹의 위협을 신속히 파악하지 못했던 이유는 그들이 경험한 국제관계사에서는 기존 체제를 수정하려는 행위자는 있었었지만 체제를 전복하려는 행위자는 없었기 때문이라고 말하고 있다.

국제관계의 역사가 개념들을 제공하는 더욱 중요한 맥락은 '역사적 트라우마'와 관련이 있다. '역사적 트라우마'는 타국의 이미지를 각인하는 역할을 하며, 또한 중대한 '역사적 유비(historical analogy)'로 사용될 수도 있다. 유럽의 지도자들은 프랑스-프러시아 전쟁 이후 10여 년 동안 비스마르크(Otto von Bismarck)의 공격적 의도를 의심하였다. 그러나 실제로는 그의 주요 외교안보 목표는 팽창

....

2   Kaufmann(1963, 573-574)에서 재인용.

이 아니고 현상유지였다. 과거에 당한 뼈아픈 기억은 국가로 하여금 위험에 대해 지나치게 예민하게 반응하도록 한다. 이게 과하면 산타야나(George Santayana)의 격언이 반전(反轉)될 수 있다: "과거를 기억하는 사람들은 정반대의 실수를 저지르게 된다."

트라우마는 의사결정과정에서 중요한 '역사적 유비'로 사용된다. 중요한 것은 역사적 유비가 상황에 대한 면밀한 분석이 이뤄지기 전에 사용된다는 점이다. 예를 들어, 북한의 남침 소식을 접한 트루먼 대통령의 최초 반응은 일본의 만주 침략을 떠올리는 것이었다. 타국의 의도와 관련해 다수의 가능성을 인지하고 있는 의사결정자는 역사적 유비를 성급히 사용하지 않을 가능성이 높다. 국제정치 역사가 짧은 미국과 같은 나라들은 그들에게 중요한 몇 개의 국제 정치적 사건에 의해 크게 영향을 받을 확률이 상대적으로 높다.

위에서 언급한 첫 번째 3가지 요소들은 사건이 오래 전이 아니라 최근에 일어났을 경우 의사결정자의 인식 형성에 더 중요하게 작용한다는 것을 암시한다. 사건이 최근에 발생했다면 국가지도자는 자신이 직접 참여하지 않았더라도 그것에 대해 직접적인 인식을 갖게 되는 것이다. 따라서, 장군들이 마지막 전쟁을 싸우기 위한 준비를 한다면, 외교관들은 마지막 전쟁을 피하기 위한 준비를 한다고 말할 수 있다.

연상감

저비스는 사람들이 정보를 인식하는 방식은 그들의 인지적 구조와 타자들에 관해 자신이 가지고 있는 기존의 이론들뿐 아니라 그들이 정보를 접한 시점에 그들이 무엇에 몰두하고 있었는지에 의해 영향을 받는다고 말하고 있다. 인간은 '연상감(聯想感, evoked set)'으로 불리는, '현재적으로 활성화(presently active)되어 있는 기억'의 작은 부분으로 정보를 인식/판단한다. 저비스는 '연상감'을 쉽게 설명하기 위해 어두운 밤길을 걷는 상황을 가정한다. 어떤 사람이 공포 영화를 관람한 뒤 어두운 밤길을 걷는다면, 그의 인식은 코미디 영화를 관람한 뒤 밤길을 걷는 사람의 인식과 다를 것이라는 설명이다. 가설 5는 '연상감'이 작동하여 오인을 만들어내는 경우이다.

가설 5: 메시지의 발송자가 수신자가 머릿속에 가지고 있는 것과 다른 것을 생각하고 있었다면 오해가 발생할 확률이 높다.

이 가설은 1941년 12월 일본의 진주만 공격과 관련된 것이다. 미국 정부의 여러 조직들은 일본의 의도와 관련된 자료들에 대해 서로 다른 인식을 가지게 되었는데, 그 이유는 그 조직들이 들어오는 정보를 매우 상이한 맥락에서 받아들였을 뿐 아니라, 현장의 지휘관들이 워싱턴으로부터의 경고를 오해했던 데에서 비롯되었다.

A는 B가 알지 못하는 다수의 유관 메시지를 보았다고 가정하자. 그러면 A와 B는 같은 메시지를 다르게 읽을 것이다. 이러한 간극은 A와 B가 상대방이 자신과 같은 정보나 배경 지식을 가지고 있다고 전제하면 더욱 증폭될 것이다. 이와 같이 오인은 기만이 의도적으로 자행되지 않는 상태에서도, 그리고 기만이 기대되지 않는 상태에서도 발생할 수 있다. 울스테터(Roberta Wohlstetter)는 하와이 진주만

의 미군 지휘관들은 자신들에게 보내진 일본 기습 관련 정보를 상이한 맥락에서 받아들였을 뿐 아니라, 워싱턴으로부터의 경고도 자기 위주로 해석하여 오인의 피해자가 되었다고 지적하고 있다.

가설 8: 정책결정자들은 타국들이 실제보다 더 적대적이라고 보는 경향이 있다.

이 가설에 해당되는 정책결정자들은 이러한 경향성을 교정함으로써 자신들의 이익을 제고할 수 있음에도 그렇게 하지 않는다. 그들에게는 이러한 오인으로부터 발생하는 불필요한 군사적 긴장의 악순환의 확률과 그러한 악순환에 따른 비용이 합산된 것이 타국이 우호적이라고 잘못 판단할 확률과 그러한 판단의 결과에 따른 비용이 합산된 것보다 오히려 더 적게 느껴진다. 다시 말해 낙관론에 빠져 타국의 속임수에 당하는 것보다 비관적인 관점에서, 즉 타국을 의심하는 것이 안전하다고 생각하고 행동하는 것이 오히려 이익이라고 오인한다.

가설 9: 행위자들은 타 행위자들이 일관되고 통일성 있는 정책에 따라 실제보다 더 통제되어, 일사분란하게, 더 조직적으로 행동한다고 전제하는 경향이 있다.

저비스에 따르면 의사결정자들은 상대국의 정책이 내부적 흥정이나 내부적 오해의 결과일 가능성, 또는 관리들이 정부의 훈령을 따르지 않았을 가능성을 평가절하하는 경향이 있다. 상대국의 정책결정과정에 대한 무지가 원인 중 하나이다.

가설 12: 행위자들이 자신의 의도를 숨기려하지 않는 경우 그들은 타행위자들이 그러한 자신들의 의도를 명확히 인식한다고 전제하는 경향이 있다.

그들은 타행위자들이 자신이 투영한다고 생각하는 자신의 이미지보다 훨씬 더 바람직하지 않은 자신의 이미지에 대해 반응하는 것일 수도 있다는 것을 잘 모른다. 한 국가가 자신을 타 국가가 어떻게 인식하는지를 아는 것은 매우 힘들다. 자신의 이미지가 어떻게 인식되는지를 잘 모르기 때문이다. 자신은 자신을 모범적 또는 우호적이라고 생각할 수 있으나 상대는 그렇게 생각하지 않는 경우가 많다.

가설 13: 행위자는 타 행위자가 자신을 위협으로 볼 수 있다는 것을 믿기 어렵다면 그에게 중요한 이슈가 타 행위자들에게는 중요하지 않다는 것을 이해하는 것은 더욱 어렵다.

행위자가 타 행위자는 적의 세력에 속한다는 것을 아는 경우일지라도 타 행위자가 전적으로 다른 게임, 즉 행위자가 생각하고 있는 게임이 아닌 전적으로 다른 게임을 하고 있다는 것을 인식하는 것은 어렵다. 이는 그가 하는 게임이 그에게 사활적으로 중요한 경우라면 특히 그러하다. 저비스의 가설 13은 가설 12와 함께 인간이 역지사지를 하기 어렵다는 점을 일깨워준다. 인간은 정의롭고 평화를 애호하며 타인들에게 관용적인 자신을 타인들이 잘 인식할 것이라고 믿기 때문에 자신이 의식하지 못할 수도 있는 언행이나 능력 자체가 타인들을 위협할 것이라고 생각하지 않는 경향이 있다. 그렇기 때문에 타인들의 입장에서 보면 나의 자위적인 조치가 위협적, 공격적이라고 오인될 가능성이 있는 것이다.

가설 14: 행위자들은 자신의 이론을 지지하는 증거가 다른 이론을 지지할 수도 있다는 사실을 간과할 수 있다.

저비스에 따르면 나치 독일이 노르웨이를 공격했을 때 노르웨이와 영국은 기습을 당했다고 느꼈다. 양국은 독일의 함정들이 노르웨이를 향해 항해하고 있음을 탐지했지만 그렇게 기습을 당했다고 느낀 것이었다. 그 이유 중 하나는 양국이 독일의 움직임(항해)은 공격이 아니라 영국의 해상봉쇄를 타파하고 대서양으로 진출하려는 시도일 것이라고 생각했던 탓이었다. 독일 함정들의 초기 항로는 이 두 가지 시도들 모두를 지지하는 것이었다. 그러나 영국과 노르웨이는 독일 함정들의 항해가 자신들이 예측한 대로 이루어질 것이라고 판단했다. 이는 그들의 해석이 잘못되었다는 것을 의미하기보다는 정책결정자들이 특정 증거(북쪽으로의 항해)가 해상봉쇄 타파뿐 아니라 노르웨이 공격을 의미할 수도 있다는 점을 알아차렸어야 했고, 그들이 갖고 있던 이론들에 대해 지나친 자신감을 가지면 안 되었다는 점을 말해주고 있다. 독일 함정들이 같은 항로를 더 많이 항해할 때까지 판단을 유보했어야 했다. 이 가설은 다른 사례들에도 적용될 수 있다. 히틀러가 주데텐란트(Sudetenland)에 대한 독일의 권리를 주장했을 때 그의 이러한 행동에 관한 두 가지 가설 모두가 타당할 수 있었다. 즉 그는 끝없는 영토적 욕심을 가진 야심가일 수도, 또는 모든 독일인들을 통합하길 원하는 민족주의 지도자일 수도 있었다. 그러나 비독일인들에 대한 그의 행동(비독일인 지역인 체코를 침공한 일)은 후자의 가설에 의해 설명될 수 없었다. 바로 이 행동이 "히틀러는 저지되어야 한다."고 당시 유화론자들이 결심하게 된 이유였다.

VIII. 결론: 다시 외교정책결정과정론이란 무엇인가?

우리가 위에서 살펴본 외교정책결정과정의 이론들이란 현실주의의 방법론적 전제들, 또는 그것들을 공유하는 합리적 선택이론이나 합리적 행위자 모델이 간과하거나 포착하지 못하는 (또는 이론화를 위해 전략적으로 생략하는) 인간의 비합리적 요소들이 의사결정과정에 미치는 영향에 대해 빛을 비춰주는, 다시 말해, '형광등'으로서의 지배적 패러다임이 보여주지 못하는 부분을 보여주는 '손전등들'을 가리킨다. 그것은 '형이상학적 추상물'인 국가라는 암상자를 열어 의사를 실제로 결정하는 '살과 피'를 가진 사람들과 그들 간의 상호작용에 초점을 맞추는 '행위자-구체적'인 또는 주체지향적인 이론들이다. 이 이론들은 외교정책결정과정에 대한 전반적이고 추세적인 그림을 보여주는 '행위자-일반적' 이론과는 달리 인간 정책결정자의 역할이 특정 시공간에서 구체적이고 맥락적으로 드러나는 그림을 보여준다. 그렇기 때문에 외교정책결정과정론은 다수준의 변수들을 검토하고 다요인들로 설명을 시도하며, 심리학, 사회학, 조직행태론, 인류학, 경제학 등의 많은 학문영역으로부터의 통찰력을 환영한다는 면에서 학제적 접근법이다(허드슨 2007, 20-22). 그러나, 국제정치나 외교정책결정과정에 대한 전체적, 통합적 이해의 관점에서 보면, '손전등들'은 '형광등'이 보여주지 못하는 부분들을 보여준다는 의미에서 형광등에 대해 상호 보완적인 관계에 있다. 국가의 대외적 행위에 대한 '(국제)체제적 영향(system impact)'을 드러내주는 합리적 선택론은 장기적이고 일반적인 외교정책적 추세를 기술하는 데, 그리고 국가 내부의 '결정 동학'에 주목하는 외교정책결정과정론적 관점은 단기적이고 변화하는 외교정책 행위를 설명하는 데 상대적으로 더 유용하다. 정책결정자들은 당연히 이 두 패러다임의 상보성을 활용하여 '보다 완전한,' '보다 큰' 그림을 그릴 수 있게 될 것이고, 국제정치나 외교정책결정과정에 관한 이해를 증진할 수 있게 되어, 그들이 직면한 문제의 해결을 위해 더 정교하고 효과적이며 효율적인 정책 도구를 선택/사용할 수 있게 될 것이다. 부정적인 관점에서 보면, 다양한 손전등들을 갖추고 있지 못한 정책결정자들은 그들의 인간적 한계나 그들을 둘러싼 구조적 제약에 대한 몰이해로 인해 문제 해결은커녕 자신들뿐 아니라 그들이 책임지고 있는 국민들, 나아가 인류 전체에 재앙을 초래할 수도 있을 것이다.

참고문헌

박건영. 2016. "한국 안보와 사드(THAAD)." 『한국과 국제정치』 32(3).
_____. 2020. 『국제관계사』. 서울: 사회평론아카데미.
_____. 2021. 『외교정책결정의 이해』. 서울: 사회평론아카데미.
이용희. 1955. 『국제정치원론』. 서울: 장왕사.
허드슨, 발레리. 2007. 『외교정책론: 다양한 외교정책분석의 소개와 검토』. 서울: 을유문화사.

Allison, Graham T. and Philip Zelikow. 2005. 『결정의 엣센스』. 김태현 옮김. 서울: 모음북스.
Craig, Gordon and Felix Gilbert (eds.). 1963. *The Diplomats* III. New York, NY: Atheneum.
Freyberg-Inan, Annette. 2004. *What Moves Man: The Realist Theory of International Relations and Its Judgment of Human Nature*. New York, NY: State of New York University Press.
George, Alexander L. 1969. "The "Operational Code": A Neglected Approach to the Study of Political Leaders and Decision-Making." *International Studies Quarterly* 13(2): 190-222.
_____. 1993. *Bridging the Gap: Theory and Practice in Foreign Policy*. Washington DC: United States Institute of Peace.
_____. 1975. "Assessing Presidential Character." in Aaron Wildavsky (ed.), *Perspectives on the Presidency*. New York, NY: Little, Brown and Company.
Gourevitch, Peter. 1978. "The Second Image Reversed: The International Sources of Domestic Politics." *International Organization* 32(4): 881-912.
Hartz, Louis. 1955. *The Liberal Tradition in America: An Interpretation of American Political Thought since the Revolution*. New York, NY: Harcourt, Brace & World.
Janis, Irving L. 1982. *Groupthink: Psychological Studies of Policy Decisions and Fiascoes*. Boston, MA: Houghton Mifflin.
Jervis, Robert. 1968. "Hypotheses on Misperception." *World Politics* 20(3): 454-479.
_____. 2017. *Perception and Misperception in International Politics*. Princeton, NJ: Princeton University Press.
Kaufmann, W. W. 1963. "Two American Ambassadors: Bullitt and Kennedy." in Gordon Craig and Felix Gilbert (eds.), *The Diplomats* III. New York, NY: Atheneum.
Leites, Nathan. 1951. *The Operational Code of the Politburo*. Santa Monica, CA: the

Rand Corporation.

Morgenthau, Hans. 1946. *Scientific Man versus Power Politics*. Chicago, Il: University of Chicago Press.

_____. 1948. *Politics among Nations: The Struggle for Power and Peace*. New York, NY: Afred Knopf.

Potter, E. B. et al. 1955. *The United States and World Sea Power*. New York, NY: Prentice-Hall.

Snyder, Richard C., H. W. Bruck, Burton Sapin, Valerie Hudson. 2002. *Foreign Policy Decision Making* (Revisited). New York, NY: Palgrave Macmillan.

Sprout, Harold and Margaret Sprout. 1956. *Man-Milieu Relationship Hypotheses in the Context of International Politics*. Princeton, NJ: Center of International Studies, Princeton University.

_____. 1957. "Environmental Factors in the Study of International Politics." *The Journal of Conflict Resolution* 1(4).

구성주의

신욱희(서울대학교 정치외교학부)

I. 서론

1980년대 후반에 등장한 구성주의 논의가 국제정치이론가들의 주된 관심의 대상이 되리라고 예상했던 학자들은 많지 않았다. 하지만 구성주의 이론은 한편으로 신현실주의, 신자유주의와 함께 주류이론의 세 기둥으로 묘사되기도 하였고(Walt 1998), 다른 한편으로는 주류이론과 비판이론을 연결시킬 수 있는 가교 역할을 할 수 있을 것으로 기대되기도 하였다(Smith 2001). 또한 이후에 언급되는 것처럼 구성주의는 그 자체 내에서 다양한 입장이 구별되기도 하고, 구성주의와 다른 여러 이론과의 연계 가능성이 모색되고 있기도 하

....
* 초고에 대해 유익한 논평을 해주신 박건영 교수님께 감사드리고, 자료정리를 도와 준 주연정 석사에게 고마움을 표한다.

다. 어떠한 면에서 구성주의는 국제정치이론 이전에 하나의 사회이론으로서 많은 학자들의 저작에 등장하였던 것이 사실이며,[1] 이를 하나의 이론이라기보다는 '접근법'으로 간주하는 것이 적절하다고 지적되기도 한다.

1980년대 후반 이래 국제정치학계에서의 구성주의 연구를 하나의 논문에서 모두 포괄하는 것은 사실상 불가능하기 때문에, 이 글은 가장 중요한 구성주의 국제정치이론가라고 할 수 있는 웬트(Alexander Wendt)의 주요 논문(Wendt 1987; 1994; 2003)과 필자의 구성주의에 대한 리뷰 논문(신욱희 1998; 2004; 2008), 그리고 다른 학자들의 핵심적인 저작을 중심으로 서술되었다. 구성주의의 내용에 대한 부분은 이론의 핵심 주제인 주체와 구조, 관념적 변수, 그리고 권력과 실천의 문제에 대한 논의로 구성되었는데, 이는 각각 구성주의의 존재론, 인식론, 그리고 목적론에 대한 것으로 볼 수 있으며, 분석수준의 면에서는 미시, 거시, 그리고 미시-거시 연계의 주제로 구별될 수도 있을 것이다. 다음으로 구성주의 이론에 대한 평가, 경험적 사례에의 적용, 그리고 이론적 연구의 확장 가능성에 대한 논의가 이루어질 것이다.

....

1   대표적인 이론가로 짐멜(Simmel), 파슨스(Parsons), 버거와 루크만(Berger and Luckmann), 엘리아스(Elias), 웅거(Unger) 등을 들 수 있을 것이다.

II. 주체-구조의 문제

룰은 없는거야, 내가 만들어 가는거야 (김원준, '쇼')

웬트는 주체-구조 문제(agent-structure problem)에 대한 자신의 논문을 월츠(Kenneth Waltz)와 월러스타인(Immanuel Wallerstein)에 대한 비판에서 시작하였다. 그는 신현실주의와 세계체제론을 검토하면서, 이들이 각각 개체주의적 환원론과 구조에 대한 물신화의 문제점을 갖고 있다고 지적하였다. 웬트에 의하면 국가(주체)를 선험적이고 영속적인 존재로 가정하고 그들 간의 권력의 분포, 즉 개체수준의 변화에 의해 구조를 정의하고 있는 월츠의 이론은 주체 자체, 즉 근대국가의 형성과 전환을 설명할 수 없으며,[2] 구조를 절대시하면서 구체적인 행위자, 즉 국가나 계급의 행위로부터 분리시키고 있는 월러스타인의 이론은 반대로 자본주의 세계경제의 실제적인 형성과 전환을 설명할 수 없다는 것이다(Wendt 1987, 340-349).

그는 기든스(Anthony Giddens)의 구조화 이론(structuration theory)을 원용하여,[3] 국제체제를 형성하는 주체와 구조 사이에 존재하는 상호구성적인 속성(mutually constitutive nature)에 주목할 필요가 있다고 본다. 이와 같은 주장은 국가도 인간과 마찬가지로 행위

....

2 월츠는 개체들의 의도하지 않은 결과로 구조가 형성되지만, 일단 형성된 구조는 개체들의 행위에 일방적인 제약을 부과한다고 지적하였다.
3 기든스가 여기서 강조하는 것은 주체와 객체, 개인과 사회, 미시적 수준과 거시적 수준이 '이원적'으로 존재하는 것이 아니라, '상호적'으로 서로를 구성한다는 점이다(Giddens 1984, ch. 1).

를 통해 그들이 속하는 체제를 재생산하거나 변화시키는 의도적 행위자이며, 국제체제는 이러한 행위자들의 상호작용에 영향을 미치는 사회적인 관계로 이루어져 있다는 점을 그 내용으로 한다. 웬트는 이러한 분석을 위한 방법론으로 과학적 실재론(scientific realism)과[4] 이에 바탕을 둔 구조적-역사적 분석(structural-historical analysis) 방법을 제시하고,[5] 이를 통해 국가 행위자와 구조의 속성 모두를 규명할 수 있는 연구영역의 개발이 필요함을 강조하였다.

웬트와 함께 구성주의의 초기 논의를 주도했던 오너프(Nicholas Onuf)와 크라토크빌(Friedrich Kratochwil)이 구조화 과정에서 중시했던 매개변수는 규칙(rules)이었다. 오너프도 주체와 구조가 서로를 구성하고 있다는 점에 동의하면서, 규칙이 갖는 양방향의 성격과 그 사회적 기능을 강조하였다(Onuf와의 면담 1996). 크라토크빌역시 행위자의 능력이나 의도를 고려하는 미시적 이론과 함께 그들간의 상호작용이 규칙에 의해 제어되는 방식이나 그 결과에 대한고찰이 필요하다고 지적하였다(Kratochwil과의 면담 1996). 그는 국가의 상호작용에 있어 각각의 행위자가 어떠한 이유에서 무엇을 행위의 기준으로 삼고 있는가를 파악하는 것이 중요하며, 이를 위해서는 주체의 관습적 행태나 국제체제의 조직원리에 대한 역사적 이해의 작업이 요구되며 이와 같은 점에서 구성주의적 접근이 갖는 효

....

4   과학적 실재론은 비가시적인 실체에 존재론적 의미를 부여하고, 그에 대한 과학적 추론의 가능성을 인정하고 있다. 예를 들어 사회적 구조 그 자체는 비가시적일지라도 그는 관찰 가능한 영향들을 만들어 낸다는 것이다(Bhaskar 1979).
5   이는 인과적인 힘이나 관습 그리고 국가들의 이익을 이론화하고 설명하는 '추상적인' 분석과, 특정한 사건에 이르게 되는 인과적으로 중요한 국가들의 선택과 상호작용의 진행 과정을 추적하는 '구체적인' 분석의 결합을 뜻한다(Wendt 1987, 364).

용성을 찾을 수 있다고 보았다(Kratochwil 1995, 14-16).

주체와 구조의 역사적인 상호구성의 과정을 잘 보여주는 것은 근대국가와 국제체제의 형성에 대한 일련의 역사사회학자들의 작업이다. 틸리(Charles Tilly)는 전쟁의 수행(war making), 국가의 형성(state making), 보호(protection), 수취(extraction)의 상호의존적 전개를 통해서 근대국가가 성립되고 전쟁이 국제체제의 통상적인 조건으로 자리 잡게 되는 동시적인 과정을 서술하였다(Tilly 1985). 기든스도 유사한 맥락에서 근대국가와 '국제관계(international relations)'의 '발명(invention)'을 설명하고 있다. 그는 절대주의 국가와 근대국가에서 군사력이 갖는 영향에 대한 고찰을 통해서 유물론적 사관의 대안으로서 '단절적인' 근대사 해석을 제시하는데, 그 과정에서 기든스(Giddens 1987. ch. 10)가 주목하는 것은 경제력과 군사력의 결합, 국가의 행정 능력의 확산, 그리고 그와 연관된 일련의 우발적인 역사적 전개의 요소이다.

크라토크빌은 '경계(boundary)' 기능의 변화에 대한 관찰을 통해 이러한 상호작용의 과정에 대한 비교역사적 분석을 제시한다(Kratochwil 1986, 27). 그에 따르면,

역사를 통한 경계 기능의 변화는 서로 다른 국내적, 국제적 체제 사이의 상호작용의 속성과 유형의 차별성을 드러내는 데 있어 유용하다.… 경계 기능의 전환에 관한 관찰은 현재의 영토국가체제의 기원과 진화를 좀 더 잘 이해할 수 있게끔 해준다.

그는 국가가 그를 통해 영토적 주권의 배타적 속성을 완화시키고

자신의 관계들을 관리하는 다양한 방식이 존재한다고 지적하면서, 다음과 같이 이야기하고 있다(Kratochwil 1986, 51).

이 (현재의 세계) 체제는 국제정치의 조직원리로서 보편적인 영토성 인정에 있어서의 갈등적인 경향과 영토적 배타성을 침식하는 증대 되는 상호의존성으로의 뚜렷한 반대 경향에 의해서 특징 지워진다.

상호작용의 과정에 대한 검토에 있어 상대적으로 체계적인 분 석틀을 제공하고자 하는 다른 시도는 외교정책분석(foreign policy analysis)의 분야에서 등장하였다. 한 예로 칼스네스(Walter Carlsnaes)는 해석적, 목적적인 주체와 규제적, 유도적 속성의 견지에서 정 의되는 구조적 영역 사이의 시계열적 상호작용의 역동적 형태에 대 한 메타이론적 틀의 구축을 시도하였다. 그는 1. 선택과 선호로 이 루어진 의도적 차원, 2. 인식과 가치로 이루어진 성향적 차원, 3. 객 관적 조건과 제도적 설정으로 이루어진 구조적 차원의 세 차원을 설정하고, 3은 1, 2와, 2는 1과 인과적 관계를, 그리고 1은 외교정책 행위와 목적론적 관계를 갖는다고 본다(Carlsnaes 1992, 254). 또한 칼스네스는 분석적 차원과 시간적 차원으로 이루어진 형태발생론 적(morphogenetic) 모델에서 한 시점(T1)의 구조(S1)에서 이루어진 행위(A1)가 새로운 시점(T2)의 구조(S2)를 창출하고 그 아래서 또 다른 행위(A2)를 유도하는 순환 형태를 제시하였다(Carlsnaes 1992, 260).[6]

....

6　웬트의 논의가 주로 국제정치이론의 존재론에 머물렀다면, 칼스네스는 외교정책분석의

주체-구조의 '문제' 제기로 인해 국제정치학에서 구성주의 논의
가 본격적으로 시작되었지만, 막상 구성주의 전반에 걸친 학문적 작
업의 축적에 비해 주체-구조의 상호작용에 대한 고찰을 통해 실제
적으로 '문제'의 해결을 시도한 연구는 그다지 많지 않았다.[7] 따라
서 우리는 상호구성이라는 단순한 주장의 한계, 그것이 가져오는 교
착상태, 그리고 그에 대한 'So what?' 비판에 대응할 수 있는 방법
에 대해 생각해 보아야 한다. 그 하나의 가능성은 이 과정이 기본적
으로 복잡성(complexity)의 견지에서 이해되어야 한다는 전제 아래
서, 복잡계 이론과의 연결을 시도하는 것이다. 복잡계 이론은 상대
적으로 체계, 즉 구조의 측면을 주로 다루고 있지만, 주체 간 상호작
용을 통한 체계의 변화, 즉 주체와 과정의 측면 역시 분석의 대상으
로 하는 것이다. 민병원은 국제정치라는 거대한 '시스템' 속에서 일
어나는 비선형 관계들, 그리고 상식을 초월하는 복잡한 변화와 예측
을 불허하는 격변의 모습은 복잡계 이론에서 다루는 주요 대상이라
고 지적한다(민병원 2005). 복잡계 이론가인 홀랜드(John Holland)
는 복잡계의 유형을 복잡물질체계와 복잡적응체계로 구분하면서,
사회과학이 다루는 복잡적응체계에서는 '적응적 주체'들의 상호
작용에 대한 분석은 물론이고 기술(describing)의 표준적인 도구도
없기 때문에 그 분석이 더욱 어려워진다고 주장하고 있다(Holland
2014). 신현실주의자들이 다루는 구조가 상대적으로 복잡물질체계
에 가깝다고 한다면, 구성주의자들이 탐구하고자 하는 주체-구조의

....
사례를 통해 주체-구조 문제의 구체적인 적용 사례를 제공하고 있는 것이다.
7   이 주제에 대한 중요한 작업으로 Friedman and Starr(1997)과 Wight(2006)을 들 수
    있다.

상호구성 과정과 정체성의 역할의 주제는 적응적 주체와 복잡적응 체계의 문제라고 할 수 있을 것이다.

주체-구조 논의의 단순성을 극복하는 실제적인 방법은 주체와 구조 사이, 혹은 주체 간의 영향력을 비교해 보는 것이다. 민병원은 구성주의의 이론적 매커니즘 속에서 주체-구조의 상호작용이라는 모순적 관계를 구현하기 위해서는 이 관계의 '비대칭성'을 인식하는 일이 중요하다고 주장하였다(민병원 2010). 이러한 비대칭적 혹은 압도적인 주체, 혹은 그가 주도하는 관념적 구조의 규정력을 고찰하는 것은 '패권'에 대한 논의와 연결된다. 조지프(Jonathan Joseph)는 주체와 구조 사이의 매개적 계기와 구조적 결합의 일관성을 유지하는 요소로서 '패권'의 역할을 지적하는데(Joseph 2008), 이와 같은 주장은 그람시(Antonio Gramsci)의 영향을 받은 콕스 (Robert Cox)와 같은 '이탈리아학파(the Italian school)'의 저작에 등장해 왔다(Cox 1981).[8]

주체 간의 차별성에 관한 주제에 대해 가장 체계적인 분석을 제공하는 학자는 홉슨(John Hobson)이라고 할 수 있다. 그는 국가의 '국제적 주체 능력(international agential power)'을 '국제-구조적인 요구와 국제적인 비국가 행위자의 이해에서 자유롭게 외교정책을 수립하고 국제적 영역을 형성하는 국가의 능력'이라고 정의하였다. 그리고 홉슨은 이 능력에 따라 국가의 형태를 '국제적 주체성이 없는 수동적-적응적 국가,' '어느 정도의 국제적 주체 능력이 있으면

....

8 콕스는 관념의 제도화가 패권적 질서의 안정화와 영속화의 수단으로 사용된다고 지적하였다.

서 국내적으로는 수동적인 국가,' '큰 국제적 주체 능력이 있으면서 국내적으로는 수동적인 국가,' '높은 국내적, 국제적 주체 능력을 가진 선도적인 국가,' '탄력적인 국내적, 국제적 주체 능력을 가진 구성적인 국가'의 다섯으로 분류하면서, 주체성과 양면적 행위자로서의 국가의 위상 문제를 연결시키고 있다(Hobson 2000).

주체의 상대적 자율성과 그를 통한 구조의 형성 내지는 전환의 고찰을 위해 고려되는 또 다른 보완적 방법은 '관계의 구축'에 대한 사회이론의 활용이다. 필자는 사회적 구조의 등장과 소멸에 관한 '과정적 시각'을 강조하는 관계사회학(relational sociology) 이론을 원용하여 주체와 구조의 양분법 내지는 단순한 상호작용의 논리를 보완할 수 있을 것이라고 지적한 바 있다(신욱희 2017). 즉 이머베이어(Mustafa Emirbayer)가 말하는 것처럼 "조건, 혹은 단위 사이의 관계를 그 속성에 있어 부동의 개체 사이의 정적 연계가 아닌 현저하게 역동적이고 지속적으로 전개되는 과정으로 간주"하는 교류적 접근법(transactional approach)을 사용해서 주체-구조 관계가 보여주는 인과성 내지는 개연성을 검토해 보는 방식을 생각해 보는 것이다(Emirbayer 1997, 288-289).[9]

....

9   한신갑은 관계사회학의 이론들을 남북한 관계에 적용하고자 하였다(한신갑 2013).

III. 관념의 역할

내가 그의 이름을 불러주기 전에는

그는 다만 하나의 몸짓에 지나지 않았다.

내가 그의 이름을 불러주었을 때

그는 나에게로 와서 꽃이 되었다.

(김춘수, '꽃')

라피드(Yosef Lapid)는 크라토크빌과의 편저에서 20세기 말의 사회이론과 실천의 영역에서 문화와 정체성의 극적인 귀환을 지적하면서 아래와 같이 서술하였다(Lapid and Kratochwil 1996, 3).

문화와 정체성으로의 추의 이동은 냉전 이후 국제정치의 이론화에서 매우 현저하였다. 그 경향은 익숙한 영역의 경계를 초월하여 주류 정통파와 새로운 비판이론 그룹을 모두 포괄하였다. 신현실주의로의 월츠류의 영향 아래서 문화와 정체성을 가혹하게 주변화시켰던 정치적 현실주의자들도 이 흐름에 조심스럽게 동참하였다. 국제정치경제에서도 유사하게 '관념적 설명'에 대한 적대적인 무관심의 시기를 지나 '관념'을 위한 시간이 다시 도래하였다. 그리고 문화를 '가장 최후의 보루'로 간주하던 외교정책분석가들도 '외교정책에 있어서 문화적인 영향에 대한 연구로 이동'하기로 굳게 마음먹은 듯 했다.

비슷한 시기에 출판된 국가안보의 문화적 고찰에 대한 책에서 편집자인 카첸스타인(Peter Katzenstein)은 "최근 수년간 세계정치를 특징 지었던 혁명적인 변화는 학자들에게 성찰과 비판적 자기검토를 위한 특별한 기회를 제공하였다"라고 지적하였다(Katzenstein 1996, xi). 그 책에서 제퍼슨(Ronald Jepperson), 웬트, 카첸스타인은 국제정치이론에서의 그러한 반성의 결과에 대해 다음과 같이 이야기하고 있다(Katzenstein 1996, 33).

첫째, 우리는 국가들이 속해 있는 안보 환경은 부분적으로 단순히 물질적인 것만이 아닌 문화적이고 제도적인 성격을 갖는다고 주장한다.… 둘째, 우리는 문화적 환경이 다양한 종류의 국가 행위를 위한 동기에 영향을 미치는 것만이 아니라, 우리가 국가 '정체성'이라고 부르는 국가의 기본적인 성격에도 영향을 미친다고 주장한다.[10]

구성주의자들은 국가 정체성의 사회적 구성의 측면에 관심을 두고 있는데, 이는 단위체의 안과 밖에서 동시에 진행되는 과정이다. 주권(sovereignty)의 관념이 하나의 예인데, 주권에 대해 서로 다른 해석을 하고 있는 국가들은 그들의 국가이익(national interest)에 대해서도 각기 다른 생각을 하게 된다고 본다. 다시 말하자면 한 국가의 정체성을 구성하는 원리를 이해함으로써 그 국가가 자신의 이익을 규정하는 방식에 대한 좀 더 명확한 이해가 가능하다는 것이다(Bukovansky 1996, 248-250). 이와 같은 점에서 대부분의 행위자들

....

10 이와 같은 구성주의와 안보론과의 연결은 이후 전략문화(strategic culture), 안보화(securitization) 이론, 그리고 존재론적 안보(ontological security) 등의 논의로 발전하였다(Johnston 1998; Balzacq 2010; Mitzen 2006)

이 유사한 선호체계를 갖고 있다고 가정하는 합리주의자(rational-ist)와의 차별성이 존재한다고 할 수 있다.

이러한 접근은 포괄적 의미의 국제레짐에 대한 구성주의자들의 초기 저작에서도 발견된다. 크라토크빌과 러기(John Ruggie)는 전략적 상호작용으로 대표되는 일반적인 국제정치의 영역과 국제레짐이 구별되는 것은 후자가 갖는 규범적 요소라고 보았다. 그들은 간주관적인 의미로서의 규범이 국가의 행태에 미치는 영향의 중요성을 지적하면서, 국제레짐 안에서 규범의 역할은 단순히 하나의 수동적 과정으로서가 아니라 그를 통해 국가의 행위에 대한 해석, 명분이나 정당화 또는 위반에 대한 죄의식이 주어지는 의사소통적 동학(communicative dynamics)의 차원에서 연구되어야 한다고 주장하였다(Kratochwil and Ruggie 1986, 764-768).

유네스코, 국제적십자사, 그리고 세계은행을 사례로 하는 연구에서 피네모어(Martha Finnemore)는 아래와 같이 서술하였다(Finnemore 1996, 2).

나는 국가의 이익과 행태를 권력이 아닌 의미와 사회적 가치의 국제적 구조를 탐구함에 의해서 이해하는 체계적인 접근법을 고안하였다. 우리는 국가들이 하나의 부분으로 되어 있는 국제적인 사회구조에 대한 이해 없이 국가들이 무엇을 원하는지를 이해할 수는 없다. 국가들은 세계에 대한 그들의 인식과 그 안에서의 자신들의 역할을 형성하는 초국가적이고 국제적인 사회적 관계의 촘촘한 네트워크에 편입되어 있다. 국가들은 그 안에서 자신들과 자국의 국민들이 살고 있는 국제사회에 의해 특정한 것들을 원하도록 *사회화되*

는 것이다.

문화, 이념, 가치, 규범, 인식, 의미 등 다양한 종류의 관념적 요인 중 구성주의자들이 가장 강조하는 정체성의 변수는 앞서 논의된 주체-구조 문제의 논의와도 연결되고 있다. 클로츠(Audie Klotz)와 린치(Cecelia Lynch)는 주체와 구조 사이의 상호작용의 과정에 있어서 매개로 작동하는 정체성의 역할 분석을 위한 정교한 방법론을 제시하였다(Klotz and Lynch 2007). 그들에 의하면,

주체와 구조 사이의 상호구성의 존재론을 유지하면서 구성주의자들은 정체성을 시기와 맥락에 따라 변화하는 사회적 관계로 간주하고 있다.… 따라서 구성주의자들은 경험적 연구에서 자아(self)에 대한 의식, 그것의 의미들과 그들의 성찰적인 영향의 전개에 있어서 맥락과 행위를 연결하는 과정을 탐구한다(Klotz and Lynch 2007, 65).

그들은 상대적으로 엘리트의 역할이 강조되는 표상적 접근(representational approach)과 사회적 수준의 관념이 중시되는 사회정체성 형성(social identity formation) 이론을 결합하는 과정 지향적 방법론(process-oriented methodology)을 통해서 정체성이 갖는 본질적인 유동성을 간파하고자 하였다.[11] 이는 다른 한편으로 구성주

....

11 이는 인식을 통한 정체성의 구성 과정을 개인, 국가, 국제 수준에서 함께 고찰한다는 것을 의미한다. 루소(David Rousseau)의 위협의 구성(construction of threat) 모델이 그러한 예라고 할 수 있다(Rousseau 2006).

이론과 비교정치학이 연결될 수 있음을 보여준다고 할 수 있다. 필자는 '양면 안보딜레마'라는 개념을 통해서, 국가 수준의 협력 필요성과 지도자의 의도에도 불구하고 비합리성, 혹은 제한된 합리성이 작동하면서 국가 간의 불안정 내지는 갈등이 지속되는 이유를 고찰하였다(신욱희 2017a, 제3장). 이는 엘리트의 정치적 목적을 위해서 투사된 위협인식이 사회적인 정체성을 형성함으로써 이후 엘리트의 정책적 행위를 제한하게 된다는 것을 그 내용으로 한다. 이 개념은 한국, 중국, 일본 사이의 '역사적 기억'의 문제나, 남북한 관계에서의 국내정치적 요인의 역할을 고찰하는 데 있어 유용할 것으로 생각된다.

구성주의에서 논의되는 정체성의 주제 중 가장 핵심적인 것은 역시 국제체제의 특성에 대한 것이라고 할 수 있다. 구성주의자들은 이론화의 대상인 국제정치의 현실이 이미 일방적으로 주어진 것, 영속적인 것이 아니라 역사적, 그리고 간주관적으로(inter-subjectively) 구성되었고 재구성될 것으로 간주한다. 이에 따르면 국제정치의 주체의 특성인 주권이나 구조의 특성인 무정부성은 모두 고정된 것이 아니라 유동적인 대상인 셈이다. 구성주의자들은 주권을 기본적으로 근대 국제관계의 사회적 구성물(social construct)로 생각하며 그 형성의 과정을 추적하거나 공유나 해체의 가능성을 언급하고 있으며, 국가의 행위를 제약하고 있는 무정부적 구조는 하나의 일관된 환경이 아니라 상대방을 적의 이미지로 보는 홉스적(Hobbesian) 상태, 경쟁자의 이미지로 보는 로크적(Lockean) 상태, 그리고 친구로 보는 칸트적(Kantian) 상태로 구분될 수 있다고 본다(신욱희 2004, 461).

웬트는 자신의 1992년 논문에서 아래와 같이 서술하였다.

나는 자조(self-help)와 권력정치가 논리적, 혹은 인과적으로 무정부성으로부터 도출되는 것은 아니며, 만약 우리가 자조적인 세계에 살고 있는 우리 자신을 발견한다면 이는 구조가 아닌 과정에 기인한 것이라고 주장한다. 다른 것이 아닌 어떤 하나의 정체성과 이익의 구조를 만들어내고 구체화하는 관습들로부터 독립되어 있는 무정부성의 '논리'가 존재하는 것은 아니다. 구조는 과정으로부터 독립된 존재나 인과적인 힘을 갖지는 않는 것이다. 자조와 권력정치는 무정부성의 필수적인 특성이 아니라 제도이다. *무정부성은 국가들이 만들어 내는 것이다*(Wendt 1992, 394-395).

이와 같은 주장은 아래에서 다루어지는 권력과 실천, 그리고 전환의 논의로 연결된다.

IV. 권력과 실천

현재의 모든 것들은 전환되어야 한다.

(매튜 바니와 조지프 보이스, 구겐하임 미술관)

주체와 구조, 그리고 그 매개로서의 정체성에 대한 고찰은 결국 주체가 자신이 놓여 있는 '사회적 구조'를 전환시키는 실천과 그를 위한 '구성적 권력'의 문제로 연결된다. 한병철은 권력의 의미론에 대해 다음과 같이 이야기한다(한병철 2011, 51-52).

벌거벗은 폭력과 달리 권력은 의미와 결부될 수 있다. 그 의미론적 잠재력을 매개로 권력은 이해의 지평 속에 등장한다. 그런데 이때의 의미란 무엇인가? 무엇인가가 어떤 의미를 갖는다는 것은 무슨 말인가? A와 B와 C가 전적으로 우연하게 옆에 있게 되었을 경우 이 인접관계는 아무런 의미도 갖지 않는다. 이런 단순한 우연성이, 다시 말해 우연하게 옆에 있게 된 것이 특정한 형상을 통해 구조화될 때 비로소 의미가 생겨난다. A. B, C가 어떤 방식으로든 서로 관계 맺을 때, 다시 말해 그것들이 어떤 구조나 맥락 속에, 서로 관련시키는 관계 연속체 속에 편입될 때, 하나의 의미가 생겨난다. 이들을 묶어주는 구조가 완전히 붕괴하면 A와 B와 C는 무의미해진다.

권력분석을 주 연구 대상으로 하는 볼드윈(David Baldwin)은 그의 저서에서 '류크스(Lukes)의 주제에 대한 변용에 푸코(Foucault)를 더한 것'이 구성주의적 권력이라고 묘사한 구치니(Stefano Guzzini)의 견해를 소개하고(Baldwin 2016, 147),[12] 아래와 같은 바넷(Michael Barnett)과 듀발(Raymond Duvall)의 권력에 대한 정의를 인용하고 있다(Baldwin 2016, 149).

권력이란 사회적 관계 내에서, 그리고 그를 통해서, 행위자들이 그

....

12 구치니는 자신의 논문 모음집에서 권력의 주제를 중심으로 현실주의와 구성주의를 비판적으로 고찰하고 있다(Guzzini 2013).

들의 환경과 운명을 결정하는 능력을 형성시키는 영향들을 생산하는 것이다.

이어 볼드윈은 "제도와 구조는 일부의 이익과 다른 편의 불이익을 위해 작동할 수도 있지만, 또한 모두의 이익을 위해 작동할 수도 있는 것이다"라고 지적하면서(Baldwin 2016, 152), 주체의 구성적 권력을 통한 사회적 구조의 목적론적 전환의 여지를 제시하였다.

웬트는 1999년의 주저에서 권력정치를 만들어 낸 것과는 다른 방식의 상호작용을 통해 국가 행위자에 의한 배타적인 권위나 이익의 정의가 바뀌게 될 수 있는 가능성, 즉 홉스적 상태에서 로크적 상태를 거쳐 칸트적 상태로의 '무정부성의 문화(culture of anarchy)'의 전환에 대한 논의를 제시하였다(Wendt 1999). 그의 주장은 자신의 2003년 글에서 좀 더 구체적인 형태로 정리되었는데, 이 논문 초록의 내용은 다음과 같다(Wendt 2003, 491).

체계들이 좀 더 안정적인 상태로 발전하는 경향을 설명하기 위해 미시적 수준의 역동성과 거시적 수준의 경계 조건들을 결합시키는 설명 방식은 오랫동안 비과학적이고 목적론적인 것으로 일축되어 왔는데, 자기조직 이론의 등장에 의해 일종의 부활을 경험하고 있다. 그러한 방법론에 기반하여 이 논문은 조직적 폭력의 정당한 사용의 지구적인 독점, 즉 세계국가가 불가피하다고 주장한다. 미시적 수준에서 세계국가의 형성은 그들의 주관성을 획득하기 위한 개인과 집단들의 경쟁에 의해 추동된다. 거시적 수준에서 이 경쟁은 군사 기술과 전쟁이 점점 더 파괴적이 되는 경향을 낳게 되는 무정부성의 문화에 의해서 세계국가로 향한 통로를 제공한다. 이 과정은 이전 단계의 불안정성에 각각 대응하는 다섯 개의 단계를 통해 진행되는데, 국가 간 체제, 국제사회, 세계사회, 집단안보, 그리고 세계국가가 그것이다. 이 과정에서 인간 주체성은 항상 중요성을 갖지만 보편적인 인정의 요구에 의해서 통제되거나 권한이 주어지게 된다.

이와 같은 웬트의 목적론적 입장은 칸트적 상태로의 전환 과정에 있어 자본주의와 민주주의의 역할을 강조한다는 점에서는 민주평화론과, 국제체제가 갖는 사회적 속성의 진화를 기대한다는 점에서는 국제사회론과 유사하다고 할 수 있다.[13] 이 주장은 현실주의자들과 비판이론가들 모두에게서 비판을 받게 되었는데, 현실주의자들은 이러한 구성주의와 자유주의의 연결 측면이 근대 국제체제가 전환되기보다는 재생산되고 있는 현실을 도외시한다고 보고 있으며,[14] 비판이론가들은 유사한 연계를 냉전 이후 미 중심 체제의 등장을 설명하는 담론의 성격을 갖는다고 공격하는 것이다.[15] 물론 웬트의 이른바 통상적 구성주의(conventional constructivism)와 오너프나 크라토크빌, 그리고 구치니 등의 비판적 구성주의(critical constructivism)는 각기 다른 내용을 담고 있다는 점이 고려되어야 할 수

....

13 중국 학자인 탕스핑도 유사한 진화론적 견해를 제시하고 있다(탕스핑 2019).
14 즉 이들은 협력적인 집합 정체성의 등장보다는 갈등적인 집합 정체성의 지속 내지 강화가 좀 더 보편적인 국제정치적 현상이라고 생각하는 것이다. 하지만 구성주의자들도 전환적인 주체성의 획득과 이에 따르는 집합적 행동을 위해서는 구조의 현실주의적 재생산에 비해 훨씬 더 높은 정도의 대내외적 동원이 요구된다는 점을 인정하고 있다(Bukovansky 1996: 258-259).
15 즉 이는 듀드니(Daniel Duedney)가 서술하는 이른바 필라델피안 체제(the Philadelphian system)의 확산 논의로 해석되는 것이다(Duedney 1995).

도 있다.[16]

그럼에도 불구하고 최종 상태(end state)는 다양하다 할지라도 국제정치적 '현실'을 바꾸어나갈 수 있는 가능성을 상정하고 그 범주와 방법에 대한 지속적인 성찰을 한다는 점에서 국제정치이론의 '제3논쟁'과 그 맥락에서 구성주의가 갖는 의미를 찾을 수 있을 것으로 보인다. 역시 구성주의자인 와이트(Colin Wight)는 현재 국제정치이론의 분열상을 언급하면서 아래와 같이 주장하였다(Wight 2016).

통합적 다원주의의 궁극적인 검증은 실천에 있다. 하지만 이 실천은 우리가 그것의 문제, 가능성, 그리고 현실성에 대한 어느 정도의 감각을 갖지 않는다면 시작할 수도 없는 성격의 것이다. 복잡하게 조직화된 체제에 대한 정교한 해결책은 존재하지 않지만, 그들의 연구를 위한 하나의 방법이란 없다. 이 상황은 분명 '어떤 것도 좋아(anything goes)'는 아니지만, 우리가 그것을 시도해 보기 전에는 '좋은지 그렇지 않은지'를 이야기할 수 없는 것이다. 그리고 우리에게 그것을 어떻게 하라든지, 언제 우리가 결실을 맺을 수 있는지를 사전에 알려주는 규칙이란 없는 것이다.

....

16 즉 과학적 지식의 사회적 성격을 인정하면서도 이를 보완하는 새로운 합리적 추론의 토대를 모색하려 했던 웬트의 방법론에 비해 오너프나 크라토크빌의 견해는 좀 더 해석학 쪽에 가깝다고 할 수 있다. 크라토크빌은 필자와의 면담에서 구성주의와 과학적 방법론은 기본적으로 양립할 수 없다는 입장을 견지한 바 있다(Kratochwil과의 면담 1996). 이후 웬트는 이른바 '정신-육체의 문제(mind-body problem)'를 제기하면서, 뉴튼적 패러다임과 대립관계에 있으면서도 불확정성의 인식을 바탕으로 이를 포괄할 수도 있다고 보는 양자이론의 내용을 바탕으로 새로운 사회과학 방법론을 제시하였다(Wendt 2015).

V. 적용, 평가, 확장

> 권력은 사람들이 존재한다고 믿는 곳에 존재합니다. 벽에 비친 그림자와 같은
> 일종의 속임수이지요. 아주 작은 사람도 굉장히 큰 그림자를 만들 수 있습니다.
>
> (왕좌의 게임)

1980년대 후반 이래 구성주의 이론은 국제정치학의 다양한 주제의 연구에 적용되어 왔다. 몇 가지 예로 인지적 진화과정으로서의 국제관계, 인식공동체, 안보공동체, 그리고 전략문화 등을 들 수 있다. 다른 한편으로 구성주의는 무정부성과 세력균형의 의미, 국가정체성과 이익의 관계, 권력 개념의 확장, 세계정치의 전환에 대한 전망 등의 논의에 있어서 이미 주류이론에 대한 대안적 혹은 보완적 이해를 제공하고 있다고 평가되었다(신욱희 2008, 125). 또한 구성주의가 '역사가 있는 국제정치학'이라는 점에서 볼 때 외교사의 여러 주제와도 밀접한 친화력을 갖는 것으로 보이는데, 대표적인 예가 냉전연구와의 연결이라고 할 수 있다. 역사학자인 케네디-파이프(Caroline Kennedy-Pipe)는 냉전의 종언 이후 외교사와 국제정치이론 간의 해빙 현상을 지적하면서, 냉전연구에 있어 구성주의가 갖는 효용성을 다음과 같이 이야기하였다(Kennedy-Pipe 2000, 753).

구성주의자들이 국제체제를 간주관적인 구성물로 간주하는 한, 그 (냉전의) 구성의 역사와 그 안에서 소련과 같은 행위자들이 국제체제를 인식해 온 방식은 성찰적 이론화의 주요 부분이 될 것이다.[17]

또 다른 역사학자인 웨스테드(Odd Westad)도 냉전의 재고찰에 대한 자신의 글에서 좀 더 '포괄적이고 다면적인,' '변화'를 설명할 수 있는, 그리고 '관념과 신념'의 역할을 나타낼 수 있는 접근 방식이 부각되고 있다고 말하면서, 아래와 같이 구성주의와 냉전연구의 연결 가능성을 언급하였다(Westad 2001, 8).

현실주의에 대해 새롭게 제기되는 의문에서 상당한 이득을 보고 있는 국제관계의 새로운 연구 방향은 구성주의라고 지칭되고 있는데, 이 접근법은 한 국가가 행동하는 사회적이고 문화적인 맥락을 강조하고 있다. 대부분의 구성주의자들은 이러한 맥락이 국내적이고 국제적인 차원 모두에 존재한다고 본다. 국내적인 수준에서는 문화와 신념체계에 대한 연구가 한 국가의 목표와 그 국가가 어떻게 행동하는가에 대해 아마 합리적 선택의 접근법에서 얻는 것보다 더 많은 것을 우리에게 말해줄 수 있을 것으로 보인다. 국제적인 수준에서는 규범의 확산과 관념의 전파에 대한 연구가 게임이론의 접근법보다 변화에 대한 우리의 이해를 더욱 크게 할 수 있을 것이다. 이것은 어떻게, 그리고 왜 냉전이 끝났는가를 설명하는 데 있어 필수적이라고 할 수 있을 것으로 생각한다.

구성주의 이론이 갖는 의미에 대해서는 다양한 평가가 존재해왔다. 한국의 학자들도 신현실주의나 신자유주의와 같은 주류이론과의 비교를 통해 구성주의가 기존 이론적 논의의 지평을 확대시켰

....

17 이와 같은 대표적 작업으로 호프(Ted Hopf)의 연구를 들 수 있다(Hopf 2012).

고, 행위자의 선호를 외생적으로 파악하여 이를 행위자에게 일방적으로 귀속시켰던 합리주의의 문제점을 극복했다는 지적을 한 바 있었다(김학노 2000; 양준희 2001). 국제체제의 바람직한 연구방법이 체제의 복잡성을 고려하면서 사회적 변화의 물질적, 제도적, 그리고 문화적 측면을 종합해 보는 것이라고 할 때(Snyder 2002), 구성주의가 지향하는 이론적 매개 내지는 통합 노력의 의미가 지적될 수 있을 것이다. 서론에서 언급되었던 영국의 학자 스미스(Steve Smith)는 다음과 같이 서술하고 있다(Smith 2001).

만약 웬트가 옳다면 사회적 구성주의자들은 무정부성의 영향과 절대적/상대적 이득의 문제에 대해 합리주의자들과 토론할 수 있을 것이고, 동시에 탈근대론자, 페니미즘 이론가, 역사사회학자, 비판이론가, 그리고 규범이론가들과는 (국가의) 행위에 부과되는 의미와, 좀 더 중요하게는, 행위자들의 정체성이 형성되는 과정에 대하여 논의할 수 있을 것이다.

하지만 다른 한편으로 스미스는 웬트의 이론이 기본적으로 국가중심적이며,[18] 그의 구조 개념이 물질적 요인을 포괄하는 데 한계가 있고, 주체가 갖는 선험적인 정체성을 고려하고 있지 않다는 점에서 구성주의에 의한 이론적 통합 가능성에 대해 회의를 나타냈다.

구성주의에 대한 비판 역시 다양한 방식으로 행해진 바 있었다.

....

18 와이트는 구조화이론을 주장하는 웬트가 국가의 논의에 있어서는 다시 구조주의를 따르고 있다고 비판하였다(Wight 2006).

개념의 난해함이나 모호함, 구체적 연구 계획의 부족, 그리고 방법론에 치중하면서 경험적 연구를 소홀히 한 점 등이 먼저 지적되었지만, 이는 상대적으로 엄밀한 이론체계가 등장하고 다양한 의제에 대한 사례연구가 축적되면서 부분적으로 개선되었다고 할 수 있다. 좀 더 근본적인 비판 중 하나는 국가를 스미스나 와이트(Colin Wight)가 지적한 것처럼 구성주의도 신현실주의와 유사하게 국가를 단일한 주체로 상정하면서 그 내면에 존재하는 국내정치적 역동성을 사상시킬 위험성을 갖는다는 점이다. 따라서 국내사회가 국제적 수준에서 부과되는 규칙과 규범을 수용 또는 거부하는 측면이나, 국내정치의 결과가 대외정책을 통해 외연화되는 부분에 대한 검토가 필요하다고 할 수 있다. 스미스의 또 다른 비판은 구성주의가 국가 간의 상호작용이 수반하는 인지적 사회성에 치중하면서 그에 선행하는 공유된 의미, 즉 좀 더 근본적인 문화나 문명의 변수를 적절하게 다루지 않는다는 점이다. 이는 웬트와 같은 통상적 구성주의자들이 보편성과 과학적 명료성을 유지하기 위해서 이론적으로 취급하기 힘든 '명백하게 사회적인' 요인, 다시 말해서 이미 관념적으로 각인된 영역에 대한 분석을 회피하는 경향이 있다는 것이다.

구성주의의 다른 한계 중의 하나는 이 접근법이 과거의 설명에는 적합하나 미래의 예측에는 취약하다는 것이다. 이러한 비판은 구성주의가 기본적으로 변화를 지향하기는 하나 그 변화의 여부와 방향을 분명하게 밝혀주고 있지 못하다는 지적과 연결된다. 이는 더 나아가서 세계국가와 같은 웬트의 논의가 상대적으로 결정론적으로 인식되면서, 구성주의가 강조하던 주체성의 영역을 오히려 축소해버리고 있다는 견해로 이어졌다.[19] 즉 원래의 의도와는 달리 구성주의가 평화의 유지에 있어 외교의 역할을 과소평가하고, 전환이 수반할 수 있는 폭력의 잠재력을 무시하는 면모를 보이게 되었다는 것이다(Sarvary 2006). 이와 같은 자유주의적 방향으로의 구성주의의 균형 이동은 위에서 언급된 것처럼 주류이론이 갖는 담론적 성격을 강화시키면서 구성주의가 내포한 비교적, 역사적 관점을 퇴색시킬 가능성을 갖는다.[20]

따라서 구성주의는 일반이론의 구축을 목표로 하기보다는 중범위 이론(medium-range theory)의 모색을 통해 다원적인 설명의 폭을 넓혀 나가고 그를 통해 미래의 예측에 대한 불가지론을 극복하려는 노력을 해야 할 것으로 생각된다. 즉 "차이의 인식을 통해 부분적 질서에 대한 이해와 예측성을 모색하고," "중간범위의 분석을 위한 부차적 선호나 전략의 내생적 형성과 변화에 대한 고찰을 수행하는"것이 필요한 것이다(Hopf 1998, 200). 그러한 모색 중의 하나가 구성주의를 활용하여 지역을 범주로 하는 중범위 이론, 즉 '지역이론'을 구축하려는 노력이라고 할 수 있다. 다시 말해서 지역체제의 형성과 전환에 대한 개념적/경험적 검토, 그리고 이와 연관된 규범적 지향성과 전략적 모색의 논의를 연결시키는 작업을 수행하

....

19 구성주의의 핵심 개념인 정체성 또한 그것이 갖는 복합적 성격과 주관적 해석의 가능성으로 인해서 이론화에 적합한 수단이 되고 있지 못하다고 지적되었다. 제퍼스(Maja Zehfuss)는 전후 독일의 사례를 들면서 정체성과 그 전환의 양상이 인과적 설명의 대상이 될 수 있다는 구성주의적 주장의 문제점을 제시하였다(Zehfuss 2002).
20 즉 구성주의가 새로운 거버넌스의 형태나 정치적 권위 등의 주체에 대해 포괄적인 설득력을 가지려면 오히려 문화적 맥락이나 국내정치적 요인에 대한 본격적 검토를 통해 왜 어떠한 지역이나 국가에는 자유주의적 해법이 적용되기가 쉽지 않은가를 설명해 내야 하는 것이다(신욱희 2008, 133).

는 것이다(신욱희 2017b, 42).[21] 나아가 이러한 작업의 비교 검토를 통한 다원적 이론의 모색 또한 구성주의 이론이 갖는 간주관적 성격을 활용하는 방식이 될 수 있을 것으로 보인다.

구성주의가 갖는 다른 장점 중 하나는 위에서 논의된 것처럼 여러 사회이론과 연결될 수 있는 이론의 학제적 성격과 그에 따른 확장 가능성이라고 할 것이다. 탈근대 이론의 비판적 측면을 수용하면서도 근대적 프로젝트가 갖는 의미를 확실히 부정하지는 않고 있는 구성주의자들의 견해는 '근대의 기획이 동반했던 오류들과 근대를 지양하려 했던 극단적 기획의 잘못'으로부터 모두 배워야 한다고 보는 하버마스(Jürgen Habermas)의 견해와 유사하다(김재현 외 1996, 49). 최근에 구성주의자들이 주목하고 있는 사회이론가는 하버마스와 오랜 논쟁을 벌였던 루만(Niklas Luhmann)이다. 구치니는 루만의 체계이론이 '작동에 있어서는 닫혀져 있고 자기 준거적이지만 인지적으로는 열린 사회체계'의 존재를 바탕으로 하고 있다고 지적하고, 그의 이론이 근본적으로 성찰성(reflexivity)에 기반한다는 점에서 구성주의와 공통점을 갖는다고 간주한다(Guzzini 2014, 208).[22] 하지만 한편으로는 정치체계의 커뮤니케이션의 매개(media of communication)로서 권력을 상정하고, 이에 따라 '정치적'인 것을 정의하는 루만의 구성주의적 입장이 홉스적 상태의 재생산에 대한 현실주의자들의 '자기충족적 예언'을 지지하는 것으로 해석

....

21 구성주의적 작업이 가장 활발하게 이루어진 주제가 유럽통합의 문제였다는 점에서도 구성주의가 갖는 '지역적' 한계가 지적될 수 있을 것이다.

22 성찰성의 개념은 오랫동안 구성주의와 비판이론을 연결시키는 핵심적인 역할을 해 왔다(Neufeld 1993; Hamati-Ataya 2012).

될 수 있는 부분에 대해 우려를 표시하고 있다. 그는 이어서 마찬가지로 성찰성을 강조하지만, 좀 더 다양하고 다차원적인 권력의 개념을 사용하면서 '지식의 사회적 구성과 사회적 현실의 구성 사이의 연계'를 탐색하는 부르디외(Pierre Bourdieu)의 장이론(theory of fields)과의 비교를 제의한다(Guzzini 2014, 219-220).[23] 이와 같이 사회이론에서의 논쟁과 구성주의를 연결시켜 보려는 노력은 다양한 방식의 이론적, 경험적 연구의 의제를 제공할 것으로 생각된다.[24]

VI. 결론

1980년대 후반에서 현재에 이르기까지 국제정치학에서 구성주의 이론이 갖는 학문적 비중은 크게 증대되어 왔다. 초기에 하나의 '틈새' 이론으로 간주되었던 구성주의는 현재 현실주의, 자유주의와 함께 주류 패러다임 중의 하나, 혹은 합리주의 이론과 성찰주의 이론을 종합할 수 있는 잠재력을 가진 것으로 평가되고 있는 것이

....

23 이러한 점에서 구성주의는 이용희의 권역/전파이론의 내용과도 맥을 같이하고 있다고 볼 수 있다(이용희 1962). 즉 이용희의 권역, 부르디외의 장, 루만의 체계 개념의 비교, 그리고 이용희의 전파, 부르디외의 아비투스(habitus), 루만의 커뮤니케이션 개념의 비교가 가능할 것이다.

24 또 하나의 흥미로운 작업은 구성주의와 탈식민주 이론과의 연결에 대한 탐색이 될 것이다. 키맨(Emin Fuat Keyman)은 비판이론의 논의에서 하버마스나 그람시 류의 주장이 보여주는 행위 주체의 서구 중심적 개념화를 비판하면서 사이드(Edward Said) 식의 탈식민주의 이론의 수용 필요성을 강조한 바 있었다(Keyman 1997, ch. 5). 니산시오글루(Kerem Nisancioglu)는 이러한 문제의식에서 피식민지의 주권 문제를 다루고 있다(Nisancioglu 2019).

다. 또한 아직 구체적으로 논의되고 있지는 않으나, 구성주의는 규범적 지향성과 전략적 모색을 연결할 수 있는 가능성 역시 제시하고 있다고도 할 수 있다. 이러한 시도의 긍정적 결과는 와이트(Martin Wight)가 오래전 던졌던 '왜 국제이론(international theory)은 존재하지 않는가?'라는 고전적 질문에 대한 답을 구하는 것이 될 것이다(Wight 1966).

필자가 구성주의에 가장 기대하고 있는 것은 장소와 시간을 고려하는 이론으로서 구성주의가 우리가 위치한 현재의 동아시아와 한반도 국제관계의 논의에 줄 수 있는 공헌의 부분이다. 즉 구성주의의 비교적/역사적 시각을 바탕으로 동아시아 지역체제나 한반도 분단체제의 형성과 전환에 대한 설명이론과 규범이론을 각각, 그리고 서로 연계해서 구축해 보는 것이다.[25] 그리고 이러한 작업에서 이 글에서 언급된 주체-구조의 문제, 관념의 역할, 권력과 실천의 주제들이 모두 중요하게 다루어지게 될 것이다. 따라서 결론적으로 볼 때, 다른 주류이론에 비해 상대적으로 '열려진,' 그리고 다양한 사례를 담을 수 있는 하나의 '그릇'으로의 구성주의를 우리가 어떻게 활용할 것인가의 문제가 학자들에게 부과된다고 할 수 있다.

....
25 물론 구성주의를 직접 언급하지 않은 채로 많은 이와 같은 작업들이 축적되어 온 것도 사실이다.

참고문헌

김재현 외. 1996. 『하버마스의 사상: 주요 주제와 쟁점들』. 서울: 나남출판.

김학노. 2000. "합리주의적 기능주의 비판과 구성주의적 대안 모색." 『국가전략』 6(2).

민병원. 2005. 『복잡계로 풀어내는 국제정치』. 서울: 삼성경제연구소.

_____. 2010. "국제관계 연구의 인식론: 웬트의 과학적 실재론에 대한 메타이론적 고찰." 『국제정치논총』 50(2).

신욱희. 1998. "구성주의 국제정치이론의 의미와 한계." 『한국정치학회보』 32(2).

_____. 2004. "구성주의 이론." 우철구·박건영 편. 『현대국제정치이론과 한국』. 서울: 사회평론.

_____. 2008. "구성주의: 국제관계의 사회적 구성과 전환." 한국정치학회 편. 『정치학 이해의 길잡이: 국제정치와 안보』. 서울: 법문사

_____. 2017a. 『삼각관계의 국제정치: 중국, 일본과 한반도』. 서울: 서울대학교출판문화원.

_____. 2017b. "체제, 관계, 복잡성/복합성, 삼각관계: 지역의 이론과 실천." 『세계정치』 26.

양준희. 2001. "월츠의 신현실주의에 대한 웬트의 구성주의의 도전." 『국제정치논총』 41(3).

이용희. 1962. 『일반국제정치학(상)』. 서울: 박영사.

탕스펑. 2019. 『국제정치의 사회적 진화: 기원전 8000년부터 미래까지』. 이희옥 외 역. 서울: 성균관대학교출판부.

한병철. 2011. 『권력이란 무엇인가』. 김남시 역. 서울: 문학과지성사.

한신갑. 2013. 『막힌 길 돌아서 가기: 남북관계의 네트워크 분석』. 서울: 서울대학교출판문화원.

Baldwin, David. 2016. *Power and International Relations: A Conceptual Approach*. Princeton: Princeton University Press.

Balzacq, Thierry. 2010. "Constructivism and Securitization Theory." Myriam Dunn Cavelty and Victor Mauer. eds. *The Routledge Handbook of Security Studies*. London; Routledge.

Bhaskar, Roy. 1979. *The Possibility of Naturalism*. Brighton: Harvester Press.

Bukovansky, Mlada. 1996. "Identity and Agency in the International System." in Eun Ho Lee and Woosang Kim eds. *Recasting International Relations Paradigms*. Seoul: KAIS.

Carlsnaes, Walter. 1992. "The Agency-Structure Problem in Foreign Policy Analysis." *International Studies Quarterly* (36): 3.

Cox, Robert. 1981. "Social Forces, States and World Orders: Beyond International Relations Theory." *Millennium: Journal of International Studies* 10.

Duedney, Daniel. 1995. "The Philadelphian System: Sovereignty, Arms Control, and

Balance of Power in the American States-Union, circa 1787-1861." *International Organization* 49(2).

Emirbayer, Mustafa. 1997. "Manifesto for a Relational Sociology." *American Journal of Sociology* (103): 2.

Finnemore, Martha. 1996. *National Interests in International Society*. Ithaca: Cornell University Press.

Friedman, Gil and Harvey Starr. 1997. *Agency, Structure, and International Politics: From Ontology to Empirical Inquiry*. London: Routledge.

Giddens, Anthony. 1984. *The Constitution of Society: Outline of the Theory of Structuration*. Cambridge: Polity Press.

_____. 1987. *The Nation-State and Violence*. Berkeley: University of California Press.

Guzzini, Stefano. 2013. *Power, Realism and Constructivism*. New York: Routledge.

_____. 2014. "Constructivism and International Relations: An Analysis of Luhmann's Conceptualization of Power." Mathias Albert and Lena Hilkermeier. eds. *Observing International Relations: Niklas Luhmann and World Politics*. London: Routledge.

Hamati-Ataya, Inanna. 2012. "Reflectivity, Refelxivity, Reflexivism: IR's 'Reflexive Turn' and Beyond." *European Journal of International Relations* (19): 4.

Hobson, John. 2000. *The State and International Relations*. Cambridge: Cambridge University Press.

Holland, John. 2014. *Complexity: A Very Short Introduction*. Oxford: Oxford University Press.

Hopf, Ted. 1998. "The Promise of Constructivism in Internationa Relations Theory." *International Security* (23): 1.

_____. 2012. *Reconstructing the Cold War: The Early Years, 1945-1958*. Oxford: Oxford University Press.

Johnston, Alastair. 1998. *Cultural Realism: Strategic Culture and Grand Strategy in Chinese History*. Princeton: Princeton University Press.

Joseph, Jonathan. 2008. "Hegemony and the Structure-Agency Problem in International Relations: A Scientific Realist Contribution." *Review of International Studies* 34.

Katzenstein, Peter. ed. 1996. *The Culture of National Security: Norms and Identity in World Politics*. New York: Columbia University Press.

Kennedy-Pipe, Caroline. 2000. "International History and International Relations Theory: A Dialogue beyond the Cold War." *International Affairs* (76): 4.

Keyman, E. Fuat. 1997. *Globalization, State, Identity/Difference: Toward A Critical Social Theory of International Relations*. Atlantic Highlands: Humanities Press.

Klotz, Audie and Cecelia Lynch. 2007. *Strategies for Research in Constructivist International Relations*. Armonk: M. E. Sharpe.

Kratochwil, Freidrich. 1986. "Of Systems, Boundaries, and Territoriality: An Inquiry into the Formation of the State System." *World Politics* (39): 1.

_____. 1995. "Why Sisyphus Is Happy: Reflection on the 'Third Debate' and on Theorizing as a Vocation." *The Sejong Review* (3): 1.

Kratochwil, Freidrich and John Ruggie. 1986. "International Organization: A State of Art or an Art of the State." *International Organization* (40): 4.

Lapid, Yosef and Friedrich Kratochwil. eds. 1996. *The Return of Culture and Identity in IR Theory*. Boulder: Lynn Rienner Publishers.

Mitzen, Jennifer. 2006. "Ontological Security in World Politics: State Identity and the Security Dilemma." *European Journal of International Relations* (12): 3.

Neufeld, Mark. 1993. "Reflexivity and International Relations Theory." *Millennium: Journal of International Studies* (22): 1.

Nisancioglu, Kerem. 2019. "Racial Sovereignty." *European Journal of International Relations* (http://doi.org/10.1177/1354066119882991).

Rousseau, David. 2006. *Identifying Threats and Threatening Identities: The Social Construction of Realism and Liberalism*. Stanford: Stanford University Press.

Sarvary, Katalin. 2006. "No Place for Politics? Truth, Progress and the Neglected Role of Diplomacy in Wendt's Theory of History." Stefano Guzzini and Anne Leander. eds. *Constructivism and International Relations: Alexander Wendt and His Critics*. London: Routledge.

Smith, Steve. 2001. "Reflectivist and Constructivist Approaches to International Theory." John Baylis and Steve Smith. eds. *The Globalisation of World Politics: An Introduction to International Relations*. 2nd ed. Oxford: Oxford University Press.

Snyder, Jack. 2002. "Anarchy and Culture: Insights form the Anthropology of War." *International Organization* (56): 1.

Tilly, Charles. 1985. "War Making and State Making as Organized Crime." in Peter Evans et. al. eds. *Bringing the State Back In*. Cambridge: Cambridge University Press.

Walt, Stephen. 1998. "International Relations: One World, Many Theories." *Foreign Policy* 110.

Wendt, Alexander. 1987. "The Agent-Structure Problem in International Relations Theory." *International Organization* (41): 3.

_____. 1992. "Anarchy Is What States Make of It: The Social Construction of Power Politics." *International Organization* (46): 2.

_____. 1999. *Social Theory of International Politics*. Cambridge: Cambridge University Press.

_____. 2003. "Why A World State Is Inevitable." *European Journal of International Relations* (8): 4.

_____. 2015. *Quantum Mind and Social Science*. Cambridge: Cambridge University

Press.

Westad, Odd. ed. 2000. *Reviewing the Cold War*. London: Frank Cass.

Wight, Colin. 2006. *Agents, Structures and International Relations: Politics as Ontology*. Cambridge: Cambridge University Press.

_____. 2016. "Pluralism and Fragmentation in International Relations Theory: Prospects, Problems and Proposals." The Hanyang and Routledge International Studies Workshop, Seoul.

Wight, Martin. 1966. "Why Is There No International Theory?" Herbert Butterfield and Martin Wight. eds. *Diplomatic Investigation*. London: Allen & Unwin.

Zehfuss, Maja. 2002. *Constructivism in International Relations: The Politics of Reality*. Cambridge: Cambridge University Press.

Kratochwil과의 면담, 1996. 4, San Diego

Onuf와의 면담, 1996. 4, San Diego

비판적 국제정치이론
비판이론과 탈식민주의

은용수(한양대학교 정치외교학과)

I. 서론

본 장은 국제정치학에서 '대안적(alternative)' 시각으로 알려진 '비판적' 이론들을 소개하는 것을 목적으로 한다. 시작에 앞서 용어에 대한 간략한 설명이 필요할 것으로 보인다. 우선 여기서 '대안적'이라는 용어는 현대국제정치학 주류이론들과는 상이한 인식론과 존재론을 내재하고 있다는 것을 의미한다. 예컨대, '대안적' 이론이란, 현실주의, 자유주의, 그리고 '전통적' 구성주의라는 주류의 거시이론 (그리고 이들에 속하는 세부이론들)이 기반을 두고 있는 실증주의와는 매우 다른 입장을 전제하고 있으며 따라서 주류의 시각

*   본 장은 필자의 논문(은용수 2015; 2020)을 기초로 많은 보완을 거쳐 작성되었음을 밝힙니다. 초고에 대한 유용한 코멘트를 해주신 박건영 교수님께 깊은 감사의 마음을 전합니다.

이나 일반적인 통념과는 상이한 세계(관)와 새로운 정책을 구현해 볼 수 있는 계기가 되는 이론을 의미한다. 나아가 여기서 '비판적'이 란 용어는 자신과 다른 시각 혹은 정책적 방향에 대한 비판 및 비평 의 의미를 넘어, 관련된 지식의 장(field)과 현실의 세계에 구조화된 현(現)질서를 변혁하고 해체하는 것을 추구하고 있다는 것을 의미 한다. 예컨대 현실주의라는 거시이론에 속하는 세력균형론은 나토 (NATO)의 확장이나 이라크 침공과 같은 미국의 팽창적 개입주의나 패권적 국제주의 외교안보정책에 매우 '비판적'이다. 그러나 세력 균형론은 앞서 설명한 바와 달리 존재론과 인식론 측면에서 대안적 이지도 않고 현질서를 해체하고자 하는 변혁적 시각도 아니기 때문 에 본 장에서 다루고자 하는 '비판적' 이론의 유형에는 포함되지 않 는다. 따라서 본 장에서는 전술한 '대안적'이고 '비판적'이라는 용 어에 잘 부합되는 국제정치학이론인 비판이론과 탈식민주의를 중 점에 두고 논의를 진행하고자 한다.

II. 비판이론(critical theory): 역사적 기원과 인식론적 기반

비판이론의 사상적 뿌리는 14세기 유럽의 르네상스 인본주의부 터 17~18세기의 계몽주의에 이르기까지 매우 넓게 펴져 있으며, 그 줄기와 가지에는 칸트, 헤겔, 마르크스, 니체, 베버, 그람시의 이론과 잠바티스타 비코(Giambattista Vico)로 대표되는 계몽적 역사주의가 자리 잡고 있다고 할 수 있다. 이처럼 폭넓은 스펙트럼과 긴 역사적 흐름에도 불구하고 국제정치학을 포함한 사회과학 분야에서의 비판이론에는 프랑크푸르트학파(Frankfurt School)가 중심에 있다. 프랑크푸르트학파는 불평등, 억압, 지배, 차별과 같은 사회문제의 원인이 되는 사회구조와 메커니즘이 무엇인지를 분석하고 그것을 극복하려는 의도를 갖고 있었다. 칸트의 비판철학, 그리고 마르크스주의와 궤를 같이하면서 사회변환에 필요한 요인이 무엇인지 분석하고 사회억압을 일으키는 현존체제와 구조로부터의 '해방(emancipation)'에 큰 관심을 두고 연구를 진행한 것이다.

　프랑크푸르트학파의 비판이론은 1960년대 들어서 하버마스(Jürgen Habermas), 아도르노(Theodor W. Adorno), 마르쿠제(Herbert Marcuse), 호르크하이머(Max Horkheimer) 등과 같은 학자들을 중심으로 발전해왔으며 이 가운데서도 특히 하버마스의 활동이 큰 반향을 일으켰다고 할 수 있다. 1968년 처음 출판된 그의 책 『*Erkenntnis und Interesse*(*Knowledge and Human Interests*)』에서 하버마스는 지식에는 여러 종류가 있다고 서술하면서 기존의 실증주의 패러다임에 의해 매우 좁게 규정된 이분법적 도식을 넘어선다. 좀 더 상술하자면, 실증주의적 세계관에서는 과학적 지식은 곧 경험적 검증을 통과한 지식(따라서 비경험적 지식=비과학적 지식)이라는 일차원적이면서도 동시에 배타적인 도식이 성립된다. 하버마스는 이를 비판하고 지식의 유형을 확장하면서 다음의 세 가지 형태를 제시한다. 그에 따르면 지식에는 경험/분석적 지식, 역사/해석적 지식, 그리고 비판적 지식이 있으며, 여기에는 각기 다른 지식의 목적과 '관심(interesse)'이 있다는 것이다. 첫 번째 종류의 지식은 기술적 '예측과 통제,' 두 번째는 '실용적 이해,' 그리고 마지막은 자유 증진을 위한 '해방'이 그것이다(Habermas 1987[1968]). 이러한 하버마스의 통찰은 실증주의가 내세우는 가치중립성을 정면으로 반박하는 것으로써 실증주의 토대에서 생산된 경험적 지식 역시 결코 중립적일 수 없다는 것을 시사하는 것이다. 만에 하나, 실증주의에서 주장하듯 이론(지식)과 '분리'되어 있는 대상(세계)를 경험적 방법을 통해 확인/검증하는 것이 '과학적' 지식의 보장수단이 된다고 하더라도 그렇게 생산된 경험(분석)적 지식 역시 '예측'과 그것을 통한 사회(자연)현상의 '통제'에 '관심'을 두고 있는 것이기 때문에 원칙적으로 가치중립적일 수 없고 따라서 실증주의에서 말하는 객관성(과학성)은 성립될 수 없다는 것이다. 예측과 통제든, 실용적 이해든 혹은 자유 증진과 해방이든, 일정한 가치가 모든 지식과 지식생산 과정에 투영돼 있기 때문에 결국 본질을 알고자 하는 이(the knower)가 추구해야만 하는 것은 그런 가치가 생산되는 역사적 상황과 맥락(context)에 대한 분석이라는 점을 강조한다.

하버마스는 1960년대에 들어서 앞서 말한 지식의 관심과 목적에 대한 연구를 바탕으로 이른바 의사소통행위론(theory of communicative action)을 정립하고 연구하기 시작했다. 이는 기본적으로 언어는 사회의 토대가 되는 요소이고, 인간행위에 대한 이해는 언어적 구조를 밝히는 것을 통해 충분히 분석할 수 있다는 가정(assumption)과 진리는 사회합의로부터 기원한다는 이른바 '합의진리론(consensus theory of truth)'을 출발전제로 삼고 있는 이론이다. 복잡하게 들리는 하버마스의 의사소통행위이론을 요약하자면 다음과 같다. 우선, 인간이 의사소통을 할 때는 이성적, 규범적, 도덕적으로 따르게 되는 '이상적 담화상황(ideal speech situation)'이 있고, 이러한 '이상적 담화상황'에서는 이해 가능성, 포괄성, 도덕성, 진실성을 판단 기준으로 하여 상반되는 여러 발언(주장)들 가운데 어느 것이 옳은지를 합의를 통해 판가름할 수 있다는 것이다. 그러나 여기서 하버마스가 강조하는 것은 바로 위와 같은 '이상적 담화상황'이 현실의 여러 가지 왜곡과 억압이라는 문제로 인해 일반적인 의사소통 행위에서 발견되지 않는다는 사실이다. 따라서 하버마스가 논리적으로 이르게 된 귀결은 바로 '이상적 담화상황'을 왜곡하거나 방해하는 구조와 요인으로부터의 해방이다. 여기서 하버마스는 사회의 불균형적 권력문제나 정보의 왜곡과 은폐의 문제를 '이상적 담화상황'을 방해하는 가장 심각한 요인으로 봤다. 달리 말하자면, 이와 같은 방해 요인이 제거된 상황이라면 '이상적 담화상황'이 연출되어 결국 이성적으로 더 나은 주장만이 살아남게 되고 이에 대한 합의를 통해 진리를 얻을 수 있다고 본 것이다.

이와 같은 비판이론의 시각은 실증주의 기반의 이론들과는 상반되는 것이라 할 수 있다. 신현실주의, 신자유주의 등 실증주의 계열의 이론들은 인식론적 측면에서, 연구자와 연구대상(이론과 관측대상)의 이분적 분리를 전제로 가치중립성을 조작화(operationalization) 혹은 수량화를 통해 강조한다. '과학적' 연구란 곧 '가치중립적' 연구이며 이는 연구자와 연구대상 사이의 엄격한 분리가 보장돼야만 가능하다고 본다.[1] 가치중립성(value-free)에 대한 이러한 믿음은 특히 1960년대 미국의 사회과학계를 중심으로 급속히 퍼진 행태주의(behavioralism)의 강력한 인식적 토대가 되었으며 행태주의

....

1   물론 칼 포퍼 이후의 신실증주의자들은 가치중립성에 대한 강한 믿음에서 벗어났다고 할 수 있으나 그럼에도 그들은 자신들이 생각하는 적절한 '방법'을 통해 객관적 지식생산이 가능하다고 믿는다.

적 연구방법은 다시 실증주의라는 과학관을 강화시키는 방향으로 이어졌다. 국제정치학도 물론 예외는 아니다. 예컨대 상당 기간 국제정치학은 실증주의와 행태주의의 영향으로 인해 국가 행위를 행위자들의 동기나 감정보다는 '관측 가능한(observable)' 환경구조적 요인을 데이터로 치환하여 설명하는 경향을 보였다. 이런 태도는 데이비드 싱어, 월츠 등 많은 주류학자들의 연구에 큰 영향을 끼쳤고 이에 '행태주의 혁명(behavioural revolt)'이라는 표현이 나오기까지 했다.

주지하듯 행태주의에서 가장 강조하는 것이 바로 조작화, 수량화, 정량화, 그리고 통계분석과 같은 기술적 방법(테크닉)의 사용이다. 이론과 관측, 연구자와 연구대상은 서로 엄격히 분리될 수 있으며, 이론은 현상에 대한 경험적 서술(즉 예측이나 가설)을 만들어내고 이론가(연구자들은)는 이를 경험적 관측을 통해 충분히 객관적으로 검증할 수 있다는 믿음에 기반을 두고 조작화나 수량화를 강조하는 것이다. 이러한 차원에서 가치판단이 포함되어 있고 현 체제의 변화에 방점을 찍고 있는 규범적이고 비판적인 이론과 연구들은 '비과학적'인 것으로 인식되기도 한다.

실증주의 세계관에 의하면 과학적 지식을 담보하고 이성적 연구를 보장하는 핵심은 바로 경험적 검증 혹은 반증에 달려 있다. 이와 같은 실증주의 인식론인 경험주의는 물리학에서 양자역학이 나오기 전에 유행했던 시각, 즉 "물리적 세상은 정확히 관측될 수 있다"는 시각에 많은 영향을 받았으며, 비엔나학파에 원류를 두고 더욱 확장/발전되었다고 할 수 있다. 이들은 다양하고 때로는 상충되는 지적 주장들 중에서 경험적으로 검증 혹은 반증된 것만이 '과학적'이라고 믿는다. 검증 가능한(testable) 가설 및 이론을 과학적 지식생산의 가장 타당한 방법으로 여긴 것이다. 이는 경험적으로 관측하고 검증하기 어려운 주장들은 무시되거나 혹은 '의미 없는 것(meaningless)' 내지는 '단순 소설(mere fiction)'과 같은 것으로 치부되었다는 뜻이기도 하다(Patomaki and Wight 2000, 217).

그러나 프랑크푸르트학파 비판이론의 인식론은 연구자와 연구대상의 분리 '불'가능성을 전제한 상태에서 권력불균형이나 의사소통의 왜곡 및 정보의 은폐를 낳는 역사적 상황과 맥락, 그리고 사회구조가 무엇인지를 밝히며 그러한 문제로부터 '해방'된 자유로운 상태는 어떻게 만들어낼 수 있는지에 대한 '가치판단'을 이론의 핵심 기능으로 규정한다. 요컨대 비판이론가들은 중립적인 이론은 없으며 나아가 이론은 사회변혁의 도구로 활용되어야 한다고 주장하는 것이다.

1. 비판이론과 '문제해결' 국제정치학이론(현실주의와 자유주의)

비판이론이 국제정치학에 본격적으로 등장한 것은 1980년대부터라고 할 수 있으며 1세대 대표적인 학자들로는 로버트 콕스(Robert Cox), 앤드류 린클레이터(Andrew Linklater), 리처드 애슐리(Richard Ashley), 마크 느펠드(Mark Neufeld), 마크 호프만(Mark Hoffman) 등을 꼽을 수 있다. 여기서 특히 국제질서를 논하면서 "이론은 언제나 누군가를 '위한' 것이며 특정한 목적을 '위한' 것이다(theory is always for someone and for some purpose)"라는 콕스의 발언은 '국제정치학의 비판이론'이 갖는 인식론이 프랑크푸르트학파의 그것과 다르지 않음을 잘 보여준다(Cox 1981, 128). 전통적인 비판이론과 마찬가지로 국제정치학에서의 비판이론 역시 이론(theory)과 대상(세계)은 분리될 수 없으며, 나아가 이론은 특정한 계층이나 특정한 목적에 복무한다고 전제하면서 '가치중립적'인 지식이란 있을 수 없다는 인식을 공유한다.

이러한 측면에서 콕스는 국제정치학이론이 추구하는 일정한 가치를 크게 두 가지 유형으로 대별하여 설명한다. 하나는 그가 선호하는 비판이론이고 다른 하나는 '문제해결(problem-solving) 이론'으로 명명된 유형이다. 이러한 구분은 앞서 살펴본 프랑크푸르트학파, 특히 호르크하이머가 '전통적 이론과 비판이론'이란 자신의 글에서 전개한 것과 일치되는 것이기도 하다.[2] 호르크하이머에 따르면 '전통적 이론'은 자연과학을 모델로 하여 연구대상과 연구자, 이론과 윤리가 분리되는 가치중립적 접근을 추구하지만, '비판이론'은 이와 반대로 그 둘의 필연적이고 피할 수 없는 연결과 결합을 강조한다. 콕스가 말하는 '문제해결 이론' 역시 호르크하이머가 '전통적 이론'이라 칭한 유형과 마찬가지로 인식론적으로는 경험주의와 자연주의를 따른다. 나아가 콕스가 지칭하는 '문제해결 이론'은 현(現) 체제나 구조 '내부(within)'에서 발생하는 문제를 효과적으

....

2   흥미롭게도 콕스는 최근 인터뷰에서 호르크하이머를 포함하는 프랑크푸르트학파의 글을 읽어 본 적이 없다고 말한 바 있으며, 나아가 콕스의 글을 자세히 살펴보면 일반적인 비판이론 논의와는 다르게 비코(Giambattista Vico)로 대표되는 계몽적 역사주의에 더 많은 관심을 갖고 있는 것을 알 수 있지만 콕스와 프랑크푸르트학파 비판이론의 지향점은 매우 유사한 점은 주지의 사실이다. Cox(2012, 15-34).

로 해결하는 것을 '목적'으로 하고 있기 때문에 현존하는 사회정치적 구조를 정당화하는 특징도 갖는다. 비록 '문제해결 이론'이 의도하지 않았다 하더라도 현존 질서의 유지와 강화 혹은 재생산이라는 결과로 이어질 수 있다는 것이다.

국제정치학에서는 월츠의 신현실주의나 커해인의 신자유(제도)주의가 바로 대표적인 '문제해결 이론'이라 할 수 있다. 이들은 모두 현재의 국제정치적 질서와 속성(예컨대 무정부성과 힘의 정치 등)을 '주어진' 현상 혹은 변하지 않는 상수로 여기고 그 '내부'에서 발생하는 문제를 해결하기 위한 이론적 주장(예컨대 합리성에 기반한 정책결정, 힘의 증강 및 균형, 국제기구 및 제도의 확장 등)을 제안한다. 즉 신현실주의자나 신자유주의자는 현재의 국제정치질서 자체를 문제삼고 그것의 변형을 지향하기보다는 그 내부에서 그것과 함께 작동하도록 자신들의 이론을 위치시킨다. 신현실주의를 비판하면서도 복잡한 국제정치(경제)시스템이 '자연스럽게 운용되는 것을 용이하게(facilitate the smooth operation)'하는 것이 신자유제도주의의 주요 관심 사안이라는 커해인 발언은 '문제해결 이론'의 목적이 무엇인지를 잘 보여준다(Keohane 1984, 63). 이러한 접근으로 인해 비록 질서의 내부적 문제해결은 가능할지 몰라도 그 질서 자체가 갖는 문제들, 그리고 새로운 질서에 대한 비판적 성찰은 외면되면서 결국 현(現) 질서가 지속되는 결과로 이어질 수 있다.

하지만 한 걸음만 더 들어가 보면, '문제해결 이론' 역시 결코 가치중립적일 수 없다는 것을 어렵지 않게 알 수 있다. 비록 가치중립성을 강조하면서 가치가 배제된 실증적 연구방법을 내부의 문제해결을 위한 중요한 수단으로 내세우지만 역설적으로 그것은 현상유지 나아가 현존 질서의 '재생산'이라는 보수적 '가치'가 내재된 이론이다. 그리고 여기서 이득을 보는 것은 기득권층이고 기성 강대국이다. 비판이론은 바로 이 지점을 파고든다. "이론은 항상 누군가를 위한, 특정 목적을 위한 것(theory is always for someone and for some purpose)"이라고 말하면서 '문제해결 이론'이 (의도하지 않더라도) 필연적으로 갖게 되는 현 질서에 대한 '안정화 효과(stabilizing effect)'를 문제시하면서 그것으로부터 '해방'될 것을 주장한다. 이런 점에서 결국 국제정치연구는 "피할 수 없이 규범가치적이다"라는 마크 느펠드의 발언은 국제정치학의 비판이론이 무엇을 지향하고 있으며 실증주의 기반의 이론들과 어떤 차이가 있는지를 잘 보여준다(Neufeld 1993, 53). 이러한 맥락에서 비판이론 연구자들은 전 지구적 불평등, 권력과 정보의 왜곡, 부도덕한 전쟁, 국가주권 및 영토의 '배타성' 등의 문제에 관심을 갖고 이것이 야기되는 현 질서와 현재의 권력관계가 어떻게 형성될 수 있었는지에 관한 역사맥락적 분석에 많은 관심/가치를 부여한다. 나아가 이러한 '가치 내재적' 연구는 필연적이면서 동시에 매우 타당한 (혹은 실증주의의 언어를 빌려 말하자면 '과학적') 연구라 믿는다. 요컨대 비판이론은, 신현실주의나 신자유주의의 주장과 달리 국제체제의 무정부성이나 국가의 합리성은 자연스럽게 주어진 것도 아니며 불변의 고정된 것도 아니라는 인식을 바탕으로 국제정치의 현 질서를 부자연스럽게(denaturalizing) 만들면서 결국 이를 통해 현 질서의 '내부'가 아닌 질서 '자체'가 갖고 있는 문제가 무엇인지를 인지하게 하는 중요한 계기를 제공해 준다. 이것은 곧 새로운 질서에 대한 추구, 달리 말해 기존 질서에 대한 변형을 목적으로 하는 것이다. 현 질서에 대한 문제의식은 새로운 질서에 대한 모색으로 이어지기 때문이다. 비판이론가들에게 "세상을 아는 것과 그것을 변형하는 것은 불가분(knowing the world and changing the world are inseparable)"의 관계라는 말은 이러한 이유에서 이해될 수 있다(Jackson 2011, 160).

2. 비판이론과 구성주의

이러한 차원에서 볼 때, 비판이론이 정치권력(political power)의 문제에 천착하는 것은 매우 자연스러운 일이다. 물론 기존의 신현실주의나 신자유주와 같은 '문제해결 이론'들도 기본적으로 권력(혹은 세력)에 관한 이론이지만 비판이론은 킴벌리 허칭스(Kimberly Hutchings)가 지적하듯 다음과 같은 전제에 기반을 두고 있다는 점에서 이들과 확연히 구별된다. "국제정치학 이론은 정치[권력]에 관한 것이지만 동시에 '스스로' 정치적(itself political)이다"(Hutchings 1999, 69). 이는 비판이론의 인식론뿐만 아니라 그것의 존재론이 어떤 특징을 갖고 잘 보여주는 발언이기도 하다. 여기서 '스스로 정치적이다'라는 말은 국제정치학 이론(theory)과 이론가(theorist) 자신이 국제정치의 현실과 뗄 수 없는 관계이며 동시에 그것을 구성하는 중요한 단위임을 명시적으로 표현한 것이다.

현실세계를 사회구성적으로 이해한다는 측면에서 비판이론이 구성주의와 깊이 연관되어 있는 것처럼 보일 수 있다. 예를 들어 콕스의 다음과 같은 발언을 보자. "국제정치의 구조는 행위자의 간주관적 이해의 산물(intersubjective products)"이며, 비록 "구조는 물리적으로 존재하지 않더라도 행위자인 인간이 마치 실제 존재한다고 믿고"있기 때문에 "실질적인 영향력을 행사"한다(Cox 1996, 138, 242). 이와 같은 발언은 비판이론과 구성주의가 연관되어 있음을 잘 보여준다. 그러나 존재론적 측면에서 일견 유사해 보이는 두 이론들을 인식론적 측면에서 살펴보면 상당히 큰 간극이 존재하고 있다는 것을 알게 된다. 특히 이론의 기능과 이론가의 역할에 대한 인식의 차원에서 두 이론은 큰 차이를 보인다.

전술했듯, 비판이론가들은 국제정치이론이 정치[권력]에 관한 것이지만 동시에 "스스로 정치적(itself political)이다"라는 전제에 기반하여 이론과 이론가는 국제정치현실을 '구성'하는 중요한 역할을 수행하고 있음을 자각한다. 즉 이론가(연구자) 자신이 사회현실의 간주관적/관념적 구성 과정에서 핵심주체임을 밝히고 있는 것이다. 그리고 현 질서에 대한 문제제기와 그것의 변형을 추구한다. 따라서 가치판단이 개입될 수밖에 없다. 나아가 변형을 추구한다는 것은 현 체제나 질서가 (예컨대 실증주의적 세계관을 따르는 신현실주의에서 기정사실로 여기는 무정부적 국제질서나 생존경쟁이) 결코 자연스러운 것도, 고정되어 있는 것이 아님을 전제하는 것이다. 즉 비판이론은 현재의 국제정치 질서나 체제가 특정한 역사사회적 조건 하에서 형성된 '하나'의 산물이라는 인식을 갖고 있다. 이는 만약 지금과 다른 사회적 조건이 주어진다면 현 체제와 질서는 언제든 변형될 수 있다는 것을 시사하는 것이며, 여기서 이론(지식)과 이론가는 바로 그 사회적 조건이나 환경이 형성되고 나아가 변화되는 데 있어서 매우 중요한 역할을 담당하는 것으로 인지된다. 비판이론가들이 '자기 성찰적'인 맥락에서의 국제정치 체제나 질서, 그리고 규범에 대한 역사해석적 연구와 윤리도덕적인 논증에 많은 관심을 보이는 이유도 바로 여기에 있다. 그리고 비판이론이 구성주의이론과 큰 차이를 보이는 것도 바로 이 지점이라고 할 수 있다.

물론 구성주의에는 매우 다양한 변주들이 있으며 여기에는 '비판적(critical)' 혹은 '급진적(radical)' 구성주의 역시 존재하지만 (Hopf 1998), 주지하듯 구성주의에서 '주류'는 미국 학계의 구성주의, 특히 웬트(Wendt)류의 구성주의라고 할 수 있으며 이들 '주류' 구성주의는 국제정치의 현 질서나 체제의 변형에는 관심을 보이지 않는다. 예를 들어 근대국가의 기능과 역할 (즉, 폭력의 적법한 사용에 대한 독점적 권한, 세금징수의 독점적 권한, 국제사회에서의 대표권에 대한 독점적 권한의 사용) 혹은 국제체제의 (대결적, 경쟁적, 협력적) 속성 등이 모두 결국엔 긴 역사적 과정에서 행위자들 간의 사회의미적 상호작용을 통해 구성된 것이라고 믿고 있지만 그 사회의미적 조건을 바꿀 것인가? 바꾼다면 어떻게 바꿀 것인가?라는 (비판이론가들에게 핵심적인) 질문은 주류 구성주의 연구에 거의 등장하지 않는다. 이와 달리 이들의 주된 관심사는 규범(norm)과 그 규범의 효과이다. 지배적 규범의 내용은 무엇이며, 그 규범에 의해 발생하는 혹은 그것에 의해 추동되는 국가행위를 파악하고, 규범-행위의 상관관계를 알아내는 것에 많은 지적 관심을 쏟는다. 이와 달리 규범의 '타당성'은 관심 밖에 있다. 현재의 규범에는 어떤 문제가 있는 것인지, 새로운 규범이 필요한 것인지, 그렇다면, 향후 어떤 규범을 추구할 필요가 있는 것인지 등등, 규범에 대한 '가치판단'과 연계된 질문은 이른바 '가치중립적(value-free)'인 '과학적' 연구를 추구하는 주류 구성주의 입장에서 거의 등장하지 않는다. 사실 웬트는 구성주의를 포함하는 해석학적 접근을 실증주의 인식론에 기초하여 '과학화'하고자 하였다. 웬트(류)의 구성주의에서 중요한 인식론적 문제는 "사회적으로 구성된 구조를 객관적으로 알아내고자 하는 것"이었다. 이런 맥락에서 전통적인 주류 구성주의자들은 규범에 관심을 두지만 그들의 연구가 '규범적 어젠다(normative agenda)'에 의해 영향을 받거나 혹은 그것에 의해 방향이 정해지는 것을 결코 용인하지는 않는다(Hopf 1998, 183). 쉽게 말해, 규범 그 자체에 관심을 두지, 해방이나 주변화 문제에 관심을 갖지 않는다는 것이다.

나아가 주류 구성주의 시각은 비록 사회현실이 주어진 것이 아니라 행위자들의 사회적 상호작용과 간주관적 이해를 통해 '구성'되는 것이라고 강조하더라도 그 구성적 행위자에 이론가(연구자) 자신을 포함시키고 있지 않으며, 그 구성적 과정에서 연구자 자신의 이론과 지식이 어떤 역할/기능을 하는지에 대해서도 논의가 불분명하다. 즉, 사회행위자의 공유된 의미체계와 간주관적 관념을 사회현실의 주요한 형성기제로서 강조하지만 그 행위자가 누구인지, 특히 '이론가' 자신이 사회구성 매커니즘에 한 축으로서 포함되어 있는지, 아닌지를 명확히 밝히고 있지 않는 것이다. 이런 차원에서 이론적 '성찰' 역시 구성주의의 주된 관심대상이 되지 않는다. 비판이론가들은 바로 이 점을 문제 삼는다. 구성주의가 국제정치에서 규범과 같은 관념적 요소가 중요하게 작동함을 경험적으로 보여주는 데 성공했다 하더라도 그 뒤에 자연스럽게 따라올 수밖에 없는 질문, 즉 국제정치에서 '어떤' 규범이 더 바람직한 것인가?라는 윤리철학적 질문에는 침묵함으로써 결국 (의도했던 그렇지 않던) 현 질서와 연동된 주류의 규범이 정당화 혹은 지속화되는 데 일조하는 결과를 낳았다는 비판이 제기된다.

그렇다면, 비판이론이 국제정치에서 해결하고자 하는 문제는 통상적으로 물질적 능력(material capabilities)이나 패권으로 이해되는 국제정치 권력배분의 문제가 아니라 푸코(Michel Foucault)가 오랜 기간 지적해왔던 지식과 권력의 상호의존적 관계로 발생하는 지식-권력(knowledge-power)의 문제라고 보아야 할 것이다. 그리고 비판이론은 이 문제에 대한 대응으로 이론적 '성찰(reflexivity)'을 강조한다. 연구자는 연구대상(즉 정치사회현실)에서 중요한 '구성적' 역할을 수행하고 있다는 일원론적 존재론에 기초하여 스스로의 연구질문이 도출되고 지식이 생산되는 역사적 시공간과 현 질서에 대해 비판적으로 검토(반성)하는 것이며, 이와 같은 이론적 '성찰'의 궁극적 목적은, 앞서 설명한 바와 같이 기득권과 패권적 질서에 대한 도전이자 새로운 질서에 대한 모색이라고 할 수 있다.

3. 비판적 안보이론

위에서 설명한 비판이론을 안보(security)라는 조금 더 구체적인 이슈 영역에 접목하고 있는 연구를 '비판적 안보연구(Critical Security Studies)'라 칭하며, 이는 기본적으로 배리 부잔(Barry Buzan)과 올리 위버(Ole Wæver)를 중심으로 하는 코펜하겐학파(Copenhagen School)로부터 비롯된 '안보화 이론(securitization theory)'에 그 뿌리를 두고 있다고 할 수 있다(Buzan and Wæver 1998). 안보화 이론은 통상적인 여타의 안보이론과 달리 안보의 문제는 객관적 혹은 물질적으로 정의될 수 없다는 전제로 출발한다. 예를 들어, 현실주의 계열의 안보이론들은 국가의 안보위협을 국가 간의 상대적 세력

격차, 지리적 근접성, 공격적 무기체계 등을 통해 객관적으로 파악할 수 있음을 전제하지만 안보화 이론에서 '위협'은 정책결정자와 같은 안보행위자들에 의해서 '담론적'으로 형성된 사회적 구성물이다. 즉 특정 이슈나 대상이 객관적 혹은 물질적 차원에서 위협이 되지 않는다 하더라도 위협은 담론적으로 구성될 수 있다는 것이다. 이러한 논리는 위협이라는 '사실'과 담론이라는 '가치'가 상호 분리되어 있지 않다는 비판이론의 기본입장을 상기시킨다.

안보행위자들은 정치화된 특정한 문제를 위협으로 언명함으로써 그 문제의 위협적 특성을 강조한다. 그리고 이러한 발화행위(speech act)를 통해 특정 문제의 위협 정도나 위협의 현실화 가능성은 (실제와 객관적인 관계가 없다 하더라도) '실존적 위협(existential threat)'으로 묘사되고 담론적으로 구성될 수 있다. 나아가 위협으로부터 보호되어야 할 대상이나 가치들 역시 안보행위자들의 발화행위를 통해 '안보 대상(referent objects)'으로 구성될 수 있다는 것이다. 이처럼 담론적 실천 과정을 통해 특정 문제는 '안보 대상'에 '실존적 위협'을 가할 수 있는, 따라서 이를 해소하기 위해 비상하고 시급한 조치가 필요한 것으로 규정되며 이는 정책결정자들이 '특별조치(extraordinary measures)'를 발동할 수 있는 근거가 된다. 통상적인 정치제도적 수준과 제약을 넘어서는 '초법적' 권력이 행사될 수 있는 상황이 마련되는 것이다. 이를 특정 문제가 '안보화'되었다고 명한다(Buzan and Hansen 2009). 이런 측면에서 위협은 비정치화→정치화→안보화라는 일련의 담론적 과정을 거쳐 구성된 것으로 이해될 수 있다. 달리 보면 안보화는 결국 안보문제가 정치적 논의와 타협이라는 일반적인 정치기제와 제도를 통해 해결하지 못한 결과라고도 할 수 있다.

이와 같은 안보화 이론의 통찰을 비판이론으로써 적극 수용하는 '비판적 안보연구'는 영국의 켄 부스(Ken Booth), 리처드 윈 존슨(Richard Wyn Jones) 등이 중심이 되는 '웰시학파(Welsh School)' 혹은 '애버리스트위스학파(Aberystwyth School)'라 칭해지는 일군의 학자들을 통해 진행되고 있다(Jones 2005; Booth 2007). 이들은 정치화→안보화라는 과정을 이해하는 것을 넘어, '안보화' 영역에 올라 있는 구성된 위협을 탈안보화(desecuritization)하여 다시금 '정치화'의 수준에 위치시켜 일반적인 공론장을 통해 해결될 수 있도록 역화의 과정이 필요함을 강조한다. 이는 국가(정부)가 소위 안전보장라는 이름으로 '초법적' 권력을 행사할 수 있는 현 상태로부터의 '해방(emancipation)'을 추구하는 것이라고 볼 수 있다. 비판적 안보연구자들에게는 인간 '해방'이야말로 '진정한(true)' 안보인 것이다. 관련된 맥락에서 정부(정책결정자)뿐만 아니라 안보를 연구하는 연구자/이론가 자신도 '안보의 정치'에 필연적으로 연루되어 있는 '안보행위자'라는 것을 인식하고 성찰하면서, 위협과 안보대상은 어떻게 구성되었는지 혹은 '일상화(routinized)'되었는지를 분석하고 인간 '해방'이라는 궁극적 목적 하에서 안보연구의 장(field)을 윤리도덕의 영역까지 확대한다. 나아가 비판적 안보이론가들은 안보화된 특정 이슈가 결과적으로 누구에게 이익으로 돌아갔는지를 파악함으로써 도덕적으로 옳고 그른 안보화를 판단할 수 있다고 주장한다.

이처럼 비판이론은 안보연구에서도 연구대상과 연구자(안보행위자)의 관계를 분리하여 분석하기보다는 상호구성적 관계로 규정하면서 이를 해석학적 접근을 통해 이해하고, 인간의 자유와 해방이라는 가치를 중심에 두면서 특정한 안보문제와 정책의 옳고 그름에 대한 규범적 판단에 적극 관여하는 연구프로그램이라고 할 수 있다.

III. 탈식민주의(postcolonialism)

아래 절에서는 국제정치학의 '비판적' 이론에 속하면서도 전술한 비판이론과 다른 연구 관심을 갖고 있는 탈식민주의에 대해 소개한다. 탈식민주의(postcolonialism)는 비록 '주의(ism)'라는 용어를 접미어로 갖고 있는 명칭이지만 그것을 통상적인 방식처럼 하나의 통일된 이론(인식)체계로 묶여 있는 일종의 패러다임으로 이해하는 것은 적절하지 않다. 그 이유는 아래에서 상술하듯 탈식민주의의 매우 복합적인 분석적, 인식적, 규범적 속성과 그것이 갖는 다면적인 함의 때문이다. 이러한 측면에서 몇몇 학자들은 하나로 통일된 인식적 지향을 내포하고 있는 '주의(ism)' 혹은 '학파(school of thoughts)'라는 용어보다는 탈식민적 '관점(perspective)'이라는 용어를 더욱 선호하기도 한다.

1. 탈식민주의 이론의 다층적 함의

거칠게 요약하자면 탈식민주의는 피지배자의 경험과 시각으로 지배세력에 의해 형성 및 유지되는 모든 형태의 위계적이고 차별적인 인식체계, 역사(기록), 질서 및 제도를 비판하고 해체/극복하여 불평등을 해소하고 궁극적으로는 주체성을 회복하고자 하는 이론, 담론, 그리고 실천운동이라고 정의할 수 있다. 그리고 이렇게 정의되는 탈식민주의는 '문제의식'의 측면, '논리적 근거와 전개'의 측면, 그리고 '지향점'의 측면으로 다시 세분하여 살펴볼 수 있다.

첫째로 탈식민주의를 '문제의식'의 측면에서 살펴본다는 것은, 과거 식민주의의 유산이나 지배이데올로기가 해체/극복되었는가, 아닌가를 논의의 출발점에 둔다는 의미이다. 주지하듯 탈식민주의의 '탈(脫, post)'이라는 접두어는 무엇 '다음에 오는(coming after)' 시간적 의미와 동시에 무엇을 '넘어서 가는(going beyond)'이라는 주체적 극복의 의미를 동시에 지닌다. 예를 들어, (서구의) 제국주의가 '외형적'으로 종식된 현재, (비서구의) 우리는 어느 지점에 와 있는가에 대한 판단 혹은 성찰은 다양한 차원에서 다르게 이뤄질 수 있다. 특히 2차 세계대전 종전을 기점으로 식민주의가 '물리적'으로 사라지기 시작했다고 하더라도 그것이 정치 및 경제 제도의 차원, 특히 인식과 정신적 차원에서 지속되고 있음을 강조하면서, 탈식민주의라는 용어 대신 '신'식민주의(neo-colonialism)이라는 용어가 사용되기도 한다.

예컨대 탈식민주의 학자들은 서구(미국과 유럽)의 금융자본 독점과 신자유주의 시장경제체제로 인해 21세기에도 여전히 서구에 의한 '글로벌 사우스(Global South)'의 착취가 계속되고 있음을 강조한다. 그리고 이러한 문제의식은 사미르 아민(Samir Amin)이 말하는 '리버럴 바이러스(Liberal Virus)'라는 개념과, 존 스미스(John Smith)가 말하는 '21세기 제국주의'와 자본의 '초착취(Super-Exploitation)'에 관한 논의에서 잘 드러난다(Amin 2004; Smith 2016).

특히 안토니오 네그리(Antonio Negri)는 신자유주의 금융권력이 민족국가라는 틀을 넘어 인간 개개인의 삶 속까지 깊게 파고들고 있으며 이는 자유주의라는 사상에 기대고 있기에 더욱 은밀하고 전방위적일 수 있음을 지적한다(Negri 2008). 다른 한편 월터 미뇰로(Walter Mignolo), 아니발 끼하노(Aníbal Quijano), 엔리케 두셀(Enrique Dussel) 등, 라틴아메리카의 탈식민주의 학자들은 '지식의 식민성/유럽중심성' 혹은 '권력의 식민성(coloniality of power)'이라는 개념을 성찰적으로 사용하면서, 서구의 식민지배를 겪은 피지배지의 연구자들이 '내 안의 타자화'에 빠져 있음을 지적한다(Dussel 2003; Mignolo 2011). 여전히 라틴아메리카 지역의 연구자들이 토착지식과 문화를 열등하게 인식하고, 서구의 지식생산체계를 지식 발전의 가장 타당한 토대로 받아들이는 경향이 남아 있음을 강하게 비판하는 것이다. 이런 맥락에서 탈식민화를 '포스트콜로나이징(postcolonising)'으로 쓰기도 하지만, '식민성(coloniality)'의 극복을 중시하는 입장에서는 '해체'식민화, 즉 '디콜로나이징(de-colonising)'이라는 용어를 선호하기도 한다. 나아가 탈식민주의가 갖는 용어의 양가적 속성 때문에 한국의 일부 문화비평학자들은 아예 '포스트콜로니얼리즘'이라는 영어 단어를 그대로 옮겨 쓰기도 한다. 이와 같은 용어의 중첩성은 개념적 오해를 불러일으킨다는 측면에서 비판받을 수도 있으나, 오히려 탈식민주의가 문제시하는 것이 무엇인지를 더욱 일관되게 보여주는 측면도 있다고 할 수 있다. 탈식민주의든, 신식민주의든 혹은 '포스트콜로나이징'이든 '디콜로나이징'이든, 다양한 용어가 중첩되어 사용되기에 이들이 갖고 있는 문제의식이 무엇인지에 관해 더욱 민감하게 반응하게 되며 결국 어떤 용어를 사용하든 서구모델의 자발적 보편화, 서구 중심의 위계적 타자화라는 식민성의 해체가 이뤄져야 한다는 문제의식에는 모두 동의하고 있음을 알 수 있게 된다.

그렇다면, '왜 이러한 문제의식을 갖게 되었는가'라는 질문이 자연스럽게 따라 붙을 수밖에 없다. 이 질문을 고민하는 것은 앞서 언급한 탈식민주의의 두 번째 측면인 '논리적 근거와 전개'를 살펴보는 작업이기도 하다. 전술한 바와 같이 탈식민주의는 피식민지의 경험과 시각으로부터 출발한다. 오랜 기간 비서구는 서구(유럽)의 자본축적을 위한 식민적 착취와 이를 뒷받침하는 문화연구 혹은 지역연구의 '대상(object)'에 불과했다. 이에 대한 대응과 극복으로써 탈식민주의는 식민통치자 중심의 사고체계를 끊고, 나아가 지배규율적 질서를 해체하고 이를 '여기-나'의 시각으로 재구성하려고 한다. 탈식민주의를 '위치 지워진 지식론(situated knowledge)'에 속하는 이론으로 보는 이유도 바로 여기에 있다. 달리 말해 탈식민주의의 핵심은 나를 주체로, 나의 삶과 터에 뿌리 내린 지식이고 관점이며 행동인 것이다. 이는 추상적이고 보편적인 것으로 여겨지는 이성이 아닌 주관적이고 맥락화된 관점의 중요함을 극명히 강조하는 수사이자 실천기법이다. '이성'이 아닌 당사자의 주관적인 '감정'과 역사적 '경험'에 배태된(embodied) 관점을 이론과 지식(생산)의 중심에 놓는 것이다. 따라서 이러한 접근을 통해 얻어진 지식은 부분적이며 특수적이고, 지역적이며 역사맥락적일 수밖에 없다. 그러나 탈식민주의는 이러한 접근이 소거되거나 억눌린 역사적 현실과 지역적 특수성을 더 잘 반영하고 있다는 측면에서 더욱 객관적인 것이며 진리추구에 더 적합하다고 본다.

위와 같이 피지배지의 주관적 감정과 경험을 인식(앎)과 실천의 중심에 두는 탈식민주의는 곧 서구(근대철학)의 이성 중심주의와 그 것의 '보편화'에 대한 저항과 응전이라고 할 수 있다. 탈식민주의 입장에서 볼 때 서구 근대철학의 이성주의와 자유주의, 그리고 이에 대한 보편화는 식민 종주국의 착취와 지배를 정당화하는 정치적 프 로젝트에 불과한 것이다. '근대'의 서구유럽은 '이성적' 행위자이며 '과학'을 발전시킨 '계몽'된 문명주체라는 믿음이 식민주의의 기본 작동원리였다. 이런 원리에 따라 비서구는 열등하고 비이성적이며 매우 감정적인 객체로 타자화된다. 그러므로 이들은 계몽해야 할 대 상, 즉 식민의 대상으로 합리화되는 것이다. 달리 말해 '근대서구= 이성=정상=보편'이라는 도식이 형성되어 이에 따라 위계적으로 타 자화된 비서구는 전근대적이고 비이성적인 '객체'이자 계몽의 대상 으로 여겨져서 결국 피식민의 위치가 될 수밖에 없었으며 이는 심 지어 서구가 비서구를 위해 이행해야만 하는 일종의 '도덕적 책무 (moral responsibility)'처럼 합리화되고 정당화되기도 했다. 서구의 합리적 근대성이 곧 해방적 근대성으로 (오인되어) 이해되는 배경도 바로 여기에 있다.

이렇게 볼 때, 근대성과 식민(성)은 깊게 엉기어 있음을 알 수 있 다. 근대를 위한 식민, 식민에 의한 근대가 동면의 양면처럼 서로를 구성하고 있는 것이다. 흔히 근대는 "객관적인 과학, 보편적인 도덕 과 법, 자율적인 예술을 … 발전시키고자 했던 18세기 계몽주의 철 학자들에 의해 정식화"된 것으로 이해된다. 하지만 이는 계몽과 근 대기획의 기저에 흐르는 수탈적 자본주의와 서구식민주의의 폭력 과 지배행위, 그리고 이것의 정당화 논리를 제대로 간파하지 못한 것이다. 서구의 철학과 정치학(그리고 이것을 무비판적으로 수용하는 시각)에는 근대성에 은폐된 식민성이 잘 드러나지 않는다. 이를 문제 삼고 극복하고자 하는 움직임이 바로 라틴아메리카 탈식민주의 학자들이 진행하고 있는 '근대성/식민성/탈식민성 기획'이다. 이 프로젝트의 주요 참가자인 끼하노는 "식민성과 근대성/합리성(Coloniality and Modernity/Rationality)" 제하의 논문에서 근대(성)의 시작은 18세기 계몽주의 철학이 아니라, 16세기 초 유럽의 라틴아메리카 정복으로부터 비롯된 식민과 이에 기반한 자본주의 체제였음을 논증하고 있다(Quijano 2007). 근대성은 전근대의 탈주술적 기획으로서 인간의 이성에 기초한 보편타당한 논리가 아니라 식민주의라는 규율, 지배, 그리고 차별의 논리라는 것이다.

서구 근대철학에 내재된 인간 이성에 대한 '보편적' 믿음과 그것에 기초한 인간행동에 대한 '보편화'된 설명은 곧 인류는 반드시 그렇게 (서양이 이해하는 이성의 방식으로) 행동해야만 한다는 '규율적' 기능을 발현하게 된다. 서구 근대의 이성주의가 곧 '인식적 이상향(epistemological ideal)'으로 작동하게 되는 것이다. 예를 들어, 무엇이 타당하고 과학적인 지식인지를 판단하는 기준은 이성적이며 계몽된(것으로 여겨진) 근대의 서구에 의해서 규정되고 따라서 이러한 규정에서 벗어난 지식은 폐기나 거부의 대상이 된다. 이는 과학 이전에 이미 과학을 보증하는 과학의 '정치'가 작동했음을 잘 보여준다. 이런 점에서 볼 때 식민주의는 서구의 사상과 규범의 확산에 핵심적 역할을 했다고 할 수 있고, 이를 실천한 식민통치자들이나 근대철학자들은 서구의 철학과 과학을 '지구 보편적'인 것으로 (잘못) 인식하게 하고 수용의 정당화를 제공했다는 점에서 규범 주창자

(norm entrepreneurs)였다고 말할 수 있을 것이다. 식민주의를 통해 서구 중심적 사상이 인간의 인식과 행동체계에 관한 보편적 판단잣대가 되는 과정에서 피식민지의 주관적 경험이나 시각은 폭력적으로 소거 혹은 삭제되었다. 서구 근대철학의 이성 중심주의와 이에 대한 지구보편적 믿음, 그리고 이를 정치적, 물리적으로 행사한 제국주의와 식민주의 속에서 피식민지의 지역적 경험과 주관적 감정은 그저 계몽과 삭제의 대상이 된 것이다.

결국 이것은 '순수이성'철학이 아닌 지배권력의 정치적 프로젝트에 기인하여 발생된 부당한 결과이기 때문에 이에 대한 자연스러운 문제의식으로써 탈식민주의는 '식민성'의 해체 혹은 극복을 주창한다. 그리고 해체와 극복을 위한 첫 단추가 바로 탈식민주의에서 강조하는 '위치 지어진(situated)', 즉 나의 '삶과 터에 뿌리내린' 시각으로 수행하는 비판적 성찰이다. 예를 들어, 다음과 같은 질문에 천착하여 답을 찾아 보는 것이다. 식민주의 지배논리나 규범의 '기원'은 무엇인가? 그것이 지속적으로 '재생산'되고 있는 메커니즘이 무엇인가? 어떻게 (서구의) '특정한' 사고체계가 지역과 문화의 차이를 넘어 '보편화'되었는가? 이와 같은 질문을 나의 '삶과 터' 속으로 맥락화하면서 성찰적인 답을 찾아보는 것이 탈식민의 필수 과정이다. 이를 통해 탈식민주의 학자들은 식민주의 사고체계를 해체하고 지배논리로부터 해방(emancipation)되고자 한다.

물론 이러한 탈식민의 과정에서 강조되고 있는 극복이나 해체의 실질적인 대상은 다양할 수 있다. 예를 들어 신자유주의 경제시스템과 서구금융권의 자본독점에 의해 발생한 21세기형 경제적 식민화, 즉 '엑스트라 액티비즘(Extra-activism)'의 해체를 강조할 수도 있으며 혹은 푸코의 말처럼 우리의 생활세계에서 일상적, 그리고 미시적으로 작동하고 있는 감시와 검열이라는 '생체권력(bio-power)'과 '육체에 각인된' 내 안의 순응성으로부터 해방될 것을 우선시할 수도 있다. 혹은 식민(성)과 근대(성)의 관계가 불가분의 관계였음을 인지하면서 인식/지식의 장(field)에 여전히 남아 있는 서구 중심성을 극복할 것을 주문할 수도 있다.

나아가 극복, 해체, 혹은 해방의 방식 또한 다양하게 진행될 수 있다. 예를 들어, 에드워드 사이드(Edward Said)가 말하는 '논 세르비암(Non-Serviam)', 즉 누군가의 정신세계에 복속됨을 거부하는 자기성찰과 주체적 저항정신이 우선시될 수도 있고, 호미 바바(Homi Bhabha)가 논했던 것처럼 식민지배자를 '흉내내기(mimicry)'함으로써 지배자의 정체성 분열을 유도하여 지배자(논리)가 전복될 수 있음을 상징화시킬 수도 있다. 혹은 가야트리 스피박(Gayatri Spivak)처럼 헤게모니 권력에 종속되어 있거나, 아예 권력의 접근 자체를 거부당한 하위주체들(농민, 노동자, 여성 등) 이른바 서발탄(subaltern)에 '말을 걸고' 그들의 목소리를 중심에 두는 서술작업이 강조될 수도 있다. 나아가 프란츠 파농(Frantz Fanon)처럼 지배권력의 해체와 식민성의 극복을 위해 무력투쟁과 폭력이 수반되는 행동이 가장 우선시될 수도 있다.

무엇을 강조하고 우선시하든, 탈식민주의가 공통적으로 중시하는 것은 피지배자 자신의 삶(경험)과 터(장소)에 착근된 시각을 통해 (서구 중심적) 보편주의가 해체되고 지배정당화 논리체계에서 해방되는 것이라고 할 수 있으며, 이는 결과적으로 주변부의 (삭제/소거되었던) 주관적이고 지역적이며 따라서 부분적인 경험과 감정을 전면에 등장시켜 자기 정체성을 회복하는 작업으로 이어지게 된다. 파농의 다음과 같은 발언을 보자. "… 난 스스로를 흑인이라 단언하기로 했다. 다른 사람들이 날 인정하길 주저하기에 단 하나의 해결책만이 있다. 그것은 내 자신을 알리는 것이다." 그리고 이러한 문제의식은 탈식민적 민족주의 운동, 예컨대 에메 세자르(Aimé Césaire)가 주도했던 흑인정체성 회복운동이자 범아프리카 민족주의 담론이라고 할 수 있는 '네그리튀드(Négritude)'에서도 잘 감지된다.

2. 탈식민주의의 지향점

하지만 여기서 고민이 필요한 질문이 있다. 그렇다면, 탈식민주의가 궁극적으로 지향하는 목표 지점은 민족주의 혹은 토착주의인가? 이 질문은 서두에서 소개한 탈식민주의를 이해하는 세 번째 측면과 연결되는 부분이기도 하다. 지금까지 논한 탈식민주의의 문제의식과 그것의 논리적 근거 및 전개가 최종적으로 가리키는 지점은, 이미 언급한 바와 같이 주변화되거나 억눌린 자기정체성(주체성)의 회복이라고 할 수 있다. 그러나 이것이 탈식민주의의 지향점을 모두 포괄한다고 할 수 없다. 오히려 자기정체성의 회복만을 강조할 경우, 탈식민주의에 대한 오독으로 이어질 수도 있다. 물론 탈식민주의는 (서구 중심적) 이성/보편주의와의 연결고리를 끊어내고 (delinking) 대항담론과 저항운동으로써 (비서구의) 주관적이고 지역적인 경험과 감정을 되살려내려고 한다. 하지만 이와 동시에 '되살려낸' 지역적 시각이 또다시 보편화되지 않게 하는 것이 탈식민주의 입장에서는 매우 중요하다. 들뢰즈와 가타리의 표현을 빌리자면,

지배자 중심의 '영토화,' '코드화'에서 '탈주'하고, 주변부의 삭제된 경험, 감정, 관점의 회복을 추구하지만, 그것의 보편화를 추구할 경우 또다른 형태의 타자화(차별과 배제)가 수반될 수밖에 없기 때문이다. 오리엔탈리즘(orientalism)을 넘어 옥시덴탈리즘(occidentalism), 그리고 이것을 다시 넘어 '포스트'옥시덴탈리즘이 탈식민주의 이론적 논의에서 주목받고 있는 이유도 바로 여기에 있다. 동양을 서양의 시각으로 타자화하고 왜곡시켜 재현(representation)하면서 서양의 우월성을 보편화시키는 오리엔탈리즘과 마찬가지로 옥시덴탈리즘 역시 그 대상만 뒤바뀔 뿐, '자기중심적 보편화' 속에서 타자를 왜곡하여 재현하는 문제는 그대로 남아 있기 때문에 탈식민주의 시각에서는 경계해야 할 대상인 것이다.

이처럼 탈식민주의는 인식적 보편화를 거부한다. 그렇다고 그 대응으로써 특수성만을 강조하는 것은 아니다. 그 이유는 자명하다. 보편적인 것으로 (잘못) 여겨지는 역사나 사상을 나의 '삶과 터'의 맥락에서 해체하고 재구성하여 나의 세계를 만들어간다는 것은, 하나의 세계가 존재하는 것이 아니라 복수의 세계, 복수의 세계관, 복수의 근대성, 복수의 발전모델이 존재함을 전제로 하는 것이다. 이러한 전제에 기반한다는 것은, 곧 나의 세계뿐만이 아니라 상대방의 세계를 '평등한' 주체로 인정하는 것이며 다양한 세계, 다양한 역사, 다양한 문화와 사상이 '동등하게' 공존함을 적극적으로 수용하는 것이다. 그리고 이러한 전제를 실천하기 위해서는 상대방의 세계를 그들의 주관적인 경험, 시선, 감정의 맥락 속에서 이해하는 공감(empathy)이나 연민(compassion)의 사유가 매우 중요해진다. 탈식민주의가 궁극적으로 지향하는 것도 바로 이것이다. 공감이나 연민에 기초한 다원주의, 즉 공감적 다원주의가 바로 탈식민주의의 지향점이라 할 수 있다.

여기서의 공감이나 연민은 '예외'를 인정하는 것과는 다른 차원이다. 타자의 어떤 경험과 시각을 특수한 것, 예외적인 것으로 이해하고 인정한다는 것은, 특정한 하나의 시각이 이미 주류로서 존재하고 보편화된 판단기준으로 작동하고 있음을 시사한다. 이 보편기준이 있어야만 특수하고 예외적 것도 존재할 수 있는 것이다. 탈식민주의는 이러한 사고방식을 해체하려는 담론이며 운동이다. 문화다양성을 예로 들어보면, 기존의 '다문화주의'를 넘어 '상호문화주의'가 중요해진다. 탈식민주의 시각에서 보자면 다문화주의는 지배문화의 해체가 아닌 문화적 다양성을 문화상대주의적 입장에서 인정하여 결국 현상유지의 성격을 내재하고 있으며 또한 문화(산업)와 신자유주의 자본과의 결탁을 비판적으로 고찰하지 못하고 있다. 따라서 '지배-피지배'라는 문화 간 권력관계를 들춰내고 그것을 초월하여 문화 "주체들 사이의 '평등한' 대표 가능성을 지향"하는 '상호문화주의'가 새로운 대안으로써 탈식민주의 논의에서 주목받고 있는 것이다.

이런 맥락에서 볼 때, 탈식민주의에서 말하는 공감은, 타자를 나와 '동등한' 존재로 받아들인 상태에서 타자가 느끼는 감정에 연민하고 그들의 특수한 경험을 이해하려는 적극적 사유 및 실천행위라고 할 수 있을 것이다. 낯설게 보이고, 비정상적이며 특수한 것처럼여겨지는 것들에 대한 자동반사적인 거부도, 예외적인 인정도 아니다. 오히려 적극적인 받아들임이고 나아가 그것이 '되어보려는' 사유가 공감적 다원주의의 핵심이다. 타자를 인정하는 것을 넘어 구별이나 경계 자체를 초월하기 위해 타자가 나의 존재와 불가분의 관계에 있음을 인식하는 '타자의 변증학(analectics)'을 수행하는 것이며, 이는 필연적으로 정치적, 그리고 인식적 차원의 다원주의와 맞닿게 된다(Dussel 2003, 5-8). 이처럼 공감에 기반한 다원주의적 인식과 실천이야말로 탈식민주의가 이론으로서 추구하는 것이며 이러한 이유로 탈식민주의 이론가들은 규율과 배제의 기능을 발현하는 하나의 보편성(universality)이 아니라, '복수보편성(Pluri-Versality)', '복수 중심적 세계'(Polycentric World)'와 같은 개념을 강조한다.

이상의 논의를 종합해 보면, 탈식민주의는 특정한 지역, 문명, 세계관, 역사관을 하나의 보편으로 오인하는 보편주의와 여기에 내재된 위계적 권력관계를 초월하여 인식과 실천의 다원성 및 복수보편성을 이루기 위한 담론이자 운동이라고 정의할 수 있다. 그리고 이를 달성하기 위해서는 식민성의 극복(주체성의 회복)이 필수적이며 이는 타자에 대한 공감과 '함께' 진행되어야 함을 강조한다.

IV. 결론

본 장에서는 '비판적' 이론들을 주류이론의 '대안'으로 살펴보았다. 기본적으로 이론은 세상을 바라보는 렌즈의 역할을 한다. 따라서 우리의 행동에 실질적인 영향력을 행사한다. 내가 무엇을 할 것인가라는 '실천'의 문제는 내가 무엇을 볼 것인가라는 '시각'의 문제로부터 시작되기 때문이다. 복잡한 세상에서 무엇을 볼지 혹은 무엇이 보이는지에 활용되는 도구가 바로 이론이다. 세상을 어떤 이론을 통해 보는지에 따라 보이는 세상이 달라진다. 달리 보이는 세상에서 행동이 달라지는 것은 자명하다. 그렇다면, 어떤 학술 분야의 이론체계에서 주류이론 이외의 비판적 이론들이 논의되지 않고 오히려 주변화가 진행되고 있다면, 세상을 다르게 볼 수 있는 시각은, 따라서 다르게 행동할 수 있는 실천적 기회는, 크게 줄어들 수밖에 없다. 요컨대 인식행동체계의 '획일성'이라는 심각한 문제가 파생될 수밖에 없는 것이다. 본 장에서 상술한 비판이론과 탈식민주의를 통해 주류의 이론들로는 인지하기 어렵거나 당연시되는 사안들을 문제로 인식할 수 있게 되고, 새롭고 대안적 접근과 사고가 가능해지는 공간이 만들어지는 계기가 될 수 있을 것이다.

참고문헌

은용수. 2015. "비판이론의 학술적 공헌과 실천적 함의."『국제지역연구』 24(3): 67-93.
_____. 2020. "혼종 식민성(Hybrid coloniality): 탈식민주의로 바라본 한국의 외교안보정책."『국제정치논총』 60(1): 7-61.

Amin, Samir. 2004. *The Liberal Virus: Permanent War and the Americanization of the World*. London: Pluto Press.

Booth, Ken. 2007. *Theory of World Security*. Cambridge: Cambridge University Press.

Buzan, Barry and Lene Hansen. 2009. *The Evolution of International Security Studies*. Cambridge: Cambridge University Press.

Buzan, Barry, Ole Wæver, and Jaap de Wilde. 1998. *Security: A New Framework for Analysis*. Boulder, CO: Lynne Rienner Publishers.

Cox, Robert. 1981. "Social Forces, States and World Orders: Beyond International Relations Theory." *Millennium: Journal of International Studies* 10(2): 126-155.

Cox, Robert and Timothy J. Sinclair. 1996. *Approaches to World Order*. Cambridge: Cambridge University Press.

Dussel, Enrique. 2003. *Beyond, Philosophy: Ethics, History, Marxism, and Liberation Theology*. New York: Rowman & Littlefield Publishers.

Habermas, Jürgen. 1987[1968]. *Knowledge and Human Interests*. London: Polity Press.

Hopf, Ted. 1998. "The promise of constructivism in International Relations theory." *International Security* 23(1): 183.

Hutchings, Kimberly. 1996. *International Political Theory: Rethinking Ethics in a Global Era*. London: Sage Publications.

Jackson, Patrick. 2011. *The Conduct of Inquiry in International Relations: Philosophy of Science and Its Implications for the Study of World Politics*. London: Routledge.

Jones, Richard Wyn. 2005. *Critical Security Studies and World Politics*. Boulder, CO: Lynne Rienner Publishers.

Keohane, Robert O. 1984. *After hegemony: Cooperation and discord in the world political economy*. Princeton: Princeton University Press.

Mignolo, Walter. 2012. *The Darker Side of Modernity*. Durham: Duke University Press.

Negri, Antonio. 2008. *Empire and Beyond*. Cambridge: Polity.

Neufeld, Mark. 1993. "Reflexivity and International Relations Theory." *Millennium: Journal of International Studies* 22(1): 53-76.

Patomaki, Heikki and Colin Wight. 2000. "After PostPositivism: The Promise of Critical

Realism." *International Studies Quarterly* 44(2): 213-237.

Quijano, Anibal. 2007. "Coloniality and Modernity/Rationality." *Cultural Studies* 21(2): 168-178.

Smith, John. 2016. *Imperialism in the Twenty-First Century: Globalization, Super-Exploitation, and Capitalism's Final Crisis.* New York: Monthly Review Press.

페미니즘 국제정치이론

황영주(부산외국어대학교 글로벌인재학부)

I. 서론

이 장의 목적은 페미니즘의 가장 대표적인 주장 중 하나인 "개인적인 것은 정치적인 것(the personal is political)"이라는 구호를 빌려 여성의 (개인적)경험과 이해가 국제정치(이론)와 어떻게 연관되는지를 밝히는 것에 있다. 우선 이 장을 읽는 많은 독자들은 페미니즘과 국제정치의 연관성에 대해 궁금해 할 가능성이 크다. 국제정치학이라는 학문의 성격은 본디 16세기 이후 형성된 정치체로서의 국민국가와 그것을 대체해 나가는 세계화에 집중된다. 그런데, "여성의 불평등을 개선하고, 여성의 권리를 신장하고, 여성의 삶을 되돌아보게 하는"페미니즘을 왜 국제정치학에서 다루어야 하는가에 대한 의문이 생기는 것은 어쩌면 당연하다 하겠다.

이 장은 이 질문에 대한 해답을 구하기 위한 작업을 하게 된다.

겉으로 보기에 국제정치는 페미니즘과 큰 관련성이 없어 보이지만, 많은 페미니즘 국제정치학자들은 여성의 눈 또는 젠더에 민감한 관점(gender sensitive perspective)을 통해서 국제정치의 이론과 현실이 다르게 보일 수 있다고 주장한다. 페미니즘 국제정치학자 티크너 (J. Ann Tickner)는 페미니즘 진영의 국제정치에 대한 접근을 다음과 같이 명쾌하게 정리한다(Tickner 2006, 25).

"기존의 국제정치학이 국제체제에 천착하며 국가 중심성을 갖는 데 비하여, 페미니즘 진영은 국가수준 아래에서 일어나는 국가행위의 근원에 대하여 이해하려고 한다. 국제정치는 주로 국가행위에 대한 묘사나 설명에 집착하지만, 페미니즘은 국가 및 국제사회의 구조 속에 숨어 있는 여성의 삶을 연구하여, (여성차별적) 구조를 개선하려 한다."

이러한 주장에 힘입어 이 장에서는 한편으로는 국가 및 국제정치 구조 속에 숨어 있는 여성의 삶을 조사하면서 차별적 구조를 밝히고, 다른 한편으로는 여성 차별적 국제정치 구조를 개선하려는 노력에 대하여 자세하게 정리하려 한다. 이러한 작업을 다르게 표현하면 "젠더에 민감한 관점을 채용하면 지금의 국제정치의 이론과 현실이 얼마나 달리 보일까"라는 의문의 해답을 찾아가는 과정이라할 것이다.

이러한 배경을 가진 이 장은 다음과 같이 구성된다. 첫째, 페미니즘 국제정치이론의 형성과 특징에서 대하여 다룬다. 여기에서는 페미니즘 국제정치이론의 발전 과정과 특징을 살펴본다. 둘째, 페미니즘 국제정치이론의 갈래를 경험주의, 입장주의, 탈구조주의, 탈식민주의로 구별하여 다룬다. 셋째, 국제정치 현실을 페미니즘 국제정치이론에서는 어떻게 보고 있는지 소개하고자 한다. 즉, 국제정치를 쟁점별로 윤리와 도덕, 폭력과 안보, 국제정치경제, 정체성과 지구화 등으로 구별하여 페미니즘 진영에서의 설명과 처방을 함께 살펴보고자 한다. 그리고 끝으로 한국에서 페미니즘 국제정치이론의 위상과 적용 가능성에 대하여 검토하고자 한다.

II. 페미니즘 국제정치이론의 배경과 특징

1. 페미니즘, 젠더, 가부장제

페미니즘 국제정치이론을 이해하기 위해서는 페미니즘 진영에서 다루는 핵심 개념인 페미니즘, 젠더, 가부장제를 간단하게 살펴보는 것이 필요하다. 앞서 페미니즘은 여성의 불평등을 개선하고, 여성의 권리를 신장하고, 여성의 삶을 되돌아보게 하는 움직임으로 소개한 바 있다. 이와 관련하여 킨셀라(2019, 265)는 페미니즘을 마르크스주의만큼이나 다양하게 정의되는 이론이라 전제한 뒤, "여성들의 삶에서의 기대 및 기회가 오로지 그들이 여성이라는 이유로 불공정하게 감소되지 않도록 모든 여성의 평등과 정의를 추구"하는 것으로 소개하고 있다.

정치학의 가장 중심 개념이 권력(power)이듯, 페미니즘의 중심 개념은 젠더(gender)이다. 젠더는 생물학적인 성(sex)과는 다른, 사회적으로 구성(socially constructed)된 성으로 정의된다. 젠더는 사회적 맥락에서 사용되는 사회구성원들에게 학습된 개념으로 남성성(masculinity)과 여성성(femininity)이라는 이원성을 통해 이해된다. 남성성과 여성성은 각각 남성과 여성을 기반으로 형성되지만, 그렇다고 해서 반드시 생물학적 성으로만 귀속되는 것은 아니다. 그런데, 페미니즘 학자들은 이러한 젠더관계를 통해서 권력(관계) 분석이 가능하다고 보고 있다.

페미니즘에서 젠더는 1차적으로 남녀 불평등을 표현해주는 기제가 된다. 젠더는 사회적 맥락에서 생성, 이용, 분화되면서 이원적 대립(the binary opposition) 구조를 만들어낸다. 젠더의 구성에서 남성성은 긍정적이거나 높은 가치를 부여하는 반면에, 여성성은 부정적이거나 상대적으로 낮은 가치를 부여하는 사회적 관행을 (재)생산한다. 예컨대, 공과 사, 객관과 주관, 이성과 감정, 자율과 의존에서, 앞의 것은 남성성과, 뒤의 것은 여성성과 관련되는 것이다. 이러한 위계는 권력과 관련되는 것이다.

스코트(Scott 1986, 1067)는 젠더관계를 통해서 인간사회의 권력관계를 추정할 수 있다고 주장한다. 젠더는 "권력이 표현되고, 또한 권력이 접합되는 일차적인 장"이며 "권력의 중요성과 그 표현을 가능하게 하는 방법"이 될 수 있다는 것이다. 달리 정리하면, 젠더는 "남녀 사이의 불평등을 기반으로 하는 권력관계를 포함하고 있으며, 동시에 권력관계 및 정치현상을 분석하는 도구로 사용된다"(황영주 2013, 53)고 할 수 있다. 페미니즘의 중심 개념인 젠더는 정치학의 권력과 유사한 분석의 도구가 될 수 있는 것이다.

가부장제는 이러한 젠더관계가 권력으로 작동하는 대표적인 공간이 된다. 월비(Walby 1990, 21)가 지적하듯이, "가부장제는 남성이 여성을 지배, 억압, 착취하는 사회구조"라 할 수 있다. 가부장제는 소수 남성이 여성을 비롯한 다른 가족의 구성원들을 '지배'하는 정치적 관계를 만들어낸다. 그런데 가부장제는 가정에만 국한되는 것이 아니라 공적인 영역에까지 확대된다. 가부장제는 노동, 가사노동, 국가, 폭력, 섹슈얼리티, 문화 영역 등에 내재화되어 다양한 방법으로 표현된다. 특히, 월비는 19세기까지의 가부장제가 사적 영역을 기반으로 삼았다면, 20세기 이후의 가부장제는 공적 영역에 뿌리를 둔다고 주장한다(Walby 1990, 21-22). 최근, 한국에서 코로나 발생 이후 어려워진 경제상황 극복을 위한 긴급재난지원금 지급에서 세대주를 신청 주체로 삼았던 사례는 국가가 공적으로 가부장제적 기제를 재생산하는 측면을 잘 보여주고 있다.

2. 페미니즘 국제정치이론의 발전과 이론적 토대: 참여, 비판, 규범

"개인적인 것은 정치적이다"와 "개인적인 것은 국제적인 것"이라는 주장을 동시에 수용하는 페미니즘 국제정치이론은 1990년대 냉전의 종결 등으로 표현되는 국제정치 현실의 변화와 그에 따른 학문 분야의 존재론, 인식론, 방법론의 변화를 적극적으로 반영하는 이론의 학문적 흐름에서 파생된다.

티크너는 국제정치의 제3논쟁 혹은 제4논쟁의 결과로 형성된 페미니즘 국제정치학을 제1세대라 명명한다. 제1세대(the first genera-tion) 페미니즘 국제정치학은 전통적 국제정치학의 기본적 가정, 개넘, 방법론 등에 도전하는 비판적 입장을 취한다. 다음으로, 1990년대 후반에 들어서면서 형성된 제2세대(the second generation) 페미니즘 국제정치학은 1세대의 비판적 입장을 바탕으로 다양한 경험적 분석을 추가하는 노력을 기울이고 있다(Tickner 2006, 20).

물론, 이러한 세대 구분에 따라 페미니즘 국제정치이론을 명료하게 재단하는 것은 쉽지 않은 일이다. 페미니즘 국제정치학자들은 다양한 맥락에서, 복합적인 방법으로 페미니즘이 반영된 국제정치이론 창출에 노력하고 있기 때문이다. 다만, 지금까지의 페미니즘 국제정치이론은 다음과 같은 질문을 제기한다. "국제정치에서 여성은 어디에 있는가?" "남성은 지금의 국제정치(학)를 어떻게 만들어 왔는가?" "여성의 경험이 투영된 바람직한 국제정치는 무엇인가" 등인데, 이러한 질문은 각각 경험, 비판, 규범이라는 키워드로 상징화시킬 수 있다.

첫째, 페미니즘 국제정치이론의 '경험적(empirical)' 특징은 국제정치이론과 현실에서 여성의 존재(presence of women)를 찾는 노력이다. 이는 국제정치 현실과 이론에서 제대로 보이지 않았던 여성을 찾아내고, 그 존재를 확인하는 작업이다. 이는 현재의 국제정치이론을 크게 바꾸거나 훼손하지 않고, 그곳에서 여성, 여성 활동과 기여 등을 찾으려 한다. "보이지 않는 것을 보이게 만드는(making the invisible visible)" 노력과 연결되어 있다.

지금까지의 국제정치이론이 남녀 구별이 없이 보편적으로 적용된다고 가정하지만, 여성들은 그 공헌에도 불구하고 제대로 주목을 받지 못하는 경우가 많았다. 페미니즘 진영에서는 지금까지 고려되지 못했던 여성의 경험과 기여를 국제정치 현실과 이론에 포함시켜

야 한다고 주장한다.[1]

둘째, 페미니즘 국제정치이론의 '비판적(critical)' 특징은 현존하는 국제정치와 국제정치이론이 갖는 남성 중심적 경향과 그에 따라 발생하는 완전하지 않은(partial) 그림에 우려를 나타내는 것이다. 달리 표현하면, 주류 국제정치이론의 가정들이 (일부) 남성의 관심과 이해만을 가지고 있기 때문에, 이론의 해체(deconstruction)가 필요하다는 입장이다.

국제정치이론에서 상정하는 국가와 국가행위는 주로 남성의 의인화와 유사하다고 주장한다. 적으로부터 국가를 보호하고, 국익을 실현하기 위한 국가의 여러 행위들을 정당한 것으로 간주하는 국제정치의 가정들은 서구 근대 자본주의 경제 형성기에 자신을 이익을 추구하는 합리적 남성적 행위자의 형상에 불과한 것이 된다. 또한, 현실주의에서 상정하는 국가의 권력(power) 추구 행위와 그것의 정당화는 일부 남성들이 갖는 '지배적인 남성성(the hegemonic masculinity)'의 이념형(the ideal type)에 지나지 않는다는 비판이 되기도 한다.[2]

....

1 페미니즘 국제정치이론에서 여성 존재를 확인하고 포함시키려는(adding women)노력은 인로(Cynthia Enloe)의 저작에서 쉽게 찾아볼 수 있다. 인로는 지금까지 별로 중요하지 않게 여겼던 여성의 기여와 경험에 주목한다. 신흥공업국의 경제발전에서 가발과 신발, 스포츠 의류를 만드는 어린 여공(과 그녀들의 가냘픈 손가락)의 중대한 기여를 비롯하여, 외교관저에서 다른 국가의 외교사절을 초대하여 칵테일파티를 여는 외교관 부인의 수고가 국가 사이의 우호관계를 어떻게 증진시키는지, 남성 관광객들에게 몸을 파는 제3세계의 여성들이 어떻게 국가경제 기여로 미화되고 있는지를 분석하기도 한다. 이와 관련한 가장 대표적인 저서는 Enloe(1990), 이 책의 한국어판은 신시아 인로(2011). 한편, 다음 저서도 유용하다. 신시아 인로(2015).
2 또한 국제정치이론의 기본적인 가정 중에 가장 대표적인 것 중 하나는 국내/국외, 질서/무질서라는 이원론이다. 그런데 페미니즘 학자들은 이러한 이원적 대립구조는 사회적

셋째, 페미니즘 국제정치이론의 '규범적(normative)'특징은 페미니즘 진영에서 생각하는 국제정치이론 생성과 관련된다. 일부 왜곡된 현재를 극복하려는 바람직한 대안을 위하여 규범적 모색을 시도하는 것이다. 이때 권력에서 배제된 여성의 관점과 생각은 보다 나은 세상을 만드는 데 기여할 가능성이 높다는 것이다. 모든 여성이 그런 것은 아니지만, 여성의 경험과 정체성은 도덕적으로 옳고, 윤리적으로 정당한 세상을 만드는 데 일조할 수 있다는 것이다.

가부장제를 기반으로 하는 현재 사회는 여성에 대하여 차별적이며 종속시키는 많은 문제를 안고 있는 것이 현실이니, 그것을 극복하려는 노력은 주로 여성을 포함하는 인간 행복과 복지에 초점이 맞추어져야 한다. 현재의 국제정치의 중심에 있는 국가보다는 인간 기본 권리가 존중되어야 하며, 국가 이익보다는 인간의 보편적 이익이 확보되어야 한다는 입장이다. 이렇게 페미니즘 국제정치학자들은 페미니즘 이론화 노력이 규범적일 수밖에 없다는 주장을 편다.[3]

....

불평등의 형성 기제인 젠더관계의 구성과 유사하다고 판단한다. 즉, 남성성(masculinity)/여성성(femininity)에 기반을 두는 젠더관계의 이원적 대립 구조는 국제정치에서 국내/국외, 질서/무질서와 병치된다는 것이다. 남성성과 관련되는 전자는 긍정적인 것으로, 여성성과 관련되는 후자는 부정적인 것으로 간주된다.

3 티크너(2001)는 그녀의 초기 저작에서 국제정치의 핵심 주제인 안보(security)를 규범적 입장에서 재개념화하려는 노력을 기울여왔다. 그녀가 볼 때, 진정한 안보는 국가 안위를 중심에 두는 것에서 벗어나, 불평등한 젠더관계, 불공정한 사회관계와 전쟁 소멸과 함께해야만 비로소 성취될 수 있는 것이다. 즉, 안보는 국가에 국한되는 것이 아니라, 평화 달성, 경제 정의, 생태학적 지탱과 함께 지배와 종속이라는 사회적 관계의 극복을 통해 달성되는 것이다.

III. 페미니즘 국제정치이론의 여러 갈래

페미니즘 국제정치이론은 상당히 다양하게 구별될 수 있다. 이러한 다양성은 주로 페미니즘에서 연유된 이론적 갈래를 반영하고 있다.[4] 이러한 경향을 반영하여 여기에서는 페미니즘 국제관계이론을 자유주의(liberalism), 비판이론(critical theory), 탈구조주의(post structuralism), 탈식민주의(post colonialism)로 구별하여, 그 기본적 주장과 특징을 살펴보고자 한다.

1. 자유주의 페미니즘 국제관계이론

자유주의 페미니즘 국제관계이론은 페미니즘에서 자유주의 입장을 근간으로 하고 있다. 이 주장의 요체는 지금의 남녀불평등은 인간이 평등하다는 원칙을 제대로 실현시키지 못하는 법적·제도적 결함과 부조리한 사회적 관행에서 비롯되었다는 것이다. 여성 차별은 사회적 진보를 충분히 수용하지 못한 결과이기 때문에, 법과 제

....

4 페미니즘 국제정치학자들은 다양한 관점에서 페미니즘 국제정치이론을 구별하고 있다. 예를 들어 대표적인 국제정치학 교과서에서 킨셀라는 각각 자유주의, 비판주의, 탈식민주의, 탈구조주의 등으로 구별한다(킨셀라 2019, 265). 한편 트류(True 2005, 216-231)는 페미니즘 국제관계이론을 각각 경험(empirical feminism), 분석(analytical feminism), 규범(normative feminism) 등으로 구별하고 있다. 르네 한센(Hansen 2010, 17-27) 또한 크게 합리주의(rationalist feminism), 입장주의(standpoint feminism), 후기구조(post structuralist feminism)로 구분한다. 또한 티크너와 쇼베리(Thickner and Sjoberg 2013, 208-213)의 경우에는 자유주의(liberal feminism), 비판주의(critical feminism), 구성주의(feminist constructivism), 후기구조주의(feminist post structuralism), 후기식민주의(post colonial feminism) 등으로 각각 구별하고 있다.

도적 결함을 시정하며, 사회적 관행을 개선해 나가는 것이 매우 중요한 과제가 된다.

자유주의 페미니즘 국제정치이론은 현존하는 국제정치질서와 국제정치이론 가설에 큰 이의를 제기하지 않는다. 오히려 이 접근의 주요 관심사는 국제정치에서 여성의 존재를 부각시키고, 국가 지도자와 주요 국제기구에서 여성 숫자가 적은 것에 대한 문제 제기다. 또한 여성과 관련된 국제정치의 의제는 다르게 다루어져야 한다고 믿는다. 이들은 외교정책에서 국가에 따라 어떻게 남성적/여성적 모습을 갖게 되는지 궁금해 하기도 한다.

자유주의 페미니즘 국제정치이론은 현실에서 여성이 얼마나 차별받고 있는지를 쉽고 명백하게 보여주는 이점을 가지며,[5] 또한 전통 국제정치이론의 기본 가정과 설명 등을 그대로 수용하기 때문에, 다른 페미니즘 입장에 비해 국제정치학 내부로부터 이론적 지지를 얻어내기에 유리할 수 있다. 다만, 남성의 관점과 이해가 반영되어 있는 국제정치에 대한 근본적인 변화를 추구하지 않는다는 한계가 지적된다. 요컨대, 자유주의적 접근은 남성 중심적 국제정치의 시각과 편견을 개선시키지 못하고, 그것을 강화시킬 수도 있다는 것이다.

2. 비판 페미니즘 국제정치이론

일반적으로 비판이론은 국제정치 현실에 대하여 비판적 입장을

---

5 예를 들어 킨셀라(2019, 272)는 "2015년 9월 현재 … 국제사법재판소에서는 15명의 판사가 있는데 여성판사는 3명이다. 국제연합 인권위원회는 18명의 위원이 있는데 겨우 5명이 여성"인 것을 보여주고 있다.

취하며 더 나은 국제정치로 변혁을 추구하는 데 초점을 맞춘다. 인식론에서 비판이론은 당연하다고 받아들여지는 사실이 실은 역사적·사회적 구성물이며, 권력과 지식의 상호작용으로 형성된 것에 불과하다는 입장을 취한다. 존재론에서 비판이론은 지배와 억압의 관계를 밝혀내면서 그러한 관계를 해소하는 데 초점을 맞춘다. 이러한 비판이론은 지식인들이 문제해결에 적극적으로 참여해야만 한다는 입장을 가지고 있다.

실제로 비판 페미니즘 국제정치이론도 비판이론의 성격에 동의한다. 페미니즘의 입장에서는 세계적 차원에서의 젠더관계와 생산관계, 특히 자본주의와의 관련성을 밝히는 것이 매우 중요하다. 우선 젠더구성은 물질관계에 의존하게 되는데, 남녀의 상이한 물질적 조건과 생산관계의 경험을 바탕으로 젠더관계가 구성된다는 것이다.[6] 자본의 원시적 축적에서 여성의 가정주부화(house wifeization) 또는 무급노동의 역할에 주목하면서, 여성 노동이 없었다면 자본주의 형성이 불가능했다는 주장을 하게 된다. 지구화 또한 여성 노동에 기반을 둔다는 입장이다(미즈 2014).[7] 특히, 젠더관계와 자본주의의 공모는 각각 복합적으로 작용하여 지배와 억압을 공고하게 만든다.

비판 페미니즘 국제정치이론의 입장이 가장 두드러지게 보이는 것은 안보연구와 관련된 분야이다. 비판안보연구(critical security studies)의 입장에 동조하여 이들에게 안보는 특정 국가가 자신의

....

6   보다 자세한 내용은 이 글의 IV-3 「자본주의, 경제발전, 불평등한 지구화: 국제정치경제」
　　를 참조하라.
7   미즈는 세계화 또는 신자유주의로 명명되는 지금 이 시기의 동력 또한 제3세계의 여성
　　노동에 의존한다고 분석한다.

정체성을 바탕으로 타국에 억압적 요구와 갈등을 만들어내는 기제가 된다. 특히, 이들은 젠더를 매개로 구성되는 정체성은 경쟁적 사회질서를 구축하며, 자신/남성/자국의 안전을 위해서 타자/여성/타국을 불안하게 만든다고 주장한다.[8]

비판안보연구에서 안보가 여러 가지 억압에서 인간을 자유롭게 만드는 것으로 정의되는바, 페미니즘 진영도 이를 적극적으로 수용하고자 한다. 따라서 전통이론, 특히 (신)현실주의의 국가안보보다는 개인의 안녕, 환경과 경제, 사회문화적 영역에서 발생하는 위협과 불안정의 해소, 여성과 인간 중심 접근, 구조적 폭력의 해소, 인권 존중으로 안보를 대체하고자 한다. 특히 이 입장은 여성 경험을 통해서 현실을 바로잡는 힘갖추기(empowerment)의 과정도 포함되어야 한다고 주장한다.

3. 탈구조주의 페미니즘 국제정치이론

탈구조주의 페미니즘 국제정치이론은 탈구조주의 국제정치이론에 큰 빚을 지고 있다. 한센(2019, 222-230)은 탈구조주의 국제정치이론을 크게 담론, 해체, 계보학, 상호 텍스트성이라는 맥락에서 새로운 지식을 생산하는 데 사용된다고 주장한다. 특히, 탈구조주의 국제정치이론은 그 설명에 있어 인과관계를 중심에 두는 설명적 이

....

8 특히 안보 구축의 기저에서 국제정치의 인식론적 기초인 국내=내적 질서=안전=남성(성)과 국외=외적 무질서=불안정=여성(성)이라는 젠더 대립구조와 차이가 없다고 주장한다. 이분법은 여성 억압을 만들어내고 존속시키는 역할을 하면서 국제정치와 안보에 대한 개념을 재생산하는 것이다.

론과 사실에 대하여 참과 거짓을 증명할 수 있다는 입장을 가진 기반주의의 반대편에 서 있다는 주장을 한다(한센 2019, 223-224).

탈구조주의 페미니즘 국제정치이론의 가장 대표적인 접근 중에 하나는 지식과 권력의 상호작용에 대한 비판이다. 지식에 의미를 부여하고, 또한 지식을 생산하는 이는 권력을 가진다는 입장에서, 사회과학에서 지식 제공자(the knowers)는 남성으로 간주한다. 그 주요 지식은 공적 영역에서 활동한 남성의 생활과 경험을 중심에 둔 것이며, 여성의 경험은 반영되지 않은 것이 된다.

특히, 탈구조주의 진영에서는 평화를 전쟁의 부재(the absence of war)로 정의하는 것에 비판한다. 이들은 평화가 평화 자체로 정의되는 것이 아니라, 전쟁을 통하여 부차적으로 정의된다고 우려한다. 전쟁/평화라는 이분법의 앞쪽에서 전쟁은 독자적인 의미를 부여받고 주체적인 것이 되는 반면에, 평화는 전쟁이라는 관계에서 결정되어 보조적인 것이며, 비활동적(inactive)인 것으로 간주된다. 즉, 이들이 보기에 여성=평화라는 등식에서 여성이 평화로운 존재로 상정되기도 하지만, 수동적이며, 나약한 존재로 보는 기제가 동시에 마련되는 것이다.[9]

....

9   예를 들어, 로라 셰퍼드(Shepherd 2008)는 2000년도에 유엔의 안전보장이사회에서 통과된 1325호의 결의안에 대한 분석에서, 여성을 나약하고 비주체적인 존재로 환원된다고 비판한다. 여성을 여전히 문제해결을 위한 주체적 행위자로 보기보다는 젠더화된 이분법의 전통적인 평화롭고/수동적인(peaceful/passive) 존재로 재생산하고 있다고 지적한다. 이는 분쟁 해결 과정에서 여성을 참여를 촉구하는 결의안이 여성의 주체적 참여를 상정하지 못하는 모순을 보여주는 것이 된다.

4. 탈식민주의 페미니즘 국제정치이론

탈식민주의 페미니즘 국제정치이론 또한 탈식민주의에서 온 것으로 본다. 실베스터(Sylvester 2019, 243-261)와 같은 페미니즘 연구자는 국제정치학이 암묵적으로 유럽과 북미의 시각과 세계관을 내포하고 있다고 비판하면서, 인도 역사연구에서 비롯된 하위주체인 서벌턴(subalterns)과 오리엔탈리즘(orientalism) 등을 활용하는 탈식민적 연구가 강대국 중심 국제정치학이 갖는 지식의 큰 결함을 메꾸면서도 제3세계의 여러 국가들이 직면한 문제를 소환하는 데 도움이 된다고 주장한다.

본디 페미니즘 진영에서도 탈식민주의에 많은 주목을 하였다. 탈식민주의 페미니즘은 여성을 '단일하게(homogeneous)' 정의하는 것에 반대한다. 주된 페미니즘 이론이 서구 백인 여성의 관심과 정체성을 표현한 것이라면, 제3세계 여성 경험이 페미니즘이 표방하는 보편 이론에 포함될 수 있는지 의문을 표한다(황영주 2020, 315). 남성과 다른 여성의 입장을 고려하는 것이 페미니즘의 본디 목적이라면, 여성 사이에 존재하는 다양한 입장 차이에도 주목해야 하는 것이다.

일부 학자들은 서구의 학계와 페미니즘 진영이 그들의 방식으로 제3세계 여성의 모습과 위치를 그들 마음대로 (재)생산한다고 비판한다(Mohanty 1984, 333-358). 제3세계 여성들은 자신이 처한 문화, 사회계급, 인종, 지리적 위치에 따라서 다양한 입장에 처해 있음에도 불구하고, 일방적인 문명화의 대상으로 보는 것은 잘못된 접근이라는 것이다. 또한 일부 연구에서는 식민주의와 젠더위계(gender hierarchy)의 상호 공모에 주목하기도 한다(티크너 2001).[10]

IV. 페미니즘 국제정치이론으로 보는 국제정치의
여러 영역

여기에서는 페미니즘 국제정치이론이 현재의 국제정치를 어떻게 분석하고 해석하는지 알아본다. 보다 구체적으로는 국제정치의 주요 이슈인 국제규범, 국가안보, 국제정치경제, 민족주의와 이주 등에 대해 페미니즘 국제정치의 입장에서 검토한다.

1. 여성 윤리와 젠더 주류화: 국제규범

대부분의 사회과학 이론은 경험적(empirical)·규범적(normative) 정향으로 구별될 수 있다. 국제정치이론에서 규범적 접근은 현실을 평가하고 현실을 변화시키기 위한 것이 된다. 말하자면, 규범적 접근은 "세계를 설명하기보다는 세계에 대한 가치평가를 하고 도덕적 관점에서 무엇이 행해져야 하는지 안내한 것…"이 된다(샵콧 2019,

....

10 예컨대, 일제 강점기에 식민지 조선의 풍물을 엽서로 제작하여 판매하는 경우가 많았고, 이는 여행자 정서를 통해서 식민지 모국 시선으로 식민지의 여러 모습을 이국적(exotic)인 형태로 소비하는 오리엔탈리즘의 한 형태였다. 페미니즘 분석가들은 이 엽서에 조선의 다양한 지역의 어린 기생 사진이 많았다는 점에 주목한다. 어린 기생 엽서 사진은 식민지 모국 남성의 관음증을 충족시키는 것에 그치지 않고, 정치적 의미로 읽혀질 수 있었다. 즉, 식민지 모국 남성과 국가는 동일한 시각을 공유하면서 어린 기생 엽서를 통해 각각 성애(性愛)화된 여성과 식민지로 대상화(objectify)시키고 있었다는 것이다. 이와 관련되는 이론적 배경은 티크너(2001, 74)를 참조하라.

284). 이러한 배경에서 페미니즘 국제정치이론에서는 독특한 도덕적 입장을 제기한다.

먼저, 허칭스(Kimberly Hutchings)는 월저(Michael Walzer)의 연구를 빌려와 문화적·지리적 맥락이 고려되는 두터운 도덕성(Thick morality)과 보편적으로 차별 없이 적용되어야 하는 얇은 도덕성(Thin morality)의 구별을 주장한다. 허칭스는 페미니즘이 갖는 여러 도덕적·윤리적 고려들이 얇은 도덕성과 관련될 가능성이 높다고 주장한다. 이러한 도덕성은 여성의 이해와 권리 증진에서뿐만 아니라, 사회 전반에서 드러나는 약자의 입장을 고려하는 보편적 성격을 드러낸다(Hutchings 2010, 61-73).

이러한 노력은 길리건(Gilligan 1982; 길리건 1997)의 '돌봄의 윤리(ethics of care)' 또는 루딕(Ruddic 1989)의 '모성적 사유(maternal thinking)'에서도 찾아볼 수 있다. 이들은 여성의 독특한 경험에서 비롯되지만, 인류에게 보편적으로 적용될 수 있는 도덕과 윤리를 제안한다. 길리건(1982, 13-27)은 책임, 의무 등을 강조하는 여성의 도덕관은 돌봄의 윤리에 집중되는 반면에, 독립과 평등을 강조하는 남성의 도덕관은 '정의의 윤리(ethic of justice)'에 서 있다고 주장한다. 루딕의 경우에도 평화의 문제를 다룰 때, 여성들만이 경험할 수 있는 모성 사유에 주목한다(Ruddic 1989, 13-27). 이 모성 사유는 친절하고 사려깊은 사랑인데, 어머니와 아이 사이에서 만들어지는 돌봄 관계에서 연유되기 때문에 남성들은 가질 수 없는 특성이다. 이러한 모성 사유가 타자의 입장에서, 그 고통을 이해하면서 그들의 결핍(needs)을 책임지는 사회적 도덕과 윤리로 전환되어야 한다는 것이 루딕의 입장이다.

한편, 보다 실증적 접근에서 페미니즘 국제정치이론은 여성과 관련된 국제규범의 생성과 확산으로 젠더 주류화(gender mainstreaming)에 주목한다. 젠더 주류화는 1995년 베이징 유엔 여성회의에서 채택된, 정책 과정에서 젠더를 고려해야 한다는 정책 패러다임이다. 트류(Jacqui True) 등은 국제규범의 확산 과정에 대하여 검토하면서, 다른 국제규범들과는 젠더 주류화가 여성과 여성 연대를 기초로 하는 '여성조직의 초국가적 네트워킹(the transnational networking of women's organization)'에서 비롯되었음을 강조(Krook and True 2010)하고 있다.

2. 군사주의 비판과 안보의 다면성: 국가안보

국가안보(national security) 문제는 국제정치의 핵심 주제라고 할 것이다. 국가안보는 국제관계·국제정치의 존재론적인(ontological) 가치로 간주되곤 한다. 무정부 국제체제 속에서 국가안전을 추구하는 행위 자체는 그 어떤 가치보다도 중요한 것으로 여겨진다. 이러한 국가안보와 관련해 페미니즘은 다양한 비판과 대안을 제기한다.

우선 이들은 국가가 시민, 특히 여성안보(안전)를 제공한다는 신화에서 벗어나야 한다고 주장한다. 페미니즘 진영에서 보기에 국가는 무성적인 존재가 아니라, 이왕의 젠더관계를 유지, 재편, 강화시키는 '젠더화된 국가(gendered state)'에 다름 아니다. 이미 앞서 확인한 바와 같이, 남성의 얼굴을 한 국가는 가부장제 유지와 영속성을 구현하는 사회적 매개체의 역할을 한다(황영주 2001, 77-92). 국제체제에서 국가의 행위 또한 남성적 속성을 가진다. "기존의 국제정치학에서 국가의 행위를 추상화할 때 그 기반은 남성의 행동에 대한 유추에서 출발하고 있다는 것"(황영주 2007, 78)이다. 즉, 독립성과 자율성을 기반으로 하는 국가행위는 근대 서양의 인식론과 존재론에 근거하는 남성적 특질에서 비롯된 것이다(황영주 2019, 59).

국가안보에 관하여 페미니즘 진영의 비판은 군사주의(militarism)에 대한 근심으로 확장된다. 국가안보를 위한 군사력 확대는 군사주의를 재생산하고 폭력, 특히 여성에 대한 폭력의 악순환을 재생산한다. 국가안보와 결합한 군사주의는 외부의 적과 위협으로부터 국가와 국민 보호를 핑계 삼아, 남성 우위의 기존 사회질서를 폭력적으로 유지·강화하는 데 핵심적 기제로 작동한다. 국가안보라는 대의(大意)를 위해서 군사주의는 해당 정체(polity) 내부의 다양한 의견과 목소리를 사소한 것으로 치부하며 폭력적으로 탄압하려 한다.

군사주의는 전쟁에 참여하지 못하는 대부분의 여성들을 열등한 존재로 만들거나, 보호받는 자(the protected)로 대상화(objectify)시킨다. 보호 제공자/보호받는 자라는 구별은 여성을 보호받는 자로 구획하고, 그에 따라 여성이 갖는 주체성·자발성을 무시하게 된다. 여성들은 군역(軍役)의무에서 제외되어, 이등시민(the second class citizenship)에 머물게 될 가능성이 높아진다. 한편, 군사적 행위 자체는 남성적 행위와 닮아 있고, 사회적 질서에서 남성 우위를 정당화시켜주거나 강화시켜줄 가능성이 높다. 앞서 지적한 바와 같이, 여성을 평화와 관련시키려는 본질주의적 접근은 남녀 불평등의 본질을 간과하게 만들고 만다.

페미니즘 국제정치이론의 대안은 안보 개념의 재구성, 구조적 폭력의 제거, (불)안정의 관련성 천착 등으로 구분할 수 있다.[11] 우선, 페미니즘 국제정치이론은 국가를 중심으로 하는 안보 논의에서 벗어나야 한다고 강조한다. 안보와 관련된 최종의 지시물(referent)은 여성을 포함하는 인간이 되어야 한다고 주장한다. 또한 인류가 직면한 경제와 환경의 문제 해결을 포함하여 지구를 하나의 덩어리로 보는 포괄성과 전체성에 천착한다.

둘째, 페미니즘 진영은 구조적 폭력의 제거를 요구하는 적극적 평화(the positive peace) 달성을 강조한다. 이들은 전쟁이 없는 상태라는 소극적 평화(the negative peace)는 물론, 여러 종류의 결핍과 억압을 해소하는 단계에 이르게 될 때, 인류는 안전(secure)한 삶을 누릴 수 있게 된다고 판단한다.

셋째, 페미니즘 학자들은 또한 (불)안정의 상호 관련성에 대하여 주목하면서, 국가안보가 확보된다고 하더라도 개인과 여성의 안전은 침해받을 가능성이 높다고 판단한다. 개인과 여성에 대한 폭력은 다차원적으로 나타나기 때문에 이와 같은 폭력의 연관성에 대하여 민감해야만 한다는 것이다.[12]

....

11 페미니즘 안보이론은 각각 비판안보연구, 평화학, 인간안보이론 등에서 많은 영향을 받았기 때문에 이러한 경향들이 복합적으로 나타난다. 여기서 다루는 주요 내용은 황영주(2013, 43-45)에 의존하고 있다.
12 황영주는 이를 다음과 같이 정리한다. "60-70년대 한국의 여성 노동자들은 노동력 착취와 가부장제적 문화의 작동 대상이자, 국가안보를 위한 국가 동맹의 경제적 결과이자, 냉전이라는 이원적 대립구조 속에서 작동하는 국제정치체제의 희생물이기도 하다"(황영주 2019, 59).

3. 자본주의, 경제발전, 불평등한 지구화: 국제정치경제

국제정치경제 영역 또한 페미니즘 학자들이 많은 관심을 두는 하위 학문 분야이다. 전통적인 국제정치경제의 대상과 분석에 만족하지 못하는 페미니즘 학자들은 여러 비판적·대안적 관점을 제안하고 있다. 이들은 여성이 처한 힘든 경제적 현실에 주목하도록 촉구한다. "여성은 평균적으로 더 장시간 동안 노동을 하지만, 소득은 남성의 3분의 2 정도밖에 되지 못하며, 여성이 하는 노동의 많은 부분은 무보수 재생산 또는 돌봄 노동에 집중되어 있다"(티크너 2012, 344).

피터슨(Peterson 2010, 205)은 국제정치경제를 분석할 때 노동과 생산에 숨어 있는 성적 차별, 여성이 담당하는 재생산과 돌봄 노동(caring labour)의 주변화, 경제활동에 숨어 있는 남성적 특성 등을 밝혀야 한다고 주장한다.[13] 또한, 자본주의 발전에서 여성 노동의 주변화, 제3세계에서의 여성, 여성의 (재)생산 노동이 어떤 방식으로 지구화와 함께하는지도 유념해야 한다고 보고 있다.

페미니즘 학자들은 국제정치경제에서 가정하는 국가의 (절대적·상대적)이익 추구라는 행위는 이익의 극대화를 추구하는 합리적 경제인 모습을 추상화한 것이라고 본다. 이 가정은 자본주의 경제 초기 발전 과정에 참여하는 일부 (백인) 남성의 행위를 추상화한 것

....

13 즉, "페미니즘 분석은 '경제'에 대한 우리 생각과 실제에 어떤 젠더화된 요소들이 내재되어 있는지; '(경제)생산'에 대비하여 재생산과 돌봄 노동(caring labour)과 그것에 대한 분석이 어떻게 주변화되는지; (경제와 관련한) 지배적 모델과 방법이 남성 지배적 활동과 남성화된 특질을 내포하고 있는지 폭로할 수 있다."

이 된다. 이때, 여성의 활동은 경제적 영역에서 배제된다. 자본주의 경제는 "돈이 되는 노동"에 집중하며, 각각 일터/가내 노동, 임금노동/비임금 노동으로 이분화시켜 나가는 과정이기도 하다.

즉, 후자의 과정은 전자에 필수적이지만, 의미 없는 것으로 간주된다. 이렇게 가정 내에서 지탱목이 되어야 하는 여성들의 (재)생산노동과 정서적·감정적 활동은 자본주의 경제에서 배제되는 것이다. 페미니즘 경제학자들은 자본주의 경제체제에서 생산노동으로 간주되지 않는 여성의 노동을 각각 가족임금제도(the family wage system),[14] 부불노동(the unpaid labour),[15] 이중생산양식(the two modes of production)[16] 등으로 다양하게 설명한다.

저개발 국가의 경제성장과 관련한 페미니즘의 비판은 더욱 날카롭다. 저개발국가의 자본주의는 엘리트들의 경제성장 욕망과 해외자본의 경제적 필요에 의해서 추동된다. 이 경우, 해당 국가 여성들은 자국 경제발전 토대 구축을 위한 '원시자본축적(primitive capital

......

14 레이터(Reiter 1977)는 가족임금제도라는 개념을 통하여 이상화된 자본주의 경제체제하에서 아버지/남편이 가족 전체를 위한 임금을 지불 받아서 가족의 생계를 책임지는 것으로 파악한다. 이때 여성 노동—아버지/남편의 생산노동을 위한 가사노동—은 가족임금에 포함되어 있다고 간주된다.

15 자본주의 체제에서 일일재생산과 세대재생산 등을 포함하는 생물학적 재생산 활동은 여성들의 가사노동에 의해서 완성되지만, 실제로 그것에 대한 임금 지급은 이루어지지 않아 부불노동이 된다는 것이다. 마르크스주의자들의 주장대로 정당하게 지급되어야 할 노동의 대가가 유보됨으로써 자본가의 배를 불린 것과 비슷하게, 여성의 재생산노동 대가가 유보됨으로써 자본의 확대에 도움이 되었다는 것이다.

16 델피(Delpy 1977)는 자본주의가 산업생산양식(industrial modes of production)과 가정생산양식(family mode of production)으로 이중생산양식으로 작동하며 산업생산양식에서는 자본가의 노동계급 착취가 일어나는 곳인 반면에, 가정생산양식은 남성 노동자의 여성에 대한 착취와 함께, 자본가의 노동 착취가 동시에 일어나는 이중 착취의 공간이 된다고 보고 있다.

accumulation)' 과정에서, 저임금·저부가가치 경공업 위주의 산업
화에 동원된다. 여전히 전통적 농업경제에 속해 있는 나머지 가족들
을 위한 실질적 가장(the breadwinner) 역할도 하지만, 여성 노동자
들은 결혼할 때까지만 유효한 저임금 종사자로 활용된다. 때로 유
순한 여성 노동자를 만들기 위하여 전통적 가부장제 및 젠더관계가
노동관계 및 사업장에 적용되기도 한다(Hoang and O'Sullivan 2018,
165-167). 기혼 여성 노동자들은 아이와 가사를 책임지면서 비공식
부문(the informal sector)에 종사하게 된다. 산업화에 성공하면 여성
들의 공헌은 곧 망각된다.

경제적 지구화와 관련된 여러 담론들은 여성 노동의 직·간접 공
헌에 주목한다. 지구화 과정에서 드러나는 신자유주의적 확장은 각
각 생산노동과 재생산노동 분야에서 여성화된 노동이 필수적이라
는 사실을 재차 확인시킨다(Peterson 2010, 209-213). 생산노동 과정
에서 고임금-안정 노동은 남성들이 차지하는 반면에, 저임금-불안
정 노동은 여성들의 몫이 된다. 국가의 사회보장 축소 등은 전통적
인 여성의 재생산노동과 관련한 전통 담론을 부활시키면서 노인 돌
보기 등의 돌봄 노동을 부가(附加)시킨다.

4. 정체성과 재생산노동: 민족주의와 이주

현재는 국가 중심에서 지구화로의 거대한 변환이 진행되고 있
는 시기이다. 국제정치학은 본디 국가와 그것이 구성하는 국제체제
에 주목하였지만, 지금은 지구화에 그 과정에 관심을 돌리고 있다.
"지난 30년 동안 경제에서 문화에 이르는 모든 영역에서 지구적 상

호 연계성의 거대한 규모와 범위가 점점 더 분명해져 왔다"(맥그루 2019, 34)는 것에 주목하는 것이다.

민족주의는 근대국가의 프로젝트로 보이지만 여전히 중요한 의미가 부여되고 있다. "지구화가 민족국가에 가져온 위협에 대항하기 위해 국가 강화적 민족주의가 등장했다"(브륄리 2019, 597)는 것이다. 과거의 영광을 통해서 민족의 미래를 투영하는 민족주의는 그 구성 과정에서 감정(sentiment)을 활용하는 경우가 많으며, 이는 가족이나 여성(성)과 관련되는 수식어와 밀접한 관계에 있다. 민족과 국가를 '모국(母國)'으로 빗대는 것이 대표적이다. 때로 절대이성의 공간으로 여겨지는 국가는 선택적으로 감정·가족·여성(성)을 적극적으로 활용한다.[17] 더군다나, 민족주의는 여성들을 국가와 민족 기표로 대상화시키기도 한다.[18]

지구화의 다른 특징 중의 하나는 국제적 이주(migration)라 할 수 있다. 이주가 여성에만 국한된 것이 아니지만, '이주의 여성화'라는 용어에서 드러나듯 이주의 젠더 관련성이 소환된다(이지영 2013). 이주는 노동 인력 이동으로 일반화되지만, 여성 이주자의 숫자가 남성보다 앞서는 경우가 많다. 이러한 배경에는 '전 지구적 돌봄 노동의 체인화(global care chains)'(Parekh and Wilcox 2014)가

....

17 매클린톡(McClintock 1993, 63-64)의 경우에는 이를 두고 "(민족주의에서) 가족의 이미지가 역사적 과정에서 유기체적 요소로 단일한 통일체 내의 위계적 질서 속에서 추출되지만, 비가족적인 단체의 사회적 구성(국가) 내에서 여성의 배제와 위계질서를 합리화시키기 위한 요소로 변화한다"는 주장을 한다.

18 유발 데이비스와 앤티어스(Yuval-Davis and Anthias 1989, 7)는 이와 관련하여 생물학적 재생산자, 종족·민족 경계의 재생산자, 민족 총체성의 재생산자 및 전수자, 종족·민족 카테고리의 재생산과 상징자, 민족·경제·정치 및 군사적 갈등의 참여자로서의 역할에 주목한다.

숨어 있다. 고학력 전문직 여성은 보건과 교육 분야로, 비전문적 여성은 가사, 육아, 노인 돌봄을 위하여 이주하게 된다(이지영 2013, 246). 이는 여성의 일로 간주되는 재생산노동이 가정·국내적 차원뿐만 아니라, 국제적 차원에서 재구조화되는 과정의 일환이다. 이주의 많은 부분을 차지하는 결혼 이민자들은 수요국의 젠더관계 재현에 기여하기도 한다.[19]

V. 결론: 한국과 페미니즘 국제정치이론

1. 한국에서의 페미니즘 국제정치이론

지난 몇 해 동안 한국 사회에서 페미니즘은 큰 이슈 중에 하나였다. 여성혐오범죄인 강남역 묻지마 살인 사건, 성추행·희롱·폭력 등에서 비롯된 미투(#Me-Too)운동 등은 젊은 여성을 중심으로 새로운 페미니즘 물결을 만들어낸 바 있다. 반면, 여기에 반대하는 페미니즘 '백래시(backlash)' 현상이 제기되기도 했다(최민영 2018). 사회 전반적인 페미니즘을 둘러싼 한국 사회의 동학에도 불구하고, 국제정치학을 비롯한 정치학 분야는 여전히 페미니즘에 큰 영향을 받

....

19 특히 한국의 경우는 이러한 모습이 두드러진다. "농촌으로 시집온 결혼이주여성의 역할은 전통적으로 바람직한 며느리의 모습의 재현에 집중된다. 이들은 한국인과 결혼해 대를 잇고, 시부모를 봉양하며, 남편을 존경하고, 집안일에 충실하면서 농사를 거들어야 한다. 며느리로서 한국인보다 더 한국인다운 덕목을 보인다면, 비로소 한국 사람의 일원으로 인정받는다"(황영주 2012, 195).

지 않은 것처럼 보인다. 그 이유는 다음과 같다.

첫째, 한국 사회의 젠더화된 사회적 속성 때문이다. 즉, 한국 사회는 가부장제적 성격이 강한 국가였고, 그 흔적이 학문 분야에서도 페미니즘 수용을 방해했을 것이라는 추정이 가능하다. 예컨대, 유교는 조선 시대뿐만 아니라, 군사독재 체제하에서도 국가이데올로기로 작동하였고, 지금도 그 흔적이 남아 있다. 더군다나 식민과 탈식민, 근대화와 군사독재, 민주화 등의 역사적 과정에서 여성 차별·억압 등을 세밀하게 살피는 것은 매우 어려운 작업이라 짐작할 수 있다. 미투운동에서 엿볼 수 있듯이, 사회적으로 성공한 남성들이 여성의 섹슈얼리티를 마음대로 좌우할 수 있다는 생각은 이러한 사회적 격동의 결과물로 볼 수 있다.[20] 한국의 사회적 속성은 페미니즘 시각을 가진 학문의 채용을 더디게 만들었을 가능성이 높다.

둘째, 남북한의 극한 대립은 페미니즘 국제정치이론의 적용과 활용을 쉽지 않게 만든다. 한반도는 냉전적 대립과 상호 적대적 정체성이 극도로 작용하는 세계적으로 그 유례를 찾아보기 힘든 갈등의 공간이다. 냉전에서 출발한 이념 대립은 자신은 옳고 상대방은 악마로 만드는 상호 적대적 정체성이 확대되어 한반도 전체를 여전히 지배하고 있다. 상호 적대적 정체성의 구축은 군사적 대립을 부추기며, 이는 강대국 역할에의 과대한 선망과 현실주의적 처방으로

...

20 이는 다음과 같이 정리될 수 있다. "미투(#Me-Too)운동은 성과지상주의의 한국에서 성
    공한 일부 남성이 여성의 섹슈얼리티까지 마음대로 할 수 있는 사회적 모순을 폭로한
    사건이기도 하다… 성공한 나(남성)의 욕망과 관심이 너(여성)의 하찮은 육체보다 우위
    에 있다는 한국 사회의 성공신화와 그것을 우상시하는 단면을 적나라하게 보여주는 것
    이다. 이러한 맥락에서 젠더관계는 사회적 구조를 반영한다"(황영주 2020, 321).

이어진다. 이러한 배경에서 한국의 국제정치 학계는 군사적 안보와 동맹국과의 우호관계, 전략적 지정학 등에 집중하는 경향이 강하다. 이때 페미니즘 국제정치이론 차용은 힘들고 어려운 과제가 된다.

셋째, 국제정치학계에 종사하는 연구자들의 학문적 출신 배경도 페미니즘 국제정치이론의 확산에 걸림돌이 될 가능성이 크다. 즉, 페미니즘의 더딘 응용은 군사적 안보를 위한 강대국 역할에 주로 주목하는 학문의 정체성에서 연유된 것일 뿐만 아니라, 그 연구자가 공부한 곳의 학문적 특징의 결과라 할 수 있다. 한국의 국제정치 관련 학자들은 특정 국가, 주로 미국에서 공부한 경우가 많기 때문에, 실증적·경험적·패권적인 국제관계·국제정치 정향에 더 큰 관심을 둔다고 할 수 있다. 따라서 비판적·이론적·대안적 관점을 가진 페미니즘 국제정치에 관심을 가질 가능성은 그만큼 적어진다. 한국의 국제정치 연구자 입장에서 본다면, 페미니즘 국제정치이론은 아무래도 낯설고 서글픈 영역일 수밖에 없다.

2. 페미니즘 국제정치이론의 전망

이와 같은 제약에도 불구하고, 한국에서 페미니즘 국제정치이론은 그 영향력을 조금씩 확대할 공간이 많다고 할 수 있다. 우선, 페미니즘의 관여가 부족했던 연구 대상, 이를테면 국가안보 관련 연구에 새로운 이슈를 제기할 수 있다. 즉, 남북한의 대치 상황과 관련하여 페미니즘 안보 이론은 군사적 안보에만 얽매이지 않는 젠더에 민감한 대안적(alternative) 논의를 제공해 줄 수도 있다. 이 작업은 국가안보에 대한 대안적 관점을 갖는 것 이외에도 페미니즘 국제정치이론과 함께 한국 국제정치학의 이론적 상상력을 풍부하게 만들 계기를 제공할 것이다.

페미니즘 국제정치이론은 국제정치의 연구 대상으로 여기지 않았던 영역을 연구 영역으로 포함시킬 수도 있다. 한 한국계 미국인에 의해서 수행된 미군기지의 '양공주'에 대한 연구[21]는 연구 영역 확대의 좋은 본보기다. 따라서, "개인적인 것은 정치적이며, 국제정치적"이라는 상상력의 적용은 새로운 연구 영역의 확대로 이어질 수 있다. 예를 들어, 일본군 위안부 문제를 둘러싼 연구에서 학계의 주류 시선은 양국의 외교 갈등에 주목해 왔지만, 페미니즘 시각으로 두 국가의 젠더 구조와 담론이 어떻게 위안부를 둘러싼 갈등 구조에 투영되는지 분석해 보는 시도도 의미 있는 작업이 될 것이다. '보이지 않는 부분을 보이게 만드는 것(making invisible visible)'은 페미니즘 진영의 중요한 공헌이 될 수 있다.

마지막으로, 페미니즘 국제정치이론을 채용·활용할 때 '여성'과 '젠더'를 기존의 이론에 병치시키는 것에서 벗어나, 젠더를 분석의 도구로 활용하는 것이 더욱 필요하다. 즉, 젠더를 분석도구로 활용한다는 것은 국제정치를 새롭게 개념화(reconceptualization)하는 작업이 된다. 이러한 재개념화를 통해서 지금까지 당연하게 여겼던 것을 '다시 볼 수 있는(revision)' 기회가 포착될 수 있기 때문이다.

....

21 많은 페미니즘 국제정치학자들이 주목했던 문(Moon 1997; 캐서린 문 2002)의 『동맹국 사이의 섹스(*Sex among Allies*)』는 여성의 섹슈얼리티와 육체가 한국에서 국가안보라는 미명으로 어떻게 국가에 의해 이용, 침해당하는지를 보여주는 대표적인 연구이다.

참고문헌

르네 한센(Lene Hansen). 2019. "탈구조주의."『세계정치론』. 하영선 외 역. 서울: 을유문화사.

리처드 샵콧(Richard Shapcott). 2019. "국제윤리."『세계정치론』. 하영선 외 역. 서울: 을유문화사.

마리아 미즈(Maria Mies). 2014.『가부장제와 자본주의: 여성, 자본, 식민지와 세계적 규모의 자본축적』. 최재인 역. 서울: 갈무리.

신시아 인로(Cynthia Enloe). 2011.『바나나, 해변, 그리고 군사기지』. 권인숙 역. 파주: 청년사.

_____. 2015.『군사주의는 어떻게 패션이 되었을까: 지구화, 군사주의, 젠더』. 김엘리·오미영 역. 서울: 바다출판사.

안 티크너(J. Ann Tickner). 2001.『여성과 국제정치』. 황영주외 역. 부산: 부산외대 출판부.

_____. 2012. "젠더와 세계정치."『세계정치론』. 하영선 외 역. 서울: 을유문화사.

앤서니 맥그루(Anthony McGrew). 2019. "지구화와 지구정치."『세계정치론』. 하영선 외 역. 서울: 을유문화사.

이지영. 2013. "국제이주와 여성." 강윤희·이옥연 편.『젠더와 세계정치』. 서울: 서울대 국제문제연구소.

존 브륄리(John Breuilly). 2019. "민족주의, 민족자결주의, 국제관계."『세계정치론』. 하영선 외 역. 서울: 을유문화사.

최민영. 2018. "그럼에도 페미니즘'…사회 곳곳 백래시 넘어서는 움직임."『한겨레』http://www.hani.co.kr/arti/society/society_general/847837.html (2020/04/30).

캐롤 길리건(Carol Gilligan). 1997.『다른 목소리로』. 허란주 역. 서울: 동녘.

캐서린 H.S.(Katharine Moon). 2002.『동맹 속의 섹스』. 이정주 역. 소울: 삼인.

크리스틴 실베스터(Cristine Sylvester). 2019. "탈-식민주의."『세계정치론』. 하영선 외 역. 서울: 을유문화사.

헬렌 킨셀라(Helen M. Kinsella). 2019. "페미니즘."『세계정치론』. 하영선 외 역. 서울: 을유문화사.

황영주. 2001. "심청전 읽기로 본 한국에서의 근대국가와 여성."『한국정치학회보』34(4): 77-92.

_____. 2007. "만나기, 뛰어넘기, 새로만들기: 페미니즘 국제정치학에서 안보와 그 과제."『국제정치논총』47(1): 75-94.

_____. 2012. "다문화 사회와 지방정치." 조광수 외.『지방정치학으로의 산책』. 파주: 한울.

_____. 2013. "페미니즘 안보연구의 기원, 주장 그리고 분석." 강윤희·이옥연 편.『젠더와 세계정치』. 서울: 서울대 국제문제연구소.

_____. 2019. "(여전히) 새로 시작되는 여정: 여성과 국제정치." 경상대학교 여성연구소 편.

『지구화 지방화 시대의 여성정치』. 서울: 패러다임 북.
_____. 2020. "그 많은 여성들은 어디에 있을까?" 이병화 외. 『정치학으로의 산책』. 파주: 한울아카데미.

Delphy, C. 1977. *The Main Enemy*. London: Women's Research and Resource Centre Publications.

Enloe, Cynthia. 1990. *Bananas, Beaches and Bases: Making Feminist Sense of International Politics*. Berkeley: University of California Press.

Gilligan, Carol. 1982. *In a Different Voice: Psychological Theory and Women's Development*. London: Harvard University Press.

Hansen, Lene. 2010. "Ontologies, Epistemologies, Methodologies." in Laura J. Shepherd (ed). *Gender Matters in Global Politics: a Feminist Introduction to International Relations*. Oxford: Routledge.

Hutchings, Kimberly. 2010. "Ethics." in Laura J. Shepherd (ed). *Gender Matters in Global Politics: a Feminist Introduction to International Relations*. Oxford: Routledge.

Hoang, Young-ju and Noel O'Sullivan. 2018. "Gendered militarisation as state of exception on the Korean Peninsula." *Third World Thematics: A TWQ Journal* 3(2): 164-178.

Krook, Kena Mona and Jacqui True. 2010. "Rethinking the life cycles of International norms: The United Nations and the global promotion of gender equality." *European Journal of International Relations* 18(1): 103-127.

McClintock, Anne. 1993. "Family Feuds: Gender, Nationalism and the Family." *Feminist Review* 44: 61-80.

Mohanty, Chandra. 1984. "Under Western Eyes: Feminist Scholarship and Colonial Discourses." *Boundary 2* 12(3): 333-358.

Moon, H.S. Karharine. 1997. *Sex Among Allies Military Prostitution in U.S.-Korea Relations*. New York: Columbia University Press.

Parekh, Serena and Shelley Wilcox. 2014. "Feminist Perspectives on Globalization." *Stanford Encyclopedia of Philosophy*. https://plato.stanford.edu/entries/feminism-globalization/ (2020/04/25).

Peterson, V. Spike. 2010. "International/Global Political Economy." Laura J. Shepherd. *Gender Matters in Global Politics: a Feminist Introduction to International Relations*. Oxford: Routledge.

Reiter, Rapp Rayna. 1977. "The Search for Origins: Unraveling the Threads of Gender Hierarchy." *Critique of Anthropology* 3(9-10): 5-24.

Ruddick, Sara. 1989. *Maternal Thinking: Towards a Politics of Peace*. London: The Women's Press.

Scott, Joan. 1986. "Gender: a Useful Category of Historical Analysis." *The American Historical Review* 91(5): 1053-1075.

Shepherd, Laura. 2008. *Gender, Violence and Security: Discourse as Practice*. London: Zed books.

Tickner, J. Anne. 2006. "Feminism meets International Relations: Some methodological Issues." in Brooke A. Ackerly, Maria Stern and Jacqui True (eds.). *Feminist Methodologies for International Relations*. Cambridge: Cambridge University Press.

Tickner, J. Anne and Laura Sjoberg. 2013. "Feminism." in Tim Dunne, MilJa Kurki and Steve Smith (eds). *International Relations Theories: Discipline and Diversity*. 3rd edition. Oxford: Oxford University Press.

True, Jacqui. 2003. "Mainstreaming Gender in Global Public Policy." *International Feminist Journal of Politics* 5(3): 368-396.

_____. 2005. "Feminism." in Scott Burchill (ed). *Theories of International Relations*. 3rd edition. Hampshire: Palgrave.

Walby, Sylvia. 1990. *Theorizing Patriarchy*. Oxford: Basil Blackwell.

Yuval-Davis, Nira and Floya Anthias. 1989. *Women-Nation-State*. London: Macmillan Press.

찾아보기

지은이 소개

민병원 이화여자대학교 정치외교학과 교수

The Ohio State University 정치학 박사

2020. "국제정치의 불확실성에 대한 개념적 이해."『세계지역연구논총』.

2020. "자유주의 국제질서의 위기와 롤즈의 정치적 자유주의."『한국정치연구』.

박건영 가톨릭대학교 국제학부 교수

University of Colorado 정치학 박사

2020.『국제관계사: 사라예보에서 몰타까지』(서울: 사회평론아카데미).

2020. "'중국특색적 자유주의국제질서' 하의 예외주의 정치문명의 충돌?"『한국과 국제정치』.

신욱희 서울대학교 정치외교학부 교수

Yale University 정치학 박사

2017.『삼각관계의 국제정치: 중국, 일본과 한반도』(서울: 서울대학교출판문화원).

2020.『한미일 삼각안보체제』(서울: 사회평론아카데미).

은용수 한양대학교 정치외교학과 교수

Warwick University 정치학 박사

2019. "An Intellectual Confession from a Member of the 'Non-Western' IR Community: A Friendly Reply to David Lake's 'White Man's IR.'" *PS: Political Science and Politics*.

2020. "이론의 탈영토화: 국제정치이론과 연구의 다양성을 위한 지식사회학적 소고."『한국정치학회보』.

정성철 명지대학교 정치외교학과 부교수

Rutgers University 정치학 박사

2017. "Nuclear Aggressors, Nuclearizing Targets: Nuclear Weapon Development and Preventive Conflict." *International Relations of the Asia-Pacific.*

2018. "Lonely China, Popular United States: Power Transition and Alliance Politics in Asia." *Pacific Focus.*

황영주 부산외국어대학교 글로벌인재학부 외교전공 교수

The University of Hull 정치학 박사

2018. "Gendered militarisation as state of exception on the Korean Peninsula" (with Noël O'Sullivan). *Third World Thematics: A TWQ Journal.*

2018. "'여성과 가족의 행복이 영그는 부산': 부산광역시 여성 정책에 대한 비판적 독해." 『21세기정치학회보』.